ARCHIVES DE LA FRANCE MONASTIQUE
VOL. IX

HISTOIRE

DE

L'ABBAYE SAINTE-CROIX
de Bordeaux

PAR

A. CHAULIAC

Ancien Élève de l'École polytechnique

ABBAYE DE LIGUGÉ

CHEVETOGNE (PAR LEIGNON, BELGIQUE)

PARIS

LIBRAIRIE Vᵉ CH. POUSSIELGUE

15, RUE CASSETTE, 15

HISTOIRE

DE

L'ABBAYE SAINTE-CROIX DE BORDEAUX

ARCHIVES DE LA FRANCE MONASTIQUE
VOL. IX

HISTOIRE

DE

L'ABBAYE SAINTE-CROIX de Bordeaux

PAR

A. CHAULIAC

Ancien Élève de l'École polytechnique

ABBAYE DE LIGUGÉ

CHEVETOGNE (PAR LEIGNON, BELGIQUE)

PARIS

LIBRAIRIE Vᵛᵉ CH. POUSSIELGUE
15, RUE CASSETTE, 15

1910

A Monsieur le Chanoine MENOU

<small>Ancien Curé-Doyen de la paroisse Sainte-Croix</small>

Hommage de profonde reconnaissance et de respectueuse affection

A Monsieur l'abbé LAFORGUE

<small>Chanoine honoraire, Curé-Doyen de Sainte-Croix</small>

Témoignage d'un sincère et cordial attachement

A. C.

PRÉFACE

Les nombreux documents qui se trouvaient dans l'abbaye Sainte-Croix de Bordeaux au moment du départ des moines, en 1791, sont, actuellement, réunis aux Archives du département de la Gironde. Ils comprennent 106 registres de tous formats, une grande quantité de pièces isolées et quelques dossiers enfermés, jusqu'à ces derniers temps, dans 120 cartons. Parmi les registres, on trouve des terriers, des inventaires, des recueils d'arrêts, de transactions et de requêtes, plusieurs cartulaires, dont les deux plus anciens ont été imprimés par les soins de la Société des Archives historiques du département de la Gironde [1], un obituaire publié par la même Société [2]. Les pièces isolées se suivent sans ordre ; ce sont des bulles papales, des chartes, des actes de donation, des baux à fief, des reconnaissances féodales, des ventes, etc. ; la Société des Archives historiques en a imprimé un certain nombre ; quant aux dossiers, relativement peu nombreux, les moines les avaient constitués pour soutenir ou résumer les fréquents procès qu'ils durent engager en vue de défendre leurs prétentions ou leurs droits.

Il y a deux ou trois ans, au moment où nous terminions le dépouillement des archives de l'abbaye Sainte-Croix, les cartons furent vidés, en vue d'un classement qui rangera les pièces et les dossiers dans l'ordre où les avaient placés les Bénédictins ; il ne fut pas tenu note des numéros de cartons dans lesquels ces documents avaient été jusqu'alors enfermés. Le nouveau classement est commencé, nous avons pris la peine de relever la nouvelle cote des pièces définitivement classées ; pour les autres, il ne nous sera possible de donner que les indications suivantes : série H. Abbaye Sainte-Croix ; nous mentionne-

---

1. T. XXVII, p. 1 à 157, Cartulaire latin ; p. 159 à 292, Cartulaire dont les pièces sont, pour la plupart, rédigées en gascon.
2. T. XXVII, p. 293 à 340, et t. XXXV, p. 1 à 11, texte gascon, du XIVe et du XVe siècle.

rons aussi le numéro de l'ancien carton, suivi du mot : provisoire (prov.).

L'inventaire des Registres composant le fonds de l'abbaye Sainte-Croix est terminé, mais non imprimé ; on a eu l'obligeance de nous permettre de le consulter ; l'inventaire des pièces isolées est commencé.

C'est principalement à l'aide des documents dont nous venons de parler que nous avons écrit l'histoire de l'abbaye, depuis sa reconstruction, après les invasions normandes ; nous avons consulté aussi les Archives municipales de la ville de Bordeaux, imprimées en partie, et les Archives de l'Archevêché transportées, depuis peu, aux Archives du département de la Gironde. Pour la période antérieure au IXe siècle, il a fallu recourir à des chartes anciennes, aux moines historiens du Moyen-Age, particulièrement à ceux de l'abbaye de Fleury-sur-Loire, Adrevald, Aimoin, etc., sans négliger les grands Bénédictins de la Congrégation de Saint-Maur, ni les historiens locaux, anciens et modernes, dont la plupart ont parlé souvent de Sainte-Croix.

Au Moyen-Age, les religieux de l'abbaye ne se sont pas préoccupés d'écrire son histoire, ni même de tenir note, au jour le jour, des événements importants qui s'y produisaient ; cependant on trouve trace, dans un inventaire de 1437, d'un *libre de la vita de moss^r S. Maumoulin* ; au commencement du XVIIe siècle, le chambrier Jean Darnal a publié un petit livre, aujourd'hui fort rare, intitulé : *Narré véritable de la vie, trespas et miracles de Mgr sainct Mommolin* ; c'est une naïve biographie renfermant des détails extrêmement curieux sur le tombeau du saint et sur le culte qu'on lui rendait à Bordeaux de temps immémorial. Darnal nous apprend qu'il a « espraint tiré et façonné cette véritable narration » de plusieurs manuscrits existant alors dans l'abbaye.

Quand la Congrégation de Saint-Maur eut pris possession du monastère, quelques religieux voulurent retracer les faits principaux dont il avait été le théâtre et établir la liste des abbés ; leurs travaux, pour la plupart inédits, se trouvent à la Bibliothèque nationale ou aux Archives départementales de la Gironde. La Bibliothèque nationale possède les manuscrits suivants :

1° *Mémoire pour l'histoire du Monastère de Sainte-Croix de Bourdeaux*[1]. L'auteur est Dom Jean-Pierre Dabadie, d'abord moine de

---

1. Fonds latin, ms. n° 12734 (fol. 75 à 98).

Sainte-Croix, puis prieur de La Réole, où il mourut le 15 octobre 1681. Le travail de Dabadie est intéressant, mais il faut le consulter avec précaution, surtout pour la chronologie. Il porte, en marge, un certain nombre d'annotations de la main de Dom Etienne Dulaura, mort en 1706.

2° *Antiquitatum in Vasconia Benedictinarum pars prima*[1], par Dom Claude Estiennot, qui dédia son ouvrage, terminé en 1680, à Dom Claude Boistard, supérieur général de la Congrégation de Saint-Maur, ancien prieur claustral de Sainte-Croix de Bordeaux (1657-1660); la partie de ce travail consacré à Sainte-Croix (pages 1 à 37 et 458 à 473) est intitulée : *Ascetcrium nobile Sanctæ Crucis, olim in suburbio, modo intra mœnia Burdigalensis civitatis*. Estiennot, dans le même manuscrit, donne aussi quelques détails historiques sur les prieurés de Macau, Saint-Macaire, Carcans, Soulac et Saint-Nicolas de Graves, dépendances de l'abbaye ; il a réuni un certain nombre de pièces justificatives sous le titre de *Probationes*. Estiennot s'est inspiré de Dabadie, qu'il a rectifié et complété, mais sa chronologie est encore douteuse, ce qui n'est pas surprenant, si l'on considère qu'il n'est venu à Sainte-Croix qu'en passant et que, dans les deux années 1679 et 1680, il a réuni les matières de cinq volumes in-folio sur les abbayes du Languedoc, de la Gascogne et du Comtat. Il a donné de l'épitaphe de Saint-Mommolin le plus ancien fac-similé connu, qui paraît avoir échappé à Le Blant et à M. Jullian. On sait qu'Estiennot fut le fidèle ami et le correspondant assidu de Mabillon qui « lui était redevable d'une infinité de pièces rares dont il a fait le principal ornement de sa Diplomatique[2] ». Il fut envoyé à Rome en 1684 comme procureur général de la Congrégation de Saint-Maur et y mourut, presque subitement, le 20 juin 1699, à l'âge de soixante ans[3].

3° *Abrégé de l'histoire du monastère de Sainte-Croix de Bordeaux*, par Jean Darluc ; ce religieux fit profession à Bordeaux, en 1664, et

1. Ibid., ms. n° 12751.
2. Dom Vincent Thuillier, *Œuvres posthumes* de Mabillon, I, p. 341.
3. Ibid. Voir, pour la vie si laborieuse d'Estiennot de la Serre, *Œuvres posthumes* de Mabillon, t. I, p. 336 à 341 ; *Histoire littéraire de la congrégation de Saint-Maur*, par Dom René-Prosper Tassin et, surtout, la Notice que lui a consacrée M. A. Vidier, sous le titre de *Un ami de Mabillon, Dom Claude Estiennot*, dans les « *Mélanges et Documents* publiés à l'occasion du deuxième centenaire de Mabillon ».

mourut, en 1715, au monastère de Saint-Sever-Cap-de-Gascogne. Le travail s'arrête à l'année 1711.

Ces trois manuscrits n'ont jamais été imprimés.

On trouve aux Archives du département de la Gironde :

1° Une brochure visiblement inspirée des cinq premiers chapitres de Dabadie, mais présentant avec eux des différences assez sensibles pour en faire une œuvre distincte ; d'ailleurs, Dabadie est mort en 1681 et la liste d'abbés du manuscrit anonyme mentionne le décès de François Molé, survenu en 1712. Ferdinand Leroy a fait imprimer ce document intéressant en 1842, dans les *Actes de l'Académie de Bordeaux*.

2° *Notice historique sur le monastère de Bordeaux*, insérée par Dom Boulin, dans le registre coté H. 938, relatif aux Concordats et transactions de l'abbaye (pages 150 à 200). Cette Notice est sans valeur ; elle donne, cependant, quelques détails intéressants sur les nouveaux bâtiments de l'abbaye.

Dom Devienne, dans le tome II de son *Histoire de Bordeaux*, écrit dans la seconde partie de XVIII° siècle, et imprimé en 1862 seulement s'étend assez longuement sur les origines et le fonctionnement de l'abbaye de Sainte-Croix, qu'il habita pendant quelques années ; l'éditeur a commis de nombreuses erreurs dans ses annotations.

Les ouvrages que nous venons d'énumérer, malgré l'intérêt qu'ils présentent à divers points de vue, sont loin de renseigner complètement sur l'histoire de l'abbaye, et ils sont souvent inexacts.

La biographie des *Prieurs claustraux de Sainte-Croix, depuis l'introduction de la réforme de Saint-Maur* (1627), publiée en 1884 par l'abbé Bertrand, savant sulpicien, sous le pseudonyme d'Ant. de Lantenay, ne comble pas la lacune, même pour le XVII° et le XVIII° siècle, car les personnages dont elle raconte la vie n'ont fait qu'un court séjour à Sainte-Croix et il n'y est pas question des abbés commendataires.

L'histoire de l'abbaye reste donc à faire, et nous avons entrepris de l'écrire, en nous servant, le plus souvent, de documents originaux et inédits ; nous avons suivi autant que nous l'avons pu les excellents « *Avis* » que donne Mabillon « *à ceux qui travaillent aux histoires des monastères*[1] ». Puisse notre œuvre ne pas trop déparer le Recueil où les RR. PP. Bénédictins de Ligugé ont bien voulu lui donner asile !

---

1. *Œuvres posthumes*, t. II, p. 91-95.

Si nous avons pu arriver au bout de notre longue et laborieuse entreprise, nous le devons certainement à l'accueil bienveillant que nous avons reçu de tous les érudits que nous avons consultés : qu'ils veuillent bien recevoir nos sincères remerciements.

Le lecteur trouvera ci-après l'énumération des principaux ouvrages cités dans l'*Histoire de l'abbaye de Sainte-Croix*.

Achery (Dom Luc d'). — *Acta Sanctorum Ordinis Sancti Benedicti, in seculorum classes distributa, collegit D. Lucas d'Achery, Congregationis Sancti Mauri, ac cum eo edidit D. Johannes Mabillon, ejusdem Congregationis*. — In-folio, Lutetiæ Parisiorum, 1668 à 1701, 9 vol.

Achery (Dom Luc d'). — *Spicilegium, sive Collectio veterum aliquot scriptorum, qui in Galliæ Bibliothecas delituerant, olim editum opera et studio D. Lucas d'Achery*. — Nova editio. — Stephanus Balazius ac R. P. D. Edmundus Martene collegerunt, expugnata per L. F. J. de la Barre Fornacensium, in-folio, Paris, 1723, 3 vol.

H. Affre, *Dictionnaire des Constitutions, Mœurs et Coutumes du Rouergue*, in-8°.

Ancien et Nouveau Statuts de la ville et cité de Bourdeaus, in-4, Bourdeaus, MDCXII.

Anselme (Père), Augustin déchaussé, *Histoire généalogique et chronologique de la Maison de France, Sénéchaux, Connétables, Chanceliers et Maréchaux de France*, continuée par M. du Fourny, in-folio, Paris, 1730.

Archives municipales de Bordeaux, livre des Bouillons, in-4° ; Bordeaux, 1867.

Archives municipales de Bordeaux, Registres de la Jurade, Délibérations de 1406 à 1409, in-4°, Bordeaux, 1873.

Archives municipales de Bordeaux, Registres de la Jurade, Délibérations de 1414 à 1416 et de 1420 à 1422, in-4°, Bordeaux.

Archives municipales de Bordeaux. *Bordeaux vers 1450*, Description topographique, par Léo Drouyn, in-8°, Bordeaux, 1874.

Archives municipales de Bordeaux, Livre des privilèges, in-4°, Bordeaux, 1878.

Archives municipales de Bordeaux, Livre des Coutumes par Henri Barckhausen, in-4°, Bordeaux, 1890.

Archives municipales de Bordeaux, Inscriptions romaines de Bordeaux, par Camille Jullian, in-4°, Bordeaux, 1892.

Archives municipales de Bordeaux, Inventaire des Registres de la Jurade, de 1520 à 1783, par Dast Le Vacher de Boisville, in-4°, Bordeaux, 1896, 1901, 1905.

Archives historiques du département de la Gironde, in-4°, t. I à XLIII.

AVENEL (vicomte d'), *Histoire économique de la propriété, des salaires, des denrées et de tous les prix, en général, depuis l'an 1200 jusqu'en 1800*, in-4°, Paris, 1894.

BALUZIUS STEPHANUS, *Capitularia regum Francorum*, in-folio, Parisiis, 1677.

H. BARCKHAUSEN, *Statuts et Règlements de l'ancienne Université de Bordeaux*, in-4°, Bordeaux.

BELLET, *Notes et Mémoires sur Bordeaux*, ms. n° 828 de la Bibliothèque municipale de Bordeaux, 1738.

BENEDICTI XIV, Pont. opt. max., *De festis Domini nostri Jesu Christi, Beatæ Mariæ Virginis ... libri tres*, in-4°, Romæ, MDCCLI.

BERTRAND (abbé), *La vie de Messire H. de Béthune*, in-8°.

BORDES (Auguste), *Histoire des monuments anciens et modernes de la ville de Bordeaux*, in-8°, Bordeaux, 1845.

P. BERNADAU, *Antiquités bordelaises ou Tableau historique de Bordeaux et du département de la Gironde*, in-4°, Bordeaux, 1797.

P. BERNADAU, *Le Viographe bordelais*, in-4°, Bordeaux, 1844.

P. BERNADAU, *Tablettes manuscrites*, Manuscrit de la Bibliothèque municipale de la ville de Bordeaux.

P. BERNADAU. *Histoire de Bordeaux depuis l'année 1675 jusqu'à 1836*, in-4°, Bordeaux, 1837.

DE BREQUIGNY et LA PORTE DU TEIL, *Diplomata Charlæ, Epistolæ, leges, aliaque instrumenta ad res gallas franciscas spectantia collecta... edidit J.-M. PARDESSUS*, in-folio, Lutetiæ Parisiorum, MDCCCXLIX.

DE BREQUIGNY et MOUCHET, *Table chronologique des pièces imprimées concernant l'Histoire de France*, in-folio, Paris, 1783, continuée par PARDESSUS et LABOULAYE, 1836, 1846, 1850, 1853 et 1876.

BRETTES et GUISSARD, *Catena Floriacensis de existentia corporis sancti Benedicti in Galliis*, in-8°, Paris, 1880.

BREUILS (abbé), *Note sur un Bréviaire du XIVᵉ siècle ayant appartenu à l'abbaye Sainte-Croix de Bordeaux*, insérée au *Bulletin historique et philologique de la Commission des travaux historiques et scientifiques*, 1893.

BRUTAILS (Jean-Auguste), *Cartulaire de l'église collégiale de Saint-Seurin de Bordeaux*, in-8°, Bordeaux, 1895.

BUFFAULT, *Etude sur la côte et des dunes du Médoc*, in-8°, Bordeaux, 1897.

DU BUISSON (D. Petrus Daniel), *Historiæ Monasterii S. Severi libri X*, Vico Julii ad Aturem, in-8°, 1876.

Dom BULTEAU, *Abrégé de l'Histoire de l'Ordre de Saint-Benoît*, Paris, MDCLXXXIV.

BOSCHERON DES PORTES, *Histoire du Parlement de Bordeaux*, in-8°, Bordeaux, 1877.

DE CERTAIN, *Les Miracles de saint Benoît*, in-8°, Paris, 1858.

COURAJOD (Louis), *Monasticon gallicanum*, in-folio, Paris, 1869.

Thomas Carte, *Catalogue des Rolles gascons, Normans ou François*, in-folio, Londres, 1743.

Etienne du Cruseau, *Chronique*, in-8, Bordeaux, 1879.

Jean Darnal, *Narré véritable de la vie, trespas et miracles de Monseigneur saint Mommolin*, in-12, Bourdeaux, 1618.

Martial et Jules Delpit, *Notice sur un manuscrit de la Bibliothèque de Wolfenbüttel*, Bordeaux, 1841.

Delurbe (Gabriel), *Chronique bourdeloise, composée cy devant en latin ... et par luy de nouveau augmentée et traduit en français... et depuis continuée et augmentée par Jean Darnal, Avocat au dict Parlement*, in-4, Bourdeaux, 1619.

Drouyn (Léo) et L. de Lamotte, *Choix des types les plus remarquables de l'architecture au moyen-âge, dans le département de la Gironde*, in-folio, Bordeaux, 1846.

Drouyn (Leo), dans la *Revue catholique de Bordeaux*, 1882.

Du Duc (Fronton), *Remarques et Notes corrigées sur la Chronique de Bourdeaux composée par le sieur Delurbe, envoyée au sieur Darnal au mois de juillet 1619*, in-4, Bordeaux, 1619.

Durand, *Rapports sur les réparations exécutées à l'église Sainte-Croix en 1842 et 1843* (inséré dans les *Actes de l'Académie de Bordeaux*, 1844).

Duchesne (François), *Histoire de tous les Cardinaux français de naissance, qui ont été promus au Cardinalat par l'expresse recommandation de nos Roys*, in-folio, Paris, 1660.

Durengues (Abbé), *Pouillé historique du diocèse d'Agen pour l'année 1789*, Agen, 1894, in-8.

Durand de Maillane, *Dictionnaire de droit canonique et de pratique bénéficiale*, 3e édition, Lyon, 1775, in-4.

Fayolle (marquis de), *Le Chapelet de Mme de Montespan et le Reliquaire de saint Mommolin*, Séances générales tenues à Orléans, en 1892, par la Société française d'archéologie pour la conservation et la description des monuments, in-8, Paris et Caen, 1894.

Fisquet, *La France pontificale, Métropole de Bordeaux*, in-8, Paris, sans date.

Frizon (Pierre), *Gallia purpurata*, in-fol., Lutetiæ Paris., MDCXXXVIII.

Gastelier de la Tour, Ecuyer, *Armorial des Etats du Languedoc*, in-4, Paris, 1767.

Gauban (Octave), *Histoire de la Réole*, in-8, la Réole, 1873.

Gauffretau (Jean), *Chronique bourdelaise*, in-8, Bordeaux, 1887.

Gaullieur, *Histoire de la Réformation à Bordeaux*, in-8, Paris et New-York, 1884.

Gaullieur, *Histoire du Collège de Guienne*, in-4, Paris, 1894.

Grellet-Balguerie, *Deux découvertes historiques*, in-12, Orléans, 1882.

Grellet-Dumazeau, *La Société bordelaise sous Louis XV et le salon de Mme Duplessy*, in-8, Bordeaux et Paris, 1897.

HÉFÉLÉ, *Histoire des Conciles.*

JEAN Armand (le Père), *Les évêques et les archevêques de France, depuis 1682 jusqu'à 1801,* in-8. Paris-Mamers, 1891.

JULLIAN (Camille), Archives municipales de Bordeaux, *Inscriptions romaines de Bordeaux,* in-4, Bordeaux, 1896.

JULLIAN (Camille), *Histoire de Bordeaux,* in-4, Bordeaux, 1895.

JOUANNET, *Musée d'Aquitaine,* in-4, Bordeaux, 1864.

HÉLYOT, *Histoire des Ordres monastiques,* Paris, 1714, 8 volumes in-4.

LACOLONIE (DE), *Histoire curieuse et remarquable de la ville et province de Bordeaux,* in-8, Bruxelles, 1750 (Anonyme).

LAMOTTE (DE), *Recherches sur les Bénéficiers de l'église Saint-Michel à Bordeaux,* in-8, Bordeaux, 1845.

DE LANTENAY (Ant.), pseudonyme du Sulpicien Bertrand, *Les prieurs claustraux de Sainte-Croix de Bordeaux et de Saint-Pierre de la Réole,* in-8, Bordeaux, 1884.

LE BLANT (Edmond), *Inscriptions chrétiennes de la Gaule antérieures au VIIIe siècle,* réunies et annotées, in-4, Paris, MDCCCLXV.

LE COINTE, Trecensis Congreg. Oratorii D. N. Jesu Christ. Presbytero, *Annales ecclesiastici Francorum,* in-folio, Parisiis, 1665-1683, in-fol., 8 vol.

MABILLON (Jean), *Annales Ordinis Sancti Benedicti occidentalium monachorum Patriarchæ, ab Edmondo Martène absoluti,* Lutetia Parisiorum, 1703-1739, in-folio, 6 vol.

MABILLON (Joannes), *Vetera Analecta,* in-8, Paris, 1676.

MABILLON (Jean), *Œuvres posthumes,* in-4, Paris, 1724.

MARCA (Pierre de), *Histoire de Béarn,* in-folio, Paris, MDCXL.

MARIONNEAU, Charles. *Description des œuvres d'art qui décorent les édifices publics de la ville de Bordeaux,* in-8, 1861.

MARTÈNE (Dom Edmond et Ursin Durand), *Thesaurus novus anecdotorum,* in-folio, Parisiis, 1717, 5 vol.

MAUFRAS (Emile), *Histoire de la ville de Bourg-sur-Gironde,* in-8, Bordeaux, 1904.

MELLER (Pierre), *Armorial du Bordelais,* in-4, 1906.

MENARD (Dom Hugon), *Martyrologium Sanctorum Ordinis Divi Benedicti, duobus Observationum libris illustratum,* Parisiis, MDCXXIX.

MEZURET, *Notre-Dame de Soulac ou de la Fin des Terres,* in-12, Bordeaux, 1865.

MICHEL (Francisque) et BRÉMOND (Charles), *Les Rolles gascons transcrits et publiés,* in-4, Paris, 1885, 1900, 1906.

MOLANUS (Johannes), Louaniensis, *Usuardi Martyrologium quo romana ecclesia ac permultæ aliæ utuntur : iussu Caroli Magni conscriptum, cum additionibus et Martyrologiis Romanæ Ecclesiæ et aliarum potissimum Belgii,* in-12, Lovanii, 1573 (3e édition).

MOLINIER, *Les Sources de l'Histoire de France,* in-8, Paris, 1902.

MONTALEMBERT (DE), *Les Moines d'Occident depuis S. Benoît jusqu'à S. Bernard*, Paris, 1760, in-8, 7 vol.

O. REILLY (l'abbé), *Essai sur l'Histoire de la ville et de l'arrondissement de Bazas*, in-12, Bazas, 1804.

OIHENARTUS (Arnaldus), *Notitia utriusque Vasconiæ*, in-4, Parisiis, 1638.

PALLANDRE, *Description historique des monuments de Bordeaux*, in-16, Bordeaux, 1785.

PALUSTRE (Léon), *Histoire de Guillaume IX, duc d'Aquitaine*, in-8, Paris, 1882.

PARDIAC (Abbé), *Saint Mommolin, patron des Bordelais*, in-18, Bordeaux, 1855.

PARDIAC (Abbé), *Histoire de saint Abbon, abbé de Fleury-sur-Loire*, in-8, Paris, 1872.

PICOT, *Mémoires pour servir à l'histoire ecclésiastique pendant le 18e siècle*, 7 volumes in-8, 3e édition, Paris, 1853.

PONTELIER, *Continuation de la Chronique bourdelaise de DELURBE et DARNAL*.

PROU (Maurice) et VIDIER (Alexandre), *Recueil des Chartes de l'abbaye Saint-Benoît-sur-Loire*, in-8, Paris, 1900, 1907.

PROUST, *Vie des saints du diocèse de Bordeaux* (Anonyme), in-4, Paris, 1723.

Rapports de la Commission des Monuments historiques du département de la Gironde, in-8, Bordeaux (années 1843 à 1855).

RAVENEZ, *Histoire du Cardinal François de Sourdis*, in-8, Bordeaux.

RIBADIEU (Henri), *La Guyenne d'autrefois*, in-8, Bordeaux, sans date.

RIBADIEU (Henri), *Histoire de la conquête de la Guyenne par les Français*, in-8, Bordeaux.

RUINART, *Abrégé de la vie de dom Mabillon*, in-12, Paris, MDCCIX.

SAIGNAT, *Essai sur l'origine de la coutume de Bordeaux*, Discours prononcé en 1861, à la Conférence des Avocats de Bordeaux.

SAMMARTHANUS (Dyonisius), *Gallia christiana, in provincias ecclesiasticas distributa*, in-folio, Parisiis.

SAUSSEYUS (Carolus), *Annales ecclesiæ Aurelianensis sæculis et libris sexdecim*, in-folio, Parisiis, MDCXV.

SERVATI (Beati Lupi), *Presbyteri et Abbatis Ferrariensis Ordinis Sancti Benedicti Opera Stephanus Baluzius Tutelensis in unum collegit*, in-8, Paris, 1664.

SERVAT Loup, abbé de Ferrières, *Lettres*. Textes, Notes et Introduction par G. DESDEVISES DU DÉZERT, in-8, Paris, 1888.

SINCERI (Jodoci), *Itinerarium Galliæ cum appendice de Burdigala*, in-12, Amstelodami, MDCLV.

STOKVIS, *Manuel d'histoire de généalogie et de chronologie de tous les Etats du globe*, in-8, Leide, 1889.

TASSIN (Dom), *Histoire littéraire de la Congrégation de St-Maur*, Bruxelles et Paris, 1770, in-4.

Tems (du), *Le Clergé de France, ou Tableau historique des Archevêques, Evêques, Abbés, Abbesses*, etc., in-8, Paris, 1774.

Vic (dom Claude de), *Vita Joannis Mabillonii Præsbiteri et monachi ordinis S. Benedicti Congregationis Sancti Mauri a Theodorico Ruinarto ejus socio olim gallice scripta, nunc vero ab alio (l'ouvrage est anonyme) ejusdem Congregationis monacho in latinam sermonem translata, rerumque nova accessione aucta*, in-12, Patavii, MDCCXIV.

Vinet (Elie), *L'antiquité de Bourdeaux et de Bourg présentée au roi Charles neufiesme*, réédition Ribadieu, in-8, Bordeaux, 1860.

Viollet-le-Duc, *Dictionnaire raisonné de l'Architecture française du XI° au XVI° siècle*.

Virac (D. A.), *Recherches historiques sur la ville de St-Macaire, l'une des filleules de Bordeaux*, in-8, Bordeaux, 1890.

Vitalis (Orderici), *Angligenæ Uticensis cœnobii monachi Historiæ ecclesiasticæ libri tredecim ex veteris codicis uticensis collatione commendavit et suas animadversiones adjecit Augustus* Le Prévost, 5 vol. in-8, Paris, 1838 à 1855.

De Wailly (Natalis), *Mémoire sur les variations de la livre tournoise depuis le règne de S. Louis jusqu'à l'établissement de la monnaie décimale*, in-4, Paris, 1857.

Warnefridi (Pauli), Langobardi filii Diaconi Foroiuliensis, *De gestis Langobardorum Libri VI ad Ms et veterum codicum fidem editi*, Lugduni Batavorum, in-8, CIƆIƆXCV.

HISTOIRE
DE L'ABBAYE SAINTE-CROIX
DE BORDEAUX

CHAPITRE I

Les origines. — Saint Mommolin et son culte

L'abbaye Sainte-Croix de Bordeaux a été fondée à l'époque mérovingienne. Les moines établirent leurs cabanes au milieu d'un vaste marécage[1] traversé par un petit cours d'eau (*estey*, en langage bordelais, *esterius*) nommé l'Eau Bourde[2]. Cet estey, jusqu'à ces derniers temps, se jetait dans la Garonne à quelques centaines de mètres de l'église Sainte-Croix ; c'était le bras le plus important d'un ruisseau descendant des landes de Cestas ; il recevait, près de son embouchure, le trop-plein d'une source d'eau vive alimentant un vivier[3]. Les communications avec la ville de Bordeaux, éloignée alors d'un kilomètre environ, étaient presque impraticables, surtout l'hiver, sauf par la voie du fleuve. Les moines s'installèrent sur une élévation à peine sensible, mais suffisante, cependant, pour les mettre à l'abri des plus fortes marées[4] et des inondations, rares, d'ailleurs, sur la rive

---

1. A la fin du XVIIe siècle, le voisinage immédiat de l'abbaye, c'est-à-dire Paludate, le Pont-du-Guit et les rives de l'estey Majou, étaient encore des « lieux inaccessibles pendant l'ivert » (Archives historiques du département de la Gironde, t. XXV, pièce n° 252). Actuellement même, la partie de la paroisse Sainte-Croix comprise entre la gare des chemins de fer du Midi et la commune de Bègles est très marécageuse et presque déserte.
2. *Aiga Borde, Aigua Borda, Aqua de Petralonga, Estey de Senta Crotz*. Le ruisseau qui passe à Léognan et à Villenave-d'Ornon et qui porte le nom d'Eau-Bourde sur la carte d'État-major n'est pas le ruisseau ancien de ce nom (Léo Drouyn, Archives municipales, *Bordeaux vers 1450*, p. 165). L'erreur signalée par Léo Drouyn a été rectifiée sur la carte du service vicinal.
3. Voir plan manuscrit n° 142 (L. Drouyn, p. 515).
4. Les caves des maisons voisines de l'église Sainte-Croix sont encore visitées, quelquefois, par les eaux de la Garonne lors des grandes marées, mais elles n'atteignent jamais les limites des anciens jardins de l'abbaye.

gauche de la Garonne. Le lieu, on le voit, était parfaitement choisi pour l'établissement d'un monastère, puisqu'on y trouvait la solitude[1], de vastes espaces à assainir et à défricher, un ruisseau pour actionner un moulin, l'eau potable nécessaire aux usages domestiques et un sol qui n'attendait que des travaux d'irrigation pour devenir fertile comme le sont tous les terrains d'alluvion.

Aucun texte authentique ne précise l'époque de la fondation de l'abbaye Sainte-Croix. Au XVIIe siècle, la question était déjà considérée comme insoluble[2]. On sait seulement, d'après une épitaphe qui est, certainement, du VIIe siècle, que saint Mommolin, premier ou second abbé du monastère célèbre de Fleury-sur-Loire, y mourut le 8 août d'une année qu'il n'est pas possible de déterminer exactement, mais que Mabillon croit être voisine de 679[3].

Un bénédictin de la Congrégation de Saint-Maur, moine de l'abbaye Sainte-Croix, écrivait, au commencement du XVIIIe siècle[4] : « J'advoue donc naïvement que je n'ay peu trouver de mémoire assuré de la fondation du monastère de Sainte-Croix, quelque diligence que j'aye peu faire et je ne puis donner, pour le présent, d'autre témoignage de son antiquité que celui du corps du glorieux sainct Mommolin, l'abbé de sainct Benoist de Fleury sur le Loyre. »

Dom Devienne[5] émet diverses hypothèses. « La chronique fabuleuse de Turpin », affirme-t-il, « parle, à diverses reprises, de Sainte-Croix et dit que Charlemagne y trouva d'anciens écrits indiquant que sainte Clotilde l'avait fondée ». L'autorité de Turpin est faible, car « la chronique qui lui est faussement attribuée s'appuie, en partie, sur des traditions historiques, en partie sur des poèmes français, elle est, en partie, de pure invention[6] ». Le Père Fronton du Duc, jésuite bordelais, critique judicieux, avait déjà dit, en 1619 : « Tout ce qui se

---

1. En 1687, le vaste territoire de la paroisse Sainte-Croix ne possédait encore que 1822 habitants (Archives historiques du département de la Gironde, t. XXV, pièce n° 252).
2. « Monasterii S. Crucis Burdigalensis origo, non minus obscura » (*Acta Sanctorum Ordinis S. Benedicti*, t. II, p. 677, n° 9).
3. *Annales Ordinis S. Benedicti*, t. I, p. 546, n° 88.
4. Manuscrit des Archives départementales de la Gironde publié dans les *Actes de l'Académie de Bordeaux*, année 1842. Voir page 216 de ce recueil.
5. *Histoire de la ville de Bordeaux*, t. II, p. 11, note III.
6. Gaston PARIS, *A propos du pseudo-Turpin*, p. 58.

lit dans le livre de Turpin ne sont pas des fables, mais il ne faut pas aussi en faire état comme d'un historien assuré[1]. »

L'auteur anonyme d'une chronique saintongeaise intitulée *Tote listoire de France*, composée au XIII° siècle, attribue aussi à sainte Clotilde la fondation de l'abbaye Sainte-Croix. « Clodoueus », dit-il, « soiorna tot liver[2] à bordeu... Clotildeus sa femme fit labaie saincte Croix e orna la most bien et bel ». Malheureusement, il ajoute : « e fit hi abe qui ot nom Manmolins e fu puis sainz[3] », ce qui ôte toute autorité à son assertion, puisque saint Mommolin ne fut jamais abbé de Sainte-Croix et qu'il vivait au VII° siècle.

Dom Devienne essaye d'appuyer l'opinion de Turpin par un témoignage plus sérieux : « L'ancienneté de ce monastère », prétend-il, « est prouvée par un fait que rapporte Grégoire de Tours dans le 34° chapitre du livre IV de son *Histoire de France*, qui a pour titre[4] : *de monacho Burdigalensi* ». Suit la légende d'un miracle arrivé sur la prière d'un moine[5] ; mais Grégoire de Tours ne nomme ni le monastère, ni le religieux « parce qu'il est encore vivant, dans la crainte que ces écrits lui parvenant ne diminuent son mérite en le faisant tomber dans une vaine gloire ». Les probabilités sont, cependant, pour Sainte-Croix. D'après M. Jullian, « nous ne pouvons rien supposer de certain » ni

---

1. *Remarques et Notes à corriger en la chronique de Bourdeaux* composée par le sieur Delurbe, envoyée au sieur Darnal, par le R. P. Fronton du Duc, Bourdelois, de la C¹ᵉ de Jésus, estant à Paris au mois de juillet 1619, p. 3.

2. Il est certain que Clovis passa à Bordeaux tout l'hiver qui suivit la défaite d'Alaric (507). De la Colonie assure que « ses premiers soins furent de rééditier les églises que les Ariens ou Visigoths avaient détruites..... il fit jeter les fondements de plusieurs autres » (*Histoire curieuse et remarquable de la ville de Bordeaux*, in-8, Bruxelles, 1750, sans nom d'auteur).

3. « *Tote listoire de France* (Chronique saintongeaise) : new first edited from the only two mss with introduction, appendices and notes, by F. W. Bourdillon M. A. Worcester College, Oxford, with prefatory letter, by Gaston Paris », in-8, London, David Nutt, 1897, p. 16 et 17.

4. Certaines bonnes éditions modernes, notamment la traduction Guizot, édition Jacobs, ne portent pas la manchette de *monacho Burdigalensi*, mais elle était connue de Mabillon (*Annales Ord. S. Benedicti*, t. I, p. 546, n° 88) ; d'après les auteurs de la *Gallia christiana*, « le chapitre 34 du livre IV de l'*Histoire de France* a pour titre, dans les manuscrits et les anciennes éditions, *de monacho Burdigalensi* » (t. II, col. 858). Plusieurs éditions du XVI° siècle portent ce contexte ; certaines même, qui laissent en blanc tout le chapitre 34, comme manquant dans le manuscrit, reproduisent la manchette.

5. *Histoire de la ville de Bordeaux*, t. II, p. 9 à 11.

sur le nom de l'abbaye « ni sur sa situation, bien que l'emplacement de Sainte-Croix lui convienne assez. Ce fut là que devait s'élever la grande abbaye bordelaise du moyen-âge et il est admissible que le lieu ait conservé une ancienne destination[1]. » Il convient aussi de noter l'avis de M. Brutails, archiviste du département de la Gironde, excluant Saint-Seurin, autre couvent d'hommes à Bordeaux, selon la *Gallia christiana* : « il n'est nullement établi qu'il y ait eu un monastère à Saint-Seurin, le contraire parait même plus vraisemblable[2] ».

En faisant des fouilles, au commencement du siècle dernier, dans le cimetière de l'église Sainte-Croix, on a trouvé un grand nombre de cercueils de pierre ; quelques-uns renfermaient de petites médailles du Bas Empire, « d'autres des vases que l'on peut prendre pour des lacrymatoires ou des fioles remplies d'eau bénite[3] ». Ces découvertes confirment l'ancienneté de l'abbaye Sainte-Croix, mais ne la précisent pas.

Pour avoir une date un peu certaine relative à l'abbaye Sainte-Croix, il faut donc arriver à la mort de saint Mommolin. En raison de l'importance de cet événement au point de vue de l'histoire du monastère et du culte ininterrompu dont saint Mommolin y a été l'objet, il nous paraît nécessaire de raconter, avec quelque détail, la vie de cet illustre abbé, d'établir la réalité de son existence et de préciser l'époque de sa vie.

On croit généralement qu'il est le même personnage que Mummolus, premier ou second abbé de Fleury ou Saint-Benoît-sur-Loire ; nous commencerons par admettre cette identité, sauf à la justifier ensuite.

« Il fust natif du pays d'Orléans, en France », affirme le bénédictin Darnal[4] ; le nom de Mummolus ou de Mommolenus, illustré par le célèbre général du roi Gontran Aconius Mummolus, a été porté au VIIe siècle, par plusieurs saints personnages.

1. Archives municipales de Bordeaux, *Inscriptions romaines de Bordeaux*, t. II, p. 601.
2. *Cartulaire de Saint-Seurin*, Introduction, page XXIV.
3. JOUANNET, *Musée d'Aquitaine*, t. I, p. 210.
4. *Narré veritable de la vie, trespas et miracles de Monseigneur S. Mommolin Autheur de la translation des sacrées reliques de M. S. Benoist du Mont-Cassin en Italie au monastère de Fleury-sur-Loyre en 664*, par J. DARNAL, prestre, docteur ès sacrés décrets, religieux en l'abbaye de Ste-Croix de Bourdeaux, ordre de St-Benoist. A Bourdeaux, MDCXVIII, in-12, p. 15.

Le futur abbé de Fleury naquit à la fin du VI⁰ siècle, ou au commencement du VII⁰.

Saint Mommolin appartenait à une famille noble[1] et profondément chrétienne ; séduit de bonne heure par les austérités de la vie monastique, il obtint d'entrer comme novice dans l'abbaye appelée autrefois Saint-Pierre-aux-Bœufs[2], située en dehors de l'enceinte fortifiée d'Orléans et qui avait pris le nom de Saint-Aignan[3], depuis la tumulation de ce saint évêque. Sa haute stature, dont témoignent encore ses reliques, le désignaient pour le commandement ; sa piété, son intelligence et sa rigoureuse observation de la règle l'en rendaient digne ; l'abbé de Saint-Aignan, Léodebold, le mit à la tête de l'abbaye de Fleury-sur-Loire qu'il venait de fonder. Ménard, dans le *Martyrologe de l'Ordre de Saint-Benoît*, affirme que saint Mommolin fut le premier abbé de Fleury-sur-Loire[4] ; il est d'accord avec Adrevald, moine de Fleury au IX⁰ siècle ; mais Aimoin, qui vivait au XI⁰ siècle dans la même abbaye, lui donne pour prédécesseur Rigomer[5], auquel saint Mommolin aurait succédé au bout de cinq ans ; on ne sait rien de Rigomer, mais il figure dans une très ancienne liste des abbés de Fleury, reproduite par Baluze ; Mabillon admet son existence.

Fleury, aujourd'hui Saint-Benoît-sur-Loire, est une localité située à huit lieues en amont d'Orléans ; elle s'appelait alors le Val d'Or[6] et

---

1. Mummolus huic nomen generis quoque nobile germen », pièce de vers composée par AIMOIN, *Acta Santorum Ordinis S. Benedicti*, sæc. II, t. II, p. 360.
2. Voir, pour cette dénomination primitive de l'abbaye de Saint-Aignan, ED. DE CERTAIN, *Miracula S. Benedicti*, publiés pour la Société de l'Histoire de France, in-8, Paris, 1858, p. 2, note 2.
3. In Breviaro ms. Monasterii S. Crucis apud Burdigalam... ex Abbaia S. Aniani electus dicitur. » *Acta Sanctorum Ord. S. Benedicti*, sæc. II, p. 676.
4. « Fuit Sanctus Mummolus primus abbas Floriacensis. » *Martyrologium Sanctorum Ordinis Divi Benedicti duobus observationum libris illustratum*, auctore R. P. D. Hugone MÉNARD Religioso benedictino Congr. S. Mauri in Gallia, Parisiis, MDCXXIX, p. 294.
5. « Abbatem instituit nomine Rigomarum qui quinquennio expleto... successorem accepit nomine Mummolum. » (AIMOIN Floriacensis, *de Gestis Francorum*, lib. IV, n° XLII, de Fundatione Cœnobii Floriacensis, dans dom BOUQUET, t. III, p. 139).
6. « Encore de présent il reste écrit en grosses lettres au grand arceau de la Chapelle Notre-Dame en icelle Eglise, hæc est vallis aurea. » DARNAL, *Narré véritable*, etc., p. 27. AIMOIN écrit : « Vallis nominabatur aurea » (*Mir. S. Benedicti*, p. 126).

appartenait au fisc royal. Clovis II consentit à en faire l'échange avec un domaine nommé Attiniac que Léodebold avait hérité de ses parents[1]; cet abbé y fit construire un nouveau monastère. La date de la fondation doit être placée « dans la première moitié du VII° siècle, entre les années 630 et 650; il n'est guères possible, avec les documents qui nous sont parvenus, de fixer cette date d'une manière plus précise[2] ». Adrevald et Aimoin, moines de Fleury, l'un au IX°, l'autre au XI° siècle, affirment que cet événement eut lieu sous Clovis, fils de Dagobert[3]. Mabillon donne la date de 641[4], en avouant que la chronologie est bien obscure.

D'après Adrevald, Leodebold commença et acheva la construction de l'abbaye et des basiliques de Saint-Pierre et de Sainte-Marie qui y étaient enclavées. Cet antique témoignage paraît contesté par l'inscription suivante trouvée au XVI° siècle en restaurant l'autel majeur : MUMMO... FIERI . JUSSIT . IN . AMORE . STÆ MARIÆ ET STI PETRI[5].

Les travaux de la construction du monastère, le défrichement du sol, la prière et l'étude ne suffirent pas à absorber l'ardente activité de saint Mommolin. La lecture des Dialogues du pape saint Grégoire le Grand[6] appela son attention sur le monastère du Mont-Cassin, détruit

---

1. Voir l'acte appelé *Testamentum Leodebodi*, soit dans les *Diplomata* de PARDESSUS, t. II, p. 142, soit, mieux, au *Recueil des Chartes de l'abbaye Saint-Benoît-sur-Loire*, réunies et publiées par MM. Maurice Prou et Alexandre Vidier, archivistes paléographes, in-8°, Paris, 1900-1907, t. I, 1er fascicule, Charte n° 1.
2. DE CERTAIN, *Miracula Sancti Benedicti*, Introduction, p. v.
3. En rapprochant deux passages des *Miracula* d'Aimoin, on arriverait aussi à la date de 620 (1005 moins 385). Cette date est prématurée. Voir p. 127 et 172 de l'édition de Certain.
4. *Annales*, t. I, p. 381 : « in tanta rerum obscuritate id accurate difficile definire est. »
5. *Gallia christiana*, t. VIII, col. 1541 : il est possible que les auteurs de la *Gallia christiana* aient fait erreur au sujet de cette inscription, qui existe réellement, mais qui s'applique à un reliquaire fait par ordre de saint Momolin. Voir plus loin, page 20.
6. *Mirac. S. Benedicti*, Ed. DE CERTAIN, p. 2. Tous les auteurs anciens attribuent à l'abbé Mummolus de Fleury la translation des reliques de saint Benoît; une liste des quatorze premiers abbés de ce monastère l'affirme expressément. Nous n'ignorons pas que Dom Chamard (*les Reliques de saint Benoît*) a voulu retarder la date de la translation, mais cette opinion n'a pas, en général, été adoptée; M. Jullian lui-même (*Inscriptions romaines de Bordeaux*, t. II, p. 45) n'en est pas partisan. M. Grellet-Balguerie a réfuté par des arguments indiscutables l'assertion de Dom Chamard (*Deux découvertes historiques*, p. 21 et 22).

en 580¹ par les Lombards, où reposaient les corps vénérés de saint Benoît et de sainte Scholastique, sa sœur jumelle. Mommolin souffrait de savoir exposées aux ravages des hommes et aux déprédations des animaux sauvages les reliques sacrées du fondateur de son ordre². A la suite d'un songe, qu'il prit pour une inspiration divine, et avec l'assentiment de ses moines, il résolut d'envoyer au Mont-Cassin un de ses disciples, saint Aigulfe, originaire de Blois, martyrisé, vers 675, par les moines de Lérins dont il était devenu abbé ; à Aigulfe se joignirent quelques personnages, que saint Béraire, évêque du Mans³, averti lui aussi dans la nuit par une voix divine, chargea de rapporter le corps de sainte Scholastique.

D'après la légende de cette pieuse aventure⁴, saint Aigulfe et ses compagnons se rendirent d'abord à Rome pour y faire leurs dévotions et prier sur le tombeau des saints Apôtres Pierre et Paul ; mais ils se gardèrent bien de voir le Souverain Pontife et de laisser soupçonner le but de leur voyage. Ils se rendirent ensuite dans le Bénévent et arrivèrent au Mont-Cassin, où ils trouvèrent intacts le tombeau et le cercueil communs qui réunissaient dans la mort saint Benoît et sainte Scholastique, passés de vie à trépas en 542, saint Benoît le 21 mars, sainte Scholastique quarante jours auparavant⁵.

Les pèlerins, après avoir longtemps prié auprès du tombeau, recueillirent les ossements « de ces gemeaux et les mirent dans une corbeille ou panier, qui est encore chez nous comme tout neuf, dit Adrevald⁶ ». Ils se hâtèrent ensuite de revenir à Fleury, sans repasser par Rome.

Au moment où ils allaient franchir la frontière d'Italie, le pape, qu'Adrevald ne nomme pas⁷, eut un songe envoyé du ciel : « Eh quoi !

1. DE MONTALEMBERT, Les Moines d'Occident, t. II, p. 88, note.
2. Dans le testament de Léodebold, le fondateur de Fleury déclare qu'on y suivra les règles de saint Benoît et de saint Colomban (Recueil des Chartes de l'abbaye de Saint-Benoît-sur-Loire réunies et publiées par MM. Maurice PROU et Alex. VIDIER, in-8°, Paris, 1900-1907, Charte n° 1).
3. Saint Béraire était originaire de l'Aquitaine ; il mourut en 669 à Baneth, près Bordeaux (HAURÉAU, Gallia christiana, t. XIV, col. 350).
4. ADREVALD, de Translatione corporis sancti Benedicti, soit dans DE CERTAIN, Miracula Sancti Benedicti, soit dans les Acta Sanctorum Ordinis S. Benedicti, sæc. II. — Voir aussi les vers d'Aimoin, dans le même volume des Actes, p. 359 et suiv.
5. DE MONTALEMBERT, Les Moines d'Occident, t. II, p. 40.
6. DARNAL, Narré véritable, etc., p. 46.
7. « Is est Martinus » (649-655), dit MABILLON, Annales, t. I, p. 428. VITA-

lui dit une voix angélique, tu dors pendant qu'on ravit à l'Italie l'un de ses plus précieux trésors, les reliques de saint Benoît? » Le pape s'éveilla aussitôt et s'empressa d'envoyer aux passages des Alpes pour arrêter les fugitifs, mais ses messagers arrivèrent trop tard ; saint Aigulfe et ses compagnons parvinrent sains et saufs à Fleury, avec leur vénéré fardeau.

Les reliques de saint Benoît et de sa sœur avaient été bien mélangées dans ce périlleux voyage ; on les sépara en apportant la plus méticuleuse attention. On prit les plus petits ossements comme ayant dû appartenir au corps de sainte Scholastique, les plus gros comme faisant partie des reliques de saint Benoît, puis on approcha, dit la légende, le corps présumé de saint Benoît du lit d'un homme récemment décédé, qui ressuscita sur-le-champ ; les ossements de sainte Scholastique produisirent le même prodige sur une jeune fille morte la veille ; le doute n'était plus possible.

Le corps de sainte Scholastique fut envoyé à Saint-Béraire, au Mans ; les reliques de saint Benoît firent déposées, provisoirement, dans la basilique de Saint-Pierre en attendant de savoir où il convenait de les inhumer. Une nuit que Mommolin sortait de sa cellule pour prier en plein air et demander à Dieu de l'inspirer sur le lieu où saint Benoît devait être enseveli, il aperçut un flambeau ardent au fronton de la basilique de Sainte-Marie[1] ; il comprit que ce miracle répondait à sa secrète pensée ; il fit construire un magnifique tombeau dans cette basilique, la seule qui subsiste, et saint Benoît y fut inhumé le jour des ides de décembre (4 décembre). On célébrait, ce jour-là, à Fleury, une fête solennelle, appelée d'abord la Tumulation, puis l'Illation.

Tous les anciens chroniqueurs[2] s'accordent à placer ces événements sous le règne de Clovis II, fils de Dagobert; d'Achery donne la date de 653[3], un ancien martyrologe de Fleury, celle de

LIEN (656-672), d'après Anastase le Bibliothécaire (apud MURATORI, *Rer. Ital. Scriptores*, t. II, pars prima, p. 355. Voir aussi l'intéressante préface de MURATORI à la *Chronique* d'Anastase).

1. ADREVALD, *de Translatione S. Benedicti*, XV.

2. Voir *Acta Sanctorum Ord. S. Benedicti*, sæc. II, p. 349 et 350, où sont cités, notamment, l'auteur très ancien d'une vie de Charlemagne, la *Chronique* de Maillezais, Adrevald et Aimoin.

3. « Et anno circa DCLIII S. Benedicti Translationem contigisse affirmamus ». *Acta*, t. I, p. 350.

660¹. Mabillon déclare qu'on ne peut préciser l'année²; elle est antérieure à 669, puisque, d'après Hauréau, saint Béraire serait mort à cette date³.

La suite de la légende merveilleuse des reliques de saint Benoît n'appartient pas à l'histoire de saint Mommolin, mais il est nécessaire d'ajouter que les Bénédictins du Mont-Cassin ont, plus tard, nié, contre toute vraisemblance, la réalité de la translation ; d'autres ne l'ont admise qu'en partie et ont même supposé des bulles du pape Vitalien excommuniant saint Mommolin et saint Aygulfe⁴. Dans tous les cas, on montre encore au Mont-Cassin, sous le maître-autel de l'église, la tombe du saint fondateur de l'abbaye et on lit cette inscription : « Benedictum et Scholasticam, uno in terris partu editos, una in Deum pietate cœlo redditos, unus hic excepit tumulus, mortales depositi pro æternitate⁵. »

Paul Diacre écrivait, cependant, dès le VIIIᵉ siècle, dans le Mont-Cassin même : « Venientes de Cenomannicorum vel Aurelianensium regione Franci... ossa auferentes, in suam patriam asportaverunt... Sed certum est nobis os venerabile et omni nectare suavius et oculos... ceteraque quoque membra, quamvis in cinerem defluxa remansisse⁶. » Léon, autre Cassinien, dit de même : « et nos redactas habemus in pulverem carnes⁷. » Ces deux textes antiques suffisent à justifier la tradition de Fleury confirmée, d'ailleurs, par plusieurs bulles papales⁸.

---

1. *Martyrologium Floriacense* (*Acta*, t. II, p. 359). Certaines chronologies font terminer en 662 le règne de Clovis II (Voir *Acta*, t. II, p. 350).
2. « Principatum Chlodovei junioris contigisse constat ; de anno præciso non constat » (*Annales*, t. I, p. 428).
3. *Gallia christiana*, t. XIV, col. 350. Les *Acta Sanctorum Ord. S. Benedicti* fixent la mort de saint Aigulfe aux environs de 675; mais, à cette époque, il avait quitté, depuis quelques années, l'abbaye de Fleury pour être placé à la tête de celle de Lérins. Rappelons, pour mémoire, que Dom Chamard, à peu près seul de son avis, fixe la translation des reliques de saint Benoît à l'année 703. M. Grellet-Balguerie a réfuté les arguments de Dom Chamard, comme nous l'avons déjà dit.
4. Voir : MURATORI, t. II, pars I, p. 355.
5. DE MONTALEMBERT, *Les Moines d'Occident*, t. II, p. 40, note.
6. Pauli WARNEFRIDI Langobardi filii Diaconi Forojuliensis, *De gestis Langobardorum libri VI* ad ms. et veterum codicum fidem editi. Lugduni Batavorum, CIƆIƆCXCV, in-8°; livre VI, chap. II, p. 218.
7. Cité par DARNAL, *Narré véritable*, etc., p. 40.
8. « Ubi (Fleury) requiescit egregius pater domnus noster beatissimus Benedictus », dit une bulle de Léon VII (936). — Voir *Recueil des Chartes*

Le succès de la grande œuvre accomplie sous l'inspiration de saint Mommolin fut bientôt connu de tout le monde chrétien, les pèlerins affluèrent à Fleury pour vénérer les reliques de saint Benoît ; les miracles se multiplièrent, des aumônes abondantes enrichirent l'abbaye[1] qui prit le nom de Saint-Benoît-sur-Loire et étendit, peu à peu, son rayon d'action. Les rois eux-mêmes tinrent à honneur de la doter ; un præceptum de Thierry III lui donna les biens patrimoniaux d'un certain duc Loup, envoyé en exil comme complice du meurtre de Childéric II et de sa femme Bilichilde[2] : « Lupus, pessimus dux, in exilium retruditur, sicut in præcepto ejusdem Theoderici continetur, quod de hereditate ejusdem Lupi essent, in monasterio Sancti Petri constructo in agello Floriacensi[3]. » Dom Chamard et M. Perroud identifient ce duc Loup avec celui qui régnait alors à Toulouse[4] ; on ne connaît, du reste, à cette époque, aucun autre duc de ce nom. Loup, Vascon d'origine, étant un soldat de fortune[5], ses biens patrimoniaux devaient être peu importants ; ils comprenaient, d'après l'abbé Rocher[6] et Gauban, des terres situées dans le pays d'Aillard, contre le Lizos et le Drot. Le duc Loup,

---

de *l'abbaye de Fleury-sur-Loire*, recueillies et publiées par MM. Prou et Vidier, in-8°, Paris, 1900-1907, p. 111. — Voir aussi, p. 80, une charte de Jean VIII, Arch. hist. du dép. de la Gironde, t. V, pièces n°ˢ 112, 115 et 140 La bulle de Léon VII est considérée come authentique par MM. Prou et Vidier. Au sujet de la réalité de la translation des reliques de saint Benoît, cf. Dom Chamard, *loc. cit.*, et surtout Buettes et Cuissard, *Catena Floriacensis*. On pourrait encore citer l'antique manuscrit de Ratisbonne reproduit par Mabillon (*Vet. Analecta*, t. IV, p. 451 et 452).

1. On conserve encore un reliquaire (*scrinium*) en bois de chêne recouvert de feuilles de cuivre mince ayant reçu une décoration repoussée, encadrée d'une torsade grossière. Une inscription apprend que ce reliquaire a été fait sur l'ordre de saint Mommolin. — Voir communication de M. le Marquis de Fayolle au Congrès archéologique de France (59ᵉ session, tenue à Orléans en 1892, p. 301 à 316).

2. « Rex Hildericus insidiis... Amalberti, videlicet et Ingolberti, simulque Bodilonis, necnon et Lupi... vita et regno privatus est. » (D. Bouquet, t. III, p. 585 B, ex vita S. Lantberti, episcopi Lugdunensis).

3. D. Bouquet, t. II, p. 697 (*Genealogia regum Francorum a Meroveo usque ad unctionem Pipini regis*. MM. Prou et Vidier indiquent deux autres textes relatifs à cette donation qu'ils considèrent comme réelle (*Recueil des Chartes de l'abbaye de Fleury-sur-Loire*, III, p. 20 et 21).

4. Cité par M. Jean de Jaurgain, *La Vasconie*, 1ʳᵉ partie, p. 45. M. de Jaurgain établit par des textes que Loup était duc de Gascogne en 673.

5. « Surrexit puer unus, nomine Lupus, qui et auctor nominis sui adesse voluit. » *Ex Miraculis Sancti Martialis*, D. Bouquet, t. III, p. 580.

6. Rocher, *Histoire de l'abbaye royale de Saint-Benoît-sur-Loire*, p. 439, cité par Gauban, *Histoire de la Réole*, p. 17.

bien qu'ayant essayé de se faire proclamer roi [1], était trop éloigné pour s'occuper de défendre les biens qu'on lui enlevait du côté de La Réole, d'autant plus qu'il venait de perdre une partie de son armée en Septimanie [2]. Il est donc probable que la donation faite par Thierry III resta à l'abbaye de Fleury, ce qui expliquerait que, dès le temps de Charlemagne, le prieuré de la Réole fût placé sous les ordres de cette abbaye [3]. Dans tous les cas, quand on connaît l'activité et le zèle de Mommolin, il est naturel de penser qu'il se rendit lui-même en Gascogne pour prendre possession de ces nouveaux domaines et en assurer les revenus à son monastère ; on sait, d'ailleurs, que, au moyen âge, on se déplaçait aussi fréquemment que de nos jours, soit pour remplir un devoir [4], soit dans un but d'intérêt. C'est, probablement, en revenant vers Fleury que la fatigue obligea saint Mommolin à s'arrêter dans l'abbaye Sainte-Croix de Bordeaux. « Ce saint abbé », dit l'anonyme bénédictin, « fut receu par les religieux dudit couvent avec toute la charité possible. Le saint vieillard recreu du chemin et chargé d'années receut là-dedans la récompense de ses travaux, le 8 d'Aoust que l'Eglise solennise sa feste [5]. »

Le moine Darnal ajoute : « Ce fust le septième iour de sa demeure et séiour au monastère de Sainte-Croix de Bourdeaux que ce voyageur partit de la terre vers le ciel, de la région de la mort à la vie immortelle [6]. » Il avait géré l'abbaye de Fleury pendant trente ans.

Suivant Darnal et beaucoup d'autres, saint Mommolin mourut en revenant d'un pèlerinage à Saint-Jacques de Compostelle entrepris pour l'accomplissement d'un vœu. Mabillon, lui-même, paraît admettre

---

1. D. BOUQUET, t. III, p. 580, *ex Miraculis Sancti Martialis*.
2. D. BOUQUET, t. II, p. 715, *Historia Wambœ Regis de expeditione adversus Galliam*.
1. *Sancti Petri de Regula... prioratus Historica-chronologica sinopsis* (auteur principal dom MALPEL, publication faite au t. XXXVI de la *Société des Archives historiques*). On lit, p. 1 : « Carolum Magnum... abbati monasterioque Floriacensi... subjecit » (anno 777). Le prieuré devait être d'abord peu important, puisque, jusqu'au Xe siècle, il fut géré par de simples obédienciers révocables (*loc. cit.*, p. 8).
4. Aimoin, moine de Fleury au Xe siècle, raconte que plusieurs abbés de ce monastère avaient fait le voyage de Gascogne et n'avaient pas beaucoup survécu (*Acta Sanctorum Ord. S. Benedicti*, t. VI, p. 52, Vita, vel Martirium S. Abbonis abbatis).
5. *Actes de l'Académie de Bordeaux*, 1842, p. 216.
6. DARNAL, *Narré véritable*, etc., p. 69.

l'hypothèse du pèlerinage, car il s'exprime ainsi : « Ce saint, dit-on, en allant en Espagne pour accomplir un vœu, fut surpris par la mort à Bordeaux, dans le monastère de Sainte-Croix qui, par suite, existait à cette époque. » Mais il s'empresse d'ajouter : « Peut-être était-il venu dans ce pays pour apporter de l'ordre au monastère de la Réole, qui est voisin. L'acte de réédification de cette abbaye[1] porte, en effet, qu'elle dépendait de Fleury avant les invasions normandes[2]. »

D'Achery[3] et les Bollandistes[4] ont fait ressortir l'impossibilité d'un pèlerinage à Saint-Jacques au VIIe siècle, les reliques du saint apôtre n'ayant été exposées à la vénération des fidèles qu'à la fin du VIIIe siècle (date la plus ancienne 798) et les pèlerinages au sanctuaire de la Gallice ayant commencé au IXe siècle seulement, peut-être plus tard, s'il faut en croire Mgr Duchesne.

Quant à la réalité de la mort de saint Mommolin dans l'abbaye Sainte-Croix de Bordeaux, elle n'est pas contestable. Le corps entier du saint repose encore dans une chapelle de l'église actuelle de Sainte-Croix et ces insignes reliques ont été l'objet d'un culte solennel qui n'a, pour ainsi dire, jamais subi d'interruption. *Tote listoire de France* parle de « louter saint Mont molin » lors des invasions normandes[5], c'est-à-dire en 848. Le moine Darnal écrivait, au commencement du XVIIe siècle : « l'église Bourdeloise nous a transmis de temps immémorial sans interruption, puis neuf cens ans et plus, de festes au huictiesme du mois d'Aoust[6] » soit depuis la mort de saint Mommolin. Les traditions du diocèse d'Orléans sont, d'ailleurs, conformes, sur ce point, à celles du diocèse de Bordeaux, et Mabillon a relevé, notamment, sur un très vieux martyrologe de Fleury, l'indication de la mort de saint Mommolin, dans les termes suivants : « VI idus Augusti Burdegalis depositio S. Mummoli abbatis[7] ». Il ajoute que, ce jour-là, à Bordeaux et à Fleury, on solennise la mémoire du saint.

1. Voir la discussion de l'authenticité de cet acte, *Recueil des Chartes de l'abbaye de Saint-Benoît-sur-Loire*, réunies et publiées par MM. Maurice Prou et Alex. Vidier, in-8°, Paris, 1900-1907, p. 155 à 159.
2. *Annales Ordinis Sancti Benedicti*, t. I, p. 546.
3. *Acta Sanctorum Ord. S. Benedicti*, sæc. II, p. 677.
4. *Acta Sanctorum*, mois d'août, t. II, saint Mommolin, et mois de juillet, t. VI, p. 15 et suiv., saint Jacques.
5. P. 79.
6. *Narré véritable*, etc., p. 138.
7. *Annales Ordinis S. Benedicti*, t. I, p. 546.

On n'est pas bien fixé sur l'année exacte de la mort de saint Mommolin, mais elle a eu lieu certainement au VII° siècle, peu avant 679, selon Mabillon[1] ; nous discuterons, plus loin, cette date.

Les Bénédictins de Sainte-Croix de Bordeaux ont toujours vénéré saint Mommolin avec la plus profonde piété et la plus minutieuse dévotion. Les moines ont su soustraire les reliques du saint abbé aux Sarrasins et aux Normands. « Les Normands, dit Orderic Vital[2], tuaient les peuples sans armes, dispersaient les moines et les clercs, si bien que les reliques des saints demeuraient dans les édifices détruits sans être l'objet d'aucun culte, ou que les pieux fidèles les emportaient avec eux dans leur fuite. » D'après l'auteur de *Tote listoire de France*, « Ser la poor daus normanz... A saincte croiz a bordau devant louter saint Mont molin mistrent le tresor en un poiz[3] » ; on dut aussi y enfermer le corps du saint.

Pendant le moyen âge, quand les moines de Sainte-Croix concluaient quelque pacte un peu important, c'était sur le tombeau de saint Mommolin que les parties s'engageaient à observer leurs conventions. En 1195, notamment, l'abbé Arnaud de Vayrines, Guillaume Aiquelin, seigneur de Lesparre et Senebrun, son frère, après avoir prêté serment entre les mains de l'archevêque de Bordeaux, Hélias de Malemort, et sur les Saints Evangiles viennent, par surcroît, jurer auprès de l'autel et des reliques de saint Mommolin[4].

Au moyen âge, la perception des droits sur les vins vendus à Bordeaux se faisait, quelquefois, *ad valorem*; en cas de discussion sur les prix déclarés, « il falloit jurer sur les bras et reliques Sainct Maumoulin »[5]. Certains prisonniers étaient autorisés à attester leur innocence sur

---

1. *Annales Ord. S. Benedicti*, p. 546.
2. *Orderici Vitalis Angligenæ Historia esclesiastica ex veteris codicis uticensis collatione emendavit* Augustus Le Prévost, Paris, in-8°, t. II, p. 6 et 7.
3. P. 85.
4. Archives historiques du département de la Gironde, t. IV, p. 10 ; t. XXVII, p. 49-51 ; *Gallia christiana*, t. II. Instrumenta, col. 286. Les trois textes présentent de notables différences. Nous avons découvert l'original aux Archives départementales de la Gironde, série H, Abbaye Sainte-Croix, liasse B, n° 21.
5. *Instruction pour la conservation de certains droicts appartenans à la ville et cité de Bourdeaus*, par le sieur d'Arnal escuyer (MDCXX), p. 5, recto.

les reliques de « Sainct Maumoulin » ; le sergent qui les conduisait recevait « 2 sols, 6 deniers bourdelois[1] ».

Le 11 février 1452/53, Jean Boet, laboureur à Saint-Vivien, prêta serment entre les mains de Jean Nicolas, prêtre, « sobre lo libre et la crotz estant sobre lautar de moss. sent Mommolin[2] ».

Une reconnaissance de 1415 stipule que le cens et l'esporle sont pour le sacristain, qui doit « tener bona lampa ardenta cascuna nuit... dauant lo cors sant de monsenhor sent Mommolin en lodcit moster sancta crotz[3] ».

« Le jour de Saint Mommolin, huictiesme d'aoust », on procédait à l'élection des nouveaux jurats à Bourg-sur-Gironde ; après l'élection, il y avait grand festin à l'Hôtel-de-Ville[4].

Les statuts de l'abbaye, rédigés vers le milieu du XIV° siècle, d'après un texte primitif plus ancien, règlent avec de minutieux détails les neuvaines qu'on venait faire fréquemment, de Bordeaux et des environs, au tombeau de saint Mommolin, pour demander la guérison des maladies mentales. La Jurade elle-même payait, parfois, le dépenses. « Au jorn d'uy », lit-on dans ses Registres, à la date du 29 mars 1421, « fo donat congeit à Johan Guilhem, apperat Metge, que anga far la nobena à Ssent Momolin ... et plus que la sia relaxats tant de bens cum lo sera besont per son despents a causa de la deyta nobena[5] ».

Les prières duraient onze jours et onze nuits, les deux premières périodes étant considérées comme préparatoires. Les fous furieux robustes jeûnaient au pain et à l'eau ; les débiles pouvaient boire du vin étendu d'eau ; les malades sans forces étaient dispensés entièrement du jeûne. C'était le cellérier qui fournissait la nourriture nécessaire[6] ;

---

1. *Ancien et Nouveau Statuts de la ville et cité de Bourdeaus* (MDCXII), p. 24.
2. Archives départementales, Registre II, 285.
3. Ibid., Carton n° 113 (prov.).
4. *Histoire de la ville de Bourg-sur-Gironde*, par Emile MAUFRAS, p. 233 et 235.
5. Archives municipales, Registres de Jurade. Délibérations de 1414 à 1416 et de 1420 à 1422, p. 497.
6. Quand les abbés commendataires eurent supprimé l'office de cellérier, ils durent en prendre les charges. Un arrêt du 15 octobre 1521 rendu dans « la Salle du Palais Royal de Lumbrière, à Bordeaux » condamna l'abbé Daux à payer « un carton de vin et un pain pour chacun jour, pour chacun malade qui fait la neuvaine à saint Maumoulin, durant la dite neufvaine » (Arch. dép. de la Gironde, Série H, Ab. Sainte-Croix, Carton n° 92. prov.).

quant aux chandelles de cire servant à l'éclairage pendant les veillées auprès du tombeau, on les remettait, le premier jour, au moine sacristain qui recevait, en outre, 25 sols de monnaie bordelaise pour les dix messes célébrées, chaque jour, à l'autel du saint, et onze deniers pour une image de cire appelée vulgairement « Bot¹ », et qui était placée devant l'autel.

Bien entendu, quand il s'agissait de fous furieux, l'abbaye prenait ses précautions, et quoi qu'ils fussent enchaînés², leur admission était subordonnée à la caution de gens solvables répondant des dégâts qu'ils pouvaient occasionner dans le monastère.

La neuvaine terminée à Sainte-Croix, les malades devaient aller veiller une nuit dans l'église des Carmélites, devant l'autel de Saint-Maur.

Quand les malades mouraient au cours de la neuvaine, on les traitait comme les serviteurs de l'abbaye et on les enterrait gratuitement, soit dans le grand, soit dans le petit cimetière.

Une autre dévotion est ainsi décrite par Darnal : « Nous avons retenu ceste coutume de la vénérable antiquité d'humilier nos testes passant entre les pilliers estroitement soubs cette Bière, ayant en mains chandelles allumées³ ». Il fallait se courber, car les colonnes n'avaient que deux pieds de haut.

Au commencement du XIVᵉ siècle, le 21 juin 1315, furent rédigés les statuts d'une confrérie fondée sous le vocable de Sainct Jehan Baptiste et de Sainct Mommolin. Cette confrérie fut bientôt célèbre et l'on venait en foule s'y affilier. D'après Darnal, le premier Registre, fort volumineux, indiquant le nom des confrères, clos le 20 octobre 1550, mentionnait des cardinaux, des présidents, des conseillers, etc. ; un deuxième registre fut ouvert et se remplissait rapidement « à la diligence des Syndics, Comtes et Boursiers⁴ » ; au XVIIᵉ siècle, il y

---

1. « Item, undecim denarios, unam imaginem ceræ, aliter Bot, quæ ponitur coram altari Beati Mummoli et debet esse unius libræ. » Statuts. Bot est, peut-être, pour vot, votum, ex-voto. D'après M. l'abbé Callen (Lopes, t. II, p. 17) ce mot était employé aussi comme synonyme de frairie.

2. « Environ vn pied plus bas que la table diceluy (l'autel) se descouvre de chasque costé, vn bout de grosse chesne de fer où on a veu puis trente ans des énergumènes attachés. » Darnal, Narré véritable, etc., p. 123.

3. Narré véritable, etc., p. 75.

4. Ibid., p. 170.

avait « plus de mille personnes enrôlées dans la confrairie de ce grand sainct... : ces confrères font dire tous les dimanches de l'année une messe basse à son honneur et une messe haute pour chaque confrère, lors de son décès [1] ».

Il existe plusieurs copies des Statuts de la célèbre confrérie de Saint-Jean et Saint-Mommolin, les unes en gascon, les autres en français ; la plus ancienne, rédigée en français est écrite sur parchemin ; elle est revêtue de la signature autographe du Cardinal de Sourdis, au-dessous de la date du 20 juin 1618 [2] ; ce prélat avait déjà confirmé les statuts en 1600 ; il résulte de l'approbation même que, dans la copie, on n'avait changé que quelques mots pour faciliter l'intelligence de sens ; le texte gascon, sans titre ni signature, doit être, à peu près, de la même époque. D'après Darnal, les Statuts étaient écrits sur vélin en feuilles et divisés en trente-six articles ; le texte approuvé par le Cardinal de Sourdis est aussi divisé en articles, commençant tous par les mots : « Item fust estably du vouloir de tous les confraires », mais les articles ne sont pas numérotés. Darnal nous apprend encore que, par article spécial « la médisance est défendue et la détractation du prochain, ce que expressément y est adiouté en ratifiant les dites ordonnances le premier jour de l'an 1370 ». Cette date figure dans le texte même de l'article auquel Darnal fait allusion : « Item feust estably du vouloir de tous les confraires en l'an mil trois cent septante la vespre du premier jour de l'an... » ; il y avait donc eu, à cette époque, sous l'abbé Pey de Camiada, une première revision des Statuts.

La confrérie de Saint-Jean et de Saint-Mommolin était une véritable société de secours mutuels profondément chrétienne, administrée par un « compte [3] » (président) et un boursier (trésorier) nommés annuellement « le jour et le lendemain de la sainct Jehan Baptiste, les confrères étant assemblés ». Ils étaient assistés par un clerc pour les questions litigieuses et avaient à leur service un « mande » ou huissier. On ne

---

1. Darnal, *Narré véritable*, etc., p. 168. Ms. 12734, dom Jean-Pierre Dabasie, p. 76 (verso).
2. Abbaye Sainte-Croix, liasse A, n° 7. Nous avons publié ces statuts au t. XLIII des Archives historiques du département de la Gironde, pièce n° 199.
3. En 1480, Bernart de la Tasta, chantre de Sainte-Croix, était comte de Saint-Mommolin. Arch. hist. du dép. de la Gironde, t. XXVII, p. 340.

pouvait refuser les fonctions de comte ou de boursier, sous peine de 10 sols d'amende. Les malades étaient veillés par les confrères, qui recevaient chacun 6 deniers ; ceux qui refusaient ce service payaient une amende de 2 sols ; les morts étaient gardés par quatre confrères, munis chacun d'un cierge et payés 7 deniers ; puis, le compte et le boursier faisaient dire « la liège » au logis du mort par les chapelains et le clerc de la confrérie ; les confrères étaient tenus d'y assister, ainsi qu'aux funérailles et à la messe du septième jour. Les frais des funérailles étaient payés par la famille du confrère ou de la consœur défunt ; en cas d'indigence, le « cabail » ou trésor de la confrérie y pourvoyait. Quand un confrère se noyait dans la Garonne, le comte frétait des gabarres et l'on recherchait le cadavre pendant dix jours ; les confrères se relayaient d'une marée à l'autre.

Le cardinal François de Sourdis fit ajouter aux Statuts un article obligeant les confrères et consœurs à se confesser et à communier les jours de fête de la « frairie de Monsieur sainct Jehan et sainct Mommolin, selon que nous admoneste nostre mère la saincte église ». Le cardinal, en approuvant les statuts, accorda aux confrères et consœurs « 100 jours d'indulgence chaque fois qu'ils se confesseraient et communieraient ; 30 jours à ceux qui porteraient le poêle ou pavillon et accompagneraient les prêtres lorsqu'ils portent le sainct Sacrement aux malades et 100 jours à l'article de la mort. »

Bernadeau prétend[1] qu'au moment de l'affiliation à la confrérie on partageait avec le syndic une poire et un coup à boire en signe de la fraternité contractée, mais cette pratique n'est pas indiquée par les Statuts.

La confrérie de Saint-Mommolin avait des ramifications dans tout le diocèse de Bordeaux et dans celui de Bazas[2]. Certaines de ces confré-

---

1. *Antiquités bordelaises ou Tableau historique de Bordeaux et du département de la Gironde*, par P. BERNADAU. A Bordeaux, MDCCXCVII, p. 356.
2. L'église d'Aureilhan (Landes) est placée sous le vocable de Saint-Mommolin ; à deux kilomètres, environ, de l'église se trouve une fontaine qui porte le nom de Saint-Mommolin ; on y va boire en esprit de foi pour obtenir la guérison des maux de tête (Nous devons ces renseignements à l'obligeance de M. le Curé d'Aureilhan et de M. l'abbé Capdevielle, secrétaire de Mgr l'évêque d'Aire) ; le monastère Saint-Pierre de la Réole avait, autrefois, un autel consacré à saint Mommolin (DARNAL, *Narré véritable*, etc., p. 80).

ries existent encore, bien que celle de Sainte-Croix ait complètement disparu.

Les cérémonies solennelles qui se célébraient chaque année dans l'abbaye Sainte-Croix, le jour de saint Mommolin (8 août), et pendant toute l'octave, ne cessaient ni jour ni nuit. Une grande foule de fidèles s'y rendait de tous les points du diocèse et des diocèses voisins ; au XVIe siècle, les femmes élégantes de Bordeaux y venaient masquées, s'embarquant au château Trompette et remontant la Garonne jusqu'à l'embouchure du ruisseau de l'Eau Bourde[1]. Les fidèles assemblés dans l'église allaient processionnellement au tombeau du saint, « le supérieur du monastère faisant l'office, les diacres portant une partie des reliques enchâssées en un bras d'argent », les moines « resplendissaient tous, en dalmatiques, manteaux, pluviaux et autres ornemens de riche estoffe, soye, brocatel et gaze. Les orgues et autres instrumens musicaux meslés à la diversité des voix par vn doux accord font retentir les voustes de l'église ; les estats et le peuple suivaient la croix et la banière[2] » où est brodée l'image de saint Mommolin. Pour éviter les abus et les désordres durant les veillées de nuit, les religieux et les clercs faisaient la police dans l'intérieur de l'église ; autour d'elle, dans le cimetière, étaient les gardes du guet de la cité[3].

Pendant ces cérémonies, on chantait des hymnes très anciennes à la louange du saint ; Estiennot en a conservé trois, copiées sur de vieux manuscrits ; les strophes sont de quatre vers de huit syllabes[4].

A la fin du XVIIe siècle, la fête de saint Mommolin étaient encore célébrée avec beaucoup de pompe ; « depuis le matin de la veille, jusque à dix heures du soir de sa feste, l'église était pleine de personnes qui venaient rendre leurs vœux à ses sacrées reliques, et n'est année où la nuict de sa feste il n'y ait plus de trois cens personnes étrangères

---

1. GAULLIEUR, *Histoire de la réformation à Bordeaux*, in-8°, p. 207. Une chanson protestante publiée le 9 août 1560 disait :
    Les uns se sont du tout masqués,
    Les autres se sont embarqués,
    Et tous pour aller au moulin.
2. DARNAL, *Narré véritable*, p. 139 et 140.
3. *Ibid.*, p. 150.
4. Bibliothèque nationale, manuscrit d'Estiennot, fonds latin n° 12751, p. 468 et 469. Ces hymnes ne sont pas indiquées au *Repertorium hymnologicum* de M. le Chanoine U. Chevalier ; nous les avons publiées dans *l'Aquitaine*, Semaine religieuse du diocèse de Bordeaux, n° du 14 août 1908.

qui veillent dans l'église, chantant les louanges à son honneur jusqu'à ce que la première messe commence, laquelle se dit environ les trois heures après minuit, laquelle estant finie, toutes ces personnes sortent pour faire place à d'autres qui arrivent continuellement et sans interruption jusques à dix heures du soir comme j'ay déjà dit[1] ».

Bellet écrivait en 1738 : « On en fait la feste le 8 aoust, il y a un grand concours de peuple qui viennent l'intercéder pour guérir de la douleur de teste[2]. »

Toute la partie de la grande nef de l'abbaye Sainte-Croix placée en dehors de la clôture claustrale a longtemps été consacré à saint Mommolin. En entrant par la grande porte on trouvait d'abord un mur de 2 mètres de hauteur, 3 m. 30 de longueur et 1 m. 70 de largeur, supportant un solide plancher, sur lequel s'élevait la statue de saint Mommolin, en pierre polie d'un grain très fin. Le saint était représenté avec la cape noire, sur le froc aux manches amples et pendantes. Il portait, d'une main, un livre, symbole de son savoir et, de l'autre, un bâton abbatial, recourbé dans le haut et pointu dans le bas. Un ange, les ailes entr'ouvertes, soutenait ce bâton ; le corps de l'ange était à demi-caché dans un nuage. La statue était noircie par la fumée de la lampe qui brûlait constamment devant elle, par celle des nombreux luminaires que les fidèles venaient apporter et « par les suffumigations de l'encens[3] ».

Après la statue, se dressait l'autel de saint Mommolin. « C'est Autel est enclos comme vn petit cloistre ou ceinture du sacraire, où on monte par degrés[4]... Sa chappelle est d'ordinaire garnie de membres et de corps de cire, offerts en action de grâce par ceux qui ont été guaris à la prière de nostre Patron. »

« Le tombeau de saint Mommolin était de pierre dure comme vn marbre bastard gris, relevé au-dessus du paué (au mitan de la principale des trois nefs voutées de l'Eglise) de deux pieds, sur six pilastres posée sur leur piédestal et le chapiteau à la Corinthe[5]. La couverture

---

1. Bibliothèque nationale, manuscrit de Dom Jean-Pierre Dabadie, fonds latin, n° 12734, p. 76 (verso).
2. Bibliothèque municipale de Bordeaux, ms. n° 828, p. 67.
3. Daunal, *Narré véritable*, etc., p. 83 et suiv.
4. *Ibid.*, p. 80.
5. *Ibid.*, p. 75.

est embossée, faite en creste ou en dos dasne, taillée en escailles, de mesme façon qu'est le lict, lequel est appuyé d'un bout sur l'Autel de la chappelle tillée de boys, en vouste ronde, dédiée à ce Patron ; de l'autre bout, vers l'Orient, ce sépulchre est soutenu de la muraille en parapel, qui clost le chœur des moynes, un corridor entre deux[1]. » Par quelques-uns de ses caractères, dit l'abbé Pardiac[2], le tombeau de saint Fort, dans le crypte de Saint-Seurin, peut nous donner une idée de celui de saint Mommolin.

Le tombeau décrit par Darnal en 1617 ne subsista pas longtemps ; mal entretenu par les moines, il tomba en ruines[3] ; les religieux de la Congrégation de Saint-Maur durent le faire reconstruire, en mai et juin 1646 ; ils profitèrent de ce travail pour déplacer le sépulcre et le rapprocher du pilier[4] où se trouve actuellement la chaire ; on employa dix-sept pieds et demi[5] de pierre de taille et l'on entailla le pilier afin d'y placer l'épitaphe ; un grand nombre de carreaux furent placés devant l'autel du saint. En août 1651, on fit au sépulcre une « encoffreure » de bois qui coûta 150 livres[6]. Au XVIIIe siècle, d'après Bellet, « son sépulchre » y était « encore fort enrichi de dorures élevé sur deux petits piliers dans la nef et on y voit son épitaphe prez de là[7] ».

Bernadau, qui avait vu le tombeau, s'exprime ainsi[8] : « On remarque, près de la grande porte du chœur de cette église, élevé sur des colonnes de six pieds de hauteur le tombeau de saint Maumoulin, abbé de Fleury. » Darnal ne donnait que deux pieds à ces colonnes.

Jouannet écrivait en 1823 : « le tombeau de saint Mommolin se trouvait sous la troisième arcade à droite » ; il ajoute que « l'inscrip-

---

1. DARNAL, *Narré véritable*, p. 75.
2. *Saint Mommolin, patron des Bordelais*, brochure résumant le livre de DARNAL.
3. Archives départementales, Registre H. 961 : « pour nettoyer les ruines de S. Momolin et pour le transport dehors » (fol. 99 verso).
4. *Ibid.*, fol. 101 recto. — Liabeuf dit « que le sépulchre de saint Mommolin fut translaté en l'an 1646 ». Biblioth. nat., résidu de St-Germain-des-Prés, ms. n° 1217. Congrégation de de St-Maur, *Correspondance*, t. I, p. 5 à 8.
5. *Ibid.*, fol. 99 verso.
6. *Ibid.* : « pour le charroy d'un millier de carreaux pour poser par devant les autels de S. Maur et de S. Momolin » (fol. 104 recto), et Arch. dép., liasse A, n° 7.
7. Bibliothèque municipale de Bordeaux, ms. n° 828, p. 67.
8. *Antiquités bordelaises*, p. 355.

tion était fixée à un pilier coupé et aplani à cet usage. On voit encore les crampons qui servaient à la fixer[1]. »

Le cercueil était en bois doré, mais l'un des bras du saint en avait été ôté pour être enfermé dans un reliquaire d'argent[2]. C'est ce reliquaire qu'on portait processionnellement pendant les cérémonies de l'octave. Le cercueil tombant de vétusté, le prieur claustral Dom Antoine Espinasse le remplaça, vers 1636, par une châsse en noyer fort artistement travaillé. Le prieur Dom Besiat (1663-1666) fit, plus tard, dorer cette châsse[3].

L'épitaphe, d'après Darnal, « était gravé en vn marbre mal poli, attaché ou enchassé en la muraille a costé du sépulchre de nostre sainct Mommolin au derrière de la petite porte, devers le septentrion[4]... C'est epitaphe est gravé par quelque rude sculpteur, les caractères sont divers et mélangés de lettres Gottes et antiques romaines avec des pointes et esgralignures entre lignes et a costé[5]. »

D'après Estiennot, l'épitaphe était gravée sur une tablette de marbre de forme carrée ayant un pied de côté[6]. Venuti a conservé de cette épitaphe un fac-similé, exécuté en 1754[7], le seul qui paraisse avoir été connu des érudits; c'est celui que reproduisent Le Blant[8], de Castellane[9], Grellet-Balguerie[10] et M. Jullian; ce dernier déclare que « le dessin de Venuti donne, sans contredit, la copie plus fidèle de l'inscription[11] »; ces auteurs ne connaissaient, sans doute, pas le fac-similé

---

1. *Musée d'Aquitaine*, t. I, p. 275.
2. Voir, notamment, les Bollandistes, *Acta Sanctorum*, mois d'août, t. II.
3. *Les prieurs claustraux de Ste-Croix de Bordeaux et de St-Pierre de la Réole*, Bordeaux, 1884, in-8, p. 55.
4. « Il fut translaté en 1646 », LIABEUF, cité par LE BLANT, *Inscriptions chrétiennes dans les Gaules antérieures au VIIIᵉ siècle*, Paris, MDCCCLXX, t. II, p. 377. On plaça alors l'épitaphe contre un pilier, qui fut aplani à cet effet (JOUANNET, *Musée d'Aquitaine*, t. I, p. 275). — La plaque de marbre était carrée et avait environ un pied de côté (ESTIENNOT, p. 29).
5. *Narré véritable*, etc., p. 107.
6. Biblioth. nat., fonds latin ms. 12751, p. 29.
7. *Dissertation sur les monumens de la ville de Bordeaux*, p. 52.
8. *Inscriptions chrétiennes de la Gaule antérieures au VIIIᵉ siècle*, t. II, p. 490.
9. *Mémoires de la Société archéologique du Midi de la France*, t. II, p. 201.
10. *Deux découvertes historiques*, etc., p. 2.
11. *Inscriptions romaines de Bordeaux*, t. II, p. 40.

exécuté par Estiennot[1], bien antérieur (1680) à celui de Venuti; nous les produisons tous les deux ci-contre.

Le fac-similé d'Estiennot présente avec celui de Venuti les différences suivantes : au lieu de *humlis*, Estiennot a lu *humilis* (l'*i* qui terminait la seconde ligne a pu disparaître entre 1680 et 1754 ; Darnal et Liabeuf, antérieurs à Estiennot, avaient lu aussi *humilis*); *augusts* (fin de la neuvième ligne) pour *agusta* ; *res* pour *reg* ; enfin il écrit *domni* comme premier mot de la dernière ligne, et non comme dernier mot de l'avant-dernière ligne.

Outre ces deux fac-similé, il existe de nombreuses copies de l'épitaphe ; les plus intéressantes, par ordre de date, sont celles de Darnal (1617)[2], de Liabeuf (1648)[3], de d'Achery (1669)[4], de Mabillon (1703)[5] et de Dom Devienne (1773)[6].

Darnal traduit naïvement : « Cy gist de bonne mémoire l'humble serviteur de Christ, Mommolin, lequel a vescu cent septante années, exempt de tout mauvais dol et sans cholère, joyeux. Est à sçavoir qu'il passa de cette vie le 8 d'Aoust après avoir sciourné (au monastère de Sainte-Croix) sept iours, la cinquième année du règne de nostre Roy Clouuis[7]. »

D'Achery s'exprime ainsi au sujet de cette épitaphe : « quelle autorité mérite cette inscription très incorrecte, d'autres en décideront. On voit au premier coup d'œil que les caractères et la façon d'écrire sont de temps postérieurs ; peut-être l'épitaphe étant à peu près effacée a-t-elle été modifiée et mutilée par quelque sculpteur ignorant[8] ». Il l'admet, pourtant, à correction, et il indique cinq modifications ou additions, traduisant par *circiter* l'abréviation de la quatrième ligne et changeant Clovis en Thierry, ce qui lui fait placer en 678 la mort de saint Mommolin.

---

1. Ms. 12751, p. 29.
2. *Narré véritable*, etc., p. 107 et 108.
3. Biblioth. nat., résidu de St-Germain-des-Prés, t. I, p. 5 à 8, ms. 1217, copie reproduite par M. JULLIAN, *Inscriptions romaines de Bordeaux*, t. II, p. 40.
4. *Acta Sanct. Ord. S. Benedicti*, t. II, p. 676.
5. *Annales Ord. S. Benedicti*, t. I, p. 546.
6. *Histoire de la ville de Bordeaux*, t. II (édité en 1862), p. 17, note 1.
7. *Narré véritable*, etc., p. 108.
8. *Act. Sanct. Ord. S. Benedicti*, t. II, p. 676.

ÉPITAPHE D'APRÈS LE MANUSCRIT D'ESTIENNOT.

☩ HIE REQVIESCET BONE
RECORDAEIONES HVMI
LIS XPI MOMMOLENVS
QVI VIXIT ANNVS LXX SEPTVA
GENTA APVD QVEM NVL
LVS FVIT DOLVS MALVS
QVI FVIT SENE IRA IOCVNDVS
HOC EST ACCEPIT TRANSITVM SV
DIAE VI IDVS AVGVSTAS VBI FECIT AVGVSTS
DIES SEPTEM ANNO V REGNVM
DOMNI NOST CHLODOVEI RES

ÉPITAPHE D'APRÈS VENUTI.

☩ HIE REQVIECET BONE
RECORDAEIONES HVM
LIS XPI MOMMO LENVS
QVI VIXIT ANVS LXS SEPTVA
GENTA APVD QVEM NVL
LVS FVIT DOLVS MALVS
QVI FVIT SENE IRA IOCVNDVS
HOC EST ACCEPIT TRANSITVM SVV
DIAE VI IDVS AGVSTAS VBI FECIT AGVST
DIES SEPTE ANNO V° REGNVM DOMNI
NOST CHLODOVEI REG

Mabillon, qui reproduit l'épitaphe avec l'interprétation « circiter », dit seulement, qu'elle est ancienne, « vetus epitaphium¹ ».

L'abbé Venuti, épigraphiste des plus experts, n'hésite pas à admettre l'authenticité de l'épitaphe, et les savants modernes ont adopté cette opinion « ... la forme carrée des C et des O, les E remplaçant les I, la longueur de la haste des Q, des P et des R, le mélange des petites lettres et des capitales, les rares abréviations, le sigle que l'on peut traduire par *plus minus*, signes caractéristiques de l'épigraphie du VII° siècle, sont des témoignages certains d'une authenticité qui n'a pas encore été contestée². » M. Jullian, écrivain protestant, dit d'abord : « Nous croyons fort possible que l'inscription ne soit pas exactement l'épitaphe originale, mais une épitaphe recopiée sur un modèle antique³ »; plus loin, il ajoute : « Nous regarderons donc, sinon comme hors de doute, du moins comme à peu près certain que notre inscription est datée du 8 août 642. C'est bien la date que donne la forme des lettres⁴. »

Jusqu'au commencement du XVI° siècle, le sigle de la 4° ligne était pris pour CCC et l'on faisait vivre saint Mommolin trois cent soixante-dix ans; Delurbe l'affirme expressément⁵; « la même histoire, ou plus tôt fable, avoit été insérée ez leçons du Bréviaire de Bordeaux, duquel elle a été ostée, après la remontrance que ie fis là-dessus à monsieur le cardinal de Sourdis, Archevesque, après avoir visité le tombeau et leu diligemment cet épitaphe⁶ ». Nous avons vu que le moine Darnal

---

1. *Annales Ord. S. Benedicti*, t. I, p. 546.
2. Congrès arch. de France, LIX° session, Séances générales tenues à Orléans en 1892 par la Société française d'archéologie pour la conservation et la description des monuments, Paris et Caen, 1894, in-8. — *Le chapelet de M™ de Montespan et le reliquaire de saint Mommolin*, par M. le Marquis de Fayolle, p. 309.
3. Archives municipales de Bordeaux, *Inscriptions romaines de Bordeaux*, Bordeaux, 1890, in-4, t. II, p. 41.
4. *Ibid.*, p. 44. — Mentionnons, pour mémoire, que Dom Devienne (*Histoire de la ville de Bordeaux*, t. II, p. 17), sans fournir aucune preuve, déclare l'épitaphe composée au X° siècle. Il est seul de son avis, et M. Jullian lui-même trouve qu'il va « trop loin » (*loc. cit.*, p. 41).
5. *Chronique bourdeloise* composée cy devant en latin par Gabriel Delurbe Advocat en la Cour... et par luy de nouveau augmentée et traduite en françois, in-4, Bourdeaux, Simon Millanges, MDCXIX, p. 9 verso.
6. *Remarques et Notes à corriger en la Chronique de Bordeaux* composée par le sieur Delurbe, envoyée au sieur Darnal (le chroniqueur parent du moine), par le R. P. Fronton du Duc, Bourdelois de la C¹ᵉ de Jésus, estant à Paris, au mois de juillet 1619, in-4, p. 2 recto. — D'après le moine Darnal (p. 110),

se contentait de 170 ans. Ces erreurs grossières étaient d'autant plus surprenantes qu'on trouvait dans l'église Sainte-Croix « un hymne composée en l'honneur de saint Mommolus ou saint Mommolenus qui ne luy donne que 70 ans. Voyez les livres qui sont au chœur de ceste église là¹ ». La véritable lecture du sigle paraît être *plus minus*, comme le veut Venuti. « Il y a, dans la quatrième ligne, une abréviation qu'on a prise pour le chiffre de 300 et qui n'est autre que l'abréviation des deux mots si usités dans les épitaphes des anciens chrétiens, *plus minus*, qui nous apprennent que saint Mommolin a vécu environ 70 ans. Le P. Mabillon l'a expliquée par le mot de *circiter*, que je n'ai jamais trouvé dans les anciennes épitaphes². »

Cette première difficulté concernant la durée de la vie de saint Mommolin n'était pas bien sérieuse ; mais l'épitaphe en présente une autre qui a donné lieu à de grandes controverses et qui est loin d'être absolument éclaircie. On y lisait, en effet, que saint Mommolin est mort « la cinquième année de notre roi Clovis », sans autre désignation. Clovis Ier doit être écarté, car il ne possédait pas l'Aquitaine la cinquième année de son règne. Dans la liste officielle des rois figurent encore Clovis II (638-657)³ et Clovis III (691-695)⁴ ; s'il s'agit de Clovis II, saint Mommolin serait mort en 642 ou en 643 ; si c'est Clovis III, le décès aurait eu lieu en 695. Mais les chroniqueurs sont loin de limiter ainsi leurs hypothèses. Delurbe donne la date de 702 dans le texte latin de sa chronique et 698 dans le texte français ; le moine Darnal, 665 ; dom Luc d'Achery, 678 ; Mabillon, les Bollandistes et la

---

on lisait dans le légendaire du propre des Saints du diocèse de Bordeaux : « escrit à la main en grands peaux de parchemin... : « vixit septies viginti annos »... environ 140 ans ».

1. *Ibid.*, p. 2 verso. L'hymne ancienne à laquelle du Duc fait allusion contenait la strophe suivante :
    Cui data et gravia
    Circiter septuaginta
    Annis vixit alacriter
    Religionis minister.
— Voir Estiennot p. 468.

2. *Dissertation sur les monuments de la ville de Bordeaux*, in-4, Bordeaux, MDCCLIV, p. 52. On trouve dans LE BLANT plusieurs inscriptions portant les mots *plus minus*, notamment, aux numéros 507 et 524.

3. Certaines chronologies reculent de six ans le règne de Clovis II. (Voir *Acta Sanct. Ord. S. Benedicti*, t. II, p. 350.)

4. « Clodoveus regnavit annos 4, obiit in quinto » (PERTZ, *Monum. Germ. Hist... scriptorum*, Hannoverae, MDCCCXXVII, t. III, p. 307 et 308).

Gallia christiana, 679; Venuti, 653; Bernadau, 653 dans les *Antiquités bordelaises* et 643 dans le *Viographe bordelais*. La date de 653 donnée par Venuti et reproduite par bien d'autres, après lui, résulte manifestement d'une erreur, car l'auteur raisonne ainsi : « Pour moi je suis persuadé que c'est de ce Roy (Clovis II) que parle notre inscription... Il commença à régner vers l'an 638 et il parvint jusqu'à l'an 656 ; la 5ᵉ année de son règne, dans laquelle mourut saint Mommolin, est l'an 653 ». Il faut évidemment 643 [1].

Comme nous l'avons déjà dit, d'Achery arrive à la date de 678 en substituant dans l'inscription Thierry III (673-691) à Clovis, modification que rien ne justifie.

Mabillon, dans les *Annales* [2], raisonne autrement : « On ne sait, dit-il, quel est ce roi Clovis sous le règne duquel mourut saint Mommolin, la cinquième année ; ne serait-ce pas ce roi supposé qu'Ebroïn disait fils du roi Clotaire et qu'il voulait faire monter sur le trône pour remplacer Thierry ? » Il est certain que, dès le IXᵉ siècle, ce Clovis était considéré comme un véritable roi : « donec ante Clodoveum regem Hebroinumque Majorem domus... adhiberetur [3] », écrivait Adrevald. Grellet-Balguerie a réuni, au sujet de ce monarque, un faisceau de preuves qui paraissent sérieuses [4]. En admettant cette hypothèse, on arriverait à l'année 678. Mabillon n'insiste pas à ce sujet ; il écrit que l'on doit admettre une date peu antérieure à 679 et il justifie son assertion en s'appuyant sur une très ancienne liste des abbés de Fleury [5], finissant à l'italien Théodulfe, quatorzième abbé, dépossédé, au plus

---

1. Relevons une erreur fâcheuse dans le propre des saints du diocèse de Bordeaux inséré dans le Bréviaire. On y lit à la VIᵉ leçon (p. 47) : « Obiit autem anno quinto Clodovei regis, hoc nomine secundi, qui incidit in annum a Christo nato sexcentesimum septuagesimum septimum. » La cinquième année du roi Clovis II est 643, et non 677 ; il suffirait de supprimer l'incidente « hoc nomine secundi ».

2. *Annales Ord. S. Benedicti*, t. I, p. 546.

3. *Vita S. Aigulfi* (Acta Sanct. Ord. S. Benedicti, t. II, p. 664-65).

4. *Deux découvertes historiques. Histoire de Clovis III nouveau roi de France, 672-673 à 677-678, Authenticité et date précise de la translation du corps de S. Benoît en France*. Brochure in-12, Orléans, 1882. — Ce travail est resté à l'état de programme comportant de nombreuses notes très savantes.

5. Cette liste est, à peu près, celle qu'a publiée Baluze : *Stephani Baluzii Miscellanorum liber primus*, p. 491, Paris, MDCLXXIX, in-8°. Migne, *Patrologie latine*, t. CXXXIX, col. 579 à 582. L'original de cette liste se trouve, d'après M. de Certain (*Miracula S. Benedicti*, p. 3, note 1), à la Bibliothèque nationale, ms. 1720, ancien fonds latin.

tard, en 818[1] par Louis le Pieux comme compromis dans la conspiration de Bernard, roi d'Italie. Malheureusement, il y a beaucoup de vague dans le raisonnement de l'illustre bénédictin et l'on ne doit admettre qu'avec réserves la date qu'il propose.

La statue, l'autel, le tombeau et l'épitaphe de saint Mommolin ont été détruits pendant la Révolution, mais on voyait encore, en 1823, les crampons qui avaient servi à fixer l'épitaphe à un pilier voisin[2]. Ces crampons ont eux-mêmes disparu aujourd'hui.

Les reliques du saint ne furent pas profanées en 1793. Larrieu, « ministre du culte catholique de l'arrondissement de Sainte-Croix de Bordeaux », son vicaire G. Foucault et deux autres témoins constatèrent, le 12 thermidor an III (31 juillet 1795), la présence des ossements, renfermés dans une toile préparée que contenait la châsse attenante à un des piliers de l'église. Cette châsse fut enfermée sous clé dans l'un des cabinets de la sacristie; sept jours après, les reliques, avec l'autorisation de l'évêque constitutionnel Pacareau, furent mises, accompagnées d'un procès-verbal, dans une autre châsse fermée à clé et cachetée, pour être exposées à la vénération des fidèles (le lendemain était la fête de saint Mommolin).

Le 11 brumaire an XIII (2 novembre 1804), Charles-François d'Aviau Dubois de Sanzay, archevêque de Bordeaux, autorisa Antoine Bournazeau, curé concordataire de Sainte-Croix, à exposer les diverses reliques de l'église. Le 31 juillet 1807, le chanoine Delort, secrétaire de l'archevêché, « fit ouvrir la caisse contenant les ossements de saint Mommolin, laquelle caisse s'est trouvée adossée au troisième pilier de l'église, à droite en entrant », y trouva les procès-verbaux du 31 juillet et du 7 août 1795 et les reliques enfermées dans la toile préparée mentionnée par ces documents. Ce qui donne à ces diverses constatations un caractère de véracité incontestable, c'est que l'un des témoins a signé les trois procès-verbaux et que ce témoin est l'ex-frère bénédictin Michel Mothes, autrefois clerc du sacristain de l'abbaye; il demeura persuadé que la guérison d'un violent mal de tête dont il souffrait

---

1. C'est la date de la mort de Bernard : au mois de juillet de la même année, l'abbé Adalgaudus gérait Fleury. *Recueil des chartes de l'abbaye de Saint-Benoît-sur-Loire*, p. 31, charte XIV.
2. JOUANNET, *Musée d'Aquitaine*, t. I, p. 275.

« depuis plus de vingt ans devait être attribuée à l'intercession dudit saint dont il avait recueilli et porté les reliques avec un vif sentiment de foi[1] ».

Les reliques de saint Mommolin furent, plus tard, transportées sous l'horloge, avec l'autel du saint[2]; elles sont actuellement, déposées dans l'ancien baptistère de la paroisse, transformé, depuis 1878, en une chapelle consacrée au saint; pendant les travaux, les reliques furent recueillies au couvent des Ursulines de la place de la Monnaie. Le cardinal Donnet, assisté de son coadjuteur de la Bouillerie, les rapporta solennellement dans le local qui leur avait été préparé. Elles furent enfermées dans un reliquaire en verre épais dont les arêtes sont en bois doré. On pouvait, récemment encore, apercevoir le corps entier du saint à travers les parois de la châsse qui le contenait; aujourd'hui, un voile de drap doré le recouvre et dérobe les ossements à la vue des fidèles. L'ancien suaire en toile préparée existe encore dans le reliquaire; mais les ossements n'y sont plus renfermés; le bras d'argent servant aux processions a disparu pendant la Révolution, la relique qu'il contenait a été remise dans le reliquaire, précieusement enveloppée. Le buste en argent de saint Mommolin, que la confrérie avait fait exécuter, en 1668, par « Arnault Sermensan, bourgeois et maître orfèvre de cette ville, y demeurant près le Palais, place Saint-Pierre[3] », avait été conservé par le syndic de la confrérie; le citoyen Chastegnet, membre de la confrérie, en fit remise, avec d'autres objets de peu de valeur, le 12 frimaire an II, au fameux citoyen Bertrand, alors maire de Bordeaux[4]; l'ex-frère Michel Mothes donna aussi au même personnage toute l'argenterie de l'église; il n'en fut point déli-

---

1. Les procès-verbaux que nous résumons sont encore dans la châsse du saint, qui a été tout récemment ouverte; un double se trouve aux Archives de l'Archevêché de Bordeaux, Carton de l'église Sainte-Croix. Nous les avons publiés dans l'*Aquitaine*, Semaine religieuse du diocèse de Bordeaux, 9 août 1907, p. 308 et suiv.
2. Délibération du Conseil de Fabrique du 10 septembre 1826. Il semble que les premiers curés concordataires de Sainte-Croix se soient ingéniés à faire oublier tous les anciens souvenirs de leur église.
3. Archives historiques du département de la Gironde, t. XXVI, pièce n° 11.
4. Voir le détail de ces objets, Archives municipales, fonds Vivie, t. XII (1er déc. 1793). — Nous devons ce renseignement à l'obligeance de M. Ernest Labadie.

vré reçu¹ ; et personne n'en entendit plus parler depuis ; on sait que Bertrand était coutumier de pareils vols.

Le tombeau et l'épitaphe qui se trouvait autrefois dans l'église Sainte-Croix établissent avec certitude qu'un saint personnage appelé Mommolenus y a été enseveli au VII⁰ siècle, et cela pourrait nous suffire à prouver que l'abbaye existait à cette époque reculée. « La tradition et la totalité des érudits veulent que ce Mommolenus soit le même personnage que Mummolus, premier ou second abbé de Fleury-sur-Loire². » Après avoir constaté cette unanimité, M. Jullian, sans produire aucun document nouveau, a essayé d'établir qu'il s'agit de deux saints différents. Le texte suivant de Mabillon est cependant décisif « ... consignatus legitur obitus Mummoli abbatis in pervetusto Martyrologio Floriacensi ante annos sexcentos scripto his verbis : VI idus Augusti Burdegalis depositio S. Mummoli abbatis³ ». M. Jullian rejette ce texte « comme sans valeur certaine ». Ce martyrologe, dit-il, « est mentionné avec plus de précision et de détails en 1669, par le même Mabillon dans les *Actes des Saints de l'Ordre de Saint-Benoît* et toujours à propos de Mommolenus. La mémoire de ce saint, disait alors Mabillon, est consignée dans un très ancien martyrologe de l'an 1087, de cette manière : « Mummoli abbatis », mots écrits de première main. Or, il n'est pas question dans ce dernier texte de ce qui en fait la valeur, *depositio Burdegalis* ; ces deux mots — seuls importants pour nous — ne se lisaient donc pas dans le martyrologe de 1087 ; si Mabillon les a indiqués, plus tard, dans ses *Annales*, comme s'y trouvant, ce doit être par suite d'un oubli involontaire⁴ ».

A quoi bon cette hypothèse gratuite, puisque la mention de la sépulture de saint Mommolin à Bordeaux se lit encore aujourd'hui, d'une écriture aussi ancienne, dans un martyrologe autrefois en usage à Fleury ?

Supposer que Mabillon a manqué de mémoire en reproduisant, dans

---

1. Archives départementales de la Gironde, liasse 1110.
2. Archives municipales de Bordeaux, *Inscriptions romaines de Bordeaux*, par Camille Jullian, in-4°, Bordeaux, 1890, t. II, p. 44. M. Jullian paraît ne connaître, en original, qu'un seul texte ancien, celui du 29 mars 1421, tiré des registres de la Jurade.
3. *Annales Ord. S. Benedicti*, t. I, p. 546.
4. *Loc. cit.*, p. 46.

le premier volume des *Annales Ordinis Sancti Benedicti*, l'extrait du martyrologe de Fleury mentionnant la mort de saint Mommolin, c'est admettre que l'illustre bénédictin n'avait pas sous les yeux la transcription du document quand il l'a reproduit. Cette hypothèse, si contraire aux méthodes de travail de Mabillon devrait, pour être acceptée, être appuyée de quelque preuve. M. Jullian n'en donne aucune et se borne à rejeter sans motifs un texte qui contredit sa thèse. Il est certain, cependant, que Mabillon a toujours eu pour principe de n'écrire l'histoire qu'en s'appuyant sur de solides documents : « de même, dit-il, que l'amour de l'équité est la première vertu du juge, ainsi l'investigation sincère et minutieuse des choses passées est le devoir de l'historien[1] ». D'ailleurs, en ajoutant à un texte, fût-il cité de mémoire, deux mots aussi importants que « depositio Burdegalis », on ne commet pas un oubli, on se rend coupable d'une falsification. Or « il n'y a aujourd'hui, en France et à l'étranger qu'une voix pour reconnaître... l'intégrité du caractère de Mabillon et la façon dont il comprenait les devoirs de l'historien[2] ». « Je serais coupable, écrivait-il, si, en vue de la gloire de mon Ordre, je présentais les choses fausses comme vraies, les douteuses comme certaines[3]. »

Le but poursuivi par Mabillon aurait été, dans l'espèce, de justifier le culte ancien rendu dans l'abbaye de Sainte-Croix à un personnage nommé Mommolenus, dont l'histoire n'aurait gardé aucun souvenir s'il n'était le célèbre abbé de Fleury Mummolus. En agissant ainsi, le grand bénédictin aurait été en contradiction avec les pratiques de toute sa vie ; il était l'adversaire résolu des saints dont l'existence ne lui paraissait pas justifiée ; il s'attira des animosités sérieuses, au début de sa carrière, parce qu'il trouvait « que l'on avait eu raison de retrancher quelques saints des *Acta Sanctorum* en les mettant au rang des douteux[4] », et il dut se défendre à ce sujet devant le Chapitre général

---

1. Ut æquitatis amor prima judicis dos est, sic et rerum ante actarum sincera et accurata investigatio historici munus esse debet (cité par Dom Claude DE VIC, *Vita Johannis Mabillonii*, Patavii, 1714, p. 45).
2. *Dom Jean Mabillon, sa probité d'historien*, par M. Léopold DELISLE (*Mélanges et Documents* publiés à l'occasion du 2ᵉ centenaire de la mort de Mabillon, p. 93).
3. Dom Claude de Vic, *loc. cit.* : « Inique agerem si falsa ut vera, dubia ut certa proponerem Ordinis decore. »
4. Dom TASSIN, *Histoire littéraire de la Congrégation de Saint-Maur*, p. 208.

de la Congrégation de Saint-Maur tenu en 1677, contre les attaques passionnées de son collègue Dom Bastide. Sur la fin de ses jours (1698), et à peu près à l'époque où il racontait, dans les *Annales*[1], la mort de saint Mommolin, il publiait sans nécessité, dans l'intérêt seul de la vérité, et malgré l'avis de ses amis, la fameuse *Lettre d'Eusèbe Romain à Théophile français* sur (ou plutôt contre) le *culte des saints inconnus*, opuscule qui lui suscita de nombreux ennuis et faillit le faire censurer par la Congrégation de l'Index[2].

On doit donc rejeter, a priori, l'hypothèse d'un manque de mémoire de la part de Mabillon et il est encore plus inadmissible qu'il ait commis une fraude dans l'intérêt mal entendu de son Ordre.

On peut, du reste, établir facilement la supériorité, au point de vue documentaire, du texte relatif à la mort de saint Mommolin inséré par Mabillon au tome I des *Annales* sur celui figurant au tome II des *Acta* et préciser à la suite de quelles recherches, faites sur place à Fleury, le savant historien a été amené à changer d'opinion sur l'identité de Mummolus et de Mummolenus, à rectifier et à compléter le texte des *Acta* qui est, non seulement incomplet, mais erroné.

Bien que M. Jullian nomme Mabillon seul comme auteur des *Acta*, le savant religieux n'a pas voulu assumer la responsabilité de cette œuvre importante, dont les documents avaient été recueillis un peu partout, depuis vingt ans, la plupart avant son arrivée à Saint-Germain-des-Prés, par de nombreux moines, documents assemblés et transcrits par d'Achery et Chanteloup. Ce dernier étant mort et d'Achery âgé et infirme, Mabillon fut chargé, en 1667, par ses Supérieurs d'assurer, sous la direction de d'Achery, la publication des *Actes des Saints*[3], sans qu'il eût la possibilité de contrôler sur place,

---

1. Mabillon se mit à l'œuvre, pour préparer le premier volume des *Annales*, le 13 juillet 1693, et ce volume parut en 1703.

2. Cette lettre parut en latin sous le titre suivant : *Eusebii Romani ad Theophilum Gallum, de cultu sanctorum ignotorum*; elle a été insérée dans le t. II des *Œuvres posthumes* de Mabillon.

3. Mabillon considérait cette publication comme une lourde charge; le 18 novembre 1670, il écrivait à Hermann Schenck, bibliothécaire de l'abbaye de Saint-Gall : « Ante annos triginta, unus e nostris, Lucas Acherius..... colligere incipit acta seu vitas sanctorum ordinis nostri, servata primigenia auctorum phrasi emittenda in lucem. Id mihi oneris impositum aggressus, opus partior in sæculorum classes » (*Archives des missions scientifiques*, 1857, t. VI, p. 436, n° 77).

avec les originaux, les textes qu'il avait à publier. Il ne faisait rien sans « le communiquer auparavant » à d'Achery « et sans prendre ses avis ». L'ouvrage, jusqu'au tome III inclusivement, est, d'ailleurs, ainsi intitulé : « Acta Sanctorum Ordinis Sancti Benedicti in sæculorum classes distributa collegit D. Lucas d'Achery, ac cum eo edidit D. Johannes Mabillon, qui et universum opus Notis, Observationibus, Indicibusque illustravit. » Mabillon, dans la Préface du tome I, s'exprime ainsi : « Non quidem auctor, sed adjutor operis, non primarius architectus, sed minister succedaneus » ; et, plus loin « fasciculis magna ex parte congestis... huic studio animum devovi ».

Si Mabillon ne veut pas assumer la responsabilité des premiers volumes des *Acta*, il se déclare, au contraire, le seul auteur des *Annales* : « auctore domno Johanne Mabillon » ; les *Annales* étaient, en effet, son œuvre personnelle, non qu'il n'ait pas eu de collaborateurs, il a soin de les nommer dans la préface du tome Ier, mais il les a éprouvés et contrôlés ; la plus grosse partie des recherches a été faite par lui-même ou par un aide dont il était sûr ; après avoir longuement étudié la valeur de Dom Claude Estiennot, l'avoir initié à ses méthodes de travail et en avoir fait son compagnon dans le voyage en Flandre, il le chargea d'explorer les archives des monastères situés au sud de la Loire, se réservant la Picardie, la Champagne, la Bourgogne et l'Allemagne ; Estiennot consacra treize ans à ces recherches et fut ensuite envoyé à Rome, en 1684, comme procureur général de la Congrégation de Saint-Maur ; il dépouilla par un labeur incessant les documents accumulés dans la Bibliothèque vaticane et dans celle de la reine de Suède. Mabillon vint alors le rejoindre et se rendre compte par lui-lui-même des résultats obtenus ; ils allèrent ensuite compulser ensemble les archives des monastères italiens. C'est après un travail préliminaire aussi considérable et aussi sérieux que Mabillon commença à rédiger les *Annales de saint Benoît*, avec la conscience qu'il apportait dans ses travaux historiques. Il n'est pas permis de penser que Mabillon, après avoir réuni tant de matériaux, ait négligé de les consulter et se soit fié à sa mémoire. Il est rationnel, au contraire, de conclure que si l'on trouve des différences entre les *Acta* et les *Annales*, c'est dans les *Annales* que se trouve la vérité et l'expression réfléchie de la pensée de Mabillon. Ces différences sont très sensibles dans la discussion de la légende de saint Mommolin et ne se bornent pas à la correction de texte relevée par M. Jullian. L'auteur des *Acta* doutait de l'identité de Mummolus et de Mummolenus, Mabillon l'affirme expressément ; l'auteur des *Acta* proposait de nombreux changements à l'épitaphe de saint Mommolin, Mabillon la reproduit intégralement et se borne à traduire par « circiter » le sigle de la quatrième ligne. C'est à l'aide des modifications à l'épitaphe que l'auteur des *Acta* fixe à 678 la date de la mort de saint Mommolin ; Mabillon, sans préciser, dit qu'elle eut lieu peu avant 679 et raisonne tout autrement, ainsi que nous l'avons déjà indiqué. Malgré ces différences notables, diverses similitudes attestent formellement que Mabillon avait les *Acta* sous les yeux quand il parla, dans les *Annales*, de la mort de saint Mommolin, il n'avait donc pas perdu de vue cet important ouvrage, comme M. Jullian l'affirme gratuitement[1], et contre toute vraisemblance.

A ces considérations d'ordre général, on peut en ajouter d'autres particulières au texte en discussion que M. Jullian ne traduit qu'en partie, bien que le citant complètement dans une note. Ce texte a été certainement mal transcrit par le moine de Fleury qui l'envoya à Saint-Germain-des-Prés, car il est incomplet et inexact ; d'après les *Actes*, le Martyrologe de 1087 porterait : « VI Kalend. Augusti Mummoli Abbatis[2] » ; pour compléter le sens, il faut ajouter un ou plusieurs mots : « obitus, depositio », probablement « depositio Burdegalis », comme l'écrit Mabillon dans les *Annales* ; de plus, il y a une inexactitude : « VI Kalend. Augusti » ; il faudrait : « VI Idus Augusti », ainsi que le rétablit Mabillon avec raison[3], car la fête de saint Mommolin, à Fleury et à Sainte-Croix, se solennisait le VI des ides d'août (8 août), comme l'indiquent tous les anciens calendriers, et non le VI des calendes d'août (27 juillet). Ainsi donc, le texte dont se sert M. Jullian est erroné et il ne peut être attribué avec certitude à Mabillon ; par contre, celui que M. Jullian rejette comme « sans valeur certaine »

---

1. *Inscriptions romaines de Bordeaux*, t. II, p. 46.-« Si Mabillon les a indiqués plus tard, dans ses *Annales*, ce doit être par suite d'un oubli involontaire. »
2. *Acta Sanct. Ord. S. Ben.*, t. II, p. 678, n° 12. Le texte de la *Vie* de saint Mommolin est en italiques, les citations en caractères romains, il n'y a donc pas de confusion possible.
3. *Annales Ord. S. Benedicti*, t. I, p. 546.

porte tous les caractères de l'authenticité la plus absolue, car il a été contrôlé sur place, à diverses reprises, par Mabillon.

Tant que l'illustre bénédictin n'a eu à sa disposition que la transcription, faite par une main inconnue, du texte des *Acta*, il a douté, comme M. Jullian, de l'identité de Mommolenus et de Mummolus; c'est son ami Estiennot qui le déclare en 1680, onze ans après la publication de la biographie de saint Mommolin : « an idem extiterit ille sanctus Mummolenus dictus ac Mummolus abbas Floriacensis, tuto dubitat (Mabillon) et ego cum ipso[1] ». En 1681 et 1682, Estiennot, nommé à Orléans prieur de Bonne-Nouvelle, explora les archives des monastères de l'Orléanais et écrivit leur histoire, qu'il dédia à Mabillon ; à propos de Fleury, il raconta en ces termes la mort de l'abbé Mummolus : « Vixit autem, ut tradunt, abbas noster Burdigalæ, ac in ecclesia Sanctæ Crucis sepultus est, cuius epitaphium habes in antiquitatibus nostris diœcesis Burdigalensis benedictinis[2] » ; l'étude sur place a modifié son opinion ; il n'affirme pas encore l'identité, mais il ne la nie plus. Un peu plus loin, sans parler du voyage à Bordeaux, il en donne le motif, la fondation du prieuré de La Réole : « Monasterium de Squirs a Sancto Mummolo primitus institutum[3] ». C'est dans cet état d'esprit que Mabillon trouva Estiennot quand, en 1682, après avoir séjourné lui-même à Fleury, il vint trouver son ami à Orléans[4]. Cette entrevue détermina Mabillon à mieux se renseigner sur Fleury ; en dehors des documents qu'il se fit envoyer et qui lui permirent, notamment, dans les *Annales*, de modifier la chronologie, parfois discutable, d'Estiennot, il alla lui-même, de nouveau, à Saint-Benoît-sur-Loire, en 1701, au moment de livrer à l'impression le premier volume des *Annales* ; il y passa, dit Ruinart, son fidèle compagnon[5], les derniers jours du mois de septembre et les premiers jours du mois d'octobre « à examiner quelques anciens monuments et ce qui reste de cette fameuse bibliothèque ». On voit que, jusqu'au dernier moment, Mabillon s'est occupé de Fleury ; il n'est donc pas soutenable que, s'il

---

1. Bibl. Nat., ms. fonds latin n° 12751. *Ascelerium nobile Sanctæ Crucis*, p. 30.
2. Bibl. nat., ms. fonds latin n° 12739, « Celebre ascelerium S. Benedicti vallis aurei in agro Floriacensi, à Saint-Benoît-sur-Loyre », p. 79.
3. *Ibid.*, p. 122.
4. Mabillon, *Œuvres posthumes*, t. II, *Itinerarium Burgundicum*, p. 32.
5. *Abrégé de la vie de Dom Mabillon*, p. 294.

a modifié le texte du Martyrologe publié par les *Acta*, ce doit être « par suite d'un oubli involontaire[1] », comme le prétend M. Jullian sans la moindre preuve. On doit penser, au contraire, que la modification est la conséquence de l'étude attentive des documents qu'il a trouvés dans le monastère, notamment du Martyrologe mentionnant la mort de saint Mommolin, pièce d'importance capitale, que Mabillon n'a, certainement, pas négligé de consulter pendant ses deux séjours à Fleury. L'examen du texte a, d'ailleurs, motivé une réserve de la part de l'illustre bénédictin ; les *Acta* donnaient au document la date précise de 1087 ; les *Annales* disent seulement que le Martyrologe avait plus de six cents ans : « ante annos sexcentos scripta[2] ». On retrouve là Mabillon avec sa prudence et sa probité d'historien.

Au reste, si le Martyrologe que Mabillon a consulté n'existe plus, ce qui est à démontrer, on en trouve d'autres à peu près de la même époque et tout aussi explicites. On conserve, notamment, à la Bibliothèque municipale d'Orléans un manuscrit portant le n° 322 qui est un martyrologe d'Usuard, à l'usage de l'abbaye de Fleury, précédé d'un calendrier du X° siècle, et portant des additions qui auraient été faites en 1101, du temps de l'abbé Simon. Sur le calendrier, à la date du 6 des ides d'août (et non du 6 des calendes, comme l'indique le texte erroné des *Acta* préféré par M. Jullian), on trouve, à la suite de *Ciriaci sociorumque ejus*, d'une écriture plus récente : *Mummoli abbatis XII*[3]. Dans le corps du martyrologe, à la même date et à la suite d'un renvoi en marge : *Burdegalis depositio sancti Mommoli abbatis Floriacensis cenobii XII*[3]. S'il n'est pas absolument certain que les additions au martyrologe aient été faites du temps de l'abbé Simon, à la date précise de 1101, on peut cependant affirmer que l'écriture est du commencement du XII° siècle, c'est-à-dire presque contemporaine du document que Mabillon a consulté ; peut-être le manuscrit n° 322 de la bibliothèque d'Orléans est-il celui dont les *Acta* parlent en ces termes : « Mummoli abbatis, qui in antiquiori Martyrologio adscriptus est manu recensiori[4]. »

1. *Inscriptions romaines de Bordeaux*, t. II, p. 46.
2. *Annales Ordinis S. Benedicti*, t. I, p. 546.
3. Le nombre XII veut dire que, à Fleury, l'office de saint Mommolin comprenait XII leçons.
4. *Acta Sanct. Ord. Benedicti*, t. II, p. 678, n° 12.

Les considérations qui précèdent et, surtout, l'existence d'un texte presque contemporain mentionnant la sépulture à Bordeaux de Mummolus, abbé de Fleury, ne permettent pas de douter que Mabillon, dans les *Annales*, ait cité exactement l'antique martyrologe qu'il a consulté à Fleury. M. Jullian reconnaît lui-même que « ce texte serait décisif, même contre toutes ses objections[1] » ; nous les discuterons cependant, car nous pourrons opposer à la plupart de ses critiques des documents originaux anciens contredisant ses assertions.

Le point de départ de M. Jullian est que l'abbé de Fleury s'appelait Mummolus, et le saint enterré à Sainte-Croix Mommolenus ; cette différence n'avait pas échappé à ses devanciers[2] qui savaient « que la transcription des noms de l'époque mérovingienne varie, parfois, dans une même pièce[3] » ; on le constate, notamment, dans le testament de Léodebold, où un personnage en relations avec Fleury, probablement celui qui nous occupe, est appelé Mummolus dans le texte et Mummolenus dans les souscriptions[4]. D'ailleurs, pour les besoins de sa cause, M. Jullian doit admettre lui-même l'identité de Mummolus et de Mommuralus[5].

D'après M. Jullian, « la plus ancienne mention du culte rendu, à Bordeaux, à saint Mommolin » remonterait à 1309[6], date d'une bulle d'indulgences de Clément V, qu'il n'a pu se procurer et dont il admet l'existence d'après le moine Darnal[7]. M. Jullian a omis de consulter la *Gallia christiana* et le *Cartulaire de l'abbaye de Sainte-Croix* publié par la Société des Archives historiques du département de la Gironde[8] ;

---

1. *Inscriptions romaines de Bordeaux*, t. II, p. 46.
2. Voir, notamment, *Acta Sanctorum Ordinis Sancti Benedicti*, t. II, p. 676.
3. Le Blant, *Inscriptions chrétiennes de la Gaule antérieures au VIIIe siècle*, t. I, p. 266, note 2. Cf. Pardessus, t. I, p. 227 et 228 ; t. II, p. 9 et 10.
4. *Acta Sanct. Ord. S. Benedicti*, t. II, p. 677, n° 9. — Prou et Vidier, *Recueil des Chartes de l'abbaye de Saint-Benoît-sur-Loire*, Charte I. — Bréquigny, La Porte Du Theil et Pardessus, *Diplomata, Chartæ*, etc., t. II, p. 142. Pardessus écrit, par erreur, Nummolus et Nummolenus.
5. *Inscriptions romaines de Bordeaux*, t. II, p. 47.
6. *Loc. cit.*, p. 42.
7. *Narré véritable*, etc., p. 157.
8. *Gallia christ*, t. II. — *Instrum.*, col. 286. — Arch. hist. du dép. de la Gironde, t. IV, p. 10, et t. XXVII, p. 49 à 51. — Les trois textes présentent de notables différences, mais tous mentionnent l'autel de saint Mommolin. Sur l'original on lit, d'abord, *Sti Mumoli*, puis *Sa Momoli* ; l'écriture est très nette.

il y aurait lu une transaction de 1195, dont nous avons retrouvé l'original, mentionnant, par deux fois, l'existence d'un autel de Saint-Mommolin dans l'église de Sainte-Croix ; il est aussi question de la fête de saint Mommolin dans une donation faite au XII° siècle, sans date précise insérée au Cartulaire[1].

Bien que ne connaissant aucun texte antérieur au XIV° siècle, M. Jullian reconnaît, cependant, que « le Mommolenus de notre inscription a été, au moins après l'an mil, l'objet d'un culte très populaire à Bordeaux[2] ». Il faut remonter plus haut, car la Chronique saintongeaise *Tote listoire de France* mentionne « à Saincte Croiz a bordeu... louter saint Mont molin[3] » au moment des invasions normandes, c'est-à-dire peu après l'an 800.

M. Jullian prétend qu'au XI° siècle, on ne savait pas dans l'abbaye de Fleury que Mummolus « avait fait le voyage de Bordeaux et qu'il y était mort. Au XI° siècle encore, Aimoin, l'historien célèbre de Fleury-sur-Loire, ne le sait pas davantage[4] » ; c'est une assertion gratuite, puisque l'*Histoire des abbés de Fleury* écrite par Aimoin est perdue depuis longtemps, Mabillon le constatait avec regret, elle n'a pas été retrouvée depuis le XVII° siècle ; dans ses autres écrits, Aimoin ne parle qu'incidemment de saint Mommolin, son sujet ne l'amenant pas à mentionner la mort de cet abbé, il la passe sous silence ; la même observation s'applique à Adrevald. Dans tous les cas, Aimoin savait que, avant l'an mil, plusieurs abbés de Fleury étaient venus en Gascogne et n'avaient pas beaucoup survécu à ce voyage : « respondebat (saint Abbon, qui mourut en 1004 à la Réole) pro joco se illuc iturum quando cum satietas cepisset vitæ... Ferebatur, denique, nulli prædecessorum ejus post iter Gasconiæ diu vivere licuisse[5] ». Ce texte établit que les abbés de Fleury allaient, de temps en temps, en Gascogne pour surveiller les domaines qu'ils avaient dans ce pays. Saint Mommolin s'y

---

1. Arch. hist. du dép. de la Gironde, t. XXVII, pièce n° 125 : « festivitate Sancti Mummoli ». Remarquez encore *Mummoli*, et non *Mommoleni*.
2. *Loc. cit.*, p. 47.
3. P. 79.
4. *Loc. cit.*, p. 46 et 47. M. Jullian affirme que la célèbre école de Fleury, au X° siècle, ignorait la mort de Mummolus ; à défaut de documents, l'opinion contraire est tout aussi probable.
5. *Acta Sanct. Ord. S. Benedicti*, t. VI, *Vita, vel Martyrium S. Abbonis abbatis*, p. 52.

était rendu le premier, pour prendre possession des terres qu'un diplôme de Thierry III, dont l'authenticité est reconnue par MM. Prou et Vidier[1], avait concédées à l'abbaye. Le vieillard, fatigué, s'arrêta, au retour, à Sainte-Croix et y mourut. On a supposé, dit aussi M. Jullian, « qu'il était venu propager la règle de saint Benoît, c'est là encore une pure hypothèse » ; en note : « Hypothèse de Mabillon[2] ». Comme le passage auquel M. Jullian fait allusion n'est pas autrement rappelé, nous n'avons pu le retrouver ; nous ne supposons pas, en effet, que cet écrivain ait traduit par « la règle de saint Benoît » le mot *Regulæ* qui se trouve dans la phrase suivante des *Annales* : « Forte in illas partes profectus fuerat ad ordinandum proximum Regulæ monasterium[3] » ; nous avons vu que le voyage de la Réole s'explique naturellement.

M. Jullian, pour établir une différence bien marquée entre les deux personnages, fait mourir Mummolenus en 642 et Mummolus en 697, ou en 702.

Supposer que Mummolenus est mort en 642, c'est faire une hypothèse, sur le Clovis de l'épitaphe de Sainte-Croix, en admettant qu'il s'agit de Clovis II ; mais, il est tout aussi probable que l'inscription a voulu désigner le Clovis intronisé par Ebroïn, qu'Adrevald, dès le IXe siècle, comptait au nombre des rois, ce qui reporterait la mort vers 676[4]. Par contre, il n'est pas exact que le Mummolus de Fleury soit mort en 702, ni même en 697. Pour arriver à ces dates, M. Jullian s'appuie sur une pièce erronée, interpolée et de chronologie douteuse, le testament de Léodebold, dans lequel se trouve la phrase suivante : « monasterium (Fleury) in honore Sancti Petri ædificare delibero ». M. Jullian écrit : « il porte en tête comme date la seconde année du règne de Clovis II, soit 639, mais cette date... est fautive... Les éditeurs ont transformé, et je crois avec raison, la seconde année du règne de Clovis II en la douzième de Clotaire III et donné comme date au testament, au lieu de 639, l'année 667. L'abbaye de Fleury aurait donc été fondée vers 667. » Les éditeurs dont parle M. Jullian sont Le Cointe[5]

---

1. *Recueil des Chartes de l'abbaye de Fleury-sur-Loire*, n° III, p. 20 et 21.
2. *Loc. cit.*, p. 44.
3. *Annales Ord. S. Benedicti*, t. I, p. 546.
4. *Acta Sanc. Ord. S. Benedicti*, t. II, p. 664 et 665.
5. *Annales ecclesiastici Francorum*, Auctore Carolo LE COINTE Trecensi Con-

et Pardessus[1]; ils adoptent bien à tort, selon MM. Maurice Prou et Alexandre Vidier[2], la date de 667 pour le testament de Léodebold, mais, quoique faisant cette hypothèse, ils s'empressent d'ajouter que Fleury était déjà fondé à cette époque : « Cointius legendum censet « ædificavi » pro ædificare delibero. Recte notat ex serie instrumenti pluries mentionem fieri de monasterio S. Petri jam condito ». Le Cointe dit en outre : « Leodebodus... monasterium S. Petri prius erexit quam testamentum condidit[3] ». Tous les historiens anciens, Adrewald[4], Aimoin[5], la Chronique d'Albéric[6], etc., et tous les modernes placent la fondation de Fleury du temps de Clovis, fils de Dagobert et même auparavant[7]. Saint Béraire, qui a participé à la translation des reliques de saint Benoît, est mort, d'après Hauréau, en 669[8], et saint Aigulphe vers 675[9]; le pseudo-Anastase le bibliothécaire, qui écrivait vers l'an mil, a bien soin de placer sous le pape Vitalien (657-672) et du temps de Clovis, fils de Dagobert, la translation des reliques. La date de 667, avancée par M. Jullian, pour la fondation de Fleury ne repose donc sur aucun fondement.

Cet auteur critique le procédé employé par Mabillon pour déterminer l'année de la mort de Mummolus ; le savant bénédictin serait arrivé à ce résultat « en transformant l'inscription de fond en comble[10] ». C'est l'auteur des *Actes*, nous l'avons déjà dit, qui a refait l'épitaphe de saint Mommolin, après l'avoir d'ailleurs citée exactement ; quant à Mabillon,

greg. Oratorii D. N. Iesv-Christi Presbytero, in-folio, Parisiis, MDCLXVIII, t. III, p. 587 et suiv.

1. *Diplomata, Chartæ*, etc., p. 142, t. II.
2. Recueil des Chartes de l'abbaye de Fleury, p. 12. « Le Cointe a proposé « de substituer à Clovis le nom de Clotaire III et de corriger le chiffre de « l'année II en XII. Rien n'autorise à croire que le copiste du diplôme a « mal lu le nom du roi. Nous pouvons, tout au moins, affirmer que le « manuscrit qu'Helgaud avait sous les yeux portait, dans la date, le nom de « Clovis..., »
3. PARDESSUS, *loc. cit.*, t. II, p. 142, note 4. LE COINTE, *Annales ecclesiastici*, t. III, p. 589.
4. *Acta Sanct. Ord. S. Benedicti*, t. II, p. 353.
5. *Ibid.*, p. 359.
6. *Gallia christiana*, t. VIII, col. 1258, note.
7. En rapprochant deux passages des *Miracula S. Benedicti*, par AIMOIN, on peut arriver à la date de 620. Vide, *Acta Sanct. Ord. S. Benedicti*, t. II, p. 675, DE CERTAIN, p. 127 et 171. L'éditeur croit « avec les Bénédictins que l'abbaye ne fut fondée qu'une vingtaine d'années plus tard ».
8. *Gallia christiana*, t. XIV, col. 350.
9. *Acta Sanct. Ord. S. Benedicti*, t. II, p. 664 et 665.
10. *Loc. cit.*, p. 43.

il reproduit aussi l'épitaphe dans les *Annales*, mais il n'en propose pas la modification ; ainsi que nous l'avons fait remarquer précédemment, il calcule la date du trépas de Mummolus à l'aide d'un ancien catalogue des abbés de Fleury[1].

M. Jullian affirme que le Mommolenus de Sainte-Croix « est un personnage inconnu », confondu « pour la première fois, semble-t-il, en 1521, dans la seconde édition du martyrologe de Belinus », avec le Mummolus de Fleury[2] ; cette phrase est la traduction presque littérale d'un passage des Bollandistes[3], qui admettent cependant, et avec raison, l'identité des deux personnages. Saint Mommolin, fût-il différent de Mummolus, n'était pas un personnage inconnu ; au XVe siècle, on savait qu'il avait été abbé (calendrier du Livre velu) ; en 1437, son histoire avait déjà été écrite, ainsi que le constate un inventaire de la confrérie de Saint-Jean et de Saint-Mommolin, où l'on trouve mentionné « un libre de la *vita de mossenhor saint Maumolin* » ; dans la partie latine de cet inventaire, saint Mommolin est appelé, par deux fois, Mummolus, et non Mommolenus[4] ; cette antique biographie, aujourd'hui perdue, devait admettre l'identification des deux personnages, car des hymnes que l'on chantait dans l'abbaye avant le XVIe siècle, dont Darnal cite de nombreux passages, et qu'Estiennot nous a conservées nomment tantôt Mommolus, tantôt Mommolenus, parfois dans la même hymne, le saint qu'elles célèbrent ; elles l'appellent abbé de Fleury, « Abbatis exercitium urbis Floriacensium », et affirment qu'il était mort à Sainte-Croix : « In Sancte Cruce hospitans... lætam reddidit animam »[5].

Belinus, d'ailleurs, dans son *Martyrologe*, n'avait pas l'intention de faire des innovations. Pendant tout le moyen âge, on s'était servi dans les Églises de France, et peut-être même dans l'Église romaine, du

1. *Annales*, t. I, p. 546.
2. *Loc. cit.*, p. 47.
3. Primus cum collocavit Belinus in secunda sua editione ipsum hoc modo annuntians : « Bourdegalis depositio Mommurali abbatis Floriacensis cœnobii. » (Août, t. II, de S. *Mummolo, abbate, conf.*).
4. Arch. dép. de la Gironde, série G, n° 2372.
5. M. l'abbé CALLEN a bien voulu publier dans l'*Aquitaine*, semaine religieuse du diocèse de Bordeaux, trois de ces hymnes que nous lui avons communiquées (14 août 1908, n° 33, p. 517 à 519). Le P. FRONTON DU DUC, au commencement du XVIIe siècle, s'appuyait sur l'ancienneté de ces hymnes pour établir que saint Mommolin n'a vécu que soixante-dix ans.

martyrologe d'Usuard, composé au IX° siècle¹. Au XVI° siècle, quand on commença à employer l'imprimerie, on voulut compléter et rectifier le martyrologe d'Usuard à l'aide de manuscrits divers, en usage dans les abbayes et les églises ; nous ne savons où Belinus a pris le passage relatif à saint Mommolin que M. Jullian considère, à tort, comme une nouveauté, mais van der Meulen (Molanus), qui reproduit le même texte, déclare l'avoir trouvé dans Adon², auteur d'un Martyrologe contemporain de celui d'Usuard. Tous les manuscrits d'Adon ne relatent pas la déposition de saint Mommolin à Bordeaux, mais il n'est pas douteux que Molanus, qui procédait avec beaucoup de conscience, ait trouvé cette indication dans l'un des manuscrits qu'il a consultés.

Dans tous les cas, les textes originaux les plus anciens relatifs à l'abbaye Sainte-Croix, qui sont du XII° siècle, quand ils mentionnent le saint enterré dans l'église, dont l'épitaphe portait Mommolenus, l'appellent toujours Mummolus, preuve certaine qu'on avait déjà identifié les deux personnages : « ad altare sancti Mummoli³ », in festivitate sancti Mummoli⁴ ». Cet usage continue dans les siècles suivants. Estiennot a trouvé dans divers calendriers des XIII°, XIV° et XV° siècles, l'indication : « VI Idus Augusti, festum S¹ Mummoli, abbatis » ; sur ceux de ces calendriers appartenant à l'église Sainte-Croix, une main plus récente avait ajouté : « annuale et cum octava », témoignage d'une solennité plus grande donnée à une fête autrefois simplement célébrée⁵. Un Bréviaire composé peu après 1323, en usage à Sainte-Croix, parle, par trois fois, du saint enterré dans l'église et l'appelle

1. « Deinde, per tot annos Usuardi Martyrologium in Ecclesiis legi consuevisse, et fortasse in Ecclesia Romana » (*Benedicti XIV Pont. op. max... de festis Domini nostri Jesu Christi... libri tres*, in-4, Romae, MDCCLI, p. 501). Benoît XIV relève dans le *Martyrologe* d'Usuard des contradictions et des erreurs au sujet de fêtes anciennes et solennelles comme celles de l'Assomption de la Sainte-Vierge, *loc. cit.*, p. 502.
2. M. Jullian aurait pu lire cette indication dans la colonne même (346) du t. CXXIV de la *Patrologie latine* de Migne, à laquelle il renvoie pour Belinus ; la même mention se trouve aussi dans le *Martyrologe* d'Usuard publié par Molanus, édition de 1573.
3. Voir, notamment, Arch. historiques du département de la Gironde, t. XXVII, pièce n° 29.
4. *Ibid.*, pièce n° 125.
5. Bib. nat., ms. 12751, p. 30 : « in Kalendariis autem seculis XIII, XIV et XV exaratis, recensetur VI Idus Augusti festum S. Mummoli abbatis ; recentiori vero manu, hæc addita fuere in Kalend. S. Crucis, annuale et cum octava. »

Mummolus¹ ; les Statuts du XIV° siècle portent, à plusieurs reprises, la mention : « ante corpus Beatissimi Mummoli² ». Sur le calendrier d'un « Missel du XV° siècle provenant des archives de l'archevêché, on lit, au 8 août: « S. Mummolini, abbis et qf VI lc³ » ; dans les litanies d'un bréviaire du XV° siècle ayant la même origine, on trouve l'invocation : « S° Mummole, ora pro nobis⁴ » ; le saint est classé parmi les « monachi et eremitæ ».

Enfin, la même date, « VI Idus Augusti », adoptée de tout temps par Fleury⁵ et par Sainte-Croix pour la fête de Mommolus et de Mommolenus, est une nouvelle preuve de l'identification constante des deux personnages ; de même que la non-existence à Fleury des reliques de Mummolus⁶ témoigne, à coup sûr, que les moines de ce monastère avaient toujours reconnu que leur plus illustre abbé n'y avait pas fini ses jours.

Nous avons vu, d'ailleurs, que la phrase de Belinus et de Molanus, « depositio Burdegalæ », se trouve textuellement en marge d'un Martyrologe d'Usuard à l'usage de Fleury, d'une écriture datant du commencement du XII° siècle.

Les critiques de M. Jullian ne sont donc pas fondées, et l'opinion de l'unanimité des érudits concernant l'identité de Mummolus, abbé de Fleury, et de Mommolenus enterré à Sainte-Croix nous paraît absolument confirmée.

L'abbaye Sainte-Croix dans laquelle saint Mommolin est mort fut détruite par les Sarrazins : « Li Sarrazins », dit la Chronique de Saint-Denis, « en la cité de Bourdiaus entrèrent, le pueple occistrent ; les égli-

---

1. *Bulletin historique et philologique de la Commission des travaux historiques.* Note sur un Bréviaire du XIV° siècle ayant appartenu à l'abbaye Sainte-Croix de Bordeaux, par l'abbé Breuils, curé de Cazeneuve (Gers), année 1893, p. 269 à 272.
2. Arch. dép. de la Gironde, série H, Abbaye Sainte-Croix, liasse A, n° 10, deux manuscrits identiques, l'un de la fin du XV° siècle, l'autre un peu postérieur.
3. Arch. dép. de la Gironde, G. 903.
4. Ibid., G. 920, fol. 105 verso.
5. Voir, notamment, en ce qui concerne Fleury, LA SAUSSAYE, *Annales Ecclesiæ Aurelianensis*, p. 233.
6. Le 10 décembre 1681, le Chapitre général de la Congrégation de Saint-Maur dut ordonner aux moines de Sainte-Croix de Bordeaux d'envoyer à ceux de Saint-Benoît-sur-Loire quelques reliques « de saint Mommolen

ses ardirent et détruisirent tout le païs¹ ». Delurbe place cet événement en 729 ou 730 : « Bourdeaus est prins, pillé et rauagé par les Sarrazins. Les villes prochaines n'en ont pas meilleur marché : comme aussi le monastère Saincte Croix qui était lors hors ladite ville fust par eux ruiné² ». Le souvenir de cette destruction était encore vivant au commencement du XIV° siècle ; elle est ainsi relatée dans une transaction importante, sur laquelle nous avons à revenir, passée le 6 janvier 1303/1304 entre l'abbaye Sainte-Croix et la Jurade de Bordeaux : « Conoguda causa sia que los honorables et religios senhors abat et monges deu moustey Senta-Crotz de Bordeu, sa en reyre (jadis) agassan (ont) estatz affolatz et oppressatz, lors bens et causas, mobles et no mobles pris et emportatz, leudeyt moustey delayssat et abandonat per los avandeytz abbat et monges e entegrament ruinatz per los Sarrazins et autres ennemis de Diu nostre sobiran senhor³. »

Sur ce point, l'unanimité est complète ; d'ailleurs, si le monastère Sainte-Croix avait échappé à Abdérame, il n'aurait pas été épargné par Charles-Martel, qui pilla les églises d'Aquitaine et leurs domaines et continua l'œuvre de dévastation commencée par les Sarrasins⁴.

Aucun texte authentique ne permet d'établir à quel moment l'abbaye Sainte-Croix est sortie de ses ruines. Si l'on prend à la lettre l'acte de 1304 dont nous avons cité le début, on pourrait croire que l'abbaye attendit plusieurs siècles avant d'être réédifiée : « leudeyt moustey delayssat et abandonal per los auandeyts abbat at monges e entegrament ruinatz per los Sarrasins e autres ennemis de Diu nostre sobiran senhor e demorat en aquest estat plusieurs annades que los ducs de Guyaina, sa enrayre agassan trobal lodeyt moustey ruinat, sens abat ni monges, l'agassan reparat et mes en estat e feyt plusiors grans bens, qui fo causa que los pregarias foren remesas dans lodeyt moustey... » Mais il est permis de voir aussi dans ce contrat l'indice de deux dévas-

---

fondateur et premier abbé de leur monastère ». L'envoi fut fait le 24 août suivant, par l'intermédiaire de Dom Jean Quenite, visiteur de la province. (Arch. dép. de la Gironde, Registre H. 785, Actes capitulaires des moines de l'abbaye Ste-Croix, 24 août 1682).

1. Livre V, n° XXVI, dans dom Bouquet, t. III, p. 310.
2. *Chronique bourdeloise*, p. 10 verso.
3. Archives historiques du département de la Gironde, t. XXIV, pièce n° 101.
4. Monlezun, *Histoire de la Gascogne*, t. I, p. 263.

tations successives, l'une par les Sarrasins, la deuxième par les autres « ennemis de Dieu » qui seraient les Normands.

Pour ne pas se tromper, l'auteur de l'*Histoire* insérée dans les *Actes de l'Académie de Bordeaux* adopte les deux hypothèses : « J'estime assez probable que le monastère Saincte-Croix a esté rebaty deux fois, la première par Charlemagne et la seconde par Guillaume, comte de Bourdeaux [1] », mais il ajoute peu après : « Nous avons veu cy dessus comme le monastère de Saincte Croix avait esté détruit par les Sarrazins et il est certain qu'il demura dans cet estat déplorable jusques en l'an 970 ou, selon M. Ojinard [2], 897 que le comte de Bourdeaux le réédifia [3] ».

Delurbe et Darnal s'abstiennent. Pierre de Marca [4] croit au rétablissement du monastère par les Carolingiens ; Mabillon, dans les *Annales de l'Ordre de Saint-Benoît*, au VIIIe et au IXe siècles, ne parle pas de Sainte-Croix, mais, sous la date de 902, il rapporte que la ville de Bordeaux fut deux fois dévastée par les Normands, et que le monastère de Sainte-Croix, situé hors des murs de la ville, fut entièrement détruit [5], ce qui est admettre son existence ; dans les *Actes de l'Ordre de Saint-Benoît*, auquel il a collaboré avec d'Achery, on lit : « Il est parlé d'un monastère de Sainte-Croix dans un Capitulaire de Louis le Pieux... mais il n'est pas certain qu'il s'agisse de Sainte-Croix de Bordeaux. A coup sûr, dans ce Capitulaire il ne figure pas parmi les monastères de Gascogne ». Le Capitulaire rappelé par d'Achery a été publié par Baluze [6] ; on y trouve mentionnés deux couvents sous l'invocation de la Sainte-Croix : l'un en Aquitaine : « monasterium Sanctæ Crucis puellarum », c'est le monastère de femmes fondé à Poitiers par sainte Radegonde, l'autre qui n'est pas en Aquitaine, et au sujet duquel Baluze ajoute dans une note : « vulgo sancti Leufredi in diœcesi Ebroicensi, la Croix Saint-Leufroy » ; aucun d'eux n'est celui de Bordeaux. Le silence du Capitulaire de Louis le Pieux à l'égard de l'abbaye de Sainte-Croix de Bordeaux ne prouve pas, d'ailleurs, sa non-existence, car, d'après Baluze, en dehors

---

1. *Actes de l'Académie de Bordeaux*, 1842, p. 217.
2. *Notitia utriusque Vasconiæ*, Authore ARNALDO OIHENARTO Mauleosolensi, Paris, 1638, in-4, p. 431.
3. *Loc. cit.*, même page.
4. *Histoire de Béarn*, p. 205.
5. *Annales Ord. S. Benedicti*, t. III, année 902.
6. *Capitularia regum Francorum*, t. I, col. 589 à 591.

des monastères dont parle le Capitulaire, il y en avait plusieurs autres en Aquitaine, notamment celui de Tulle et celui de Sarlat.

Il existe une charte de Louis le Pieux confirmant, à la demande de Sichaire, archevêque de Bordeaux, certains privilèges accordés à Saint-Seurin et à Saint-André, où il n'est pas fait mention de l'abbaye Sainte-Croix, mais cette charte est considérée comme peu sûre [1].

Les auteurs de la *Gallia christiana* pensent que Charlemagne a reconstruit l'abbaye Sainte-Croix : « Au reste, après avoir été détruit par les Sarrasins, ce monastère aurait été rétabli par la munificence de Charlemagne, lorsqu'il eut vaincu ses ennemis d'Espagne. » Ils renvoient aux *Actes des Saints de l'Ordre de Saint-Benoît*, qui, nous l'avons vu, ne sont pas précis.

L'existence de l'abbaye Sainte-Croix au moment du pillage de Bordeaux par les Normands est nettement affirmée par l'auteur de *Tote listoire de France* (XIIIe siècle) : « Sor la poor daus normanz... A saincte croiz a bourden deuant louter saint Mont molin mistrent le tresor en un poiz. » Ce passage fait partie d'un « catalogue des translations des reliques occasionnées par les Normands qui n'est pas sans valeur et qui a, depuis longtemps, attiré l'attention [2]... »

En présence de ce témoignage décisif, il y a lieu d'admettre la reconstruction de l'abbaye Sainte-Croix à l'époque carolingienne, mais aucun texte précis n'en détermine la date. On croit, généralement [3], qu'elle eut lieu pendant l'hiver de 778 à 779, que Charlemagne passa dans sa ville de Cassignol [4] (Casseuil, près La Réole), à son retour d'Espagne, auprès de la reine Hildegarde qui venait de le rendre père de deux jumeaux, dont l'un mourut en bas âge et l'autre fut Louis le Pieux. Peut-être la reconstruction doit-elle être attribuée à Louis le Pieux pendant qu'il gouverna l'Aquitaine au nom de son père : « multa in regno Aquitanico ab eodem Rege Ludovico fuerunt reparata, multa a fundamentis constructa... Hujus exemplum, non modo episcoporum multi, sed et quam-

---

1. Archives municipales, Livre des Coutumes de la ville de Bordeaux, publié par Henri Barckhausen, 1890, in-4, pièce n° 55.
2. *Tote listoire de France*, Prefatory letter by Gaston Paris, et p. 79.
3. *Acta Sanct. Ord. S. Benedicti*, t. II, p. 677, n° 9. *Gallia christiana*, t. II, col. 858.
4. C'est le nom que lui donne Aimoin : « Caroli magni principis palatium Cassignol. » *Miracula S. Benedicti*, édition de Certain, p. 95.

plurimum laicorum æmulati, collapsa restaurare et nova monasteria
certabant construere¹... »

Quoi qu'il en soit, après les invasions normandes, l'abbaye Sainte-
Croix de Bordeaux n'existait plus. Une lettre de Loup, abbé de Ferrières, apprend que les Normands, en 845 ou 846, firent irruption entre
Bordeaux et Saintes, détruisirent l'armée de Seguin, duc de Gascogne,
(ou plutôt comte de Bordeaux), et le tuèrent après l'avoir fait prison-
nier². Lopes ajoute que, « suyvant une ancienne Chronique des exploits
des Normands, ils prirent, pillèrent et brulèrent la ville de Bordeaux »,
la première fois en 848, « la deuxième l'an 864, qu'ils remplirent la
Guyenne et la Saintonge de feu et de sang, n'espargnant ny maisons,
ny monastères, ny Eglises³ ». Entre ces deux visites des pirates normands, Bordeaux fut encore dévasté en 855 : « Nortmanni Burdegalam
« Aquitaniæ invadunt et hac illaque pro libitu pervagantur⁴. »

Les Normands firent de l'Aquitaine un désert, à tel point que l'archevêque de Bordeaux, Frotaire, obtint du pape Jean VIII, faveur inouïe
à cette époque, d'être transféré à Poitiers, puis à Bourges, « faute d'y
avoir des peuples diocésains dans le Bourdelais pour estre gouvernez
par un archevesque⁵ ». On éleva, cependant, assez rapidement un oratoire sur les ruines de l'abbaye Sainte-Croix, sans doute pour recou-
vrir le tombeau de saint Mommolin, mais on ne reconstruisit le monastère que bien plus tard. Une Notice très ancienne donne des détails
fort intéressants sur cette réédification ; nous en donnons la traduction
d'après la leçon du premier Cartulaire de l'abbaye Sainte-Croix⁶ :

---

1. Dom Bouquet, V, p. 479, *ex vita S. Sacerdotis.*
2. *Ad Guenilonem episcopum.* Lettre n° 31 de l'édition Baluze (Paris, 1664),
n° 42 de l'édition Desdevises du Dézert (Paris, 1888).
3. *L'église métropolitaine et primatiale Sainct-André de Bourdeaux,* par
M. Me Hierosme Lopes annotée et complétée par M. l'abbé Callen, Bordeaux, 1882, in-8, t. I, p. 122.
4. *Les Annales de Saint-Bertin et de Saint-Vaast,* par l'abbé C. Dehaisne,
Paris, MDCCCLXXI, in-8, t. II, pages 67, 68 et 86. — La prise de Bordeaux,
attribuée à la trahison des Juifs par les contemporains, avait été précédée
d'une démonstration devant cette ville et du pillage des environs, en 843.
Fragmentum Historiæ Britanniæ Armoricæ, dom Bouquet, t. VII, p. 47 D,
et *ex Chronico Namnetensi,* t. VII, p. 218 E; le pillage de l'abbaye Sainte-
Croix, située hors les murs, a dû avoir lieu à ce moment.
5. Pierre de Marca, *Histoire du Béarn,* livre I, chap. vi, § X. — Lopez-
Callen, *Histoire de Sainct-André de Bourdeaux,* t. II, p. 156.
6. Archives historiques du département de la Gironde, t. XXVII, pièce
n° 1.

CHAPITRE PREMIER

De la construction d'un monastère faite par le comte Guillaume.

Le comte Guillaume, appelé le Bon, convoqua, un jour, les principaux de sa maison dans la cité de Bordeaux et leur dit : « Donnez-moi un conseil sur l'affaire dont je vais vous parler. J'apprends que, dans beaucoup de pays, on construit des couvents pour y faire le service de Dieu suivant les règles monastiques ; je veux qu'après avoir réfléchi vous me conseilliez sur le lieu où je dois édifier un monastère, soit en ville, soit au dehors, pour le salut de mon âme et de tous ceux qui m'aideront. Or, il y avait dans l'assemblée un jeune homme très éloquent, de race noble, instruit, nommé Trencard. Il parla ainsi à tous les assistants : « Il n'est pas convenable qu'une province aussi parfaite que la nôtre soit dépourvue de congrégation de moines. J'ai entendu dire par beaucoup de veillards qu'il y avait autrefois en dehors de la ville, près de l'oratoire édifié en l'honneur de la Sainte Croix, une habitation de moines assez grande, mais elle fut détruite par les païens ; j'ai hérité du sol, et mes parents le possédaient avant moi ; si cela te plaît, ainsi qu'à cette assemblée, j'abandonnerai ce qui m'appartient pour le service de Dieu. Cette proposition plut au comte et à tous les assistants, convaincus qu'elle était faite par la volonté de Dieu. Le comte Guillaume se rendit sur les lieux, commença à bâtir et persévéra dans son œuvre. Quand l'édifice du monastère fut terminé, il y plaça treize moines, sous les ordres d'un abbé, nommé Elis, faisant le quatorzième, pour y célébrer le service de Dieu ; rassemblant tous les chefs Bordelais, sa mère Entregode, sa femme Aremberge, ils vinrent devant l'autel construit en l'honneur de la Sainte Croix ; là, le comte Guillaume dit à tous : Au nom de la sainte et indivise Trinité, moi, Guillaume, fils du comte Raymond, je donne ces terres, ces vignes, l'église Saint-Hilaire du Taillan, avec tout ce qui lui appartient, la ville de Soulac, avec l'oratoire de la Sainte Mère de Dieu, les eaux, depuis la mer salée jusqu'au fleuve, les dunes, les bois de pin, la pêche, les prés salés, les serfs des deux sexes ; tous ces biens, je les donne à Dieu et à cet autel élevé en l'honneur de la Sainte Croix et j'établis ce lieu pour qu'on y fasse le service divin. Si quelqu'un, ce que nous ne croyons pas possible, s'opposait par cupidité à l'exécution de notre volonté, qu'il soit expulsé de l'assemblée des chrétiens ou des limites des églises et qu'il partage le sort de Judas, qui a trahi Notre-Seigneur Jésus-Christ. En outre, qu'il soit banni et qu'il soit contraint à payer aux frères de ce monastère cent livres d'or et mille livres d'argent et qu'il n'obtienne rien de ce qu'il aura revendiqué, mais que la présente donation faite par nous, pour l'amour de Dieu, à l'église Sainte-Croix demeure inviolablement assurée, pour tout temps et dans toutes ses clauses.

Fait ici : sceau du comte Guillaume ; sceau de l'archevêque Aldebert ; sceau d'Ociand ; sceau d'Aiquelin ; sceau d'Erad ; sceau de Guillaume ; sceau d'Aiquarel ; sceau d'Adaiz ; sceau d'Alaidern.

L'original de cette pièce n'a pas été retrouvé, la copie donnée par le Cartulaire est postérieure au XII⁰ siècle. En raison de la perte de l'original, on a contesté que la Notice fût contemporaine des événements qu'elle raconte : Besli, au XVII⁰ siècle, M. Bladé, de nos jours, partagent cette opinion ; Pierre de Marca, Lopes, Mabillon, les auteurs de la *Gallia christiana*, Hugues du Temps et, récemment, M. Jean de Jaurgain, la combattent. On a, d'abord, objecté la barbarie du latin, mais c'est plutôt, semble-t-il, une preuve de l'ancienneté de la Notice. Le principal des arguments des adversaires est qu'il n'existait pas, à cette époque, de comte de Bordeaux et que Guillaume le Bon est un personnage imaginaire. Tel n'est pas l'avis d'Oihenart[1] et de M. Jean de Jaurgain[2], qui donnent la liste des comtes de Bordeaux, au IX⁰ et au X⁰ siècle ; Guillaume le Bon serait mort sans postérité et Guillaume Sanche, duc de Gascogne, son parent, aurait hérité du comté de Bordeaux.

Malgré la difficulté d'attribuer aux personnages de cette époque la dénomination qui leur convient, eux-mêmes prenant des titres divers dans les différents diplômes[3], on doit tenir pour certaine l'existence de comtes de Bordeaux au VIII⁰ et au IX⁰ siècle. Charlemagne, dit Bernard Guy[4], choisit en 778 neuf comtes pour gouverner l'Aquitaine sous sa direction ; le comte de Bordeaux fut Seguin ; d'après Vinet, Louis le Pieux « mit des comtes et gouverneurs par toutes les prouinces et cornières d'icelles, mesmement à Bourdeaux vn nommé Sigvin[5] » ; cette assertion est confirmée par Ademar de Chabannes[6] ; le même historien[7] et le frère Richard[8] racontent la défaite d'un comte de Bordeaux, Seguin, par les Normands en 846 ; il existe, d'ailleurs, des monnaies d'or portant, au recto, la légende : « Comes Seguinus », et, au verso : « moneta Burdeg[9]. » Dom Bouquet nomme Guillaume le successeur de ce dernier Seguin[10]. En 1074, dans une pièce du Cartu-

1. *Notitia utriusque Vasconiæ*, p. 431.
2. *La Vasconie*, 1ʳᵉ partie, p. 199.
3. Voir, notamment, M. RICHARD, *Histoire des comtes du Poitou*, t. I, p. 87 et 268 (renvoi 1).
4. Dom BOUQUET, t. XII, p. 372.
5. *L'antiquité de Bourdeaus et de Bourg*, § 106.
6. Dom BOUQUET, t. VII, p. 224 B ; la date serait 839.
7. *Ibid.*, t. VI, p. 226 A.
8. *Ibid.*, p. 258 A.
9. BERNADAU, *Antiquités bordelaises*, p. 49.
10. Tome VII, p. 41 D, note.

laire de Vaux, Guy Geoffroy, comte de Poitou, se dénomme encore comte des Bordelais[1]. On ne trouve, d'ailleurs, à la fin du X° siècle, parmi les Guillaume de Poitou ou de Gascogne, aucun prince qui ait été surnommé le Bon, qui ait eu pour père Raymond, pour mère Entregode ; un comte de Poitou a bien eu pour femme Aremberge, comme le Guillaume de la Notice, mais ce comte se nommait Eble Manzer, il était fils naturel et il est mort en 932[2] ou en 935[3], c'est-à-dire trop tôt pour être le fondateur de la nouvelle abbaye Sainte-Croix ; il n'avait, d'ailleurs, aucune autorité sur Bordeaux ou sur l'Aquitaine. Si donc on considère la Notice comme authentique, il faut attribuer la reconstruction du monastère à un comte de Bordeaux.

On a objecté, enfin, que le document n'est pas daté ; mais c'est la caractéristique des diplômes de l'époque. « Le plus grand écueil », dit M. Richard, archiviste de la Vienne, « est le défaut de date... cette omission existe dans les documents dont la date devrait être le principal élément, c'est-à-dire dans les actes authentiques. En réalité, pendant les XI° et XII° siècles, mettre une date à un récit, à une charte... était un fait exceptionnel. La règle était qu'il n'y en eût pas[4]. »

D'après Hugues du Tems, « on ne saurait révoquer en doute l'authenticité de la Notice, qui était reconnue dès le XI° ou le XII° siècle[5] » ; du Tems ne justifie pas cette assertion ; mais une bulle d'Urbain II, du 27 avril 1099, attribue à Guillaume, comte de Bordeaux, la reconstruction du monastère Sainte-Croix : « roborantes quod bone memorie Guillelmus, Burdegalensium comes, de jure suo concessit[6]. »

Il n'est pas facile de préciser la date de cette reconstruction ; tout ce qu'on peut dire, c'est qu'elle a eu lieu avant la fin du X° siècle ; nous

1. RICHARD, *Histoire des comtes du Poitou*, t. I, p. 268, note (1).
2. STOKVIS, *Manuel d'histoire, de généalogie, de chronologie*, t. II, ch. II, tableau n° 36.
3. RICHARD, *Histoire des comtes de Poitou*.
4. *Ibid.*, introduction, p. VII.
5. *Le Clergé de France, ou tableau historique et chronologique des archevêques, évêques, abbés, abbesses*, etc., par M. l'abbé Hugues DU TEMS, docteur de la Maison et Société de Sorbonne, Vicaire général de Bordeaux et d'Acqs, etc., in-8. Paris, MDCCLXXIV.
6. *Archives historiques du département de la Gironde*, t. XXVII, pièce n° 79.

verrons, en effet, que l'abbaye de Saint-Séver-Cap-de-Gascogne[1] et celle de Sainte-Croix se disputèrent la possession de Soulac et que l'antériorité des droits de Sainte-Croix fut reconnue par le concile de Bordeaux, en 1080. Or, d'après Pierre de Marca, Mabillon et la *Gallia christiana*, la charte par laquelle le duc de Gascogne Guillaume Sanche donna Soulac à Saint-Séver doit être datée de 982. D'un autre côté, on n'a pas pu songer à fonder une nouvelle abbaye à Bordeaux tant que les Normands continuaient à dévaster le pays compris entre la Loire et les Pyrénées; les incursions de ces pirates ne cessèrent que dans la seconde moitié du X° siècle. « Il est certain que cette maudite race... nonobstant leurs défaites exécutées par Guillaume duc d'Aquitaine, l'an 923, et par Hugues, duc des Français, l'an 943, chez Flodoard en ses *Annales*, continua depuis à saccager les pays maritimes de l'Aquitain[2]. » Outre les Normands, l'Aquitaine eut à subir l'invasion des Hongrois, qui la mirent à feu et à sang en 937[3]. On doit donc considérer comme un peu prématurées la date de 897 indiquée par Oihenart, celle de 902 proposée par Mabillon et même celle de 950 donnée par Dom Devienne. Il est probable que le moine anonyme de Sainte-Croix ne doit pas s'éloigner beaucoup de la vérité en écrivant que l'abbaye « demura dans cet estat déplorable jusques en l'an 970... que le comte de Bourdeaux la réédifia[4]. »

La Notice relative à la réédification du monastère Sainte-Croix que nous avons reproduite constituait pour les moines une pièce historique intéressante, mais la mention qu'elle faisait des libéralités de Guillaume le Bon ne suffisait peut-être pas pour établir leur droit de propriété, s'il venait à être contesté; aussi, trouve-t-on, comme seconde pièce du Cartulaire, une charte postérieure à la première, par laquelle un autre Guillaume, qui se déclare duc d'Aquitaine et dont la femme est encore nommée Aremberge, accorde de nouvelles conces-

---

1. Il y avait deux abbayes bénédictines portant le nom de St-Séver : Saint-Séver-Cap-de-Gascogne, sur l'Adour, entre Dax et Aire, et Saint-Séver-de-Rustein, sur le gave d'Oloron ; nous n'aurons à nous occuper que de la première de ces deux abbayes.
2. Pierre de Marca, *Histoire de Béarn*, livre III, ch. vii, § 1er. — Guillaume le Grand eut encore à combattre les Normands vers 1020 près de l'abbaye St-Michel de Lherm ; après cette défaite, ils ne reparurent plus sur les côtes de l'Aquitaine (Richard, *Hist. des comtes du Poitou*, t. I, p. 174).
3. Orderic Vital, *Annales*, ap. dom Bouquet, t. IX, p. 17 B.
4. *Actes de l'Académie de Bordeaux*, 1842, p. 217.

sions et confirme les donations de Guillaume le Bon, presque dans les mêmes termes ; nous en traduisons les parties essentielles d'après le texte de la *Gallia Christiana*, plus complet que celui du Cartulaire :

« Moi Guillaume, par la grâce de Dieu, duc d'Aquitaine, au nom de Dieu et avec l'assentiment de ma femme Aremberge... je concède à la basilique Sainte-Croix de Bordeaux la sauveté des lieux environnants et leur franc alleu, la ville de Saint-Macaire avec la dîme, toutes ses appartenances, le droit de terre et de mer, la justice de sang, le péage ; et la sauveté de Sainte-Marie de Macau, avec la dîme, tous les droits, toutes les coutumes et l'île adjacente... la ville de Saint-Hilaire du Taillan avec la dîme, celle qu'on nomme Soulac, avec l'oratoire de Sainte-Marie, mère de Dieu, les dîmes, les eaux douces, et les terres depuis la mer salée jusqu'à celle de Gironde et du pont de Talais [1] jusqu'à la pointe de Grave, avec les joncs, les dunes, les prés salés et les serfs des deux sexes. Je donne toutes ces villes, avec la justice de sang, leurs appartenances, leurs églises, toutes leurs coutumes et leurs droits, notamment la coutume de trois muids de sel à la Poyade et à la Formentade [2].

« ... Cette donation fut faite l'an 1027 de l'Incarnation du Seigneur, étant présents Foulques Geoffroy et Trencard, barons ; Gombaud Hostein et Guillaume le prévôt; Edouard et Guibert, chevaliers et d'autres; assistant Gombaud abbé, en premier lieu de Sainte-Croix, puis de Sainte-Marie de Soulac, de Saint-Macaire et d'autres églises, ainsi que Geoffroy, archevêque de Bordeaux [3]. »

Cette charte est écrite dans un latin plus barbare encore que celui de la Notice ; il en existe plusieurs copies présentant des différences assez notables ; elle soulève de sérieuses difficultés ; de 993 à 1030, le comte de Poitou, duc d'Aquitaine, était Guillaume le Grand, qui eut trois femmes, Aumode, Brisque et Agnès, aucune du nom d'Aremberge ; de plus, ce duc Guillaume ne possédait pas Bordeaux, qui appartenait

---

1. *Ubre de Syort*. L'assimilation a été faite par M. Dutrail, Thèse de doctorat, p. 49.
2. Cette donation de la coutume de trois muids de sel à la Poyade et à la Formentade fut confirmée par Guillaume X duc d'Aquitaine. Arch. hist. du dép. de la Gironde, t. XXVII, p. 10.
3. *Gallia christiana*, t. II. — *Instrumenta*, col. 268.

à son beau-père Guillaume Sanche, duc de Gascogne [1]; il n'avait donc aucun intérêt à faire des libéralités à l'abbaye de Sainte-Croix, et il ne pouvait donner le Taillan et Saint-Macaire, qui ne lui appartenaient pas. Il est vrai que la copie de la charte qui se trouve au Cartulaire débute ainsi : « Moi Guillaume, comte d'Aquitaine en même temps que duc de Gascogne[2] » ; l'on pourrait donc penser que le généreux donateur était Guillaume Sanche, mais il n'avait pas pour femme Aremberge; en paix avec Guillaume du Poitou, il est peu probable qu'il ait voulu usurper son titre de duc ou comte d'Aquitaine. Peut-être la donation aurait-elle été faite par un des nombreux compétiteurs qui se disputèrent le duché de Gascogne après la mort de Guillaume Sanche (1032), qui ne laissait pas d'enfant mâle[3], mais il ne faudrait pas beaucoup reculer la date de l'acte, car dès 1039, les Bénédictins de Sainte-Croix avaient commencé de construire à Saint-Macaire l'église Saint-Sauveur, ce qui témoigne que la donation avait déjà eu lieu. M. Richard croit la charte apocryphe; il s'exprime ainsi : « La réputation de Guillaume le Grand était si bien établie que les chanoines de Sainte-Croix de Bordeaux fabriquèrent une charte qu'ils datèrent de 1027, et par laquelle le duc leur concédait la ville de Saint-Macaire avec plusieurs autres domaines[4]. » Sans insister sur l'erreur commise en parlant des chanoines de Sainte-Croix, il nous paraît qu'une telle accusation ne saurait être fondée, car il ne suffit pas de fabriquer une charte, il faut encore être mis en possession des villes concédées par un personnage ayant le droit de donner l'investiture; d'ailleurs, comment les moines auraient-ils désigné Guillaume le Grand comme l'auteur de la donation, puisque, de l'aveu même de M. Richard, ce duc ne possédait pas Bordeaux[5]?

Il est plus vraisemblable que les textes qui nous restent sont des copies plus ou moins altérées d'une charte aujourd'hui perdue. Henri III, roi d'Angleterre, déclarait, en 1243, avoir vu l'original de la

---

1. Richard, *Histoire des comtes du Poitou*, t. I, p. 188.
2. « Ego Guillelmus... comes Aquitanie simul et dux Vasconie » (Arch. hist. du dép. de la Gironde, t. XXVII, pièce n° 2).
3. Palustre, *Histoire de Guillaume IX, duc d'Aquitaine*, t. I, p. 43, note (3).
4. *Ibid.*, t. I, p. 218, note (3).
5. *Loc. cit.*, t. I, p. 188.

donation du duc d'Aquitaine Guillaume[1]; le document original existait encore au XVI° siècle, comme le constate l'annotation suivante portée sur une copie : « Collation faite à l'original, écrit en parchemin, par Pierre Ridel, Licentié en droit, lieutenant particulier de noble et puissant seigneur, Mr le grand sénéchal de Guienne, en présence de Mr Bertrand Mérigant, licentié en loix, advocat au Parlement, substitut au procureur du roy en ladite cour de la Sénéchallerie de Guienne, le pénultième jour de janvier, l'an mil cinq cent vingt-un. Signé : de Ridel[2]. » Les moines de Sainte-Croix prirent, d'ailleurs, soin de faire confirmer, à plusieurs reprises, l'acte de donation dont nous venons de parler; d'abord, le 25 mars 1096, par Guillaume IX, duc d'Aquitaine, et Mathilde, sa femme[3]; puis, en 1174[4], par Richard Cœur-de-Lion, futur roi d'Angleterre, alors comte de Poitou; le 4 juillet 1199[5], par la vieille Aliénor, sa mère, reine d'Angleterre, duchesse de Normandie et d'Aquitaine, comtesse de Poitou; enfin, le 25 février 1234 et le 23 août 1243[6], par Henri III, roi d'Angleterre. Cette dernière confirmation est particulièrement explicite. Henri III déclare avoir vu la charte par laquelle Guillaume, duc d'Aquitaine, a donné à l'église Sainte-Croix la ville de Saint-Macaire; il la ratifie afin d'enlever tout prétexte à ceux qui mettraient ce document en suspicion à cause de sa latinité vicieuse; il déclare que les donations faites par le duc Guillaume lui paraissent justes et lui sont agréables; il renouvelle, en son nom et au nom de ses successeurs, toutes les concessions accordées, et il a soin de rappeler les confirmations précédemment faites par son oncle Richard et par Aliénor.

Si l'on s'en tenait aux deux diplômes du Cartulaire de Sainte-Croix dont nous venons de parler, il semblerait que les papes sont restés étrangers à la réédification de l'abbaye. Il n'en est, cependant, pas

---

1. *Gallia christiana*, t. II, *Instrumenta*, col. 269.
2. Archives départementales de la Gironde, série H. Abbaye Ste-Croix. Carton n° 90 (prov.)
3. Archives historiques du département de la Gironde, t. XXVII, pièce n° 3. — *Gallia christiana*, t. II, *Instrumenta*, col. 311. — Les deux textes présentent de notables différences.
4. Arch. hist. du dép. de la Gironde, t. XXVII, pièce n° 4.
5. *Ibid.*, pièce n° 5.
6. Bréquigny, Pardessus et Laboulaye. *Table chronologique des pièces imprimées concernant l'Histoire de France*, t. VI, p. 48. — *Gallia christiana*, t. II, *Instrumenta*, col. 269.

LES ORIGINES. — SAINT MOMMOLIN ET SON CULTE

ainsi : « le comte de Bordeaux », dit un moine bénédictin « réédifia Sainte-Croix par le conseil et le commandement des papes, ainsi que le témoignent les bulles de Benoît IX, de l'an 1035, et Urbain II, de l'an 1099[1]. »

La bulle de Benoît IX[2] porte expressément : « Ecclesiam vero Sanctae Crucis, consilio et preceptione Romane ecclesie fundatam » ; celle d'Urbain II (27 avril 1099) : « roborantes quod bone memorie Guillelmus, Burdigalensium comes, de jure suo concessit, cum ipsum monasterium S. Crucis, Romani pontificis preceptione, fundavit[3]. »

Ce sont donc les pontifes romains qui sont intervenus auprès des autorités dominant en Aquitaine pour les presser de reconstruire une abbaye autrefois célèbre. En outre, dès qu'ils eurent été obéis, et que le monastère fut rétabli, les papes s'empressèrent de le prendre sous leur protection. En 1022, d'après Mabillon[4], Benoît VIII releva Soulac de toute autorité et sujétion autre que celle de l'abbaye Sainte-Croix. Le Cartulaire[5] mentionne la Bulle de Benoît IX dont nous venons de parler, datée du mois d'octobre, indiction V[e] ; le pape, s'adressant à l'abbé Gombaud et aux moines de Sainte-Croix, exempte de toute juridiction, soit de prince, soit d'évêque, ou toute autre personne, sauf l'abbé de Sainte-Croix, le monastère de Soulac, avec toutes ses possessions et dépendances. Il accorde l'absolution à toute personne excommuniée par un autre que l'abbé de Sainte-Croix qui se réfugiera dans le couvent et il relève l'église Sainte-Croix de toute sentence d'excommunication qui pourrait être prononcée contre elle. A la mort de l'abbé, son successeur devait être élu par les moines du couvent et par ceux des monastères en dépendant, sans l'intervention d'aucun prince ou évêque ; en cas de refus de l'archevêque, l'abbé serait sacré par le pape.

Comme le texte de ce document pontifical est identique à celui de la Bulle que Mabillon attribue à Benoît VIII et qu'Estiennot a publiée[6],

---

1. *Actes de l'Académie de Bordeaux*, 1842, p. 217.
2. Arch. historiques du département de la Gironde, t. XXVII, pièce n° 85.
3. *Ibid.*, t. I, pièce n° 184.
4. *Annales Ord. S. Benedicti*, t. IV, p. 285, n° 6.
5. Archives historiques du département de la Gironde, t. XXVII, pièce, n° 85.
6. Ms. 12751, Bib. nat., p. 462 à 464.

on doit en conclure qu'un seul de ces deux papes s'est intéressé à Sainte-Croix, sans qu'il soit possible de savoir si c'est Benoît VIII ou Benoît IX, car le document, pour toute date, porte : « mense Octobris, indictione cuinta », qui peut s'appliquer aussi bien à 1022 qu'à 1035.

Nous verrons, dans la suite de ce récit, que la protection des papes continua à s'exercer fréquemment sur l'abbaye Sainte-Croix et que le Saint-Siège augmenta considérablement les premières faveurs qu'il avait accordées au monastère.

CHAPITRE II

Prise de possession. — Les abbés du XIe siècle

L'abbé Elie et ses treize moines, dès que les cérémonies de leur installation dans le nouveau monastère furent terminées, se mirent en mesure d'y pratiquer la règle bénédictine; ils firent trois parts de leur temps : la première, la plus longue, fut consacrée à la prière et au chant de l'office divin, la seconde à l'étude des Pères de l'Eglise et à la copie des manuscrits, la troisième au travail des champs. Cette dernière occupation leur était impérieusement commandée s'ils voulaient suffire à leur subsistance et se prémunir contre les années de disette. Les anciens religieux établis à Sainte-Croix avaient certainement défriché les environs de leur abbaye, mais les Normands, depuis plus d'un siècle, parcouraient constamment l'Aquitaine, pillant et incendiant les villes ouvertes, ravageant les alentours de celles qui leur résistaient ; ils avaient fait, nous l'avons dit, du diocèse de Bordeaux un véritable désert. Dès que leurs incursions cessèrent, le pays se peupla de nouveau et les habitants se remirent à la culture ; pourtant bien des terres restaient encore en friche.

Le domaine concédé par Arnaud Trencard avait, à peu près, pour limites, le fleuve, l'estey Majou, les rues actuelles de Bègles, Clare, du Casse et des Allamandiers ; cet immense terrain, trop important pour être exploité par quatorze moines, était habité par un petit nombre de colons qui avaient planté de la vigne ou semé des céréales dans les parcelles que Trencard et ses ancêtres leur avaient concédées. Ces colons, serfs questaux ou bourgeois, en passant à de nouveaux seigneurs ne changèrent pas d'obligations et furent contraints de donner, suivant le cas, aux moines, la queste, la dîme ou les droits d'agrière. L'activité des religieux s'exerça seulement sur les padouens, c'est-à-dire sur les terrains délaissés.

Les moines, dès les premiers moments, durent, d'ailleurs, se diviser, car il fallait prendre, sans retard, possession de l'église Saint-

Hilaire du Taillan et de l'oratoire Sainte-Marie de Soulac donnés par le comte de Bordeaux Guillaume le Bon.

Le Taillan est une localité située à trois lieues, environ, au nord-ouest de l'église Sainte-Croix ; les moines ne rencontrèrent aucune difficulté pour s'y installer. Dans le but de gérer plus facilement ce nouveau domaine, l'abbé Elie y établit un prieuré ; c'est ainsi que procédaient, d'habitude, les monastères pour exploiter leurs propriétés, quand elles étaient éloignées ; la plupart des prieurés simples étaient, à l'origine, des métairies habitées par quelques moines qui les faisaient valoir ; plus tard les moines disparurent, la métairie garda le nom de prieuré, conservant même un prieur qui ne résidait pas et ne touchait pas toujours les revenus[1]. C'est ce qui arriva, notamment, au prieuré du Taillan, compté encore au nombre des bénéfices ecclésiastiques en 1362[2], mais qui ne l'était déjà plus au XVIe siècle[3], bien qu'ayant toujours un prieur et le titre de prieuré simple. Le Taillan resta, jusqu'en 1790, entre les mains des Bénédictins de Sainte-Croix ; l'abbé était le collateur de la cure.

Les moines de Sainte-Croix exercèrent longtemps au Taillan le droit de sauveté, quoique la donation du comte Guillaume le Bon ne le leur attribue pas ; un acte du XIIIe siècle est très explicite à cet égard : « Quidem salvitas », dit-il, « se extendebat et extendit et extendere debet... » ; le même acte précise les limites de la sauveté[4].

L'abbé Elie envoya aussi des religieux à Soulac et il dut se hâter de consolider l'occupation de cette localité, en y fondant un prieuré, de peur d'être devancé par l'abbaye de Saint-Séver-Cap-de-Gascogne, à qui, comme nous l'avons dit, le duc de Gascogne, Guillaume Sance, avait aussi concédé cet oratoire.

Sainte-Marie de Soulac avait une antique origine : « il a esté très cé-

---

1. « Omnia beneficia... seu officia claustralia et quascumque pensiones... nullo modo in posterum de titulis ipsis neque de fructibus eorum seu pensionum possent in particulari disponere... », dit une bulle d'Urbain VIII du 1er février 1627, relative à la Congrégation de Saint-Maur. — Arch. dép. de la Gironde, carton 11, n° 55 (prov.).

2. Archives historiques du département de la Gironde, t. XXII, pièce n° 14.

3. Ibid., t. XXXIV, pièce n° 125, « Catalogus omnium beneficiorum diœcesis Burdigalensis. » Seule l'église du Taillan figure au nombre des bénéfices.

4. Ibid., t. XXIV, pièce n° 41.

lèbre », dit un moine bénédictin[1], à cause de la dévotion que les chrétiens portaient en ce saint lieu où fust bastie, ainsi qu'on tient communément, une chapelle à l'honneur de la sacrée Vierge, par sainte Véronique et consacrée par saint Martial, qui l'enrichit de très sainctes et considérables reliques. »

La Chronique de Turpin est moins ambitieuse[2] : « De l'or et de l'argent que les roys et princes d'Espagne donnèrent au roy Charlemagne... il fonda Saincte-Marie de Soulac et y donna deux lieues de terres en tous sens. »

C'est encore une exagération, la concession de Guillaume le Bon n'avait pas une telle étendue ; elle était enserrée entre la mer, le fleuve et les vastes domaines des puissants seigneurs de Lesparre[3] ; l'un d'eux prétendait que le vol d'un chapon (ancienne mesure de 100 mètres environ) entrerait toujours et de tous côtés dans ses terres[4]. Les vieux titres donnent à Soulac de quinze à vingt rues et sept cents chefs de famille sujets de l'abbaye Sainte-Croix. Les principaux revenus provenaient de l'exploitation des salines et de la forêt des pins maritimes ; il y avait aussi la pêche en eau douce et en eau salée, ainsi que le droit de naufrage[5] qui permettait de s'approprier les marchandises de toutes sortes et les débris de navires que les flots apportaient sur cette côte inhospitalière, à la suite des tempêtes.

L'oratoire de Sainte-Marie ou Notre-Dame-de-Fin-des-Terres (*de finibus terrae*) n'était pas le seul lieu de prières voisin de l'embouchure de la Gironde. Des moines de Cluny, amis de la solitude, avaient bâti un monastère à Cordouan, qui était alors une île cultivable : « Corduana

---

1. *Actes de l'Académie de Bordeaux*, 1842, p. 237.
2. *Extraicts tirés du Liure Chronique de Turpin Archevesque de Reims, imprimée à Paris par Maistre Pierre Didone pour honneste personne Regnaut Chaudière demeurant à la rue Sainct Jacques à Lenseigne de lhomme Sauvage huictième jour de juin mil cinq cent dix et sept.* — Archives départemental de la Gironde, série H, Abbaye Sainte-Croix, carton n° 105 (prov.). Ce passage est cité aussi par Buffault, *Etude sur la côte et les dunes du Médoc*, in-8, 1897, p. 36.
3. Buffault, *Etude sur la côte et les dunes du Médoc*, p. 52.
4. *Actes de l'Académie de Bordeaux*, 1842, p. 237.
5. Un document sans date qui se trouve aux Archives départementales de la Gironde (Carton H, n° 16, prov.) donne les limites suivantes : « de la rivière de Gironde, le long de la coste de la mer jusqu'au lieu dit le pinada et dudit lieu laissait la coste et allant par terre et faisant le circuit de lad. terre jusques au lieu appelé le bredesyon (le pont de Talais) et dicelluy, vers la rivière de Gironde jusqu'au passage dit le pas de grauas. »

insula¹ », après avoir été-reliée à la terre ferme. Nous aurons occasion de reparler de ces religieux.

Quand l'abbé Elie mourut, à une date inconnue, il eut la satisfaction de voir le domaine environnant l'abbaye en pleine exploitation, les prieurés du Taillan et de Soulac occupés par ses moines.

Le deuxième abbé de Sainte-Croix dont le nom soit connu est GOMBAUD, nommé pour la première fois en 1022 et pour la dernière en 1043 ²; il est probable que Gombaud ne fut pas le successeur immédiat d'Elie, mais rien ne permet de combler la lacune, si elle existe.

L'abbé Gombaud sut provoquer la bulle du pape Benoît VIII ou Benoît IX³, dont nous avons déjà parlé, et obtenir, en 1027, la fameuse charte du duc d'Aquitaine Guillaume V le Grand⁴, confirmant l'abbaye dans ses possessions et lui accordant, en outre, notamment, les importantes paroisses de Saint-Macaire et de Macau.

Un peu plus tard, en 1043, Ama, comtesse de Bordeaux et de Périgord (que M. Richard nomme Aïna), donna son héritage appelé Médrins (Veyrines) près de la Dordogne : « ipsa hereditas est inter Dordonia et vocatur Médrins », à l'abbé Gombaud pour le monastère de Sainte-Marie *de finibus terræ* (Soulac) en présence de l'archevêque de Bordeaux Geoffroy : « providente Gaudefredo archiepiscopo... domino Gombaldo abbate assistente monasteriis in primitus Sancte Crucis et Sancte Marie, cui hec datur hereditas et Sancti Macharii⁵. » Cette comtesse Ama était la veuve d'Audebert II de Périgord ; sa fille épousa bientôt Guillaume VII Aigret, comte de Poitou et duc d'Aquitaine ; l'abbaye eut ainsi, en la personne de ce puissant seigneur, un nouveau protecteur.

L'abbé Gombaud, pour prendre possession de Saint-Macaire et de Macau, employa le procédé qui avait si bien réussi à Elie; il y fonda

---

1. BUFFAULT, *Etude sur la côte et les dunes du Médoc*, p. 37.
2. Archives historiques de la Gironde, t. XXVII, pièce n° 80.
3. Ibid., pièce n° 85, « Privilegium Benedicti papæ ».
4. Ibid., pièce n° 2. — Nous donnons à Guillaume le Grand le rang qu'il occupe dans la série des ducs d'Aquitaine ; comme comte de Poitou, on devrait l'appeler Guillaume III. Nous ferons de même pour les divers Guillaume de Poitou et d'Aquitaine que nous aurons à mentionner.
5. Archives historiques de la Gironde, t. XXVII, pièce n° 80, « De terra quæ vocatur Medrines ».

des prieurés, ce qui lui fut d'autant plus facile que le nombre des moines de Sainte-Croix s'était déjà accru.

Saint-Macaire, chef-lieu de canton du département de la Gironde, est situé à 44 kilomètres en amont de Bordeaux, sur les bords de la Garonne. C'est une ville très ancienne, d'origine gallo-romaine, qui avait d'abord porté le nom de *Ligena*, comme le rappelle la légende de de ses armoiries : *Olim Ligena, tunc S. Macarii nomine urbs*. A l'époque où elle fut concédée aux Bénédictins de Sainte-Croix, on y voyait « la celle ou prieuré de Sainct-Laurent où reposait le corps de S. Macaire » surnommé le Jeune, qui y avait été inhumé au V° siècle[1]. Dès que les Bénédictins eurent pris possession de Saint-Macaire, « de concert, sans doute, avec les édiles et de la cité, ils firent démolir l'église de Saint-Laurent pour y substituer celle de Saint-Sauveur[2] ». La date de la construction de l'église dédiée au Sauveur est exactement déterminée par l'inscription suivante, gravée dans deux cercles concentriques encadrant un chrisme accompagné de l'A et de l'Ω, qu'on lit sur le baptistère : « † Annis ab Incarna(tion)e Dni Mille XXXVIIII sabactis epacta IIII indicis VIII concurrent(es) II. Primo in (ens) e in XXIV die lune VI hæc aula dedicata est in onore domni ni[3] ». Cette inscription n'est à la place qu'elle occupe que depuis une soixantaine d'années, et elle appartient vraisemblablement à un édifice plus ancien que l'église actuelle.

Les moines affluèrent bientôt au prieuré Saint-Sauveur de Saint-Macaire, qui devint rapidement très prospère ; beaucoup trop pour l'abbaye Sainte-Croix, car les moines de Saint-Macaire voulurent avoir leur autonomie, et c'est seulement après un siècle de luttes qu'ils purent être réduits à l'obéissance. Les Bénédictins conservèrent Saint-Macaire jusqu'à la fin du XVI° siècle, époque à laquelle les Jésuites parvinrent à le leur enlever[4].

L'abbaye de Sainte-Croix s'installa à Macau avec la même facilité qu'à Saint-Macaire. Macau est un gros bourg, situé sur la rive gauche de la Garonne à 22 kilomètres en aval de Bordeaux, presque en face du

---

1. Richard, *Histoire des comtes de Poitou*, t. I, p. 268.
2. Virac, *Recherches historiques sur la ville de Saint-Macaire*, p. 427.
3. Léo Drouyn, *Bulletin monumental*, année 1860. Voir aussi les *Rapports de la Commission des Monuments historiques*, année 1852, p. 4.
4. Voir chapitres IV et X.

confluent de la Dordogne; l'île adjacente, donnée aussi à l'abbaye, porte encore le nom d'île de Macau; elle n'est séparée de la terre ferme que par un étroit ruisseau appelé la Maqueline. Cette île était, au XI° siècle, beaucoup plus étendue qu'aujourd'hui; deux localités qui en faisaient partie, Pissebernat et Bayardeau, en ont (au XVI° siècle) « été séparée par l'impétuosité de la mer, en deux, puis en trois parties »; l'une d'elles, inféodée en 1545 au sieur Cazaux[1], acquit bientôt de l'importance par suite des travaux de ce premier tenancier dont elle a gardé le nom.

Les possessions de l'abbaye à Macau furent toujours une source de gros revenus et valurent aux abbés commendataires le titre de barons.

Le prieuré de Macau existait encore comme bénéfice au XVI° siècle[2], mais bientôt après ce ne fut plus qu'une ferme, centre d'exploitation des propriétés de l'abbé, qui resta collateur de la cure jusqu'en 1790; il en était le curé primitif.

Le troisième abbé de Sainte-Croix dont le nom soit connu est ARNAUD TRENCARD, qui paraît en 1066 et en 1089, ce qui fait présumer une nouvelle lacune dans la liste de ces dignitaires. Certains auteurs ont voulu voir dans l'abbé Trencard le généreux donateur dont parle la notice de la restauration de Sainte-Croix, mais c'est une erreur certaine; Dom Jean-Pierre Dabadie et Estiennot se trompent aussi quand ils écrivent qu'Arnaud Trencard fut élu archevêque de Bordeaux en 1102; ils le confondent, à tort, avec Arnaud Guiraud.

Trencard tint une place distinguée parmi les membres du haut clergé d'Aquitaine; on le voit paraître au synode de Rome, en 1074; assister au concile de Saintes présidé par le légat Amat, le 8 janvier 1081[3], et y défendre avec succès le monastère bénédictin de La Réole, dépendant de Fleury-sur-Loire, contre l'évêque de Bazas Raimond qui voulait s'en emparer. Le 12 octobre 1080, il s'était fait adjuger par le concile de Bordeaux l'église de Soulac, réclamée par l'abbaye de Saint-Sever-Cap.

Du temps d'Arnaud Trencard, l'archevêque de Bordeaux Gosselin

---

1. Archives du département de la Gironde, série H, Abbaye de Sainte-Croix, carton n° 90 (prov.).
2. Archives historiques du département de la Gironde, t. XXXIV, pièce n° 125, et Arch. dép., liasse D. n° 13.
3. Dom Bouquet, éd. de 1877, t. XIV, p. 765 D.

de Parthenay et le chapitre de l'église primatiale Saint-André se dessaisirent, en faveur de l'abbé et des religieux de Sainte-Croix, de tous les droits qu'ils avaient sur l'église Saint-Michel de Bordeaux, à l'exception de quelques-uns qui étaient peu considérables (« præter jus quod dicitur tricesimum et confessiones »)[1]. Fatale concession, ayant donné lieu pendant sept siècles à d'incessants et fastidieux débats que nous aurons à résumer, sans rapporter des revenus sérieux à l'abbaye.

Foulques (*Fulco*) est probablement le successeur immédiat de Trencard, car on le voit siéger en 1091. En 1099 il obtint de l'archevêque Amat une confirmation de la possession de l'église Saint-Michel. Foulques paraît avoir été un excellent administrateur et une grande intelligence. Sous sa gestion, le nombre des frères de l'abbaye Sainte-Croix augmenta notablement et, avec les vocations, les dons affluèrent. En 1099, un certain Fort Gosselin, dont deux enfants sont reçus au monastère, lui donna les églises de Carcans, de Lacanau et de Sainte-Hélène, sous certaines restrictions peu importantes en ce qui concerne Carcans. Cette donation était considérable, ainsi qu'on peut en juger par les limites de ces églises, au midi Saint-Médard-en-Jalles, à l'est la Jalle, au nord Blanquefort, et à l'ouest la croix de Casenort (« cui ad oriente flumen Jale, a meridie villam Sancti Medardi de Jales, ab occidente crucem de Casenort, a septentrione Blanquafortem terminos naturaliter habere contigit »)[2]. L'abbaye abandonna bientôt une grande partie de ces domaines.

Un peu plus tard, en 1111[3], Raimond de Lignan (Remundus de Leinano), en présence d'Arnaud Guiraud, archevêque de Bordeaux, pour l'amour de Dieu et en retour d'une somme de quatre cents sous que lui a donnée Suavius, prêtre à Sadirac, fait don en franc alleu à l'abbé Foulques et et au susdit Suavius d'une terre entre l'église de Sadirac et le lieu de Mote. R. de Lignan ne se réserve pour lui et pour ses descendants, ni la justice, ni aucune autre servitude. Pour exploiter cette terre et quelques autres, qu'elle acquit à Sadirac ou qui lui furent données, l'abbaye fonda un prieuré qui eut plus tard pour

---

1. Mabillon, *Annales Ordinis Sancti Benedicti*, t. VI, rédigé par Edmond Martène, année 1099, p. 625.
2. Archives historiques du département de la Gironde, t. XXVII, p. n° 84.
3. Ibid., pièce n° 37.

annexe l'église du Tourne ; les Bénédictins de Sainte-Croix gardèrent le prieuré de Sadirac jusqu'en 1790.

Un autre prieuré que l'abbaye conserva aussi jusqu'à sa suppression, fut fondé à Montauriol, diocèse d'Agen, à l'aide de terres données par la famille Austorg. Foulques ne reçut qu'une partie de ces domaines[1] : Raymond Austorg, chevalier, sa femme et ses fils firent don « à Dieu et à la bienheureuse Vierge Marie et à Foulques, abbé de Sainte-Croix », de l'église Saint-Jean de Montauriol, avec la moitié de la dîme, le bourg et ses dépendances : Gauthier, Hélie, Bernard et Pierre, frères de Raymond Austorg, renoncèrent, en même temps, à leurs droits sur ces possessions; Pierre ajouta, un peu plus tard, quelques rentes en nature qui lui étaient dues par divers débiteurs, telles que vin, pain repas, etc., notamment un porc de trois sous. Les fils de Raymond, Bernard et Pierre, prirent l'habit religieux après la mort de leur père et firent de nouvelles donations dans la même paroisse à l'abbé Guillaume Gombaud, l'un des successeurs de Foulques.

Enfin Pierre Espéron[2] donna en franc alleu à Dieu et à l'abbaye de Sainte-Croix le dixième de la dîme de Cestas, ainsi que des vignes, des champs et des landes qu'il possédait dans cette paroisse.

L'abbé Foulques, non content d'accroître le domaine de l'abbaye, fit confirmer aussi ses possessions anciennes par le duc d'Aquitaine Guillaume IX, le Jeune, et par le pape Urbain II.

Le 22 mars 1096, Guillaume le Jeune, de passage à Bordeaux, et se tenant dans la tour Arbalesteyre, confirma d'abord à l'abbaye la possession de Soulac ; le 25 il se rendit, avec sa femme Mathilde, dans l'église Sainte-Croix, pour renouveler cette concession ; il prit aussi l'abbaye et son domaine de Saint-Macaire sous sa protection spéciale[3].

Le cinq des calendes de mai de la même année (27 avril), le pape Urbain II maintint les privilèges et possessions de l'abbaye dans un diplôme daté de Rome[4] : « ... Roborantes quod bone memorie Guillelmus, Burdegalensium comes, de jure suo concessit, cum ipsum

---

1. Arch. hist. du dép. de la Gironde, t. XXVII, pièces n°⁸ 103, 108 et 109.
2. Ibid., t. XXVII, pièce n° 113.
3. RICHARD, *Histoire des comtes de Poitou*, t. I, p. 382. C'est par erreur, sans doute, que cet écrivain fait mention d'un autel dédié à saint André dans l'église Sainte-Croix. — Arch. hist. du dép. de la Gironde, t. XXVII, pièce n° 3.
4. Archives historiques du dép. de la Gironde, t. XXVII, pièce n° 79.

monasterium Stᵉ Crucis, Romani pontificis preceptione, fundavit. »

On ne peut douter que ce soit l'abbé Foulques qui ait arrêté le plan de l'église Sainte-Croix telle qu'elle existe actuellement et qui en ait fait exécuter les trois absides et le portail ; ces constructions datent, en effet, de la fin du XIᵉ siècle ou du commencement du XIIᵉ siècle. Peut-être même posa-t-il la première pierre des églises de Sainte-Marie de Macau et de Notre-Dame de Soulac.

Foulques mourut, croit-on, en 1120, mais cette date n'est pas certaine. On constate, de son temps, la présence, dans le monastère de Sainte-Croix, de deux moines qui se qualifiaient chevaliers : « Joannes et Arnaldus de Stomptas (La Brède), monachi Sancte Crucis, milites[1] ».

1. Archives hist. du départ. de la Gironde, t. XXVII, pièce n° 37.

CHAPITRE III

Les abbés du XII° siècle

Le XII° siècle fut, pour l'abbaye Sainte-Croix, une période de travaux et de luttes qui se termina par la confirmation de ses possessions et de ses privilèges, par l'accroissement de ses revenus et de ses domaines. Les abbés, roturiers d'abord, nobles ensuite, qui régirent le monastère pendant ces cent années semblent suivre un même programme; sous leur direction sage, ferme et éclairée, la prospérité du couvent s'accroît sans cesse, les fondations pieuses se multiplient, les vocations deviennent nombreuses, et la règle est rigoureusement observée.

Nous avons déjà parlé de l'abbé Foulques, qui termine la série des abbés du XI° siècle et mourut vers 1120. Son successeur fut ANDRON (*Andro*). Une transaction datée de 1124[1] nomme, il est vrai, un abbé Arnaud (Arnaldus), mais l'acte n'est pas un original et il y a lieu de croire à une erreur de copie, car cet Arnaud ne reparaît que dans un autre document de date erronée.

Andron commença par se soumettre à l'autorité des papes légitimes Calixte II et Honorius II. Il obtint d'eux plusieurs décisions importantes contre les moines de Saint-Macaire, alors en révolte; nous en reparlerons plus loin. A l'avènement d'Innocent II (1130), Guillaume X d'Aquitaine se déclara pour l'antipape Anaclet II (Pierre de Léon); Girard, évêque d'Angoulême, s'étant vu retirer les fonctions de légat qu'il avait exercées sous les papes précédents, suivit cet exemple; le clergé de Bordeaux et, en particulier, les moines de Sainte-Croix abandonnèrent aussi l'autorité légitime. Bordeaux devint « en France la forteresse du schisme[2] »; les chanoines de cette ville élurent même Girard comme archevêque, mais il ne parvint pas à se faire sacrer : le

---

1. Archives hist. du départ. de la Gironde, t. XXVII, pièce n° 38.
2. RICHARD, *Histoire des comtes de Poitou*, t. II, p. 29.

concile de Reims l'excommunia en même temps que l'antipape Anaclet II (18 octobre 1131) et les déposa solennellement tous les deux.

L'abbaye Sainte-Croix retira profit de sa défection. Girard était à peine archevêque de Bordeaux, que les moines se firent donner par lui (1131)[1] l'église Saint-Pierre de Vensac, qui se trouvait auparavant dans la censive du chapitre de Saint-André de Bordeaux, sous la condition de payer tous les ans dix sous bordelais aux chanoines, de recevoir convenablement dans cette église ceux d'entre eux qui s'y présenteraient et d'y loger et nourrir les vieux et les infirmes; l'église Saint-Martin de Saint-Vivien fut donnée en même temps à l'abbaye. L'acte de donation était revêtu du sceau dont Girard se servait comme évêque d'Angoulême, parce qu'il n'avait pas eu le temps de faire graver celui de sa nouvelle dignité[2].

Peu après, Andron[3] ayant revendiqué l'église Saint-Nicolas, que les moines de Cordouan avaient fait construire dans l'île de Grave, Girard la leur accorda, tout en réservant ses droits et ceux du monastère de Cluny, dont les religieux de Cordouan dépendaient; Guillaume, prieur de Saint-Nicolas, resté fidèle à Innocent II, comme tous les moines de Cluny, n'avait pas voulu se présenter devant Girard.

Ces biens mal acquis ne profitèrent pas à l'abbaye Sainte-Croix ; d'une part, Vensac revint à la collation du chapitre de Saint-André[4]; d'autre part, l'île de Grave fut emportée par les flots ; le prieuré « dut se déplacer plusieurs fois : son dernier emplacement est marqué, dans la forêt domaniale actuelle, par une élévation isolée, arrondie, de profil tronc conique. Cette dune se trouve à 400 mètres au nord de la voie ferrée[5] ».

Du temps de l'abbé Andron, le couvent de Sainte-Croix reçut de nombreuses donations, notamment le domaine de Lastrilles[6], offrande d'Arnaud d'Espagne, qui prit l'habit religieux ; la terre de Bétorar[7],

---

1. Archives historiques du département de la Gironde, t. XXVII, pièce nº 14.
2. RICHARD, loc. cit., t. II, p. 29.
3. Archives historiques du département de la Gironde, t. XXVII, pièce nº 47-1
4. Voir, notamment, LOPES, t. II, page 460, édition Callen.
5. BUFFAULT, Etude sur la côte et les dunes du Médoc, p. 37.
6. Archives historiques du département de la Gironde, t. XXVII, pièce nº 94.
7. Ibid., pièce nº 75.

située dans la paroisse Saint-Martin-de-Ludon, les terres et bois de la lande de Corn, près d'Arsac[1], avec le droit du sauveté, confirmé par Guillaume IX, duc d'Aquitaine et, plus tard, par son fils Guillaume X. L'abbaye établit à Corn une maison hospitalière ouverte aux pauvres et aux pèlerins ; le pape Alexandre III accorda à cette maison, en 1179, le droit de sépulture pour ceux qui y mouraient, sauf volonté contraire de leur part[2].

Enfin, ce fut vers 1130, probablement du temps de l'abbé Andron, que les moines fondèrent une paroisse dans leur abbaye, lui affectèrent le collatéral nord de l'église, la dotèrent de fonts baptismaux et nommèrent un chapelain pour la desservir. Andron mourut peu après, aux environs de 1132.

A partir d'Andron, les listes d'abbés ne concordent plus. La *Gallia christiana*[3] en mentionne deux, donnant la préférence à l'une d'elles ; le moine bénédictin dont la *Notice* est insérée dans les *Actes de l'Académie de Bordeaux* en indique une troisième qui est, à peu près, celle de Dabadie. Ces listes sont les suivantes :

LISTE PRÉFÉRÉE PAR LA GALLIA CHRISTIANA

Pierre de Beyssac	(1132 à 1138)
Guillaume Gombaud	(1138 à 1151)
Arnaud Gombaud	(1151 à 1160)
Bertrand de Lignan	(1160 à 1170)
Géraud de Rameford	(1170 à 1178)
Arnaud de Vayrines	(1181 à 1210)
Seguin	(1210 à 1213)

AUTRE LISTE DE LA GALLIA CHRISTIANA

Arnaud de Vayrines	(1124)
Pierre de Beissaco	»
Guillaume Gombaud	(1138)
Arnaud Gombaud	(1151)
Bertrand de Lignan	(1155 à 1159)
Géraud de Rameford	(1159 à 1164)
Bertrand	»
Arnaud de Vayrines	(1172)
Seguin	(1210)

1. Archives historiques du département de la Gironde, t. XXVII, pièce n° 92.
2. Ibid., pièce n° 53.
3. T. II, col. 860.

Liste de Dabadie

Arnaud de Vayrines	(1124)
Pierre de Bussac	(1138)
Arnaud Gombaud	»
Bertrand de Leian	(1155)
Girard I de Rameford	(1159)
Bertrand II	(1164)
Arnaud IV	(1172)
Girard II	(1179)
Arnaud V de Virinis	»
Gérard III	(1192)
Seguin	(1210)

D'après les deux dernières listes, Arnaud de Vayrines aurait été abbé en 1124 ; or, ce personnage était chambrier en 1166[1], sous Bertrand de Lignan, qu'on fait vivre longtemps après lui, prieur de Saint-Macaire en 1174[2], abbé en 1182, 1185, 1187, 1193 et 1195, ce qui est incompatible avec son élection en 1124. D'un autre côté, Géraud de Rameford, que ces deux listes font mourir en 1164, était certainement abbé en 1174[3] et en 1180[4]. Par contre, la liste préférée par la *Gallia christiana*, qui est celle d'Estiennot, s'accorde avec tous les documents du Cartulaire, à l'exception de deux qu'on peut tenir sûrement pour erronés ; ces deux documents nomment, en 1123 et en 1124, un abbé Arnaud ; la date du premier texte est certainement fausse, puisqu'il mentionne l'archevêque Guillaume (1173 à 1187) ; il n'est pas douteux que celle du second le soit aussi et qu'il s'agisse de l'abbé Arnaud de Vayrines (1182 à 1210) ; au reste, il ne peut y avoir eu à Sainte-Croix en 1123 et en 1124 un abbé Arnaud, puisqu'on trouve le nom de l'abbé Andron dans une bulle de Calixte II du 30 mars 1123/1124[5] et dans une donation faite vers 1130, par Girard, qui s'intitule archevêque de Bordeaux[6]. De plus, on lit dans l'acte qui porte le n° 83 du Cartulaire[7] : « Ces conventions furent exécutées sous Pierre de Beissaco et ses successeurs, A. Gombaud, Bertrand de Leijan, Gérald de Ramaford, jusqu'au temps d'Arnaud de

---

1. Archives historiques de la Gironde, t. XXVII, pièce n° 13.
2. Ibid., pièce n° 11, « de Sancto Remigio ».
3. Ibid., même pièce.
4. Ibid., pièce n° 36.
5. Ibid., page 143.
6. Ibid., page 20.
7. Ibid., page 111, « de decima de Lenan ».

Vayrines. » Cette succession est celle préférée par la *Gallia christiana* ; le nom de Guillaume Gombaud manque, il est vrai, mais il peut avoir été omis par le copiste ; elle nous paraît la seule authentique ; c'est celle que nous suivrons.

L'abbé Pierre de Beissac (*de Beissaco, de Bussiaco*) était prieur claustral sous Andron[1], son prédécesseur. Une des plus anciennes rues du quartier Sainte-Croix porte le nom de cet abbé, sans doute parce qu'elle fut ouverte de son temps.

Pierre vit s'éteindre le schisme d'Anaclet ; saint Bernard ayant obtenu la soumission de Guillaume X, les églises et les monastères du Poitou et de l'Aquitaine suivirent l'exemple de leur seigneur. Cet abbé eut à débattre avec l'archevêque de Bordeaux, Geoffroy de Loroux, la question importante du droit de procuration. Dans ces temps reculés, où les routes étaient peu sûres, les archevêques, les évêques, les abbés, les archidiacres et même les doyens, qui avaient à visiter les églises placées sous leurs ordres, se faisaient accompagner du personnel nécessaire pour les défendre au besoin, et pour les servir. Cette escorte, réduite d'abord au strict indispensable, s'augmenta bientôt par suite du faste dont s'entouraient les dignitaires de l'Église, faste contre lequel de nombreux conciles généraux et provinciaux durent s'élever. Les églises visitées devaient nourrir les dignitaires ecclésiastiques et leur suite ou, à défaut, payer une somme importante comme « droit de procuration ».

Cette dépense était fort onéreuse pour elles ; aussi la visite des pasteurs était-elle considérée comme un fléau plutôt que comme une bénédiction. Heureux encore quand les prélats n'exigeaient pas le droit de procuration sans avoir fait la visite de l'église[2]. On comprend, que les abbayes puissantes aient cherché à résister aux évêques et à protester contre les visites trop nombreuses. Pierre de Beissac résolut de régler la question avec l'archevêque de Bordeaux ; des arbitres furent nommés, et on décida, d'un commun accord, en 1138, que le droit de procuration serait dû par l'abbaye Sainte-Croix dans les seules circonstances suivantes :

1. Arch. hist. du dép. de la Gironde, t. XXVII, pièce n° 97. « Petro videlicet de Bussiaco, ipsius ecclesie (Sancte Crucis) priore ».
2. « Aucun évêque ou prélat ne doit exiger de procuration d'un endroit qu'il n'a pas visité. » Canon n° 9 du Synode de Saumur en 1253. Héfélé, *Histoire des Conciles*, t. VIII.

1° Lorsque l'archevêque nouvellement élu serait reçu, pour la première fois, en procession solennelle ;

2° Lorsqu'il reviendrait d'un voyage à Rome.

Les invitations gracieuses adressées par l'abbé et les religieux à l'archevêque ne devaient pas motiver le droit de procuration[1].

Cette transaction fut, plus tard, confirmée par Guillaume le Templier[2], l'un des successeurs de Guillaume de Loroux, mais ce second accord ne mit pas fin aux difficultés.

Sous l'abbé Pierre, le domaine de l'abbaye s'accrut, notamment d'un moulin et d'une terre située dans la paroisse Saint-Aubin-de-la-Tresne, donnés par Gaillard d'Escures (Gailhardus de Escuras)[3].

En 1137, se produisit un événement de la plus haute importance pour la Guienne, mais qui ne paraît pas avoir préoccupé les moines de Sainte-Croix. Guillaume X, duc d'Aquitaine, mourut; il eut pour successeur Louis, fils de Louis VI, roi de France et époux d'Aliénor, fille de Guillaume ; le nouveau duc vint résider à Bordeaux ; il fêta son avènement en publiant une ordonnance accordant la liberté complète pour l'élection des archevêques, évêques et abbés des diocèses de l'Aquitaine (Bordeaux, Agen, Angoulême, Poitiers et Périgueux) et prescrivant, en cas de décès des titulaires, de laisser à leurs successeurs la libre disposition des biens devenus vacants. Une ordonnance exactement semblable fut signée en même temps à Paris, par le roi Louis VI[4]. Ce dernier étant mort le 1er août, l'accession de son fils au trône réunit, pour quelques années, l'Aquitaine à la France.

Pierre de Beissac mourut vers 1138; GUILLAUME GOMBAUD lui succéda : il était prieur de Soulac au moment de son élection[5].

L'abbé Guillaume acquit, à prix d'argent, diverses terres, parmi les-

---

1. Archives historiques du département de la Gironde, t. XXVII, pièce n° 39. *Gallia christiana*, t. II, *Instrumenta*, col. 281. Les deux textes ne sont pas identiques.
2. Ibid., pièce n° 41, portant pour titre : « Quod archiepiscopus non habet procurationem in hac domo, nisi cum noviter electus fuit, vel cum a Roma redierit ». — Voir aussi une autre confirmation du même archevêque, adressée à l'abbé Arnaud de Vayrines, pièce n° 40.
3. Archives historiques du département de la Gironde, t. XXVII, pièce n° 115.
4. *Ordonnances des Rois de France*, t. I (ancienne série).
5. Archives historiques du département de la Gironde, t. XXVII, pièces n° 39 et 97.

quelles nous citerons seulement la villa et l'important domaine de Lodors-des-Arcs[1], situés dans les communes actuelles de Bordeaux, Bègles et Talence, s'étendant jusqu'à Saint-Genès ; l'acquisition comprenait des champs, des prés, des forêts et le ruisseau d'Ars jusqu'à la Garonne, ou plutôt jusqu'à son confluent avec l'Eau Bourde. L'acte relatif à cette vente donne lieu à une difficulté de chronologie ; Gombaud (Gumbardus) y figure comme abbé, et l'on y indique Guillaume, mort en 1137, comme comte de la cité ; d'un autre côté, dans la transaction relative au droit de procuration passée par l'abbé Pierre de Beissac et qui est datée de 1138, Gombault est mentionné comme prieur de Soulac (Guillelmo Gombault priore de Solaco)[2]. Il y a lieu de penser que le nom du comte Guillaume a été inscrit par erreur sur la vente du domaine de Lodors-des-Arcs, d'autant plus qu'une lacune provenant, peut-être, d'une hésitation du copiste existe après le nom du comte.

L'abbaye Sainte-Croix reçut, du temps de l'abbé Guillaume Gombaud, d'importantes donations. Nous avons déjà parlé, à propos de l'abbé Foulques, de celle afférente à l'église Saint-Jean de Montauriol. Guillaume Hélias, vicaire de Bordeaux et seigneur de l'Ile-Saint-George, fit présent à Sainte-Croix de l'eau de Balag[3], et y construisit des moulins, à ses frais, pour le compte de l'abbaye, dont il resta tenancier en payant un denier de cens ; il donna aussi, en 1138[4], la moitié de la dîme du domaine qui va de l'estey Lin[5] (entre Beautiran et l'Ile-Saint-George) au fief de Benauge. Plus tard, Guillaume d'Ornon céda au couvent la terre de Fort-Esperon[6]. Enfin, en 1149, la benoite dame Donzelous concéda à l'abbaye le terrain nécessaire pour

---

1. Archives historiques du département de la Gironde, pièce n° 35, intitulée « de Lodoris ». — C'est à tort que la *Gallia christiana* (t. II, col. 800) donne à cet acte la date de 1030.
2. Ibid., t. XXVII, pièce n° 39.
3. Ibid., pièce n° 104, intitulée : « De aqua que dicitur Balag ».
4. Ibid., pièce n° 105, intitulée : « De decima esterio (sic) de Lini ».
5. La situation de l'estey Lin est ainsi indiquée dans une reconnaissance du 21 août 1618 : «... l'Esteylin qui fait séparation des paroisses de l'Ile-Saint-George et de Beautiran. » Cette reconnaissance se trouve aux Archives départementales de la Gironde, série H, Abbaye Sainte-Croix, carton n° 30 (prov.).
6. Archives historiques du département de la Gironde, t. XXVII, pièce n° 106.

la reconstruction de l'église Saint-Michel de Bordeaux devenue insuffisante[1].

Guillaume Gombaud mourut vers 1151 et fut remplacé par ARNAUD GOMBAUD, qui était ouvrier *(operarius)* de l'abbaye[2]. Estiennot le croit neveu du précédent.

Peu après l'élection de cet abbé (18 mars 1151-52), Aliénor rompit son mariage avec Louis VII et épousa, au bout de quelques mois, Henri Plantagenet, qui devint ainsi duc d'Aquitaine ; la Guienne fut réunie à la couronne d'Angleterre quand Henri succéda à son père, en 1154. L'abbaye Sainte-Croix accepta facilement ce changement.

Arnaud Gombaud acheta, en 1151[3], à Bernard de Soussans et à Assalide sa femme, pour 200 sous bordelais, tous leurs droits sur l'eau de Peyrelongue jusqu'à la Garonne ; on appelait ainsi la partie de l'Eau Bourde qui est en aval du moulin de Peyrelongue, situé sur la commune de Bègles, entre la gare actuelle et le pont de la Maye. Cette acquisition complétait celle de son prédécesseur relative au ruisseau d'Ars, affluent de l'Eau Bourde. Arnaud, voulant éviter des réclamations de la part des moines de Saint-Macaire, fit de nombreuses acquisitions pour le compte de leur prieuré et les énuméra dans un acte daté de 1154[4].

Le successeur d'Arnaud Gombaud fut BERTRAND DE LIGNAN ; cet abbé appartenait à la noblesse, car, d'après un acte de 1165[5], son frère exerçait des droits féodaux à Sadirac, commune voisine de Lignan.

Bertrand resta fidèle au pape légitime Alexandre III, qui fuyait de ville en ville pendant que l'empereur Frédéric Barberousse intronisait à Rome l'antipape Victor, auquel il donna deux successeurs. En retour, le pape prit sous sa protection l'abbaye Sainte-Croix et l'aida puissamment à terminer la révolte des moines de Saint-Macaire, que nous raconterons plus loin.

Alexandre III[6], par une bulle datée de Sens le second jour des nones

---

1. Arch. hist. du dép. de la Gironde, t. XXIII, p. n° 1 ; t. XXVII, pièce n° 128. — Les textes ne sont pas identiques.
2. Ibid., t. XXVII, pièce n° 106.
3. Ibid., t. XXVII, pièce n° 122.
4. Ibid., t. I, pièce n° 117.
5. Ibid., t. XXVII, pièce n° 88.
6. Ibid., pièce n° 19 ; *Gallia christiana*, t. II, *Instrumenta*, col. 313. Les deux textes diffèrent notablement.

de février (4 février) 1164/65, signée de dix cardinaux ou évêques, confirma toutes les possessions de l'abbaye, l'autorisa à choisir les chapelains de ses églises et à les présenter à l'évêque, qui devait les accepter s'ils étaient capables d'exercer les fonctions paroissiales ; il reconnut la suprématie de Sainte-Croix sur l'église Saint-Michel de Bordeaux et ratifia les décisions favorables de ses prédécesseurs au sujet de l'église Sainte-Marie de Soulac, revendiquée par les moines de l'abbaye Saint-Séver-Cap-de-Gascogne. En reconnaissance de tous les avantages qui lui étaient concédés, l'abbaye s'engageait seulement à donner chaque année un marbotin à Alexandre III et à ses successeurs[1].

Bertrand, poursuivant l'œuvre de son prédécesseur au sujet de l'eau de Peyrelongue[2], obtint de Baudoin de Centujan et de Bernard Amanieu, qui présentaient leurs fils pour revêtir l'habit religieux, la cession de leurs droits sur les moulins d'Extrabon et du Prat, mus par ce ruisseau et sur le cours d'eau lui-même, jusqu'à la Garonne. Ces deux personnages abandonnèrent, en même temps, leurs droits sur l'estey Cocud, petit ruisseau qui a sa source et son embouchure dans la commune de Bègles. Raymond de Soler revêtit, en mourant, l'habit religieux et céda au couvent sa part sur les mêmes moulins. Alexandre, son frère, fit, peu après, la même donation, et l'abbé acheta sept sous bordelais ce qui revenait à un troisième frère nommé Rostan[3].

Une convention amiable avec Amanieu de Roger attribua aux moines le droit de couper, dans la forêt de la palu de Galtrude, le bois nécessaire à leur chauffage et les échalas pour leurs vignes; les chênes étaient seuls exceptés, mais le moines avaient le droit de glandage[4].

Une transaction avec Arnaud, prêtre, feudataire de l'abbaye, fut moins favorable aux religieux, qui durent abandonner les droits de pacage, de glandage et de coupe des bois sur le domaine de Cauzorn, près du Taillan. L'abbé renonça même à la procuration, mais Arnaud consentit, à titre gracieux, à le recevoir convenablement, lorsqu'il

---

1. « Marabotinus ou Marbotinus. — Sic indigitantur monetæ quædam Hispanicæ aureæ præsertim » (Ducange).
2. Archives historiques du département de la Gironde, t. XXVII, pièce 70.
3. Ibid., pièce n° 133 et 132.
4. Ibid., t. XXVII, pièce n° 123.

viendrait visiter le fief, à condition que sa suite fût composée seulement de huit hommes de pied et de six cavaliers[1].

Un acte daté de 1165[2] montre les difficultés que rencontrait l'abbaye et la persistance qu'elle apportait à faire respecter ses droits. Amanieu de Rauzan tua un serviteur des moines ; ce crime amena une mésintelligence durable entre l'abbé et Amanieu. Ce dernier fut amené enfin à composition et consentit à racheter sa faute en donnant aux religieux une terre situé à Sadirac, au lieu de Pimpin ; mais il se dédit, et pour l'amener à signer une cession, il fallut lui donner vingt sous bordelais. Pour plus de sûreté, Pierre de Lignan, frère de l'abbé, et Pierre junior, son neveu, intervinrent dans l'acte. L'abbé Bertrand fit construire un moulin sur cette nouvelle acquisition et, du consentement de tout le couvent de Sainte-Croix, il le donna au prieuré de Sadirac, dépendant de l'abbaye.

Un peu plus tard, en 1166, Boson de Mont Primlan (Montprimblanc), partant pour Jérusalem, acquit de l'abbaye un très beau mulet et donna en échange le tiers de la pêcherie d'Aubiac (Verdelais) ; ses deux fils consentirent à cette donation[3].

Enfin, Bertrand reçut de Trenquard du Rocher[4] une partie des dîmes de Loupiac et de Cestas ; Fort et Hélie Garmund lui donnèrent aussi plusieurs terres au Pian de Saint-Macaire, notamment la villa de Palomers[5].

Bertrand de Lignan mourut la veille des ides de mars 1170[6] ; il avait réussi à faire rentrer dans l'ordre le prieuré de Saint-Macaire, en révolte depuis près de cinquante ans.

Pour terminer définitivement la querelle, les moines élurent abbé le prieur de ce monastère, Géraud de Ramefort (nommé aussi d'Arramafort, suivant l'habitude gasconne d'ajouter le préfixe Ar aux noms propres commençant par la lettre R). Géraud, qui occupait à Sainte-Croix, en 1166, les fonctions importantes de cellérier[7], avait été envoyé à Saint-Macaire pour achever d'y rétablir l'ordre ; il avait su mener à

1. Archives historiques du département de la Gironde, pièce n° 124.
2. Ibid., pièce n° 88.
3. Ibid., t. XXVII, pièce n° 131.
4. Ibid., pièce n° 90.
5. Ibid., pièce n° 86.
6. *Gallia christiana*, t. II, col. 861.
7. Ibid., t. XXVII, pièce n° 13.

bien cette tâche difficile. Sa gestion comme abbé fut des plus laborieuses, mais aussi des plus avantageuses pour le monastère. Il profita des dispositions favorables de l'archevêque de Bordeaux Guillaume le Templier, ancien moine bénédictin, autrefois abbé de Reading, en Angleterre, pour obtenir la confirmation de l'accord conclu, en 1138, entre l'un de ses prédécesseurs, Pierre de Beissac, et Guillaume de Loroux, au sujet du droit du procuration[1] ; en 1175, l'archevêque rejeta la plainte des chanoines de Saint-André relative à l'établissement d'une paroisse et de fonts baptismaux dans l'église Sainte-Croix, fondations indispensables, remontant à plus de quarante ans, mais faites sans l'autorisation de l'ordinaire[2] ; une bulle d'Alexandre III, datée du 25 mai 1179[3], sanctionna cette décision importante. Guillaume le Templier, à son tour, confirma en 1175 la bulle d'Alexandre III, de 1164/1165, concernant les privilèges de l'abbaye et son droit de présentation pour les chapelains de ses églises[4]. Il servit aussi d'arbitre entre Géraud et Amalvin de Blanquefort ; ce seigneur, quand il passait à Macau, possession de l'abbé, exigeait du pain pour ses chiens, des poules et des aloses pour lui et sa suite ; il dut renoncer à ces prétentions injustifiées[5].

Géraud de Ramefort, pendant qu'il était prieur de Saint-Macaire, avait eu à débattre avec Garcias, évêque de Bazas, un litige déjà ancien au sujet de l'oratoire de Saint-Remy ; devenu abbé, il régla définitivement la question avec l'évêque, en abandonnant la moitié des produits de l'oratoire[6]. Garcias, de son côté, assisté de Raymond Bernard, abbé de Clairac (diocèse d'Agen), trancha, en 1174, au profit de Sainte-Croix un différend survenu entre l'abbaye et le prêtre P. de Meiolan qui avait usurpé la chapellenie de Saint-Martin de Blanquefort ; ces

---

1. Archives historiques du département de la Gironde, t. XXVII, pièce n° 41. Original aux Archives départementales, série II, Ab. de Sainte-Croix, liasse A, n° 2.
2. Ibid., t. XXVII, pièce n° 36. — La date de 1175 donnée par la *Gallia christiana* nous paraît préférable à celle de 1180 indiquée par les *Archives historiques*, à raison, surtout, de la bulle confirmative d'Alexandre III.
3. Ibid., pièce n° 54, intitulée « De Baptismate ».
4. Ibid., pièce n° 43, intitulée « De supradictis capellanis ». — L'original se trouve aux Archives départementales, série II, Abbaye de Sainte-Croix, liasse A, n° 4.
5. *Gallia christiana*, t. II, *Instrumenta*, col. 284. — Arch. hist. du dép. de la Gironde, t. XXVII, pièce n° 46.
6. Ibid., t. XXVII, pièce n° 11.

arbitres, désignés par le pape Alexandre III, décidèrent que la collation de l'église appartenait à l'abbaye et que les fruits et revenus devaient en être partagés par moitié entre elle et le chapelain[1].

La même année 1174, Richard Cœur-de-Lion, comte de Poitiers, duc d'Aquitaine et futur roi d'Angleterre, ajouta le poids de son autorité à la bulle de 1164 du pape Alexandre III confirmant les privilèges de l'abbaye[2]. Cette précieuse charte fut suivie d'une nouvelle bulle d'Alexandre III, datée de Latran, le 31 mai 1179, accordant, notamment, à l'abbaye le privilège de célébrer les offices divins, sous certaines conditions, dans le cas d'interdit général ; il lui fut permis aussi de faire opposition à Rome de toute sentence d'excommunication prononcée contre elle sans motifs légitimes[3].

Le nécrologe de l'abbaye de La Sauve fait mourir Gérard de Ramefort le vii des calendes de juillet 1179 (25 juin)[4], mais nous avons vu qu'il est nommé dans deux actes dont la date probable est 1180 ; la mort de cet abbé doit être reportée au moins jusqu'en 1181, car certains documents mentionnent que son successeur, ARNAUD DE VAYRINES, fut élu en 1182 seulement. Arnaud était certainement en charge le 15 septembre et le 28 octobre 1182[5].

Le nouvel abbé avait été chambrier[6] de Sainte-Croix, ensuite prieur de Saint-Macaire ; il gouverna l'abbaye pendant près de trente ans, en suivant constamment le plan de ses prédécesseurs pour l'affermissement des possessions du monastère dont il avait la charge et l'accroissement de la fortune du couvent.

Du temps de Géraud de Ramefort, le concile de Limoges (3ᵉ dimanche de carême — 28 février 1180/1181 —, présidé par Henri, évêque d'Albano, légat d'Alexandre III, avait définitivement repoussé les prétentions sur Soulac de l'abbaye de Saint-Sever-Cap-de-Gascogne, mais la sentence de ce concile ne fut rédigée que sous Arnaud de Vayrines ; l'acte est daté de Poitiers, le 1ᵉʳ avril 1182[7] ; il fut approuvé le 25 mars

1. Archives du département de la Gironde, pièce n° 32.
2. Ibid., pièce n° 4, et t. I, pièce n° 184.
3. Ibid., t. XXVII, pièce n° 53.
4. *Gallia christiana*, t. II, col. 861.
5. Ibid., col. 862. — Arch. hist. du dép. de la Gironde, t. XXVII, pièces nᵒˢ 141 et 138.
6. Archives historiques de la Gironde, t. XXVII, pièce n° 13 : « Arnaudo de Vitrinis camerario ».
7. HÉFÉLÉ, *Histoire des Conciles*, t. VII. — La pièce n° 23 du t. XXVII des

suivant, à Velletri, par le pape Lucius III¹. Une bulle du même pape, datée de Vérone, le 7 mai 1184, sanctionna les libertés accordées au monastère, en 1180, par Guillaume le Templier². Cet archevêque mourut vers 1187³. Hélie de Malemort lui succéda ; ce prélat et, en son absence, son vicaire différaient de donner la collation aux prêtres proposés par l'abbaye pour les bénéfices dont elle avait la présentation ; parfois même, l'archidiacre y installait un prêtre de son choix comme commendataire ; le but poursuivi était de jouir, le plus longtemps possible, des revenus des postes non pourvus de titulaires. Le pape Célestin III⁴ mit un terme à cet abus en décidant, le 7 avril 1192, que l'investiture devait être donnée dans les quarante jours de la présentation, sauf indignité des candidats, à apprécier par des juges à la nomination des deux parties ; le délai de quarante jours expiré, à défaut de nomination d'arbitres, les religieux pouvaient installer le nouveau titulaire sans l'autorisation de l'archevêque, les droits de ce prélat demeurant réservés pour l'avenir. La résidence continuelle fut, ensuite, rendue obligatoire pour les chapelains des églises Saint-Michel de Bordeaux et Saint-Macaire (Bulle du 17 avril 1193)⁵.

Célestin III confirma aussi, dans une bulle datée de Latran le 16 avril 1193⁶, les concessions faites à l'abbaye en 1165 par Alexandre III, en ajoutant quelques possessions qu'avait omises ce dernier pape. Cette nouvelle bulle ratifie, en même temps, la sentence du concile de Limoges et celle du pape Lucius III concernant Soulac, approuve les transactions de l'abbaye avec les archevêques Geoffroy de Loroux et Guillaume le Templier au sujet du droit de pro-

---

Archives historiques du département de la Gironde reproduit la décision du concile de Limoges, mais le transcripteur conteste, à tort, la date (calendes d'avril 1182) donnée par le document même. Héfélé établit que le concile eut lieu le 3ᵉ dimanche de Carême 1180 ou 1181, mais que sa décision fut rédigée ultérieurement à Poitiers.

1. Archives historiques du département de la Gironde, t. XXVII, pièce n° 24.
2. Ibid., pièce n° 59. Original aux Arch. dép. de la Gironde (liasse A 2, série II, abbaye Sainte-Croix).
3. LOPES, t. II, p. 217 ; édition CALLEN, note 2.
4. Archives historiques du département de la Gironde, t. XXVII, pièce n° 55. Original avec bulle en plomb aux Arch. dép., série II, Abbaye de Sainte-Croix, liasse A, n° 4.
5. Ibid., t. XXVII, pièce n° 56.
6. Ibid., pièce n° 20, et *Gallia christiana*, t. II, *Instrumenta*, col. 313.

curation, maintient de nouveau l'exercice des droits paroissiaux à Sainte-Croix, la sauveté du lieu, celle de Soulac et de Macau, accorde la faculté de célébrer les offices, en cas d'interdit général, dans toutes les églises dépendant de l'abbaye, portes closes, à voix basse et sans sonner les cloches ; il ôte à toute personne ecclésiastique le droit de prononcer contre l'abbé et les religieux la suspense, l'excommunication, ou une sentence d'interdit, sauf dans le cas où l'abbé négligerait de corriger ses erreurs ou celles de ses subordonnés ; il donne la libre sépulture aux défunts non interdits ni excommuniés, les droits de la paroisse du mort étant réservés ; enfin il sanctionne les décisions précédentes accordant à l'abbaye le droit de présentation aux cures de ses églises, la collation restant à l'évêque.

Ces avantages considérables furent une source nouvelle de prospérité pour l'abbaye, mais en même temps ils y attirèrent beaucoup de gens de vocation douteuse, cadets de noblesse, fils de bourgeois ; l'abbé avait souvent la main forcée, et la discipline du couvent, encore dans toute sa vigueur, se ressentait de l'admission de pareils religieux. Arnaud eut recours à Rome ; Célestin III, dans une bulle du 12 septembre 1196, lui donna satisfaction : le pape regrettait que des gens ignorants ou de naissance illégitime eussent été admis dans la fraternité du monastère Sainte-Croix et il décidait que, à l'avenir, seraient seuls reçus religieux, les personnes lettrées, de mœurs honnêtes et recommandées par des hommes probes [1].

Arnaud de Vayrines, tout en recherchant les faveurs des papes, ne négligeait pas celles des rois ; il fit confirmer, en 1182 [2], par Richard, duc d'Aquitaine, la charte accordée à son prédécesseur en 1174 ; plus tard, la vieille Aliénor, qui s'intitule reine d'Angleterre, duchesse de Normandie et d'Aquitaine, comtesse de Poitiers, s'adressant aux archevêques, évêques, abbés, comtes, vicomtes, barons, sénéchaux, prévôts, baillis et à tous ses sujets de l'Aquitaine, donna une nouvelle vigueur aux privilèges accordés à l'abbaye par son père Guillaume X et son fils Richard, décédés. L'acte est daté de Soulac, le 4 juillet 1199 [3].

L'abbé faisait aussi renouveler par l'archevêque de Bordeaux les

1. Arch. hist. du dép. de la Gironde, t. XXVII, pièce n° 57.
2. Ibid., pièce n° 34.
3. Ibid., t. XXVII, pièce n° 5.

accords précédents relatifs au droit de procuration (1182)[1], de présentation aux chapellenies (1183)[2], notamment à Sainte-Croix du Mont et à Saint-Maurice d'Aubiac (Verdelais), où la règle avait été violée par l'autorité archiépiscopale. Il se défendait contre les séculiers qui tentaient d'empiéter sur les possessions de Sainte-Croix. Les puissants seigneurs de Lesparre voyaient avec regret l'abbaye posséder Soulac, enclave de leurs riches domaines. A la fin du XII⁰ siècle, Ayquelin envoyait son frère Senebrun faire des incursions sur le territoire de Soulac. Géraud de Ramefort fit admonester Senebrun par l'évêque de Périgueux, et un autre prélat, de la part du pape Alexandre III (bulle du 12 des calendes de juillet — 20 juin — 1175[3]); cette démarche n'eut qu'un résultat passager; les entreprises ne cessèrent qu'en 1195, à la suite de l'intervention de l'archevêque de Bordeaux, Hélie de Malemort, qui avait aussi des intérêts à Soulac; l'accord fut rédigé dans la salle capitulaire de l'abbaye Sainte-Croix, en présence d'Ayquelin, de Senebrun, et de tout le chapitre; les deux seigneurs jurèrent, une première fois, entre les mains de l'archevêque, d'observer la convention; ils renouvelèrent leur serment d'abord dans l'église en baisant les saints Évangiles et les reliques de saint Mommolin. L'abbaye abandonnait ses prétentions sur les terres « que sunt del Bre de Syort infra[4] ». Les deux frères, par contre, donnaient la dîme de leurs moulins et de leurs salines, toute la saline du port Lairon (Pointe-à-l'Aigron); vingt-quatre lapins, chaque année, comme dîme de chasse, à payer de la fête de saint André à l'octave de saint Hilaire; la moitié des revenus de la place située devant l'église de Soulac devait servir à l'achat des cierges à allumer depuis le commencement du carême jusqu'à la fin de l'octave de Pâques: le seigneur de Lesparre devait, au besoin, suppléer à l'insuffisance de ce revenu[5]. Une nouvelle ratification de cet accord fut faite à Mont-de-Marsan, « in camera Regis », en présence de plusieurs témoins.

1. Arch. dép. de la Gironde, pièce n° 40.
2. Ibid., pièce n° 45.
3. Inventaire des Archives de l'abbaye Sainte-Croix, 1784, Registre des Archives du département de la Gironde, répertorié H. 946.
4. M. Dutrait a identifié le Bre de Syort avec le pont de Talais.
5. Inventaire des Archives de l'abbaye Sainte-Croix, 1784 : *Gallia christiana*, t. II, *Instrumenta*, col. 286, Archives historiques du département de la Gironde, t. IV, pièce n° 8; t. XXVII, pièce n° 29. — L'original est aux Archives du département de la Gironde, série H, Abbaye Sainte-Croix, liasse B. 21.

Ce fut, ensuite, le tour des seigneurs de Blanquefort, Ayquelin Guillaume, Guillaume Hélias, son frère, Guillaume Raymond, son neveu ; ils durent, successivement, abandonner leurs prétentions sur le droit de civadage à Macau. Guillaume Raymond, bien que condamné par Etienne, doyen de Bordeaux, exigea 200 sols bordelais pour acquiescer au jugement[1].

Uzence du Pont, qui s'était injustement emparé d'une partie de la dîme de l'Ile-Saint-George, la rendit au lit de mort, le 22 juillet 1185, en présence de ses quatre fils, dont deux étaient prêtres[2].

Amanieu de Bouliac, cité devant Etienne, doyen de Bordeaux, fut contraint d'abandonner la moitié de la queste sur les hommes de la terre de Moncuc, ou de Balijan, située dans la paroisse Saint-Pierre de Tresses, bien que, depuis longtemps, lui et ses ancêtres eussent perçu seuls cette redevance[3].

L'abbé exigea que les potiers qui fabriquaient des tuiles dans la sauveté de Sainte-Croix lui payassent la dîme de leurs produits, comme s'il se fût agi de vendanges et de moissons. Cette prétention fut déclarée légitime le 13 octobre 1204[4], par Gombaud, abbé de la Sauve, Bernard, abbé de Saint-Emilion, et par le bibliothécaire de la Sauve, arbitres qu'avait désignés le pape Innocent III. M. Jullian trouve dans cette décision une nouvelle preuve de l'ingérence de l'Église dans les affaires privées des laïques : « Le fidèle, dit-il, devait à l'Église, en principe, le dixième de son revenu[5]. » La querelle est injuste de tous points ; d'une part, l'acte s'appuie sur l'exemple des propriétaires laïques qui percevaient la dîme des potiers[6] ; d'autre part, l'usine avait été construite sur des champs qui payaient antérieurement à l'abbaye la dîme de leurs produits[7] ; les récoltes étant supprimées, il était équi-

1. Archives historiques du département de la Gironde, t. XXVII, pièce n° 138. Original aux Arch. dép., liasse D. n° 9.
2. Ibid., pièce n° 137.
3. Ibid., pièce n° 76.
4. Ibid., pièce n° 33 ; *Gallia christiana*, t. II, col. 871.
5. *Histoire de Bordeaux*, p. 208.
6. Archives historiques du département de la Gironde, t. XXVII, pièce n° 33 : « civium etiam Burdegalensium recenti excitati exemplo qui in casu simili tegularum decimas etiam laicis aliarum possessoribus decimarum adjudicaverant ».
7. « Illos de frugibus et vindemiis et oleribus decimas prescripto monasterio... de eisdem et in eisdem praediis persolvisse. »

table que les moines, incommodés jusque dans leur église par la fumée des fours, reçussent une compensation. Il est vraisemblable, d'ailleurs, que, la poterie ayant établie aux alentours immédiats de l'abbaye, les moines étaient les propriétaires du sol en vertu de la donation de Guillaume le Bon ; la perception d'une dîme était donc bien justifiée.

Le maintien du droit de sauveté était aussi l'objet des préoccupations d'Arnaud de Vayrines. En 1209, un habitant de Bordeaux avait poursuivi l'épée à la main, jusque sur le territoire privilégié, un homme qui s'y était réfugié ; pour prévenir les poursuites de l'abbé, douze bourgeois de la ville vinrent composer avec lui et lui remettre cent livres, somme considérable pour l'époque[1].

On ne voit pas que l'abbé ait voulu augmenter les possessions du monastère ; le Cartulaire mentionne seulement, en 1188, deux donations : la première dans la paroisse de Tresses, faite par Menard de Saint-Seurin, à l'occasion de la réception de son fils comme moine à Sainte-Croix ; la deuxième à La Boau et à Persec (alentours du couvent) par les trois frères Raymond Vivien, Guillaume et Ayquelin[2].

L'œuvre la plus durable d'Arnaud de Vayrines fut la construction du moulin de Sainte-Croix dans la partie inférieure du verger des moines ; cette construction, qui défia les siècles et survécut même à l'abbaye, était destinée à remplacer plusieurs petits moulins, devenus insuffisants, dont on s'était servi jusqu'alors.

Le moulin fut entièrement construit aux frais de l'abbé et resta la propriété de ses successeurs ; il était à trois meules, il pouvait moudre beaucoup plus de grain qu'il n'était nécessaire pour la consommation des moines. Arnaud de Vayrines décida que les religieux devaient avoir toujours une part suffisante de la mouture et, en outre, après sa mort, une pension annuelle de dix sols en l'honneur « de la très bienheureuse Vierge Marie, pour le salut et le remède de son âme, afin qu'elle lui fût propice, surtout le samedi, jour où l'office de la Vierge était célébré chaque semaine dans le couvent ». Cette pension de dix sols devait être employée, le jour anniversaire de la mort d'Arnaud, à l'achat d'une ration supplémentaire de poisson pour le repas des

---

1. Archives du département de la Gironde, série H, Abbaye Sainte-Croix, Carton n° 109 (prov.).
2. Ibid., t. XXVII, pièce n° 82 et 139.

moines. Ces dispositions, sanctionnées par une bulle du pape Célestin III, datée de Saint-Pierre de Rome le 3 des ides de janvier 1192/1193 (11 janvier), furent toujours fidèlement observées, du moins en ce qui concerne l'attribution aux moines d'une part raisonnable des revenus du moulin[1]. Les moines de Sainte-Croix n'ont jamais travaillé eux-mêmes à son exploitation ; ils commencèrent par le donner à bail, mais abandonnèrent ce mode d'opérer comme n'ayant pas donné de résultats satisfaisants. L'exploitation directe du moulin est stipulée par les Statuts de l'abbaye, promulgués dans la deuxième partie du XIV⁰ siècle, mais en vigueur longtemps auparavant. Les Statuts prévoient un meunier et cinq ouvriers habitant le voisinage du monastère ; ils recevaient un salaire en argent, 6 barriques de vin pur et 18 barriques de vin de première eau[2]. A l'époque de la commende, on donna, de nouveau, le moulin à bail : le premier acte de cette nature que nous ayons trouvé est daté du 17 novembre 1514[3]. A partir de la fin du XVI⁰ siècle, on peut suivre presque sans interruptions les traités passés pour le moulin ; la première condition que devait remplir le fermier, c'était de moudre gratis le grain des moines ; cette mouture, de quantité variable, suivant les époques, s'élevait, au maximum, à 400 boisseaux de froment ; l'abbé recevait, en outre, une redevance en nature, qui fut environ de 250 boisseaux de froment tant que tournèrent les trois meules du moulin, c'est-à-dire jusqu'au milieu du XVII⁰ siècle, et de 170 à 200 boisseaux quand il ne fonctionna plus qu'à deux meules ; plus tard, la redevance fut payée en argent.

Le 9 mars 1786, l'abbé J.-B. de Larochefoucauld afferma le moulin à François Rougier, bourgeois de Bordeaux, qui devait payer 1000 livres par an et s'engageait, notamment, à faire la mouture des moines[4].

1. Archives historiques du département de la Gironde, t. XXVII, pièce n° 58.
2. Statuts du XIV⁰ siècle : « de Magistro molendini », série H, Abbaye Sainte-Croix, Liasse A, n° 10.
3. Le 17 novembre 1514, Jehan de Saillant, prieur, vicaire général de l'abbé Christophe de Brilhac, baille pour un an à Annote Seguin « tous les troys moulins de lad. abbaye garny de molles » ; le fermier devait fournir le pain des religieux et prébendiers et recevait « neuf vingt francs ». — Archives départementales de la Gironde, série H; Abbaye Sainte-Croix, Carton n° 19 (prov.).
2. Ibid., Registre H. 941, folio 1.

A la fin du XVIe siècle, par suite de l'aliénation du moulin de Peyrelongue, la rente de 40 boisseaux de blé que ce moulin devait à la maison noble de la Lande[1] fut transportée sur le moulin de Sainte-Croix ; elle fut payée jusqu'en 1790, malgré l'interminable procès que soutint à ce sujet l'abbé François Molé, et qu'il perdit définivement en 1695[2].

Après la suppression de l'abbaye, le moulin, saisi par « la Nation », fut mis en adjudication le 25 pluviôse an VII et racheté par Rougier, qui y apporta de sérieuses améliorations, continuées par ses successeurs. En 1865, quand la Compagnie des Chemins de fer du Midi eut définitivement détourné l'Eau Bourde en la jetant dans l'estey Majou, le moulin fut actionné par une machine à vapeur et fonctionna ainsi jusqu'aux dernières années du XIXe siècle. Il cessa alors de moudre, mais conserva son outillage, vendu définitivement dans les premières années du siècle actuel[3].

Malgré les précautions prises par les abbés Arnaud Gombaud, Bertrand de Lignan et Géraud de Ramefort pour s'assurer la possession de toute l'eau qui franchissait les biefs du moulin de Peyrelongue, l'abbaye eut souvent des difficultés, surtout avec la famille de Francs, parce qu'on détournait l'Eau Bourde, ce qui faisait chômer le moulin de Sainte-Croix ; nous en parlerons en temps et lieu, nous bornant à signaler ici la transaction qu'Arnaud de Vayrines passa le 19 avril 1192[4] avec la dame Comtors, fille d'Etienne de La Tour et femme de Pierre Giraudong. Etienne, contre tout droit, avait fait bâtir le moulin de la Grave sur l'Eau Bourde ; au lit de mort, il reconnut ses torts, prit l'habit religieux et fut enseveli avec honneur dans le cloître de l'abbaye, ainsi que son fils ; sa femme reçut, sa vie durant, une pension de deux esquartes de froment, fut reçue comme sœur, on lui alloua une prébende monacale, les jours de grande fête, et, après sa mort, elle fut ensevelie près de son mari. La dame Comtors, sa mère morte, réclama la moitié de la dîme du moulin de la Grave ; les religieux,

---

1. Archives départementales de la Gironde, Registre II, folio 19.
2. Voir, notamment, Arch. dép. de la Gironde, Carton n° 115, et Registre II, n° 941, folio 19 verso.
3. Nous avons raconté l'histoire complète du moulin de Sainte-Croix dans la *Revue philomatique de Bordeaux et du Sud-Ouest* (mars-avril 1908).
4. Archives historiques de la Gironde, t. XXVII, pièce n° 15. — *Gallia christiana*, t. II, *Instrumenta*, col. 286. — L'original se trouve aux Archives départementales de la Gironde, série H, Abbaye Sainte-Croix, liasse C, n° 4.

en vue d'éviter une nouvelle querelle, lui donnèrent trois cents sous, et elle renonça à ses prétentions.

L'obituaire de Sainte-Croix apprend qu'Arnaud de Vayrines mourut le VIII des calendes de juillet[1], mais comme toujours, il omet d'indiquer l'année de ce décès ; il est probable que ce fut en 1209.

1. Archives historiques du département de la Gironde, t. XXXV. — *Obituaire de Sainte-Croix*, p. 1 à 11.

CHAPITRE IV

Révolte des moines de Saint-Macaire.

En faisant l'histoire des abbés du XIe et du XIIe siècle, nous avons omis, à dessein, tout ce qui se rapporte aux tentatives d'autonomie des moines de Saint-Macaire et aux revendications de l'abbaye de Saint-Séver-Cap-de-Gascogne à l'égard de Soulac. Ces événements méritent, en effet, un récit détaillé.

Pendant la plus grande partie du XIIe siècle, l'anarchie régnait au sommet de l'Eglise ; les antipapes, soutenus par les empereurs d'Allemagne, disputèrent la tiare au successeur légitime de saint Pierre, chassé de Rome et errant de ville en ville ; il ne faut donc pas trop s'étonner que de simples moines, comme ceux de Saint-Macaire, s'inspirant d'exemples venus de haut, aient voulu s'émanciper de l'autorité de leur abbé et aient essayé de conquérir leur autonomie.

L'origine de la querelle est un peu obscure ; il est probable que les moines de Saint-Macaire, dotés d'un prieuré et d'une église par l'abbaye de Sainte-Croix, installés dans un fertile domaine, le trouvèrent à leur convenance et voulurent le garder pour eux seuls, en secouant le joug du monastère dont ils dépendaient.

Vers l'année 1080, Guillaume Amanieu d'Albret reprocha à l'abbé de Sainte-Croix, Arnaud Trencard, de conserver tous les revenus qu'il retirait de Saint-Macaire et de ne faire aucune acquisition pour augmenter les possessions du prieuré. Amanieu d'Albret ne pouvant, sans doute, faire accueillir ses réclamations par l'abbé, soumit le litige au jugement de l'archevêque de Bordeaux Goscelin de Parthenay et revendiqua l'église de Saint-Macaire, « jure seu dominii, seu advocationis » ; mais, sur l'invitation de l'archevêque, qui menaça le couvent et l'église d'interdit, il se désista de ses prétentions[1]. Le débat s'apaisa

---

[1]. Inventaire des Archives de l'abbaye Sainte-Croix, 1784, p. 791. Voir aussi Archives historiques du département de la Gironde, t. I, pièce n° 117.

ainsi. L'abbé Foulques, avec sa haute autorité, sut se faire obéir des moines de Saint-Macaire et les obliger à se rendre à l'abbaye de Sainte-Croix quand ils étaient mandés. Il était, d'ailleurs, bien secondé par le duc Guillaume IX, le Jeune, qui, l'année même (1096) où il mit Saint-Macaire à feu et à sang, en renouvela la possession à l'abbé[1] ; la leçon donnée aux bourgeois dut servir aux moines.

L'abbé Andron, successeur de Foulques, ne fut pas aussi heureux ; voulant faire venir auprès de lui quelques religieux de Saint-Macaire dont il avait à se plaindre, il ne put y réussir et il n'eut d'autre ressource que de recourir à l'archevêque de Bordeaux, Arnaud Giraud de Cabanac[2]. Celui-ci, après avoir réuni quelques abbés et un certain nombre de religieux de divers monastères, assigna les parties à comparaître devant le tribunal ainsi constitué. Les moines de Saint-Macaire avaient su intéresser à leur cause Raimond, archidiacre du diocèse, qui plaida pour eux et prétendit, contre la vérité historique, que Saint-Macaire n'était pas une annexe de l'abbaye Sainte-Croix, mais un monastère à part ; il ajouta que les moines de Saint-Macaire, ayant reçu l'habit monacal dans leur prieuré, ne devaient que dans ce couvent obéissance à l'abbé de Sainte-Croix ; d'ailleurs, si on voulait les faire venir à Bordeaux et les remplacer par d'autres religieux, ce n'était pas dans l'intérêt de leur salut, mais pour bouleverser leur monastère et le soumettre entièrement à celui de Sainte-Croix. Au reste, si l'abbé pensait réellement à leur salut, pourquoi ne les envoyait-il pas dans une autre couvent, ou pourquoi ne faisait-il pas venir à Saint-Macaire des religieux éclairés, chargés de les instruire sur leurs devoirs ?

Andron répondit en maintenant l'intégralité de ses droits et en soutenant que les moines de Saint-Macaire lui devaient obéissance à Sainte-Croix aussi bien que dans leur couvent. Les religieux insoumis alléguèrent que la question était déjà jugée et qu'ils avaient des chartes de l'archevêque Goscelin de Parthenay et de Guy Geoffroy (Guillaume VIII, duc d'Aquitaine et comte de Poitou) constatant qu'ils étaient libres

---

1. Richard, *Histoire des comtes du Poitou*, t. II, p. 411.
2. Archives historiques du département de la Gironde, t. I, pièce n° 97. — Des copies anciennes sur parchemin, de la plupart des bulles, lettres et documents que nous aurons à citer, à propos de saint Macaire, se trouvent aux Archives du département de la Gironde, série H, Abbaye Sainte-Croix, liasse B, n° 27.

de ne pas venir habiter Sainte-Croix. L'archevêque proposa alors aux moines un délai pour produire ces chartes, ce qui les embarrassa fort, car elles n'existaient probablement pas, et les obligea à chercher toute espèce de prétextes pour ne pas les apporter. Leur mauvaise foi étant, dès lors, évidente, l'archevêque fit procéder au jugement ; les religieux furent condamnés à habiter, au gré de l'abbé, soit à Saint-Macaire, soit à Sainte-Croix, tant que les choses nécessaires à la vie ne leur manqueraient pas dans cette dernière abbaye. Raimond, cinquième abbé de la Sauve, donna lecture de ce jugement et se déclara prêt à le soutenir, s'il en était fait appel ; mais les moines de Saint-Macaire ne daignèrent ni appeler de la sentence, ni lui obéir. En présence d'une pareille attitude, l'abbé de Sainte-Croix prononça contre eux l'excommunication ; l'archevêque de Bordeaux jugea cette punition justifiée et la confirma en vertu de l'autorité divine et de sa propre autorité[1].

Ces événements se produisirent en 1120 ; à ce moment, les mauvais exemples que donnèrent plus tard les cardinaux en élisant des antipapes ne s'étaient pas aussi souvent produits ; les moines de Saint-Macaire voulaient bien lutter canoniquement contre leur abbé, mais ils n'entendaient pas rester sous le coup du double anathème dont ils étaient frappés. Aussi, les voit-on en appeler presque immédiatement auprès du légat du Saint-Siège dans les Gaules, qui était alors Gérard (*alias* Girard), évêque d'Angoulême. Les deux parties se présentèrent, en 1121, devant ce prélat, assisté d'Aldebert II, évêque d'Agen, de Bertrand Baslade, évêque de Bazas, d'Amblard, abbé de Saint-Martial de Limoges, d'Hylaire, sacriste de Poitiers, du doyen de cette Église et de plusieurs autres autorités ecclésiastiques. L'abbé Andron produisit deux vieux religieux prêts à jurer sur les saints Évangiles qu'ils avaient vu, du temps de l'abbé Foulques, les moines de Saint-Macaire donner satisfaction et venir à Sainte-Croix ; les opposants, faisant preuve d'un bon esprit que leurs successeurs ne montrèrent pas plus tard, n'exigèrent pas le serment, par déférence pour l'abbé Andron. « Il fut donc jugé, en présence du légat, et du consentement des deux parties, que les moines de Saint-Macaire devaient venir au chapitre de Sainte-Croix et y donner satisfaction à Andron leur abbé

---

1. Archives historiques du département de la Gironde, t. I, pièce n° 97.

au sujet de leur désobéissance, dans la forme prévue par la règle de S. Benoît[1]. »

L'évêque Gérard n'était pas ferme dans ses résolutions, et il sacrifiait parfois la justice à ses intérêts personnels ; il en donna une preuve éclatante en se déclarant, quelques années après, en faveur de l'antipape Anaclet II, contre le pape légitime Innocent II qui l'avait dépouillé « pour d'excellentes raisons », dit Héfélé, « de ses pouvoirs de légat apostolique dans les Gaules[1] ». Les moines de Saint-Macaire surent agir sur l'esprit versatile de Gérard, car il paraît, non seulement avoir accordé au prieuré l'indépendance qu'il sollicitait vis-à-vis de Sainte-Croix, mais encore avoir remis à l'un de ses moines la verge, symbole de la dignité abbatiale. C'est ce qui résulte d'une bulle de Calixte II écrite à la suite du premier concile général de Latran, tenu du 18 mars au 6 avril 1123, « dans lequel le pape adjugea le couvent de Saint-Macaire à l'abbé Andron de Sainte-Croix[2] ». Les moines de Saint-Macaire », dit Mabillon, « avaient réussi par fraude, et à l'aide d'artifices, à obtenir la verge abbatiale de Gérard, évêque d'Angoulême et légat du Saint-Siège, mais Calixte II ayant donné audience aux deux parties enleva, au moment du concile de Latran, le privilège mal acquis et consigna sa décision dans une bulle conservée aux archives de l'abbaye Sainte-Croix[4] » ; d'après cette bulle, les moines de Saint-Macaire ne s'étaient pas présentés devant les Pères réunis à Latran[5].

Cette décision du concile et du pape n'entraîna pas la soumission des moines ; Calixte II étant mort en 1124, ils en appelèrent, en 1125, à son successeur. Honorius II les condamna à son tour ; il consigna sa sentence dans deux lettres, datées du 26 novembre 1125 et adressées, l'une à l'archevêque de Bordeaux, qui était toujours Arnaud Giraud de Cabanac, l'autre aux moines de Saint-Macaire. A l'archevêque, le pape déclare que la décision du concile et de son prédécesseur doit être irrévocablement maintenue ; aux moines, il enjoint de se soumettre et de

1. Archives historiques du département de la Gironde, t. I, pièce n° 98.
2. *Histoire des conciles*, t. VII, p. 213.
3. Ibid., p. 185.
4. *Annales Ordinis Sancti Benedicti*, t. VII, année 1123.
5. « Sed altera pars a nostro conspectu se absentavit. » Arch. hist. du dép. de la Gironde, t. XXVII, pièce n° 25.

n'essayer, sous aucun prétexte, de se soustraire au jugement du concile, ajoutant que s'ils n'obéissaient pas, il se verrait obligé de faire d'eux bonne justice[1].

Il semble que ces menaces aient produit leur effet, du moins pour quelque temps, car on ne trouve plus trace de nouvelles querelles entre Sainte-Croix et Saint-Macaire jusqu'au pontificat d'Alexandre III. Il est vrai que, de 1130 à 1136, l'Aquitaine s'était soustraite à l'autorité du pape légitime Innocent II ; les Bénédictins de Sainte-Croix étaient donc en mauvaise posture pour soumettre à leur autorité les moines de Saint-Macaire, alors qu'ils étaient eux-mêmes en rébellion ouverte contre le Souverain Pontife.

Quand les temps furent redevenus plus calmes pour l'Église, la lutte recommença entre l'abbaye et le couvent de Saint-Macaire ; on sent gronder l'orage dans une Notice de 1154 par laquelle l'abbé Arnaud Gombaud, pour prévenir des récriminations analogues à celles qu'Amanieu d'Albret avait élevées du temps d'Arnaud Trencard, énumère les acquisitions qu'il a faites pour le compte du couvent de Saint-Macaire, souvent au prix d'un travail ingrat et sans l'aide d'aucun des moines intéressés. Ces acquisitions sont nombreuses[2]. Bientôt, néanmoins, les moines de Saint-Macaire proclamèrent, de nouveau, leur indépendance, et l'abbé de Sainte-Croix pria le pape Alexandre III d'intervenir. Ce grand pontife avait dû abandonner Rome à son concurrent l'antipape Victor IV, reconnu par Frédéric Barberousse ; le roi de France Louis VII avait bien voulu l'accueillir et, depuis 1162, le pape légitime errait de ville en ville, mais n'abandonnant pas les affaires de la chrétienté. A la demande de l'abbé de Sainte-Croix, Alexandre III procéda à une enquête, recevant lui-même les dépositions des témoins valides et faisant recueillir celles des vieillards et des infirmes par les abbés de la Couronne et de Celle, auxquels il enjoignait, le 4 septembre 1163, d'envoyer à Bourges, sous plis fermés de leurs sceaux, les renseignements reçus par eux sous la foi du serment[3]. Les moines de Saint-Macaire, suivant leur habitude, usaient de moyens dilatoires, alléguaient divers prétextes pour ne pas produire leurs

1. Archives historiques du département de la Gironde, t. I, pièces n°ˢ 99 et 100.
2. Ibid., t. I, pièce n° 117.
3. Ibid., t. I, pièce n° 101.

témoins et prétendaient que la recherche de leurs chartes exigeait un assez long délai. En même temps, ils entraient en révolte ouverte contre l'abbé de Sainte-Croix, Bertrand de Lignan, à tel point que cet abbé avait écrit au pape qu'il serait dangereux pour lui de se présenter au couvent de Saint-Macaire. Le pape consentit à accorder aux moines, comme dernier délai, l'octave de la Saint-Martin, mais, en attendant, il leur prescrivit d'obéir à l'abbé de Sainte-Croix jusqu'à ce que la cause fût jugée, puisqu'ils l'avaient fait autrefois (Lettre du 4 septembre 1163 [1].)

Conformément à la règle hiérarchique, cette lettre d'Alexandre III devait parvenir aux moines de Saint-Macaire par l'intermédiaire de leur abbé Bertrand de Lignan, et c'est ainsi que procéda le pape; mais, comme il savait que Bertrand serait mal reçu à Saint-Macaire, il manda, le même jour, à Guillaume Arnaud de Tantalon, évêque de Bazas, de réclamer cette lettre à l'abbé et, dès réception, de la faire remettre aux moines rebelles[2]. La ville de Bazas étant voisine du bourg de Saint-Macaire, il était facile à l'évêque de se conformer aux instructions du Pape, qu'il accomplit ponctuellement. Les moines prétendirent qu'ils étaient en voie d'accord avec Bertrand de Lignan, réclamèrent du temps pour prendre conseil et demandèrent que la lettre du Souverain Pontife leur fût laissée; l'évêque s'y refusa; peu après les moines vinrent à Bazas pour réclamer, de nouveau, la lettre du pape, mais sans prendre aucun engagement au sujet de leur soumission. Arnaud de Tantalon persista à garder la lettre et en référa à l'abbé de Sainte-Croix[3]. Sur ces entrefaites, Alexandre III avait transmis de nouveaux ordres aux moines de Saint-Macaire par l'intermédiaire de Pierre de Didone, abbé de la Sauve; le pape supposait qu'un religieux du même ordre qu'eux pouvait avoir une action sur les rebelles. Pierre se rendit au prieuré et voulut donner lecture des lettres du Souverain Pontife, mais les moines refusèrent avec indignation de l'écouter et demandèrent qu'on leur laissât les lettres; l'abbé ne voulut pas satisfaire à ce désir, craignant de voir lacérer sous ses yeux les instructions pontificales; plus tard, cependant, sur le conseil de Ber-

1. Arch. hist. du dép. de la Gironde, pièce n° 102.
2. Ibid., t. I, pièce n° 103.
3. Ibid., t. I, pièce n° 104.

trand de Montaut, archevêque de Bordeaux, il consentit à les faire parvenir aux moines. Cette concession ne produisit sur eux aucun effet utile, ils n'écoutèrent ni les paroles de l'abbé de la Sauve, ni les avertissements que leur adressa l'archevêque de Bordeaux. Pierre de Didone manda au Pape le résultat infructueux de ses démarches et le supplia d'employer la rigueur de sa justice contre une rébellion aussi obstinée[1].

Les avertissements de l'archevêque Bertrand de Montaut étaient de pure forme : ce prélat, peut-être jaloux de la prospérité de l'abbaye de Sainte-Croix, soutenait secrètement la rébellion du prieuré. Les religieux de Sainte-Croix commirent, à leur tour, une faute contre la discipline et il sut en profiter ; ils eurent le tort d'adresser directement au pape, sans passer par la voie de l'archevêque, une requête pour lui représenter que les lettres pontificales adressées aux moines de Saint-Macaire avaient été méprisées par eux ; en même temps, ils faisaient un nouvel exposé de leur cause. L'archevêque feignit de se montrer froissé de cette communication anti-hiérarchique, il s'en plaignit au pape, plaidant, en même temps, la cause des moines et demandant de nouveaux délais. Alexandre jugea sainement la question ; tout en blâmant l'abbé de Sainte-Croix de la faute disciplinaire qu'il avait commise envers l'archevêque, il se porta fort des bons sentiments des moines de l'abbaye à l'égard de ce prélat ; en même temps, il manda à l'archevêque que, malgré le désir profond qu'il avait de lui être agréable, il ne pouvait accorder de nouveaux délais aux religieux de Saint-Macaire. L'abbaye de Sainte-Croix, disait le pape, est d'autant plus fatiguée de ces moyens dilatoires que les rebelles paraissent demander de remettre l'affaire en vue seulement de renouveler leurs assertions sans preuves, et non pour produire des témoins déposant sous la foi du serment. Alexandre III adjugea donc de nouveau le monastère de Saint-Macaire à l'abbaye de Sainte-Croix, suivant l'exemple de ses pères et prédécesseurs, Calixte et Honoré. Il invita, en conséquence, l'archevêque de Bordeaux à soutenir les religieux de Sainte-Croix (Sens, le 19 décembre 1164)[2]. Peu de temps après, le 4 février 1164/1165[3], le pape confirma par une bulle des plus explicites toutes

1. Arch. hist. du dép. de la Gironde, t. I, pièce n° 105.
2. Ibid., t. I, pièce n° 106.
3. Ibid., t. XXVII, pièce n° 19. — *Gallia christiana*, t. II, *Instrumenta*, col. 313.

les possessions de l'abbaye de Sainte-Croix et il eut soin de faire figurer, en première ligne, le monastère de Saint-Macaire : « Quascumque vobis praeterea possessiones..... aut in futurum concessione pontificum..... seu aliis justis modis..... poterit adipisci, firma vobis vestrisque successoribus et illibata permaneant; in quibus hec propriis duximus exprimenda vocabulis : ecclesiam S. Macarii..... »

Malheureusement pour Sainte-Croix, l'autorité d'Alexandre III était encore précaire; l'archevêque de Bordeaux, peu favorable à l'abbaye, usait de la force d'inertie et pratiquait la politique d'atermoiements. Sur son conseil, peut-être, les moines de Saint-Macaire envoyèrent une délégation au pape; elle fut mal reçue, ce qui ne paraît pas avoir beaucoup touché les religieux rebelles, car ils continuèrent leurs pratiques antérieures d'indépendance. Il est évident que le prieur du couvent insoumis ne devait pas avoir grande autorité sur ses moines et qu'un certain relâchement existait dans la discipline, sans doute aussi dans la conduite; nous voyons, en effet, un dignitaire du monastère quitter le couvent, aller courir le monde dans un but qu'on n'explique pas, mais qu'il n'y a pas témérité à croire peu louable. A son retour, au lieu d'être soumis à l'austère pénitence prévue par la règle bénédictine, le prieur le remet immédiatement en charge; à la même époque, il revêt cinq jeunes gens de l'habit monacal, sans même en prévenir l'abbé de Sainte-Croix. A chaque instant se produisaient de nouveaux actes d'indiscipline, dont le fauteur principal était un simple clerc du nom de Bonafoux; sa parole entraînante séduisait les moines et les portait à commettre les pires excès; il ne se contenta pas de soulever le monastère contre l'abbé de Sainte-Croix; il voulut encore ameuter les bourgeois contre l'abbaye; il y réussit facilement, au grand détriment de l'abbé. Bertrand de Lignan commença par faire sommation au prieur d'avoir à renvoyer du couvent le moine fugitif et les nouveaux frères irrégulièrement admis; ne recevant pas satisfaction, il n'eut d'autre ressource que de se plaindre au pape, mais il avait été devancé auprès de lui par les moines, qui avaient interjeté appel de la sommation de l'abbé, pour le deuxième dimanche après Pâques de l'année 1165. D'après les règles ecclésiastiques, l'abbé était obligé de déférer à cet appel, mais il lui était permis de faire un sous-appel; il en introduisit un pour le premier dimanche de Carême de la même année. Fatigué de toutes ces querelles, il tomba gravement malade et ne put se rendre à Sens plaider lui-même sa cause¹. Son représentant obtint, néanmoins, satisfaction ; le 15 mars 1165, le pape Alexandre III écrivit deux lettres au sujet des moines de Saint-Macaire, l'une à Henri II, roi d'Angleterre et duc d'Aquitaine, l'autre à l'archevêque de Bordeaux. Le pape supplie le roi, dont la piété lui est connue, de prendre en commisération la situation déplorable de l'abbaye de Sainte-Croix et de la défendre contre les habitants de Saint-Macaire, moines et séculiers ; à l'archevêque de Bordeaux, Alexandre mande d'avoir à arrêter immédiatement la rébellion de Saint-Macaire, afin que l'impunité dont jouissaient les moines ne servît pas de mauvais exemple. Il ordonne que si, quinze jours après la réception de sa lettre, les religieux, celui qui se dit leur prieur, dont l'élection n'a pas été canonique, ainsi que le clerc Bonafoux et tous leurs adhérents, ne donnent pas complète satisfaction à l'abbé de Sainte-Croix, ils soient dépouillés de leurs bénéfices, solennellement excommuniés, et privés d'assister aux offices de l'Église².

Le même jour, deux prélats de la suite du pape, probablement en bonnes relations avec Henri II, Bernard, cardinal, évêque de Port et de Sainte-Rufine, et Jean, cardinal de Neapolis et Jacmetus, écrivirent au monarque anglais³ pour lui exposer la situation du litige entre Sainte-Croix et Saint-Macaire, rappeler les condamnations déjà prononcées contre les moines par Alexandre III, Honorius II et Calixte II et le supplier d'imposer son autorité non seulement aux moines rebelles, mais encore aux bourgeois qui avaient pris parti pour eux.

L'archevêque de Bordeaux continua sa politique peu loyale : l'envoyé qu'il chargea de chasser du couvent de Saint-Macaire le religieux fugitif réintégré à tort et les nouveaux frères irrégulièrement admis fit sortir ces religieux du monastère, comme l'avait ordonné le pape, mais il les laissa aussitôt rentrer par une autre porte⁴. L'archevêque mit beaucoup de retard à lancer l'excommunication contre les moines et il toléra que l'église du Pian, située aux portes du bourg de Saint-Macaire, les admît aux offices divins⁵.

1. Archives historiques du département de la Gironde, t. I, pièce n° 107.
2. Ibid., pièces n° 109 et 108.
3. Ibid., pièces n°⁸ 110 et 111.
4. Ibid., t. I, pièce n° 114.
5. Ibid., pièce n° 112.

Cette première attitude de l'archevêque, conforme à ses errements antérieurs dans cette affaire, changea tout à coup complètement; sans doute, à la suite de l'intervention de Henri II. Alexandre III et le roi d'Angleterre se trouvaient alors dans une situation délicate ; l'archevêque de Cantorbéry, Thomas Becket, qui avait dû fuir l'Angleterre « après un séjour de trois semaines à Sens, avait choisi pour sa résidence, peut-être sur le désir du pape, le couvent de Pontigny, appartenant à l'ordre de Cîteaux et situé à douze lieues de Sens [1] ». Mais, dans l'espoir que le conflit concernant l'Église anglaise finirait par s'aplanir, Alexandre III avait toujours empêché Thomas Becket de prendre des mesures de rigueur contre le roi d'Angleterre. De son côté, Henri II ne voulait pas abandonner l'obédience d'Alexandre III, soit que sa conscience l'en empêchât, ou qu'il fût retenu par la crainte de son peuple [2]. » Il est donc probable que, dans une affaire d'aussi peu d'importance pour lui que celle de Saint-Macaire, Henri II s'empressa de déférer à la demande du pape et des cardinaux qui l'avaient imploré, afin de montrer sa bonne volonté.

Quoi qu'il en soit, peu après le simulacre de satisfaction donné au pape par l'archevêque, on voit les moines se soumettre à leur abbé Bertrand du Lignan, se rendre à Sainte-Croix, et y subir une rigoureuse pénitence. Mais l'esprit d'indépendance demeurait dans le cœur des religieux rebelles; quelques-uns d'entre eux, jeunes sans doute, voyant se relâcher la surveillance qu'on exerçait sur eux, s'évadèrent de l'abbaye, arrivèrent de nuit à Saint-Macaire, pénétrèrent dans les celliers du monastère sans attirer l'attention des religieux qui l'habitaient et répandirent tout le vin qui s'y trouvait [3]. La faute n'était pas légère ; les moines coupables le comprirent bientôt, mais, voulant se disculper, ils aggravèrent leur cas : ils simulèrent une lettre de l'archevêque au pape atténuant ce désordre et la revêtirent de son sceau. Bertrand de Montaut l'apprit, et, comme il redoutait, peut-être, la colère de Henri II, il se décida à signaler au pape les nouveaux torts des moines de Saint-Macaire et l'avertit, en même temps, de la présentation possible de fausses lettres.

1. Héfélé, *Histoire des conciles*, t. VII, p. 429.
2. Ibid., t. VII, p. 448 et 429.
3. Archives historiques du département de la Gironde, t. I, pièce n° 113.

A la réception de la missive de l'archevêque, Alexandre III lui répondit, le 9 juillet 1165, en l'invitant à agir vigoureusement contre le clerc Bonafoux et les moines rebelles, à les excommunier publiquement et solennellement, à leur défendre de célébrer les offices divins dans le monastère, à leur interdire l'accès de l'église du Pian et de toutes autres, enfin en l'engageant à recommander aux fidèles de fuir l'approche des moines comme excommuniés, dénoncés[1].

L'archevêque craignant moins l'action de Henri II, décidément brouillé avec Alexandre III, se conforma aux ordres du pape en ce qui concerne l'excommunication, mais il laissa dans le couvent de Saint-Macaire le dignitaire réintégré et les cinq moines reçus sans l'autorisation de l'abbé. Bertrand de Lignan dut encore se rendre à Sens en vue d'implorer de nouveau la justice du pape.

Alexandre III accueillit favorablement l'abbé et écrivit à l'archevêque de Bordeaux, le 4 février 1166[2], pour lui renouveler ses précédentes instructions et le charger, en cas d'insoumission persistante des moines, de les disperser dans d'autres couvents de leur ordre et de peupler le prieuré de Saint-Macaire avec des moines de Sainte-Croix.

Cette fois, la mesure fut ponctuellement exécutée; les fauteurs de la rébellion ne pouvant plus ne concerter, tout rentra dans l'ordre, et pour toujours. Peut-être Bertrand de Montaut, en se montrant soudain obéissant aux ordres du pape, voulait-il de le rendre favorable et préparer la ratification par Alexandre III de la convention relative à Soulac qu'il concluait la même année avec l'abbaye de Sainte-Croix et qui était si avantageuse pour lui et ses successeurs[3].

L'abbé Bertrand nomma, à cette époque, un prieur à Saint-Macaire et choisit pour occuper ces délicates fonctions un des premiers officiers de l'abbaye, le cellérier, Gérard d'Arameford ou de Ramefort. Quelque temps après, en 1170, Gérard fut choisi par le chapitre général pour succéder à Bertrand de Lignan ; cette nomination fut de bonne politique, car on ne pouvait suspecter Gérard de malveillance envers les moines avec lesquels il avait vécu. Le successeur de Gérard comme abbé fut aussi un prieur de Saint-Macaire, Arnaud de Vayrines. Gé-

1. Archives hist. du départ. de la Gironde, t. I, pièce n° 115.
2. Ibid., pièce n° 116.
3. Ibid., t. XXVII, pièce n° 13.

rard resta en charge douze ans et Arnaud près de trente ans : ces deux abbés, fort au courant des besoins de Saint-Macaire, purent facilement achever d'aplanir les dernières difficultés qui pouvaient exister dans les relations entre les deux monastères.

Ainsi finit ce long et douloureux conflit dont la mauvaise volonté de l'archevêque Bertrand de Montaut avait, en dernier lieu, trop longtemps retardé la solution. Il avait duré près d'un siècle. En voyant le pape Alexandre III s'occuper avec tant d'activité et de persistance d'une affaire en somme peu importante, tandis qu'il avait à lutter contre la plupart des souverains de l'Europe, on ne saurait trop admirer sa grande puissance de travail, son zèle ardent pour la discipline ecclésiastique, la sûreté de son jugement et la profondeur de son génie, à qui rien n'échappait.

CHAPITRE V

Revendication de Soulac par l'abbaye de Saint-Séver

Nous avons vu que le duc de Gascogne Guillaume Sance, en fondant l'abbaye Saint-Séver-Cap-de-Gascogne, lui avait donné l'oratoire Sainte-Marie de Soulac que l'abbaye Sainte-Croix tenait depuis quelques années de la libéralité du comte de Bordeaux Guillaume le Bon.

Il est probable que les moines de Saint-Séver envoyèrent des émissaires pour reconnaître leur nouveau domaine; ils le trouvèrent déjà occupé. Peu séduits, sans doute, par l'aspect sauvage, l'aridité et le peu d'importance de Soulac, ils ne durent pas rapporter à leur abbaye une bonne impression de la contrée qu'ils avaient visitée. Ce qu'il y a de certain, c'est que Saint-Séver ne mit pas, tout d'abord, beaucoup d'ardeur à revendiquer ses droits.

« Le premier détail que nous ayons trouvé de la querelle dans les fonds bénédictins est une espèce de confirmation qui n'existe qu'en fragments. Aucun nom n'y est prononcé. Elle porte la date de 1019. A la suite de cette pièce, on lit quelques réflexions. Nous avons noté la suivante : quelques-uns pensent que Saint-Guillaume n'a fait que continuer à Sainte-Croix la possession de Soulac et affirmer que Soulac avait été acheté depuis longtemps par un abbé de Sainte-Croix[1]. »

Les moines de Bordeaux, mis en éveil, obtinrent, comme nous l'avons vu, une bulle de Benoît VIII (1022[2]) ou de Benoît IX (1037[3]). relevant, notamment, Soulac de toute juridiction autre que celle de

---

1. MEZURET, *Notre-Dame de Soulac ou de la Fin-des-Terres*, p. 187.
2. MABILLON, *Annales Ord. S. Bened.*, t. IV, livre 55, n° 6, p. 285. — *Gallia christiana*, t. II, *Instrumenta*. — Estiennot donne le texte de la bulle qu'il attribue à Benoît VIII (p. 462 à 464); les Archives historiques du département de la Gironde ont imprimé la Bulle de Benoît IX (t. XXVII, pièce n° 85); les deux textes sont identiques; il n'y a donc qu'une bulle. Le document porte la date suivante : « mense octobris, indictione cuinta », ce qui convient aussi bien à l'année 1022 qu'à 1037. Le nom de l'archisecrétaire Sergius pourrait seul trancher la difficulté.
3. Archives historiques du département de la Gironde, t. XXVII, pièce n° 85.

l'abbé de Sainte-Croix. Le don de la comtesse Ama, en 1043, valut, en outre, à l'abbaye la protection du duc d'Aquitaine[1]. Saint-Séver, après quelques vaines tentatives, perdit tout espoir de prendre possession de Soulac ; l'un de ses abbés, nommé Grégoire, se démit, entre les mains du pape Alexandre II (1061-1073), de tous ses droits sur cet oratoire et promit de ne plus le revendiquer à l'avenir ; en présence de ce désistement, le pape accorda une nouvelle investiture à Arnaud Trencard, alors abbé de Sainte-Croix[2].

Le successeur de Grégoire, Arnaud[3], voulut néanmoins, reprendre le débat auprès de Grégoire VII, successeur d'Alexandre. Il fut invité par Gérard d'Ostie, légat du pape, à se présenter à un synode qui se tint en Novempopulanie, le 10 mars 1074 ; Arnaud ayant fait défaut, le synode adjugea Soulac à Sainte-Croix[4]. Mais Grégoire VII, dans sa grande équité, regrettait que les deux parties n'eussent pas été entendues. Il écrivit donc à Arnaud, abbé de Saint-Séver, le 14 mars 1074, pour le blâmer de ne s'être pas présenté au synode, l'aviser de la décision prise contre son abbaye et le sommer, dans le cas où il aurait des objections à faire, de se rendre à Rome avec l'abbé de Sainte-Croix pour la fête de la Toussaint[5] ; bien que l'abbé de Saint-Séver n'ait pas déféré à cette invitation, la sentence définitive ne fut pas prononcée. Goscelin de Parthenay, archevêque de Bordeaux, ayant fait quelques années après un voyage *ad limina apostolorum*, rappela cette affaire à Grégoire VII ; le pape écrivit, le 8 mars 1079[6], à Amat, son légat, évêque d'Oloron, d'examiner, de nouveau, les prétentions des deux parties. Le débat fut jugé dans un concile, présidé par Amat et par Hugon, évêque de Die ; il se tint à Bordeaux, le 12 octobre 1079[7], dans

---

1. Archives histor. du départ. de la Gironde, pièce n° 80.
2. Ibid., pièce n° 22. — Dom Bouquet (éd. de 1877), t. XIV, p. 763 et 764.
3. Mabillon appelle cet abbé Arnaldus Destios, *Annales Ord. S. Bened.*, t. V, p. 148 et 149. Héfélé lui donne le nom d'Arold.
4. Héfélé, *Histoire des Conciles*, t. VI ; Dom Bouquet, t. XIV, p. 571, C et D.
5. Dom Bouquet, t. XIV (1877), p. 571, C et D. — Héfélé, *Histoire des Conciles*, t. VI.
6. Dom Bouquet, t. XIV (1877), p. 630 E.
7. Ou, plutôt, 1080 : « in concilio Burdegalensi, in ipsa matre ecclesia, in honore beatorum apostolorum Andreæ et Jacobi constructa » ; Dom Bouquet, t. XIV (1877), p. 764, note 2 ; *Gallia christiana*, t. II, Instrum., col. 273. — Arch. hist. du dép. de la Gironde, t. XXVII, pièce n° 22.

l'église cathédrale, en présence de l'archevêque Goscelin de Parthenay. Diverses attestations canoniques ayant été produites de l'abandon de Soulac fait par l'abbé Grégoire entre les mains du pape Alexandre II, le légat Amat, en vertu de l'autorité apostolique dont il était revêtu, donna une nouvelle investiture de Soulac à Arnaud Trencard et à ses successeurs. Cette investiture purement religieuse fut ratifiée immédiatement par l'autorité civile, c'est-à-dire par Guy, ou Guillaume VIII Geoffroy, comte de Poitou et duc d'Aquitaine. Nous avons vu que l'abbé Foulques fit renouveler cette investiture par Guillaume IX, le Jeune, les 22 et 25 mars 1096[1], et par le pape Urbain II, le 5 des calendes de mai 1099 (27 avril)[2].

Après la mort d'Urbain, Suavius, abbé de Saint-Sever, s'adressa à son successeur Pascal II, en affirmant avoir des bulles d'Alexandre II et de Grégoire VII favorables à ses prétentions. Pascal II réclama l'envoi de ces bulles[3], mais comme elles ne purent être produites, il confirma purement et simplement la décision du concile de Bordeaux : la sentence est datée du palais de Latran, le 7 des ides de novembre 1104 (7 novembre)[4].

On trouve à la Bibliothèque nationale, dans un manuscrit provenant de l'abbaye de Saint-Sever[5], un récit intéressant, mais manifestement erroné, des événements qui précèdent ; les moines de Saint-Sever prétendaient que, vers 1067, ils étaient en possession de Soulac, depuis plus de trente ans, ce qui est en contradiction avec la bulle de Benoît IX et la donation de la comtesse Ama ; ils affirment que l'archevêque de Bordeaux les en avait dépossédés dans un but de lucre, que le concile de Bordeaux, présidé en 1067 par le cardinal Étienne, n'avait pas écouté leurs réclamations ; Rome ayant repoussé leur

---

1. RICHARD, *Histoire des comtes de Poitou*, t. I, p. 382 ; il est dit, à tort, que la confirmation eut lieu dans l'église Sainte-Croix. — Arch. hist. du dép. de la Gironde, t. XXVII, pièce n° 3. — MABILLON, *Annales Ord. S. Bened.*, t. V.
2. Archives historiques du département de la Gironde, t. XXVII, pièce n° 79.
3. *Historiæ Monasterii S. Severi libri X*, auctore D. Petro Daniel DU BUISSON, O. S. B. S. Mauri Vico Julii ad Aturem, in-8, 1876, p. 186.
4. Arch. hist. du dép. de la Gironde, t. XXVII, pièce n° 48.
5. Ms. lat. 8878. Fragment publié par M. L. DELISLE, dans les *Instructions aux Correspondants du Ministère de l'Instruction publique. Littérature latine et Histoire du moyen-âge.*

appel, ils auraient équipé cent cavaliers à la tête desquels se placèrent le comte d'Armagnac, les vicomtes de Béarn, de Mont-de-Marsan, de Dax et beaucoup d'autres. Le narrateur ne donne pas de plus amples détails, il eût été sans doute embarrassé de raconter une campagne purement imaginaire.

Les condamnations successives de l'abbaye de Saint-Séver n'arrêtèrent pas ses revendications ; elle ne cessa pas de protester pendant le XII° siècle. Le pape Alexandre III, bien qu'ayant déjà sanctionné les décisions d'Urbain II et de Pascal II, permit cependant que l'affaire fût de nouveau examinée[1]. « Il envoya en France, en qualité de légat, Henri, cardinal, évêque d'Albano et auparavant abbé de Clairvaux. Il devait, notamment, terminer définitivement, et avec défense d'en appeler, l'ancien conflit entre les abbés de Saint-Séver et de Sainte-Croix au sujet de la possession de l'église Sainte-Marie de Soulac. Dans ce but, le légat réunit plusieurs synodes assez considérables à Notre-Dame du Puy, à Bazas, dans la province d'Auch[2]. » Saint-Séver fit défaut et ne se présenta pas non plus à un autre synode tenu au château d'Escure, diocèse d'Albi[3] ; à Saintes, il produit des témoins suspects[4] ; la sentence définitive en faveur du couvent de Sainte-Croix ne put être portée qu'au concile de Limoges, qui eut lieu le troisième dimanche de Carême 1180 en présence de l'évêque du diocèse et de G. Autisiodore, abbé élu de Saint-Martial. Ce document fut rédigé à Poitiers, le 1er avril 1182[5], sous le pontificat du pape Lucius III, qui lui donna son approbation par une bulle datée de Velletri le 25 mars 1182[6].

1. Archives historiques du département de la Gironde, t. XXVII, pièce n° 23 : « de ecclesia Sancta Maria de Solaco. »
2. HÉFÉLÉ, Histoire des Conciles, t. VII.
3. « Ad castrum d'Escura, quod in Albigensi episcopatu est. » Arch. hist. du dép. de la Gironde, pièce n° 23.
4. « X antonas... duos servientes suos testes produxit... viles et suspecti essent... » (Ibid.)
5. Le texte porte : « Datum apud Pictavium... anno dominice Incarnationis millesimo centesimo octuagesimo secundo, calendas aprilis » : il dit aussi : « ... considerata forma commissionis quam de eadem causa dominus Alexander papa tertius nobis injunxerat... » En 1182, Alexandre III était mort ; le concile de Limoges devait donc avoir eu lieu antérieurement, soit en 1181, soit en 1180, le 3° dimanche de Carême : « tertium Quadragesime dominicam », et la décision rédigée plus tard.
6. Archives historiques du département de la Gironde, t. XXVII, pièce n° 24.

L'abbaye de Saint-Séver n'insista plus et la paix régna, désormais, entre les deux abbayes; en 1305, Arnaud de Pouyanne, moine de Saint-Séver, fut nommé abbé de Sainte-Croix; en 1475, Arnaud Pros, religieux de Sainte-Croix, fut élu abbé de Saint-Séver[1]; quand, au XVe siècle, l'abbé Pierre André obtint du pape Martin V l'affranchissement complet de la juridiction des archevêques de Bordeaux, l'abbé de Saint-Séver[2] fut un des personnages choisis pour fulminer la bulle du pape à l'archevêque David de Montferrand et vaincre ainsi sa résistance.

Au cours de ses différends avec Saint-Séver, l'abbaye Sainte-Croix avait rencontré un adversaire plus puissant dans l'archevêque Bertrand de Montaut, et elle avait dû lui céder une partie de ses droits sur Soulac. La transaction fut signée en 1166, entre l'archevêque et l'abbé Bertrand de Lignan[3]; il fut convenu que tous les revenus de Soulac seraient partagés par moitié, sauf ceux des vignes et prés : « scilicet in sallinis et terris et justitiis et sportis et sensu ville, exceptis vincis, pannis et cordis »; le chapelain desservant l'église, choisi par les deux parties, recevrait les pouvoirs spirituels de l'archevêque et l'investiture de l'abbé. A raison de l'antiquité des droits de l'abbaye sur Soulac, l'archevêque fut astreint à lui payer chaque année, pour la fête de Sainte-Croix (Exaltation, 14 septembre), 10 sols de monnaie bordelaise. Suivant l'ancien usage, à chaque avènement d'archevêque ou d'abbé, l'archevêque devait se rendre au chœur de l'abbaye Sainte-Croix, où l'abbé lui conférait, avec l'anneau pastoral, l'investiture des droits sur Soulac; de son côté, l'archevêque promettait sa protection à l'abbé; on confirma, conformément à de très vieux usages, que quatre moines de Sainte-Croix desserviraient l'église avec trois de leurs serviteurs et deux de l'archevêque; ils vivraient des revenus du prieuré; les autres moines de Sainte-Croix et les chanoines de Saint-André, quand ils viendraient à Soulac, devraient y être reçus suivant les ressources

1. Archives départementales de la Gironde, Registre H. 986. Inventaire de Ste-Croix, 1784, folio 419.
2. Archives historiques du département de la Gironde, t. XXVII, pièce n° 325.
3. Ibid., pièce n° 13. — Déjà, en 1154 (nones de mai), une bulle d'Adrien IV avait confirmé la donation faite par l'abbé et religieux à l'archevêque Geoffroy de Loroux de la moitié des oblations de l'église de Soulac (Arch. dép., Registre C. 524).

du prieuré ; les moines ou clercs ne dépendant pas de l'abbaye Sainte-Croix devaient être hospitalisés gratuitement un seul jour. Enfin, pendant la vacance du siège, la part de l'archevêque sur les revenus de Soulac était perçue par les chanoines de Saint-André. Cette transaction fut confirmée en 1169, par le pape Alexandre III[1].

L'abbaye Sainte-Croix n'avait pas attendu la fin du litige avec l'abbaye de Saint-Sever pour s'installer à Soulac. Dès le commencement du XIIe siècle, elle y fit construire un prieuré et une église[2]. Le prieuré abrita d'abord douze[3] moines, dont quatre, nous venons de le voir, étaient spécialement affectés au service de l'église ; le prieur de Soulac avait le droit de justice haute, moyenne et basse; il créait ses officiers, juge, lieutenant, greffier, procureur, sergent[4]; au XVIe siècle, le prieur commendataire Pierre de Bar s'empara de tous les revenus en supprimant la plupart des moines, ce qui motiva une intervention du Parlement de Bordeaux, sur la plainte des habitants[5]; au XVIIe siècle, en 1620, les protestants conduits par Fabas pillèrent Soulac et détruisirent l'hôpital : « sis... en la rue appelée des Gabets ». Il y avait alors, outre les religieux simples et le prieur, trois autres officiers; ils se retirèrent dans l'abbaye Sainte-Croix; le revenu dissipé ne put être rétabli et il n'y eut plus désormais à Soulac que le prieur, remplacé par un religieux ayant le titre de cellérier quand le prieur ne résidait pas[6]. Enfin le 16 février 1744, l'église, envahie par les sables de la mer, dut être abandonnée; on voulut la démolir pour la reconstruire plus loin avec les mêmes matériaux, mais elle fut conservée en ruines, parce que le clocher et le moulin servaient de balises ou d'amers aux

---

1. Archives historiques du département de la Gironde, t. XXVII, pièce n° 49. — On trouve trace du paiement de la redevance de 10 sols dans les comptes de l'archevêché, notamment en 1384 et 1385 : « Item solvi abbati S. Crucis Burd. pro censu annorum 1384 et 85 sibi debitis pro juribus archiepiscopalibus loci et prioratus de Solaco, 20 s. » (Arch. hist. du dép. de la Gironde, t. XXI, p. 391). — Le partage des revenus par moitié est aussi mentionné (Arch. hist. du dép. de la Gironde, t. XXI, p. 10 et 11).
2. Mezuret, Notre-Dame de Soulac ou de la Fin-des-Terres, p. 204.
3. Buffault, Étude sur les côtes et les dunes du Médoc, p. 52.
4. Dom Dabadie, ms. 12734, fonds latin, p. 92 (verso). En 1662, Pierre Brun, prieur, seigneur temporel et spirituel de Soulac, nomma juge du lieu le sieur Bernard, notaire royal de Lesparre (Arch. dép. de la Gironde, Carton n° 16 prov.).
5. Mezuret, Hist. de N.-D. de Soulac, p. 294.
6. Arch. dép. de la Gironde, série H, abbaye Ste-Croix, Carton 16 (prov.). Dom Dabadie ms. 12734, p. 92 (recto).

navigateurs[1] : « Dans un acte passé devant M⁰ Despiet, notaire à Bordeaux, le 3 juin 1744, Dom Cezar Arribat, prieur de Sainte-Croix, agissant comme procureur de Jean-Louis Secousse, prieur de Notre-Dame de Soulac, céda le prieuré au roi, moyennant 10.000 livres; le roi en ajouta 5000, à titre gracieux ; les matériaux de la vieille église étaient estimés 30.582 livres[2]. »

En 1778, dans un procès au Parlement entre Bernard Lade, prieur, et Dominique Eyreaud, vicaire perpétuel, au sujet des novales, ce dernier disait : « Le prieur est seigneur d'une église qui n'existe plus depuis longtemps et qui a été remplacée par celle que le commerce de Bordeaux a fait reconstruire, l'ancienne église est sous le sable; la paroisse ancienne est réduite à une douzaine de tenanciers qui payaient chacun une paire de canards sauvages de rente au seigneur curé primitif, jusqu'à ce que les sables qui sont déjà tout près de ces tenanciers les ayent engloutis comme le reste de l'ancien terrain[3]. »

L'abbaye de Sainte-Croix garda le prieuré de Soulac jusqu'en 1790 et l'abbé conserva le droit de présenter le vicaire perpétuel à la nomination de l'archevêque.

1. Mezuret, *Histoire de N.-D. de Soulac ou de la Fin-des-Terres.* — Voir Arch. dép., liasse B, n° 22.
2. Buffault, *Etude sur la côte et les dunes du Médoc*, p. 65.
3. Arch. dép. de la Gironde, série H, Abbaye Sainte-Croix, Carton n° 17 (prov.), liasse B, n° 22.

CHAPITRE VI

Les abbés du XIIIe siècle

Au commencement du XIIIe siècle, l'abbaye Sainte-Croix était parvenue à l'apogée de sa prospérité, ses privilèges étaient solidement établis, ses domaines considérables, ses moines nombreux; malheureusement, tout en respectant, à peu près, la règle bénédictine, les moines perdirent de vue l'esprit de pauvreté qui en est le principe fondamental. Les abbés, choisis presque tous dans la noblesse, aimèrent la représentation; ils obtinrent le droit de porter les ornements épiscopaux, mitre, gants et anneaux; voulant, plus tard, disposer de leurs revenus, ils séparèrent leur mense de celle du couvent, transformèrent la plupart des moines en officiers pourvus de fiefs, de peu de rapport, il est vrai; les offices, charges temporaires jusqu'alors, devinrent des bénéfices dont les titulaires, à peu près inamovibles, avaient leurs serviteurs, et s'efforçaient de vivre à part.

Cette situation fâcheuse, au point de vue monastique seulement, n'était pas particulière à l'abbaye Sainte-Croix. On voit en effet, pendant tout le XIIIe siècle, les conciles essayer de mettre un frein à ces tendances regrettables. « Les moines », dit le synode de Paris, présidé par Robert Courçon, légat du pape Innocent III (1212 ou 1213), « ne doivent pas, à l'exemple des laïques, porter des gants de cuir blanc, ainsi que des souliers mondains, des chapeaux, des habits bariolés... On ne devra rien manger en dehors du réfectoire. Aucun moine ne doit avoir sa chambre à coucher en dehors du dortoir commun. Les abbés ne doivent pas avoir de chapelains trop légers ou se faire une société de jeunes gens[1]. » Le synode d'Albi dont les débats furent dirigés par Zoen, légat du pape Innocent IV (1254), défend aux religieux « d'avoir des harnais, des éperons et des selles garnies d'or ou

---

1. Héfélé, *Histoire des Conciles*, t. VIII.

d'argent ». Ce canon se trouve dans un grand nombre de conciles[1].

Malgré ce relâchement extérieur, moins sensible à Sainte-Croix que dans beaucoup d'autres monastères, la moralité et même la ferveur se maintinrent dans l'abbaye; aucun document, contemporain ou postérieur, ne révèle, jusqu'à la fin du XVe siècle, l'existence de désordres sérieux.

Le premier abbé élu pendant le XIIIe siècle fut GUILLAUME SEGUIN, prieur de Soulac[2] et auparavant sacristain de Sainte-Croix[3]. Dans sa courte gestion, Seguin obligea Baudouin de Centujan à abandonner toute prétention sur le fief donné à l'abbaye par Guillaume de Bègles; on l'en laissa jouir cependant, sa vie durant, moyennant un cens de six pains et un baril de vin pur, payables le jour de la fête de Sainte-Croix (14 septembre)[4].

Cet abbé acquit aussi de la dame Mansete, mère de Bernard Amanieu, le tiers de la dîme du Puch, à Sainte-Croix du Mont[5].

Il est permis de penser que ce fut Seguin qui fit percer, à travers le fief de l'abbaye, la voie tortueuse réunissant les églises Sainte-Croix et Saint-Michel; cette voie, qui est la rue Sainte-Croix actuelle, tracée à coup sûr avant 1250[6], est appelée, pendant tout le Moyen-Age, Seguinengua (ou Senguinengua), sans doute du nom de l'abbé.

Dom Dabadie mentionne, à tort, après Seguin, les abbés Robert (1214)[7] et Guillaume Ier Seguin (1217); le premier n'a laissé aucune trace, le second doit être confondu avec le Seguin dont nous venons de parler, qui mourut avant 1213. Le véritable successeur de Guillaume Seguin fut GUILLAUME II GOMBAUD, dont Fisquet fixe l'élection en 1213[8]; Estiennot le croit petit-neveu de son prédécesseur du même nom; les premiers actes originaux mentionnant le nom de cet abbé

1. HÉFÉLÉ, Histoire des Conciles, t. VIII.
2. Il figure à la liste des prieurs de Soulac donnée par MEZURET, Notre-Dame de Soulac ou de la Fin-des-Terres.
3. Voir, notamment, Archives historiques du département de la Gironde, t. XXVII, pièce n° 12.
4. Archives historiques du département de la Gironde, t. XXVII, pièce n° 9.
5. Ibid., pièce n° 16.
6. Dans un texte daté de 1250, on lit : « aissi cum es de la gran bia per on om ba de Sent Miqueu a Sancta Crois ». Archives historiques du département de la Gironde, t. XXVII, pièce n° 202.
7. Ms. n° 12734, p. 83 (recto).
8. La France pontificale, Archidiocèse de Bordeaux, p. 617.

sont datés de 1215[1] et de 1217. Il vécut à une époque troublée par les guerres continuelles entre la France et l'Angleterre ; commencées en 1203, sous Philippe-Auguste, à la suite de l'assassinat d'Arthur de Bretagne par Jean-sans-Terre, elles continuèrent, presque sans interruption, jusqu'à la trêve de Bordeaux, conclue en 1242 entre Louis IX et Henri III, et sanctionnée, en 1258, par le traité d'Abbeville, qui laissait la Guienne à Henri III, sous condition d'hommage. Pendant cette période, Bordeaux resta toujours aux Anglais, mais les Français envahirent, à diverses reprises, une partie de la Guienne ; en 1224, la flotte anglaise, commandée par Richard, frère du roi Henri III, dut chasser les Français de Saint-Macaire, prieuré dépendant de Sainte-Croix, de La Réole et de Langon. Les circonstances n'étaient donc pas favorables pour la prospérité de l'abbaye, aussi ne trouve-t-on du temps de Guillaume Gombaud que des actes sans grande importance.

On le voit, en 1215, sceller de son sceau une convention conclue entre Gaillard-du-Tourne et ses tenanciers de Macau[2]. En 1217, moyennant 300 sous bordelais, il fit renoncer Baudouin de Centujan et Pierre son frère à la construction d'un moulin sur l'estey Majou ; il évitait ainsi que le cours de l'Eau Bourde fût, en partie, détourné pour alimenter le nouveau moulin[3].

C'est en mars 1217/1218 que fut passé le plus ancien bail à fief dont les archives de l'abbaye aient conservé trace[4] ; cette concession eut lieu pour favoriser une œuvre pie, l'hôpital de Comparian, dont la dame Comptor était supérieure ; on lui céda la maison de Foartigue, voisine de l'église de Saint-André de Cestas, avec ses dépendances, moyennant 10 sous de cens annuel, payable à la fête de Saint-Seurin (21 octobre), 12 deniers d'esporle et la dîme des vignes, que la tenancière s'engageait à bien cultiver pour ne pas diminuer la récolte ; les animaux de l'abbaye conservaient le pacage dans les terres concédées et, au besoin, le refuge dans la maison, sans que les pasteurs eussent droit à la nourriture ; le fief devait revenir au monastère, si, dans

---

1. Archives historiques du département de la Gironde, t. XXVII, pièces n°s 31, 10 et 27.
2. Ibid., t. XXVII, pièce n° 31.
3. Ibid., pièce n° 10. — L'original est aux Arch. du dép. de la Gironde, liasse C, n° 4.
4. Ibid., pièce n° 28.

l'avenir, ceux qui dirigeaient l'hôpital cessaient de lui être fidèles. Cet hôpital de Comparian, appelé quelquefois Comprian, était placé près de la limite des paroisses de Canéjan et de Cestas ; ses restes subsistaient encore il y a quelques années ; il fut, plus tard, desservi par des moines auxquels un acte du XV° siècle donne le titre de chanoines ; ils ne relevaient de l'abbaye de Sainte-Croix que comme feudataires. Il ne faut pas confondre l'hôpital de Comparian ou Comprian avec le prieuré de Comprian, dont parle Beaurein, qui était voisin de Biganos.

Du temps de Guillaume Gombaud, les Frères Mineurs vinrent s'établir au Maucaillou (*Malus calculus*), non loin des églises de Sainte-Croix et de Saint-Michel ; l'archevêque Gérard de Malemort (1227-1256) consacra leur cimetière, mais déclara, dans un acte daté de Lormont, le 28 mai 1228, que les Frères ne devaient y ensevelir que les moines de leur ordre, ayant pris l'habit religieux en santé ; un peu plus tard, au mois d'octobre, il fut entendu avec le Père Gardien des Frères Mineurs résidant en Aquitaine que les religieux ne devaient recevoir, pour la célébration de leurs messes, ni pain, ni autres oblations, mais seulement de l'argent et des cierges ; il leur fut interdit d'admettre à la sépulture aucun paroissien de Sainte-Croix ou de Saint-Michel, sans l'autorisation des chapelains de ces paroisses. L'archevêque de Bordeaux, l'évêque de Comminges, l'abbé, le Père Gardien et le chapelain de Saint-Michel, qui était en même temps doyen de Saint-Seurin, suspendirent leurs sceaux à cette transaction[1].

L'abbaye, sous Guillaume Gombaud, ne recueillit que des dons peu importants ; une vigne à Grattecap, en 1222, un autre à Maucor en 1225, toutes les deux dans le voisinage de l'église Sainte-Croix. Par contre, la réunion des moines acquit, en 1225, de l'archevêque Guillaume de Gebennis, le titre de chapitre, dont elle se montra toujours très fière ; ce fut la récompense d'un arrangement avec Gérard, chapelain de Saint-Michel et neveu de l'archevêque, dans lequel l'abbé se montra des plus conciliants[2].

Le tabulaire de la Sauve[3] fait mourir Guillaume Gombaud le XII des calendes de mai (20 avril) 1227, mais cette date est inexacte, car cet

1. Archives historiques du département de la Gironde, t. XXVII, pièces n°s 67 et 66.
2. Ibid., pièces n°s 30 et 78, 74 et 27.
3. *Gallia christiana*, t. II, col. 862. ESTIENNOT, p. 11.

abbé servit d'arbitre en 1229, entre les hommes questaux de Madirac et le chapelain de Sadirac¹. Il y a donc lieu de penser que Guillaume Gombaud mourut le XII des calendes de mai 1229. Dans tous les cas, son successeur, Pons de Blanquefort, ancien sacristain de l'abbaye, était déjà en charge au mois de février 1229/1230, époque à laquelle il acquit, pour 34 livres, de Bernard du Mont et de P. de la Ferreyre, chevaliers, les deux tiers de la dîme du Puch, à Sainte-Croix du Mont, complétant ainsi l'achat fait, quelques années auparavant, par l'abbé Seguin².

L'abbé Pons eut à défendre ses droits relatifs au prieuré de Saint-Macaire, menacés, à plusieurs reprises, à la faveur des troubles causés par la guerre. D'abord, en 1230, Rostan du Soleil, sénéchal de Guienne, fut obligé de restituer au monastère et à Pierre de Gavarret les biens de W. de Tastes, saisis à l'occasion du meurtre de son frère Amalvin³. Ensuite, Pierre de Gavarret ayant disputé à Sainte-Croix l'exercice de la justice, H. de Trubleit, sénéchal de Gascogne, pour résoudre le différend, confisqua à son profit le droit en litige; il fut obligé de le rendre à l'abbaye, le 8 juillet 1235⁴. Un peu plus tard, Guillelmine, vicomtesse de Benauge, et son fils Bernard de Bouville reprirent les prétentions de Pierre de Gavarret; nouvelle saisie par Nicolas de Molé, sénéchal de Gascogne, et restitution le 4 juillet 1243, par l'intermédiaire d'Henri de la Bère, prévôt de Saint-Macaire et de la Benauge. L'abbaye, voulant faire trancher la question définitivement, cita la vicomtesse et son fils au tribunal de Henri III. Une ordonnance royale rendue par défaut à Bordeaux, le 9 septembre 1243, attribua, de nouveau, à Sainte-Croix le droit de haute justice à Saint-Macaire⁵.

Pierre de Lignan, successeur de Pons, pour bien marquer les limites de sa juridiction, fit, plus tard, tendre des chaînes dans les rues de la ville, ce qui gêna Pierre de Gavarret et les bourgeois; ils obtin-

---

1. *Gallia christiana*, t. XXVII, pièce n° 71.
2. *Ibid.*, n° 16.
3. Inventaire des Archives de Sainte-Croix, 1784, p. 791. Archives départementales de la Gironde, Registre II, 946.
4. Archives historiques du département de la Gironde, t. I, pièce n° 185. *Rolles gascons*, t. I, p. 166.
5. *Table chronologique des pièces imprimées concernant l'Histoire de France* par Bréquigny, Pardessus et Laboulaye, t. VI, p. 46. Archives historiques du département de la Gironde, t. I, pièce 186.

rent, en 1250, l'autorisation de lever ces chaînes quand ils en auraient besoin, à la condition de les replacer quatre jours après[1].

L'abbé Pons fit renoncer le chevalier P. de Bordeaux, le 3 juin 1233, aux droits qu'il prétendait avoir sur une terre située à Balag dans le dimaire de l'Ile-Saint-George, légué au monastère[2]. Il fit excommunier Guillaume de Bussac[3], pour avoir vendu la dîme du moulin de Bussaguet, appartenant à Sainte-Croix; Guillaume, voulant se faire relever de la sentence prononcée contre lui, et n'étant plus en situation de rendre la dîme à l'abbaye, lui céda l'agrière de Cantenac (1242).

L'abbé Pons réussit à asseoir les droits du couvent sur l'Eau Bourde par la donation de la dîme du célèbre moulin de Peyrelongue, obtenue, au mois de janvier 1233/1234 de P. Darzac, senior, avec l'assentiment de ses fils P. Darzac, Guillaume de Girald, et Girald Darzac[4]. Il passa, en 1232, une transaction intéressante avec les consorts Dacra, citoyens de Bordeaux, au sujet des vignes cultivées dans l'île située entre Cambes et l'Ile-Saint-Georges; il fut convenu que les tenanciers préviendraient l'abbaye deux jours avant de commencer la cueillette des raisins; les moines prendraient le septième de la dîme de la vendange pressée, ou la dîme entière de la vendange non pressée; si les vignes étaient arrachées et remplacées par du blé, la dîme serait perçue intégralement[5]. Enfin, Pons acheta en 1244, moyennant « 1900 solz de Peitou et de Bordales », le château de Macau[6], les domaines environnants, et la moitié de la terre de Bétorar, placée dans le voisinage. Deux autres acquisitions sans importance sont mentionnées en 1237 et en 1241.

Le sceau presque intact de l'abbé Pons de Blanquefort existe aux Archives du département de la Gironde et, remarque curieuse, il est suspendu à un acte[7] ne concernant pas Sainte-Croix, passé entre

1. Archives historiques du département de la Gironde, t. XXVII, pièce n° 65.
2. Ibid., pièce n° 81.
3. Ibid., pièce n° 77.
4. Archives du département de la Gironde, Série H, Abbaye Ste-Croix, liasse C, n° 4. Nous avons publié le texte de cette donation, d'après l'original, au tome XLIII des Archives historiques de la Gironde (pièce 194).
5. Archives historiques du département de la Gironde, t. XXVII, pièce n° 69.
6. Ibid., t. XXIV, pièce n° 39.
7. Cet acte se trouve aux Archives départementales de la Gironde, série H, Abbaye Sainte-Croix, liasse B, n° 20.

Pierre de Lignan, futur successeur de Pons, alors prieur de Sadirac et abbé de Saint-Sauveur de Blaye, et Arnaud W. Brovion, chevalier. Pour assurer l'authenticité de la transaction, Brovion demanda qu'elle fût revêtue des sceaux de Pons, de Golcelin Boges, « captaous » de Sadirac, et de Robert de Curzan, bourgeois. Les deux derniers sceaux ont disparu, laissant dans le parchemin quatre trous où passaient les liens qui les attachaient.

Le sceau de l'abbé Pons était de cire verte ; il a noirci ; il est suspendu par un ruban tressé de cinq millimètres de largeur ; les bords sont verts, le milieu jaune. La distance des trous au cachet est de quatre centimètres. Le sceau est ovale ; petit axe trois centimètres et demi, grand axe, tronqué à l'extrémité, trois centimètres neuf millimètres ; il devait avoir primitivement cinq centimètres. L'empreinte du contre-sceau est une croix archiépiscopale entourée d'un double cercle portant l'exergue : *Salve crux preciosa* (tirée de l'office de saint André apôtre). Le sceau proprement dit, d'un fort relief, représente un abbé, crossé et mitré, avec l'inscription : *Sigil potii ab... Cis Burdegal* (*Sigillum Pontii abbatis S. Crucis Burdegalensis*).

Pons de Blanquefort vint en aide, à plusieurs reprises, au roi d'Angleterre ; il lui avança d'abord 100 marcs d'or, qui lui furent fidèlement rendus en 1242, pendant la quinzaine de Pâques, contre restitution du reçu donné par le monarque ; puis, en 1243, 300 marcs sterling, dont le roi s'acquitta en deux fois. Dans une autre occasion, il prêta quatre chaloupes du port de Macau pour conduire des transports jusqu'à Branne[1]. Henri III avait, le premier, témoigné sa sympathie à l'égard de l'abbaye en sanctionnant, le 25 février 1233/1234, la charte donnée, en 1174, par Richard Cœur de Lion, son oncle, et reproduisant ce document en entier[2] ; à la suite des services qui lui furent rendus, il déclara prendre pour toujours l'abbaye sous sa protection et se porta garant, le 23 août 1243, de l'authenticité de la donation, attaquée plus tard, faite par Guillaume V d'Aquitaine, en 1027, « malgré les soupçons

1. *Les Rolles gascons*, t. I, p. 34, 63, 116. — Ces actes sont indiqués à la Table, comme ayant été passés du temps de l'abbé Pierre de Léognan ; il y a confusion certaine entre Lignan et Léognan ; de plus, nous pensons que Pons n'est mort qu'en 1245 ; le premier acte connu de son successeur Pierre de Lignan est daté du 1ᵉʳ juillet 1245.
2. Archives historiques du département de la Gironde, t. XXVII, pièce n° 6.

que peut inspirer sa vicieuse latinité »; il ratifia, en même temps, les concessions faites par ce duc à l'abbaye¹; la même année, 1243, Henri donna à l'abbé 50 marcs, tirés de son trésor personnel, pour l'aider à terminer son église².

D'après l'obituaire de Sainte-Croix³, « Pontz de Blanquafort » mourut le 8 des calendes de février (24 janvier); toujours même absence de date, probablement en 1244/45, comme l'indique le moine anonyme de Sainte-Croix. Dans tous les cas, PIERRE DE LIGNAN était déjà abbé le 1ᵉʳ juillet 1245; c'est ce qui résulte de la pièce n° 207 du Cartulaire, sans autre importance d'ailleurs.

L'abbé Pierre rechercha, peut-être, un peu trop les honneurs pour un moine, mais il sut fort bien mener les affaires du monastère. Il obtint du pape Innocent IV trois bulles favorables à Sainte-Croix.

La première, du 23 mai 1246, confirme les possessions de l'abbaye⁴.

La deuxième, du 27 avril 1249, permet à l'abbé et à ses successeurs l'usage de la mitre, de l'anneau, des gants, de la tunique, de la dalmatique et autres ornements pontificaux. Faveur bien prisée par l'abbaye et bien dangereuse pourtant, car, traçant une ligne de démarcation trop sensible entre l'abbé et les moines, elle préparait la division des biens. Cette bulle fut vidimée par les officiers municipaux de Bordeaux en 1254 et en 1303⁵.

Dans la troisième bulle (Lyon, 6 février 1247/48), le pape permet de racheter des séculiers les dîmes ecclésiastiques aliénées, sauf à les rendre aux curés légitimes possesseurs, contre remboursement du prix de vente⁶; une bulle du 29 juin 1255 donna la même autorisation au prieur de Sadirac, dépendant de Sainte-Croix⁷

En 1247, l'abbaye Sainte-Croix prit parti contre Henri III d'Angle-

---

1. *Gallia christiana*, t. II, *Instrumenta*, col. 269. — *Rolles gascons*, t. I, p. 165.
2. *Rolles gascons*, t. I, p. 231.
3. Archives historiques du département de la Gironde, t. XXVII, p. 305.
4. Arch. du dép. de la Gironde, série H, Abbaye Sainte-Croix, liasse A, n° 1.
5. Archives départementales de la Gironde, Registre H, 946. Inventaire des Archives de Sainte-Croix, 1784, p. 6. Estiennot donne le texte de la bulle, ms. 12751, p. 471.
6. Ibid., p. 3.
7. Archives du département de la Gironde, série H, Abbaye Ste-Croix, liasse B, n° 20. — Nous avons publié le texte de cette bulle, d'après l'original, t. XLIII des Archives historiques de la Gironde (pièce n° 196).

terre dans une affaire des plus sérieuses. Ce monarque, à l'instigation d'Aliénor, sa femme, voulut donner à Edouard, son fils encore enfant, le gouvernement de la Guienne confié, depuis longtemps, à son frère, le comte Richard. Ce dernier ne consentant pas à se démettre, Henri III voulut charger les Bordelais de l'emprisonner, car il savait bien que les Anglais qui l'accompagnaient dans son voyage à Bordeaux ne se prêteraient pas à cette mesure injustifiée; « le comte, averti cette même nuit, se tint caché à Bordeaux, dans le monastère de Sainte-Croix, et s'embarqua de très grand matin, secrètement et subitement, pour repasser en Angleterre ». On ne voit pas qu'Henri III ait, tout d'abord, tenu rigueur à l'abbaye de l'assistance prêtée à son frère; il flatta les Bordelais pour obtenir qu'ils abandonnassent Richard et rendissent hommage à Edouard. Mais, en 1252, il changea de tactique et envoya à Bordeaux Simon de Leicester pour sévir contre les Gascons. Pierre de Lignan dut, peut-être, à ce moment, renoncer provisoirement au gouvernement de son abbaye; ce qu'il y a de certain, c'est que, d'après une donation du 20 mai 1252, l'abbaye était, alors, gérée par le prieur W. de Combs, le cellérier W. de Lévignac, Ramon de Franx, prieur de l'hôpital Saint-Julien de Bordeaux, et Ramon de Macanh, citoyen de Bordeaux, qui prennent le titre de « procureurs et gardiens de l'abbaye de Sainte-Croix et de tous ses membres et de tous leurs biens au nom de Guirant, archevêque de Bordeaux ». Nous n'avons trouvé, à aucune autre époque, pareille situation. Pierre ne reparaît à la tête de l'abbaye qu'en 1255.

L'abbé Pierre s'occupa beaucoup de l'amélioration du quartier entourant le monastère; le 16 juillet 1250, il autorisa Jean Aion[2] à percer la rue des Bouviers actuelle (nommée d'abord de Jean Aion, puis des Boueys) et les exécuteurs testamentaires d'Arnaud de Sent Andriu à ouvrir la rue des Vignes et la rue Planterose[4]. Il fit de nombreuses acquisitions dans le quartier de Freisse, voisin de Sainte-Croix.

---

1. *Grande Chronique de Matthieu Paris traduite en français* par A. Huillard-Bréholles, Paris, in-8, t. VII, p. 282 et suivantes. Cet incident est rapporté, d'après Matthieu Paris, par Marca (*Hist. de Béarn*, liv. VII, chap. III, § IV, et par Dom Devienne (*Hist. de Bordeaux*, t. I, p. 35).
2. Arch. hist. du dép. de la Gironde, t. XXVII, pièce n° 245.
3. Archives historiques du département de la Gironde, t. XXVII, pièces n°s 202 et 203.
4. Ibid.

Des différends étant survenus entre l'abbaye et Martin de l'Hôpital, qui avait pris à bail le moulin de Sainte-Croix et le péage de Saint-Macaire, un arrangement, en date du 22 février 1257/58, termina la querelle[1]. Le vendredi avant l'Assomption de l'année 1255, Guillaume Raymond Colomb, l'un des plus puissants bourgeois de Bordeaux, excommunié pour avoir bâti un moulin sur l'Eau Bourde, dut promettre de faire démolir ce moulin à ses frais afin d'obtenir d'être relevé de cette sentence[2].

Guillaume, prieur de la Cluse, avait réussi, ou à peu près, à annexer le prieuré de Saint-Macaire à son monastère ; Pierre de Lignan en appela au pape ; Martin, auditeur des causes de la curie apostolique, fut choisi comme arbitre par les deux parties ; le 3 mars 1246/1247, il donna gain de cause à Sainte-Croix, mais condamna cette abbaye à payer 200 livres viennoises à l'abbaye de la Cluse pour l'indemniser des frais du procès[3].

Les hommes questaux de Macau, ayant voulu s'arroger des droits qui ne leur appartenaient pas, durent, le 14 mars 1254/1255, à la suite de la sentence arbitrale de Cailhau, ancien maire de Bordeaux, reconnaître leurs torts. L'abbé traita à part, en 1258 et 1259, avec quelques hommes que la sentence arbitrale n'avait pas atteints[4].

Nous avons noté cette clause de coquetterie féminine dans une vente faite le 12 janvier 1257/58[5] par « na Contors brusqueira », avec l'assentiment de son mari ; outre le prix d'achat, 60 livres bordelaises, l'acquéreur devait donner « una rauba debert furnida (garnie par dessus) ab penas de conilhs (de queues de lapin)... »

Le nom de l'abbé Pierre de Lignan paraît, pour la dernière fois, dans une quittance datée du 8 février 1258/1259[6] ; son successeur

---

1. Archives historiques du département de la Gironde, t. XXVII, pièce n° 216.
2. Archives du département de la Gironde, série H, Abbaye Ste-Croix, Carton n° 89 (prov.). Voir aussi Archives historiques du département de la Gironde, t. XXVII, pièce n° 308.
3. Archives départementales de la Gironde, Registre H. 946. Inventaire de Ste-Croix, 1784, folio 792, et terrier H. 872, folio 93.
4. Archives historiques du département de la Gironde, t. XXIV, pièce n° 40, et t. XXVII, pièces n°s 291, 298, 299 et 300.
5. Arch. dép., Carton n° 116 (prov.).
6. Ibid., t. XXVII, pièce n° 292.

W. de Combs[1] figure dans un acte du 24 avril 1260 ; Pierre est mort entre ces deux dates.

W. de Combs était prieur claustral depuis 1253, au moins[2], et peut-être depuis 1242[3], quand il fut nommé abbé ; c'était un vieillard ; il n'exerça sa charge que huit ans. Les guerres que le traité d'Abbeville (1258) venaient de terminer avaient ruiné le pays ; les terres restaient incultes, et la disette se fit sentir même dans l'abbaye, qui fut obligée d'acenser le péage de Saint-Macaire à Ramon Macanh pour cinquante-quatre mil sous et l'abandon de toutes les obligations que les moines pouvaient avoir contractées envers lui ; le péage rapportait quatre deniers par tonneau de vin passant devant le prieuré. Ramon Macanh reçut aussi la prévôté de Macau, bourg où les abbés de Sainte-Croix avaient le droit de haute et basse justice[4].

On constate sous W. de Combs, et presque pour la première fois, que de nombreuses terres sont baillées à fief, ce qui indique, d'une part, le besoin d'argent, d'autre part l'affaiblissement de la règle prescrivant la culture des champs par les moines. Dans l'un de ces baux, consenti par le cellérier seul, le 7 décembre 1265, sans l'intervention de l'abbé, les tenanciers, faveur bien rare, sont autorisés à sous-acenser (sous-acaser, comme on disait en Guienne) à la condition d'allouer au couvent la moitié de l'accroissement du cens[5].

Une particularité intéressante est à relever dans un bail à fief du 23 novembre 1265, consenti par le cellérier seul, d'une terre située au Peyrat, lieu de Longa Borda (Longue Borne, entre la place des Capucins et la rue Ferbos actuelles) ; il est spécifié que la terre s'étendait de la voie commune (probablement la rue Sainte-Croix), jusqu'en face du fossé de la ville. Bien que les murs de Bordeaux longeassent alors le cours des Fossés actuel, il y avait donc, près de Sainte-Croix, quelques défenses extérieures, limitées par un fossé[6].

Le cellérier, qui se nommait Hélie de la Grave, était, au point

---

1. Combs ou Comps est une petite commune du département de la Gironde, arrondissement de Blaye.
2. Archives historiques du département de la Gironde, t. XXVII, pièces n°s 77, 202, 245, etc., etc.
3. Ibid., n° 77.
4. Ibid., n° 297.
5. Ibid., pièce n° 270.
6. Ibid., pièce n° 228.

de vue matériel, le premier dignitaire du couvent, après l'abbé; les baux à fief qu'il passa de sa propre autorité montrent qu'il avait réussi à acquérir une certaine indépendance. Les empiétements d'Hélie de la Grave semblent suivre une marche graduelle; en 1264, pour bailler à fief ou pour vendre, il se fait autoriser par le prieur, le sous-prieur, le chambrier le sacristain et tout le couvent[1], tandis qu'en 1265 il intervient seul dans l'acte[2].

L'abbaye, du temps de W. de Combs, reçut la donation suivante[3] : Le 8 septembre 1260, P. Guiscart, de Sainte-Croix, avec le consentement de sa femme, pour l'amour de Dieu, le salut de son âme, celui de sa première femme, de son frère, de ses père et mère et de sa deuxième femme, attribua à l'abbaye divers cens, rentes et esporles sur des terres qu'il possédait à Sadirac. Après sa mort, il léguait au couvent une maison rue Seguinengne, une vigne à Gratecap et une saumée de vin de rente sur un sol à Longueborne. L'abbaye, en retour, devait célébrer divers anniversaires.

W. de Combs eut à lutter, comme ses prédécesseurs, pour défendre le droit de haute justice à Saint-Macaire[4]. Guy de Lusignan, beau-frère de Jean-sans-Terre, ayant fait pendre un voleur dans cette localité, dut s'excuser par lettre, datée du 1er février 1260/1261, en déclarant qu'il n'avait pas voulu porter préjudice à l'abbaye, mais seulement exercer une prérogative appartenant au roi et à son lieutenant de connaître des crimes commis dans la maison et dans la famille royales.

Le dernier acte dans lequel le nom de W. de Combs soit mentionné est daté du 12 juin 1266[5]. Son successeur fut le prieur de Saint-Macaire, BERNARD DE LAGARDÈRE, qui était abbé le 1er mai 1267, ainsi que le constatent deux actes par lesquels Comtors, femme de « Johan lo masson de Mairinhac », et les trois frères de Satrencs, fille et petits-fils d'Arnaud Damenech, autrefois serf questal de l'abbaye,

---

1. Archives historiques du département de la Gironde, t. XXVII, pièce n° 262.
2. Ibid., n° 228.
3. Ibid., t. XXVII, pièce n° 174.
4. Ibid., t. I, pièce n° 188. Rapports de la Commission des monuments historiques, année 1849, p. 57.
5. Ibid., t. XXVII, pièce n° 206.

reconnaissant sa suzeraineté, s'engageant à résider dans le fief et à y tenir feu vif[1].

Le gestion de Bernard est la continuation de celle de son prédécesseur; l'abbaye ne cesse de bailler à fief et de vendre, au Pont du Guit, près de l'Eau Bourde, à Baurech (Baurèges), à Paludate, à Tabanac, au Tourne, à Ladors, à Léognan (Levinhan), un peu partout. Quelques-uns des baux présentent des particularités intéressantes. A Tabanac, outre les terres, il y a une carrière; le tenancier ne peut y prendre des pierres que pour lui, ses père, mère, frères, sœurs, fils et filles; il ne doit pas en vendre sans l'assentiment du cellérier, qui aura la moitié du prix, à partager entre l'abbé et lui. Bien entendu, il est interdit d'acaser ou de sous-acaser[2]. Au Pont du Guit, le tenancier peut extraire du sable d'une vigne, mais non en vendre; il jure sur « los santz Euangelis Diu » de respecter cette clause. Le cellérier se réserve le droit de prendre du sable dans la carrière[3].

Bernard de Lagardère vit se terminer un litige, avec l'importante maison des Colomb, au sujet des droits de l'abbaye sur l'Eau Bourde. Guillaume Raymond Colomb avait fait construire le moulin de la Lagune entre Peyrelongue et Sainte-Croix et pratiqué à l'Eau Bourde une dérivation qu'on appela lo Graveyras; l'archevêque Géraud de Malemort les excommunia; mais, après la mort de ce prélat, et pendant la vacance du siège, le vicaire capitulaire releva Raymond de cette censure sous la promesse de détruire le moulin de la Lagune; Raymond décédé, Pierre son fils arrêta la démolition et mourut sous le coup de l'anathème, ce qui préoccupait fort Alpaïde sa femme, tutrice de Guillaume Raymond Colomb, héritier du défunt; cette pieuse dame demanda, en 1274, à l'official de Bordeaux, de relever Pierre de l'excommunication; l'abbé et le couvent s'y opposèrent, voulant, au préalable, être indemnisés du préjudice que leur avait causé le moulin et le faire démolir. L'abbaye reçut satisfaction; l'évaluation du dommage fut faite par trois arbitres, Raymond de Francs, prieur de Saint-Julien de Bordeaux, maître Raymond de Ferreria, clerc, et Arnaud de Bogis, chanoine de Saint-Seurin, chargé de départager les deux premiers

---

1. Archives hist. du départ. de la Gironde, t. XXVII, pièce nos 200 et 201.
2. Ibid., t. XXVII, pièce n° 230.
3. Ibid., pièce n° 231.

arbitres en cas de besoin. Les parties s'étaient engagées à se soumettre à la décision des juges, sous peine d'avoir à payer 50 marcs ; le cellérier jura, pour le couvent, sur son âme et celle de l'abbé ; Alpayde de Colomb, sur les Saints Évangiles de Dieu, corporellement touchés[1].

Du temps de Bernard de Lagardère, le 11 mai 1270, « Arnaud d'en Willmes » donna, par testament, à Sainte-Croix, pour son anniversaire, celui de son père, de sa mère et de son lignage, trente livres de la monnaie ayant cours à Bordeaux, un emplacement près du fleuve, une maison et un emplacement rue de Nacaran (Acan). Bernard, son frère, testa aussi en faveur du couvent. Ces libéralités déplurent à leurs héritiers, qui constituèrent un procureur pour défendre leurs intérêts ; l'abbaye transigea, le 26 janvier 1270/1271, en abandonnant la moitié des terres ; l'official du chapitre de Bordeaux, le siège vacant, donna à cette transaction le poids de son autorité en la revêtant de son sceau[2].

Bernard de Lagardère mourut le 4 des ides de mai[3] 1277, et fut remplacé par GAILLARD DE LA MOTTE, hôtelier, qui géra l'abbaye un peu moins de six ans.

Cet abbé conclut avec l'abbaye de Condom, le mardi après la fête de l'Exaltation de la sainte Croix de l'année 1281, une association de prières : « que le Seigneur vous accorde », dit Gaillard à Auger, abbé de Condom, « le salut éternel ; nous vous donnons part, à tout jamais, à toutes nos messes, oraisons, jeûnes, aumônes et autres bonnes œuvres..... nous ferons un service, le troisième jour après la Toussaint, pour les Frères défunts du monastère de Condom..... si l'abbé ou autre Frère du monastère de Condom daigne venir à notre monastère ou à tout autre lieu nous appartenant, nous voulons lui accorder tout ce qui est nécessaire à la vie[4]. »

Parmi les actes de l'abbaye contemporains de Gaillard de la Mote,

1. Archives histor. du départ. de la Gironde, t. XXVII, pièces nos 309 et 307.
2. Ibid., t. XXVII, pièces nos 302, 304, 305 et 306.
3. Ibid., t. XXXV, Obituaire de Sainte-Croix.
4. BALUZE et MARTÈNE, Spicilegium, t. II, BRÉQUIGNY, PARDESSUS et LABOULAYE, Table chronologique, etc., t. VII, p. 178. Nous avons trouvé aux Archives départementales de la Gironde (série H, Carton n° 20, prov.) l'original de cet acte ; il mentionne seulement le millésime, mais il n'indique ni le mois, ni le jour.

nous signalerons un bail à fief du 23 décembre 1278[1], où est nommé un Estève du Casse ayant des terres près de las Menudas. Cette famille a donné son nom à une rue de Bordeaux voisine de l'église Sainte-Croix qui a été tracée sur son fief.

Une invitation fut faite, en 1280, par l'official de Bordeaux à tous les chapelains de publier que tous ceux croyant avoir des droits sur les immeubles provenant de la succession de Robert et Gaillart de Cursan, dont Hélie Carpenter était tenancier, devaient se présenter pour les affirmer à l'heure de tierce (9 heures) le samedi avant la fête des Rameaux (*Ramis palmarum*). L'abbé et le couvent de Sainte-Croix comparurent à la date indiquée et déclarèrent que les biens précités étaient grevés, en leur faveur, d'une hypothèque de 1.000 livres bordelaises. Il leur fut donné acte de cette déclaration le même jour, 13 avril[2].

Gaillard de la Mote mourut le 3 janvier 1282/1283[3] et fut remplacé par GUILLAUME DE LA LOUBEYRE, dont le premier acte à notre connaissance est daté du 12 juin suivant[4].

Peu après l'entrée en charge de Guillaume, en octobre 1284[5], pendant la vacance du siège archiépiscopal de Bordeaux, l'abbaye Sainte-Croix fut le théâtre d'un incident singulier. Simon de Beaulieu, archevêque de Bourges, qui se disait primat d'Aquitaine, à l'exemple de ses prédécesseurs, depuis le transfert de Frotaire dont nous avons parlé, entreprit de visiter ses provinces et entra par Blaye dans le diocèse de Bordeaux. De là il envoya à l'abbaye Sainte-Croix son cuisinier, son portier, son intendant, son échanson, et tous ses officiers avec son

---

1. Archives historiques du département de la Gironde, t. XXVII, pièce n° 210.
2. Ibid., pièce n° 252.
3. Ibid., t. XXXV, Obituaire de Sainte-Croix.
4. Archives départementales de la Gironde, série H, Abbaye Sainte-Croix, Carton n° 31. — Il existait à « Loignan » (Léognan) une maison noble de la Loubeyre (Carton n° 118).
5. Dom DEVIENNE, *Histoire de Bordeaux*, t. II, p. 55. — Le récit de cet historien présente plusieurs inexactitudes que nous relèverons en nous appuyant sur la relation authentique de ce voyage publiée par BALUZE : *Stephani Baluzii Miscellanorum Liber quartus*, t. I, p. 205 et suiv. : « Acta visitationis provinciarum Burdegalensis et Biturigensis a Simone Archiepiscopo Bituricensi. » Nous avons publié le récit de cette tournée pastorale de Simon de Beaulieu dans la *Revue historique de Bordeaux et du Sud-Ouest* (novembre-décembre 1908).

argenterie et sa vaisselle d'argent. Ils y furent cordialement accueillis. Simon relâcha à Macau, y entendit la messe et arriva le jour même à l'abbaye, mais il en trouva toutes les issues fermées et il ne put obtenir d'y entrer, quelque insistance qu'il fît. Tandis qu'il parlementait avec les moines, arrivèrent le doyen du diocèse et le doyen du chapitre de Saint-Seurin accompagnés de plusieurs ecclésiastiques et d'une foule nombreuse. On lui déclara que son autorité était méconnue à Bordeaux et qu'on ne lui reconnaissait le droit de visite et celui de procuration que dans les conditions prévues par une bulle antérieure du pape Grégoire IX. Simon menaça les doyens d'excommunication, puis frappa jusqu'à trois fois contre les portes de l'abbaye sans pouvoir en obtenir l'entrée ; il se décida alors à charger un des chanoines de sa suite de fulminer l'excommunication contre les moines et contre les deux doyens ; il mit ensuite leurs églises en interdit. Quittant les abords du monastère, il alla à l'archevêché, entendit la messe dans la chapelle le jour de saint Luc (18 octobre) et se décida enfin à s'éloigner d'une ville aussi inhospitalière pour lui ; il fut accompagné par une foule sympathique.

Dom Devienne prétend à tort que Simon de Beaulieu, bien qu'ayant excommunié les religieux de Sainte-Croix, logea néanmoins à l'abbaye ; ce prélat fit briser les portes de l'archevêché et y demeura huit jours avec sa suite. Dom Devienne ajoute que, en partant de Bordeaux, Simon prit la route de la Sauve et excommunia les religieux qui auraient refusé de se laisser visiter ; cette assertion est encore inexacte : l'abbé de la Sauve étant absent, les moines n'osèrent prendre sur eux de refuser l'entrée de leur couvent à l'archevêque de Bourges ; il fut reçu solennellement au son des cloches ; seulement, comme il était interdit, même aux étrangers, de faire gras dans l'abbaye, on l'obligea, lui et sa suite, à manger au dehors de l'enceinte du monastère ; après cette réception, les moines ayant refusé de se rendre au chapitre, furent excommuniés. Clément V, quelques années plus tard (1305), déclara que l'archevêché de Bordeaux ne dépendait, en aucune façon, de celui de Bourges[1] ; cette sentence trancha définitivement la question.

La gestion de Guillaume de la Loubeyre ne fut pas heureuse.

Il dut passer, le 20 juin 1286, avec le sénéchal du Guienne, Jean de

---

1. Dom DEVIENNE, *Histoire de Bordeaux*, t. II, p. 62.

Grailly, une transaction qui paraît avoir été onéreuse pour Sainte-Croix, au sujet du prieuré de Montauriol en Agenais. Les pourparlers duraient depuis 1281, date à laquelle son prédécesseur avait donné procuration à Droin Aunais, prieur de Montauriol, et à Guillaume de la Molère, prieur des Alemans (près de Penne, diocèse d'Agen), pour le représenter auprès du sénéchal. Le litige se termina par un règlement portant partage de la justice, haute, basse et moyenne, du bourg jusqu'à l'hôpital des lépreux, et tout autour du bourg en égale distance ; dans ces limites, la justice devait être exercée par le bailli du roi, duc de Guienne, et celui du prieur, conjointement ou séparement ; le reste du territoire demeurait dans la seule justice du roi, sans qu'il pût prétendre au four, à la boucherie et aux fiefs qui appartenaient exclusivement au prieur. En somme, l'abbaye cédait une partie de ses droits anciens sans recevoir aucune compensation [1].

Jean de Grailly voulut aussi s'emparer de la haute justice de Saint-Macaire, mais il ne put y réussir, car son clerc maître Raymond de Ferraria, procureur du roi en Gascogne, l'avertit, en 1289, que les moyens dilatoires employés pour répondre aux réclamations de l'abbaye risquaient de provoquer un appel en déni de justice. L'abbé conserva donc son droit [2].

Peu de temps après ces discussions, la guerre éclata, de nouveau, (1292), entre la France et l'Angleterre ; elle eut bientôt la Guienne pour théâtre. Charles de Valois et Robert d'Artois s'emparèrent des villes les plus importantes, le connétable Raoul de Clermont se rendit maître de Bordeaux par un coup de main et sut le garder, bien qu'Edouard, comte de Lancastre, frère d'Edouard III, vint assiéger la ville et gagna, presque sous ses murs, la bataille de Bègles, en 1296. L'abbaye Sainte-Croix, située hors les murs, « continuellement en proie aux incursions des deux partis, en était devenue la proye successivement et ne montrait plus qu'une affreuse solitude [3] ». Les domaines de l'archevêque Bertrand de Goth, notamment à Lormont, à Pessac et au Bouscat, avaient

---

1. Inventaire des Archives de l'abbaye Sainte-Croix, 1784, p. 780. Archives historiques du département de la Gironde, t. II, pièce n° 221.
2. Archives historiques du département de la Gironde, t. IV, pièce n° 34.
3. Archives départementales de la Gironde, série H, Abbaye Sainte-Croix, Carton n° 98 (prov.). *Mémoire* (imprimé) *instructif pour Messire Fr. de Beringhen et le Chapitre et Religieux de l'abbaye contre le Maire, Soumaire et Jurats*, p. 7.

été ravagés ; les églises dévastées ne pouvaient plus payer leurs redevances, de telle sorte que le prélat se trouvait, lui aussi, réduit à la misère, et dut solliciter les moines de l'abbaye : le 25 mai 1301, vendredi après la Pentecôte, Bertrand de Goth se rendit en personne au monastère pour demander assistance ; il trouva, réunis en chapitre, l'abbé Guillaume, huit officiers de Sainte-Croix, le chambrier de Saint-Macaire, les prieurs de Montauriol, de l'Ile-Saint-Georges et de Sadirac, entourés de nombreux moines ; les religieux votèrent à l'unanimité « et sans qu'une voix discordante s'élevât » l'abandon pour cinq ans à l'archevêque de tous les fruits et revenus des prieurés, celliers, granges, offices et bénéfices à la nomination ou à la présentation de l'abbaye ; ils ne se réservèrent pour vivre que les faibles produits des offices claustraux ; les titulaires durent les partager avec les religieux simples. Le maire de Bordeaux, Jean Viger, chevalier, était présent au chapitre, et figure comme témoin dans la charte qui fut rédigée à l'occasion de cette importante délibération [1].

L'abbaye, à cette époque, vivait, d'ailleurs, en paix avec les archevêques de Bordeaux ; on en trouve la preuve, notamment, dans la charte datée de Blaye, le dimanche avant la Pentecôte de l'année 1294 [2], par laquelle l'un des prédécesseurs de Bertrand de Goth, Henri de Gebennis, avait bien voulu confirmer les accords précédents au sujet du droit de procuration et reconnaître, de nouveau, qu'il était dû seulement à l'occasion de l'élection de l'archevêque [3].

La fin des fonctions abbatiales de Guillaume de la Loubeyre fut marquée par trois transactions considérables, dont nous reparlerons plus en détail.

En 1299 et en 1303, il conclut un accord avec ses moines en vue de bien délimiter les attributions de l'abbé et des officiers ; ces conventions furent la base des Statuts du monastère dont la première rédaction est antérieure à 1305 [4].

1. BRÉQUIGNY, PARDESSUS et LABOULAYE, *Tableau chronologique*, etc., t. VII, p. 136. — *Gallia christiana*, t. II, *Instrumenta*. Archives du département de la Gironde, série H, Abbaye Sainte-Croix, Carton n° 93 (prov.).
2. BRÉQUIGNY, PARDESSUS et LABOULAYE, *Tableau chronologique*, etc., t. VII, p. 378.
3. Ibid.
4. Inventaire des Archives de l'abbaye Sainte-Croix, 1784, p. 49. — Voir aussi Registre H. 938, Concordats et Transactions, folio 29 (verso).

Enfin dès que la paix de Paris (1303) eut été conclue, les religieux firent un lourd sacrifice pour obtenir que l'abbaye fût enfermée dans les nouvelles murailles dont la Jurade venait de projeter la construction ; ils abandonnèrent pour cent ans à la ville le droit de petite coutume qui leur rapportait de sérieux revenus ; bien entendu, ils ne le recouvrèrent jamais[1].

Les moines de Sainte-Croix constituaient alors un corps important dans l'organisation de la Guienne ; le prix de vente des vins de leurs récoltes servait de base aux transactions des particuliers ; quand le fiscal Philippe le Bel, sous prétexte de confirmer les privilèges des bourgeois de Bordeaux, établit, en décembre 1295, un droit de 5 % sur les vins achetés à des étrangers, « vinis forecensis... emptis aut aliter acquisitis », il indiqua que leur valeur serait fixée par le maire et les jurats, d'après les prix des vins des chapitres de Sainte-Croix, de Saint-André et de Saint-Seurin[2].

L'acte le plus ancien relatif à la confrérie Saint-Vincent de Ladors, dont la chapelle était proche de l'abbaye Sainte-Croix, fut passé du temps de Guillaume de la Loubeyre ; c'est un contrat d'achat d'une vigne en Graves, daté du 4 décembre 1296[3].

Guillaume est le premier abbé qui ait donné sa procuration à un « vicari et loc tenent » pour administrer l'abbaye en son lieu et place ; la charte est datée du 3 avril 1302, le titulaire est Guilhem Constantin, pitancier[4].

Guillaume de la Loubeyre mourut le XIII des calendes d'août 1304[5].

---

1. Archives historiques du département de la Gironde, t. XXIV, pièce n° 101. — Voir chapitre XIII ci-après.
2. Archives municipales, Livre des Bouillons, pièce n° 8.
3. Archives du département de la Gironde, série H, Abbaye Sainte-Croix, Carton n°s 97 et 83 (prov.).
4. Ibid., Carton n° 55 (prov.).
5. Archives historiques du département de la Gironde, t. XXVII, Obituaire de Sainte-Croix, p. 307. L'acte portant fondation de l'obit est du 8 janvier 1308/1309 ; il est donc postérieur à la mort de l'abbé Guillaume et même à celle de son successeur Arnaud de Pouyanne.

CHAPITRE VII

Les derniers abbés réguliers

La première élection d'abbé faite par les moines de Sainte-Croix au XIVe siècle offre une particularité notable qui ne se reproduisit qu'une seule fois dans la suite; le choix tomba sur un religieux étranger à l'abbaye ; il était moine de Saint-Séver-Cap-de-Gascogne, et se nommait Pierre Arnaud de Pouyanne; il appartenait à une des plus anciennes familles de la Gascogne ; certains auteurs prétendent qu'il était abbé de Saint-Séver, mais Duchesne affirme qu'il était simple religieux de ce monastère [1].

Pierre, dans sa très courte gestion, recueillit les fruits de la libéralité de son prédécesseur envers Bertrand de Goth. Ce prélat, devenu pape en 1305 sous le nom de Clément V, fit, le 15 décembre de la même année, une promotion de dix Cardinaux, parmi lesquels figure Pierre Arnaud de Pouyanne; cet abbé avait précédemment été nommé vice-chancelier de l'Église romaine [2]. Les auteurs ne sont pas d'accord sur son titre cardinalice, la plupart veulent que ç'ait été Saint-Étienne *in Cœlio Monte*, mais Duchesne, avec raison [3], lui attribue, d'après le bénédictin de Canteloup, celui de Sainte-Prisque : c'est le titre qui est toujours donné à Pierre dans les chartes de l'abbaye Sainte-Croix, dont plusieurs remontent au XIVe siècle : « Lo Reverend payre en crist moss pey Arnaud de poyanna cardenau de la sta sea de Roma, deu titre de senta prisca [4]. »

Pierre, en partant revêtir la pourpre à Avignon, laissa un « vicari

---

[1]. *Histoire de tous les Cardinaux français de naissance qui ont esté promeus au Cardinalat par l'expresse recommandation de nos Roys*, par François Duchesne, fils d'André, Conseiller du Roy en ses Conseils, historiographe de France, in-folio, Paris, MDCLX, t. I, p. 356.
[2]. *Vitæ paparum Avenionensium*, t. I, p. 651.
[3]. *Loc. cit.*, p. 356.
[4]. Archives départementales de la Gironde, série H, Abbaye Sainte-Croix, Carton n° 26 (prov.).

generau et loctenant en les causas temporadas »; ce fut le poissonnier de l'abbaye, Bernard de la Tresne[1]; l'abbé mourut dans la nouvelle ville papale le 3 septembre 1306, selon le nécrologe de Saint-Séver cité par Baluze[2]. Dans sa courte gestion, il eut le temps de recevoir des témoignages précieux de la bienveillance de Clément V pour l'abbaye. Ce pape confirma, en effet, le 22 novembre 1305, le droit de patronage relatif aux églises fondées par des séculiers et données à l'abbaye[3]; le 10 décembre de la même année, il mit fin aux contestations afférentes aux droits de Sainte-Croix sur l'église Saint-Michel de Bordeaux[4]. Une bulle conçue dans les mêmes termes fut établie, le même jour, pour l'église Saint-Hilaire de Taillan.

Clément V accorda une indulgence de 140 jours, pendant 10 ans, aux fidèles qui feraient des aumônes au prieuré de Soulac, en vue de la construction d'un pont sur un chemin public conduisant à l'hôpital de Laronde[5]. D'autres indulgences furent octroyées aux visiteurs des églises Sainte-Croix, Saint-Macaire et Soulac à certaines fêtes, principalement à celle de la sainte Vierge[6].

Enfin, le pape ayant autorisé Raymond, diacre de Sainte-Marie-la-Neuve, à gérer les prieurés de Saint-Macaire et de Montauriol sans y faire résidence, déclara que cette faveur ne préjudiciait en rien aux droits de l'abbaye sur ces deux prieurés[7].

Pierre Arnaud de Pouyanne créa dans l'église Sainte-Croix, à l'autel Saint-Jacques, une chapellenie qui subsista jusqu'en 1790 et fonda dans la cathédrale de Dax un obit avec oblation de 30 sous, colloqués sur la dîme de Montfort[8].

1. Ce poissonnier est appelé « Bernard de la Trena », dans un bail à fief du 9 janvier 1305/1306, dont nous n'avons qu'une copie (Arch. dép. de la Gironde, liasse n° 3), et Bozon de la Grava dans un autre bail original du 17 janvier de la même année (Arch. dép. de la Gironde, Carton n° 23 prov.).
2. Loc. cit., col. 650 et suiv.
3. Ibid., Registre II. 946, Inventaire de Sainte-Croix, 1784, folio 7.
4. Archives historiques du département de la Gironde, t. XXIII, pièce n° 7.
5. Ibid., Registre II. 946, Inventaire de Sainte-Croix, 1784.
6. Ibid., série H, Abbaye Sainte-Croix, liasse A n° 1, contenant le texte imprimé de ces indulgences, avec l'approbation de l'ordinaire des 21 août et 26 octobre 1645. — Nous avons publié la première de ces Bulles (Arch. hist. du dép. de la Gironde, t. XLIII, pièce 197).
7. Archives dép. de la Gironde, Registre H. 946, Inventaire de Sainte-Croix, 1784, folio 48.
8. DUCHESNE, loc. cit., p. 356.

Himbert Dante, successeur de Pierre, continua à recevoir les faveurs de Clément V ; en 1309, par deux bulles distinctes [1], la dernière datée de Villandraut le 20 novembre, le pape permit aux religieux, en cas de vacance du siège archiépiscopal de Bordeaux, de recevoir la tonsure d'un évêque quelconque, à la condition d'y être autorisés par l'abbé ; il conféra même à l'abbé le droit de tonsurer lui-même ses religieux.

Le pape ayant accordé à tous les Bordelais la faculté de n'être traduits devant aucun juge hors de Bordeaux en vertu de lettres du Saint-Siège ou de ses légats, sans que ces lettres le permissent expressément, chargea Himbert Dante et le prieur de Saint-Jacques de veiller à l'exécution de cette décision [2].

Le 9 décembre 1306, Pey Beguey, de la Rousselle, fonda dans l'abbaye l'office de sous-chantre et lui assigna 17 livres et 10 sols de rente pour des obits en faveur du fondateur et de sa famille.

Le 5 juin 1307, Maître Gombaud de Lafond créa l'office de sous-sacristain et lui attribua une maison place Saint-Projet.

L'abbé, voulant fonder dans son église un anniversaire pour le repos de son âme, acheta de la veuve de Jean de la Balade et de ses enfants sept maisons de la rue de los Boueys et les donna au pitancier de l'abbaye, suivant acte passé le 3 mars 1311/1312 [3], par Pey Iter, notaire public ; Jean de la Balade tenait ces maisons d'Arnaud Ayon, par voie de sous-accasement.

Himbert Dante mourut le 14 des calendes de juillet (18 juin), en 1313, dit la *Gallia christiana* [4], mais il faut reculer cette date d'une année, car cet abbé est mentionné dans un titre original du 15 septembre 1313, qui est aux Archives du département de la Gironde [5]. Nous y avons trouvé aussi l'acte d'une vente faite le 9 novembre 1314, en présence de « lonorable senhor na Ramon W de Faugueyras, abas lo jorn et hora que cesta carta fot feyta », Philippe étant roi de France [6] :

---

1. Arch. dép. de la Gironde, Registre H. 946, Inventaire de Sainte-Croix, 1784, folio 7.
2. Arch. municipales, Livre des Bouillons, pièce n° 87.
3. Arch. dép. de la Gironde, série H, abbaye Sainte-Croix, Carton n° 65 (prov.). Voir aussi Arch. hist. de la Gironde, t. XXVII, Obituaire de Sainte-Croix, p. 309.
4. T. II, col. 863.
5. Carton n° 36 (prov.), série H, Abbaye Sainte-Croix.
6. Carton n° 7 (prov.).

ce dernier document tranche nettement la question de la succession d'Himbert Dante, au sujet de laquelle une indécision existait, car Dabadie mentionnait d'abord Urbain de Fougères, mort en 1310, puis « Raymond Guillelmi, dit de Faugeras¹ ». Le tome III des Archives historiques du département de la Gironde reproduit, il est vrai, une pièce datée du 4 novembre 1316, où l'abbé est nommé Urbanus de Frangerii², mais nous n'avons rencontré ce nom que dans des copies défectueuses ; aucun titre original ne le mentionne, tandis que l'abbé est appelé Ramon Guilhem (ou Ramon W) de Faugueyras dans plus de vingt actes originaux des années 1314, 1316, 1317, 1319, et de presque toutes les années suivantes. Nous devons, pour être complet, signaler un bail du 3 novembre 1315³, sous le règne de « loys roy de fransa Edd. regn. en anglater. duc de Guyanna », dans lequel Himbert Dante est encore indiqué comme abbé ; c'est certainement une erreur du rédacteur, car nous avons vu que Ramon de Faugueyras était abbé le 9 novembre 1314. Nous n'avons pas constaté, dans la suite, une inadvertance aussi sérieuse, mais les noms des abbés sont souvent mal orthographiés dans les premiers actes de leur gestion.

L'abbé Ramon Guillaume de Faugueyras devait être d'un aspect imposant ou d'allures peu commodes, puisqu'un titre du 7 août 1320⁴ le qualifie de « redoptable payre en crist ». Dans tous les cas, il laissa la discipline se relâcher et donna l'exemple de la rapacité en différant, pendant plusieurs années, de nommer les titulaires des prieurés, pour s'en assurer les fruits. Quand Faydit Guirandon, archiprêtre de Sarlat, accrédité par des lettres du pape Jean XXII, vint recueillir, dans le diocèse de Bordeaux, les subsides destinés à réprimer les rebelles et les hérétiques d'Italie, il constata qu'en raison d'une situation qu'il qualifia d'exécrable le prieuré de Lamarque n'avait plus de titulaire depuis huit ans. L'abbé Guillaume dut rendre 100 livres qu'il avait perçues indûment, et le sacristain de l'abbaye 20 livres⁵.

1. Bibliothèque nationale, ms. n° 12734, Fonds latin, p. 84, verso.
2. Pièce n° 10, Transaction avec Pierre de Bretagne, vicaire perpétuel de l'église Saint-Michel de Bordeaux.
3. Arch. dép. de la Gironde, série H, Abbaye de Sainte-Croix, Carton n° 5 (prov.).
4. Ibid., Carton n° 78 (prov.).
5. Archives historiques du département de la Gironde, t. XIX, pièce n° 108.

Faydit Guiraudon recueillit d'importantes sommes ; elles s'élevèrent, pour le diocèse de Bordeaux, à 1693 florins d'or et 1017 livres de petite monnaie noire; la part de l'abbaye Sainte-Croix et de ses prieurés figure comme suit dans ce chiffre :

Monastère de Bordeaux	150 florins
Prieur de Saint-Macaire	100 —
Prieur et chapitre de Soulac	4 —
Prieur de l'église de Sadirac et Delcorii	100 sous
Infirmier de Sainte-Croix	32 —
Hospitalier	26 —
Chantre	10 —
Réfectorier	32 —
Pitancier	60 —
Chambrier	10 l. 10 s.
Poissonnier	9 l.
Vicaire perpétuel de Saint-Michel	50 sous
Ouvrier de Saint-Macaire	70 sous

D'assez nombreux actes originaux relatifs à la gestion de Raymond W. de Faugueyras subsistent encore ; nous citerons une vente faite le 8 mars 1332[1], par Guitard Dissenta, fils de Jean, à Guillaume de Saint-Pierre, relative à six bancs ou places mouvant de l'abbaye et situés au marché. « Au moyen âge les côtés de la place actuelle du Vieux Marché étaient occupés par des bancs ou étaux qui envahissaient aussi les rues voisines. L'archevêque de Bordeaux, l'abbé de Sainte-Croix et quelques autres seigneurs levaient des rentes sur certains de ces bancs[2] » où se vendaient les harengs et sur ceux des boucheries. La vente de 1332 concerne des bancs où l'on vendait « la chair » ; un peu plus tard, le 3 septembre 1334, sous le successeur de Guillaume de Faugueyras, on trouve une autre vente au même Guillaume de Saint-Pierre de 2 bancs poissonniers « qui son en la mayson de la Breutaria, ou hom ven lo hareng au marquat[3] ». L'abbé n'intervient dans ces ventes que pour investir le nouveau tenancier.

1. Arch. dép. de la Gironde, Registre H. 946, Inventaire de Sainte-Croix, 1784, folio 423.
2. Léo Drouyn, *Bordeaux vers 1450*, nos 435 et 436.
3. Arch. dép. de la Gironde, série H, Abbaye Sainte-Croix, Carton n° 12 (prov.).

On a la preuve que les moines s'occupaient à cette époque de la copie des manuscrits par l'existence d'un bréviaire composé dans l'abbaye Sainte-Croix peu après l'année 1323 ; ce bréviaire, conservé au château du Tariket près Eauze, mentionne, au 8 août, la fête de saint Mommolin et la présence du corps de ce saint dans l'église du monastère[1].

Guillaume de Faugueyras, sur la fin de sa vie, entra en lutte avec l'archevêque Pierre de Luk au sujet du droit du procuration ; comme l'abbé avait refusé de payer cette redevance, l'archevêque mit l'abbaye en interdit : Guillaume appela au pape de cette décision, mais sur le conseil de gens conciliants, il fit quelques concessions sans importance, abandonna son appel, et l'archevêque retira sa sentence ; la transaction fut signée en décembre 1332[2]. Si l'on s'en rapporte aux conventions précédentes relatives à la procuration, l'archevêque Pierre était en droit de l'exiger puisqu'il entrait en charge. Le dernier acte connu de Raymond W. de Faugueyras est daté du 6 décembre 1333[3] ; cet abbé mourut le XVI des calendes d'août (17 juillet) 1334[4]. La *Gallia christiana* appelle son successeur Pierre de Fermat et prétend que le surnom de Fermat est connu par une lettre d'Edouard, roi d'Angleterre, datée du 3 août 1345[5] ; le moine anonyme de Sainte-Croix le nomme Pierre de Serviet[6]. Ces deux désignations sont inexactes ; dans les nombreux documents originaux relatifs à cet abbé, son nom figure comme suit : « P. de Sermet, Pey de Sermet, P. de Srmt, Petrus de Sermeto » : dans tous ces titres l'S est parfaitement formée et il est impossible de lire de Fermat, ou même de Serviet ; ces dénominations se rencontrent seulement dans des copies relativement récentes. D'un autre côté, la *Gallia christiana* affirme que Pierre fut abbé jusqu'en 1345 seulement, et Dabadie jusqu'en 1347, alors qu'il est men-

1. *Bulletin historique et philologique de la Commission des travaux historiques et scientifiques*, 1893, p. 269 à 272.
2. *Gallia christiana*, t. II, col. 863. — Inventaire de Sainte-Croix, 1784, p. 15. — Registre II, 938 des Concordats et transactions, p. 29. Ces divers documents sont d'accord, on doit donc considérer comme erronée la date de 1316 donnée par le moine anonyme de Sainte-Croix ; à cette date l'archevêque était Arnaud IV.
3. Arch. dép. de la Gironde, Carton n° 6 (prov.).
4. *Gallia christiana*, t. II, *Instrumenta*.
5. Ibid., col. 863.
6. *Actes de l'Académie de Bordeaux*, 1842, p. 230.

tionné sur plusieurs actes originaux de l'année 1348 et même dans un bail du 7 mars 1348/1349¹. Cet abbé est donc mort en 1349 ; le nom de son successeur se rencontre le 25 juin 1349².

Pierre de Sermet vécut à une époque troublée, puisque la guerre de Cent ans commença de son temps ; les Français, partis de l'Agenais, descendirent la Garonne jusqu'à Saint-Macaire, que les Anglais reprirent d'assaut en 1338, tuant « grande foison de gens... et tout le demourant mirent à l'espée excepté femmez et enfans et vieilles hommes non tailliet d'i aux deffendre ne combattre »³ ; ce fut un grand dommage pour l'abbaye. Pierre, dans ces circonstances difficiles, sut se faire respecter ; il acquit de la considération et se montra dévoué aux intérêts de son couvent. Il eut cependant avec ses religieux un différend sérieux⁴, qui se prolongea pendant toute sa gestion ; l'abbé avait fait venir à Sainte-Croix un bénédictin de l'ordre de Cluny appartenant au couvent de Moissac et l'avait ensuite nommé sacristain. Les moines ne voulurent pas accepter cette nomination et en appelèrent au pape. La cause fut jugée en première instance par Pierre de Cascolf, chanoine de Dublin, chapelain du pape et auditeur des causes apostoliques ; il condamna l'abbé, qui interjeta appel de cette sentence, prétendant n'avoir pas outrepassé son droit et s'appuyant sur le précédent de Pierre Arnaud de Pouyanne, reçu sans opposition comme abbé, bien que moine de Saint-Sever. Le prieur et les religieux soutenaient que l'assentiment du chapitre était nécessaire pour sanctionner toute nomination d'officier ; ils ajoutaient que, de mémoire d'homme, aucun étranger n'avait été choisi comme sacristain. Le pape délégua, pour entendre les parties, Arnaud Paguin, chanoine de Bordeaux, Guillaume de Roffinhac, official, Arnaud Pagan, doyen de Saint-Seurin, et Guillaume de Benauge, chanoine. La mort de l'abbé mit fin au litige.

Malgré ce différend, qui touchait, surtout, à une question de principe, Pierre de Sermet ne paraît pas avoir vécu en mauvaise intelligence avec ses moines. Le 8 novembre 1344, ayant assemblé le chapi-

1. Arch. dép. de la Gironde, série H, Abbaye Sainte-Croix, Cartons nº 26 et 85 (prov.).
2. Carton nº 6 (prov.).
3. Froissart, année 1338.
4. La relation de ce débat se trouve aux Archives départementales de la Gironde, série H, Abbaye Sainte-Croix, carton nº 33 (prov.).

tre, et avec son assentiment, il fonda l'office d'aumônier, à la gloire de Dieu, de la très glorieuse Vierge Marie, mère du Christ, de tout le collège des bienheureux et pour qu'il fût fait mémoire de lui et de ses parents [1]. Un peu plus tard, le 15 juin 1346, le poissonnier Gérald Dorinha, d'accord avec l'abbé et le chapitre, fonda l'office de sous-poissonnier [2].

L'abbé de Sermet se préoccupa, comme ses prédécesseurs, d'acquérir la protection du roi d'Angleterre; il obtint, le 4 mars 1348/1349, une lettre d'Edouard III, adressée à tous et chacun des sénéchaux, constables, vicomtes, maires, baillis, prévôts, serviteurs et sujets, dans laquelle le monarque prend sous sa garde soutes les possessions de l'abbaye, notamment, le prieuré de Saint-Macaire, Montauriol, les Alemans, Loupiac, Cambes, Soulac, Saint-Aubin de Blagnac, l'Ile-Saint-Georges, Sadirac, Macau, le Taillan, Birac et Collignan [3]. Edouard III écrivit aussi à Pierre [4] en même temps qu'à l'évêque de Bayonne, le 3 août 1345, à l'occasion du mariage de sa fille Jeanne avec le fils aîné du roi de Castille.

L'abbé était en bons termes avec la ville de Bordeaux, car il fut choisi par elle comme arbitre, en même temps que Gérald de Podio, chanoine et sacriste de l'Eglise de Bordeaux, pour juger un différend avec les chanoines de Saint-Seurin au sujet du droit de juridiction sur les localités de Caudeyrano, de Boscato et de Villanova (la Vache). La transaction fut passée le 23 août 1347, devant Thomas Cok, chevalier sénéchal du duché de Guyenne [5].

Il paraît résulter d'une bulle du pape Clément VI que la règle ne fut pas rigoureusement observée dans l'abbaye, du temps de Pierre de Sermet [6].

Le successeur de cet abbé est appelé Pey de Camiada dans presque toutes les chartes originales ; dans les trois plus anciennes, datées des 25 juin 1349, 4 novembre 1349, et 15 février 1349-1350, on trouve

1. Une copie de l'acte de fondation se trouve aux Archives départ. de la Gironde, série H, Abbaye Sainte-Croix, carton n° 119 (prov.).
2. Ibid., carton n° 33 (prov.).
3. *Catalogue des Rolles gascons, normans et français*, t. I, p. 120. — Archives historiques du département de la Gironde, t. IV, pièce n° 69.
4. *Gallia christiana*, t. I, col. 1316.
5. Archives municipales, Livre des Bouillons, pièce n° 115.
6. Dom Dabadie, ms. 12734, p. 84 (verso).

cependant P. de Caminada et P. de la Caminada, mais la leçon Pierre de Taunada donnée par Dabadie [1] est fautive et ne se trouve que dans des copies relativement récentes.

Pierre de Camiada resta en charge près de vingt-sept ans ; il eut une gestion des plus laborieuses.

Son œuvre principale est un effort sérieux pour le rétablissement de la discipline et la délimitation des pouvoirs de l'abbé et des religieux. Le relâchement que nous avons constaté à Sainte-Croix s'était produit dans la plupart des abbayes bénédictines de France ; le pape Benoît XII, par une bulle célèbre, datée du 20 juin 1336, sur laquelle nous aurons à revenir, avait fixé les bases de la règle à suivre désormais par les moines noirs [2] ; un certain nombre d'abbés des provinces de Bordeaux, Limoges et Bourges, se réunirent en concile près de Limoges et rédigèrent des avis et des statuts pour assurer l'exécution de la bulle papale. Pierre de Camiada, qui avait, sans doute, assisté à cette importante réunion, résolut de faire connaître ces décisions à tous les religieux sous ses ordres. A cet effet, le 2 juin 1367 [3], il manda aux dignitaires des prieurés dépendant de l'abbaye d'avoir à se réunir à Sainte-Croix, le lundi après la Trinité ; les religieux appelés furent Arnaud de la Lande et Sanche, du prieuré de Soulac ; de Fulgaude, sacriste du même prieuré ; Vital Grandis, ouvrier de Saint-Macaire, Pierre de Congruis, chambrier, Raymond Issarius, sacriste ; Pierre de Viguier, prieur de l'Ile-Saint-Georges ; Jean de Taviane, prieur de Saint-Aubin de Blagnac ; Bernard de Cadrignes, prieur des Allemans ; Guillaume Gérard, prieur de Montauriol. Pierre leur enjoint, au nom de la sainte obéissance, de se trouver au rendez-vous, sous peine d'excommunication ; les absents, considérés comme rebelles, pouvaient être déposés de leurs offices. Le moine anonyme de Sainte-Croix, en donnant le texte de cette convocation, fait remarquer que, à cette époque, l'autorité de l'abbé sur les prieurs et officiers était considérable, puisqu'il leur fait de semblables menaces. Nous avons vu, cependant, à l'occasion de Pierre de Sermet, que les religieux savaient faire respecter leurs prérogatives. Nous

1. Dom DABADIE, ms. 12734, p. 84 (verso).
2. *Actes de l'Académie de Bordeaux*, 1842, p. 230 et 231.
3. L'original de cette convocation se trouve aux Archives du département de la Gironde, série H, Abbaye Sainte-Croix, liasse A, n° 4.

examinerons, plus loin, en détail, les Statuts qui furent élaborés par cette réunion de religieux¹.

L'abbé Pierre de Camiada profita des difficultés que la guerre de Cent ans occasionnait aux Anglais pour obtenir de leurs rois des chartes avantageuses au monastère.

Le 4 avril 1357 et le 1ᵉʳ mars 1358/59, le Prince Noir et Edouard III confirmèrent l'exemption de tous droits déjà accordée aux vins vendus par l'abbaye². Le 1ᵉʳ mars 1359/1360, par lettre datée de Westminster, Edouard III sanctionna les privilèges relatifs à l'Eau Bourde octroyés par ses prédécesseurs ; il déclara que toute l'eau passant au moulin de Bardenac devait arriver à celui de Peyrelongue, situé cinq cents mètres environ en aval, et de là aux moulins de Sainte-Croix, sans qu'il fût permis de faire des saignées aux rives du cours d'eau³. Un autre acte de la même date énumère toutes les faveurs dont jouissait l'abbaye et les confirme⁴.

Du temps de Pierre de Camiade, en 1365, quelques individus qui avaient violé la sauveté de Sainte-Croix furent contraints de faire amende honorable⁵.

Cet abbé eut des difficultés pendant toute sa gestion avec les vicaires perpétuels de Saint-Michel, qui l'accusaient de rapacité ; il fut, dans tous les cas, peu conciliant. Nous raconterons à part ces incidents⁶.

La dernière pièce originale relative à l'abbé Pierre de Camiade est datée du 13 mai 1375⁷ ; il mourut le 2 octobre de la même année⁸. Il existe, il est vrai, un acte portant le nom de son successeur et la date du 25 avril 1375⁹, mais c'est une copie ; le premier texte original connu est du 14 janvier 1375/76¹⁰.

---

1. Voir ch. VIII.
2. Archives du département de la Gironde, Mémoire (imprimé) instructif pour Messire Fr. de Béringhen, carton II. 98 (prov.), p. 3. *Catalogue des Rolles gascons*, t. I, pièce n° 48, p. 141.
3. Archives historiques du département de la Gironde, t. IV, pièce n° 93.
4. Ibid., t. IV, pièce n° 94.
5. Ibid., t. XXVII. Obituaire, p. 338. Voir aussi ch. XIV ci-après.
6. Ch. XVII.
7. Archives départementales de la Gironde, série H, Abbaye Sainte-Croix, carton n° 49 (prov.).
8. Archives historiques de la Gironde, t. XXVII, Obituaire de Sainte-Croix, p. 318.
9. Archives départementales de la Gironde, carton n° 62 (prov.).
10. Ibid., carton n° 67 (prov.).

Après Pierre de Camiade, l'abbaye Sainte-Croix fut gérée par trois moines doués d'une ambition peu compatible avec leur vocation religieuse, mais qui furent de bons administrateurs.

Le premier, nommé Raymond Bernard de Roqueys, appartenait à une famille noble, dont le château en ruines se voit encore à Tabanac. Il était infirmier de Sainte-Croix en 1350 [1], abbé de la Sauve majeure quand il fut élu à Sainte-Croix, où il ne fit que passer ; il mourut archevêque de Bordeaux. Dans sa courte gestion il sut terminer les démêlés de ses prédécesseurs avec les vicaires perpétuels de Saint-Michel. La transaction, passée avec Bertrand de Albina le 16 août 1376, servit de base à tous les arrangements ultérieurs [2].

« Il retira la disme de Cambes, aliénée, d'abord à la maison de la Roche et ensuite vendue à Gérard de la Crote. Il obtint aussy permission d'absoudre ses religieux de quelques excès par eux commis [3]. »

Peu après la nomination de Raymond, mourut un ami et un bienfaiteur de l'abbaye Sainte-Croix nommé Pierre de Laffite (Pey de Lafita), chanoine de la primatiale Saint-André et archidiacre de Lesparre. Intimement lié avec Pierre de Sermet, il avait fondé, le 4 juin 1370, pour l'âme de cet abbé, un anniversaire de quatre livres, à célébrer par le sous-prieur [4] ; à l'occasion de cette cérémonie, les cloches devaient être sonnées trois fois par les clercs du sacristain, qui étaient payés cinq sous ; Pierre de Laffite voulut aussi que le réfectorier [5] célébrât pour sa propre âme et celle de sa mère un anniversaire de quatre livres [6] ; enfin il établit à Sainte-Croix une chapellenie [7] dont le premier titulaire fut « Pey Rigaud, prestre ».

L'abbé Raymond a passé quelques baux à fiefs ne présentant pas un intérêt particulier ; dès le 1er août 1379, il abandonna l'abbaye à un fondé de pouvoirs [8], « Pey de Bagneys, cambarey e monge... vicar procurador et loctenent deu reuérent payre en Xrist londrable et religios

---

1. Archives départementales de la Gironde, carton n° 13 (prov.)
2. Ibid., série H, Abbaye Sainte-Croix, carton n° 47 (prov.). — La transaction n'existe qu'en copie.
3. Dom Danadie, ms. 12734, p. 89 (recto).
4. Archives historiques du département de la Gironde, t. XXVII, Obituaire, p. 323 et 324.
5. Ibid., p. 323.
6. Ibid., p. 319.
7. Arch. dép. de la Gironde, carton n° 26 (prov.).
8. Ibid., carton n° 78 (prov.).

senhor mossen Raymon de Roqueys abat par la gra de diu ». En 1380, il quittait définitivement l'abbaye, peu après le 11 octobre[1]. Lopes et Du Temps font mourir Ramon le 15 mars 1383/84, mais cette date est certainement erronée, car, comme archevêque de Bordeaux, il écrivait aux moines de Sainte-Croix, le 26 mai 1384[2]. D'ailleurs les comptes de l'archevêché de Bordeaux portent la mention suivante : « ... ad diem XIX mensis Junii anno predicto, qua die dominus noster archiepiscopus animam suam reddidit Creatori[3]. » Cette date est adoptée par M. l'abbé Callen : il ajoute que Raymond fut enterré dans la cathédrale Saint-André[4].

L'abbaye, du temps de Ramon de Roqueys, étant encore soumise à l'ordinaire, ce prélat dut conserver la haute main sur ses actes ; on a donc lieu de s'étonner qu'il ait laissé faire l'élection de son successeur dans des conditions qu'il jugea plus tard irrégulières, et qu'il ait permis aux moines de choisir pour abbé un personnage étranger au monastère, BERNARD SALOMON, ou DE SALAMON, dont le nom et les allures permettent de croire à une origine judaïque ; Bernard avait été abbé du Bournet, mais les Français ayant envahi l'Angoumois, il abandonna cette abbaye et se replia sur Bordeaux, où Richard II[5], par décision du 25 juin 1379, le nomma membre de son conseil dans cette ville et lui alloua une pension de 40 livres sterling, payable, chaque année, à la Saint-Michel et à Pâques, jusqu'à ce qu'il pût reprendre possession de son abbaye ou être pourvu d'une autre situation. Bernard, malgré cette clause, continua à toucher la pension après sa nomination à l'abbaye de Sainte-Croix et le roi ne songea à la lui retirer que le 26 décembre 1384, c'est-à-dire à une époque où il n'était plus en charge. Richard II n'ignorait cependant pas l'élection du nouvel abbé, puisqu'à cette occasion il

---

1. On trouve, à la date du 11 octobre 1380, le nom de l'abbé Ramon d'Arroquers inscrit au Terrier de l'abbaye (1375 à 1380), qui est aux Arch. dép. de la Gironde.
2. Archives historiques du département de la Gironde, t. XIII, pièce n° 37.
3. Ibid., t. XXII, p. 365.
4. Lorès, *Histoire de l'église primatiale Saint-André de Bordeaux*, t. I, p. 218, et t. II, p. 279.
5. Archives historiques du département de la Gironde, t. IV, pièce n° 108. — La *Gallia christiana* ne fait pas figurer Bernard Salomon dans la liste des abbés du Bournet ; la pièce que nous venons de citer lui donne, cependant, ce titre à plusieurs reprises.

fit demander aux religieux, par l'intermédiaire du maire et des jurats
de Bordeaux, pour quels motifs ils avaient procédé à la nomination,
sans son autorisation ; les religieux répondirent fièrement que ce droit
leur était naturel de par la règle de saint Benoît, que les papes le leur
avaient confirmé et qu'ils l'avaient pratiqué de tout temps, comme
les jurats le savaient fort bien [1]. Le roi n'insista pas.

Bernard Salomon continua, d'ailleurs, à se montrer chaud partisan
des Anglais et, comme conseiller du Roi à Bordeaux, il prit part à la
condamnation à mort de Jean Colomb, membre d'une des familles les
plus considérables de Bordeaux, convaincu d'avoir été le chef du parti
des Français dans une rébellion récente [2]. Peu après, l'abbé se rendit
à Londres, d'où il envoya sa procuration pour gérer l'abbaye Sainte-
Croix à Arnaud de Maderan, abbé du Bournet (2 mai 1381) [3], dans ce
voyage, Bernard obtint du roi d'Angleterre, le 3 octobre 1381 [4], une
lettre chargeant le constable de Bordeaux d'examiner les chartes de ses
prédécesseurs, accordant des libertés, privilèges et franchises à l'abbaye, et de laisser les moines jouir en paix de toutes ces concessions,
dans la forme où elles leur avaient été accordées et comme ils avaient
eu l'habitude d'en jouir jusqu'alors [5]. Une charte postérieure, datée de
Westminster, le 22 septembre 1382, accorda à l'abbaye la protection
du roi [6]. Enfin, le 18 janvier 1383/1384, Richard II confirma les privilèges des religieux relatifs à la vente de leurs vins : « vina quæ de
propriis vineis, seu aggreriis, vel redditibus et decimis eorum excresce-
bant et proveniebant et quae postmodum per ipsos, vel eorum assensa-
tores prædictos onerabuntur, sive mercatoribus, vel aliis personnis
quibuscumque vendebantur, franche et libere et absque aliqua solutione costume in castro regis burdigalensi, annis singulis costumare
consuevissent... [7] »

Malgré toutes ces faveurs, les moines ne paraissent pas avoir été aussi

1. Archives départementales de la Gironde, Registre H. 946, Inventaire de
Sainte-Croix, 1784, folio 24.
2. Dom DEVIENNE, *Histoire de Bordeaux*, t. II, p. 68.
3. Archives départementales de la Gironde, série G, liasse 2264. Cet abbé
était sans doute parent du notaire Pierre de Maderan, qui fonda en 1383 un
couvent de Chartreux à Bordeaux.
4. Archives historiques de la Gironde, t. XXIV, pièce n° 103.
5. Ibid., t. XXIV, pièce n° 103.
6. *Catalogue des Rolles gascons*, t. I, p. 169.
7. Archives historiques du département de la Gironde, t. III, pièce n° 10.

fidèles au roi d'Angleterre que leur abbé. Il résulte, en effet, d'une lettre de Richard II, datée de Westminster, le 18 mai 1382[1], que Pierre de Vaqueys, moine de Sainte-Croix, ayant commis un crime de lèse-majesté, avait été incarcéré, puis relâché. Le roi manda à Guillaume Passepain, son procureur, de faire reprendre le coupable et d'ordonner à l'abbé et aux religieux de le garder dans leur prison, en le mettant au silence perpétuel jusqu'à décision contraire.

Le loyalisme de Bernard Salomon lui avait créé beaucoup d'ennemis ; on profita de son absence pour tramer un complot contre lui ; on prétendit que son élection avait été irrégulière et on l'accusa même de lèse-majesté. Appréhendé au corps dès son retour, il fut enfermé dans les prisons de l'archevêché, que l'on répara tout exprès pour le recevoir[2]. Dans sa détresse, Bernard eut recours à son puissant protecteur Richard II, qui écrivit de Westminster, les 7 et 24 janvier 1383-1384, deux lettres ordonnant d'arrêter le procès[3]. En présence de cette haute intervention il n'était guère possible de maintenir l'accusation de lèse-majesté, mais l'instance pour irrégularité suivit son cours. Bernard réussit à s'évader, il fut repris et jugé par l'officialité de Bordeaux. Dom Devienne prétend qu'il fut condamné à mort[4], sans dire si la sentence fut exécutée, mais il se trompe certainement, car l'archevêque Raymond de Roqueys écrivait aux moines de Sainte-Croix, le 26 mai 1384[5], que la place d'abbé était vacante « per privationem per nos, seu officialem nostrum factam in personam Bernardi Salomonis », sans parler de condamnation à mort. La déposition de Bernard n'est pas bien antérieure à la date de cette lettre, puisque, le 14 mars précédent[6],

1. Archives historiques du département de la Gironde, t. IV, pièce n° 105.
2. On lit dans les Comptes de l'archevêché de Bordeaux, à la date de 1383 : « Item solvi pro expensis factis et ministratis per Dominum Petrum Martinum in reparatione carcerum archiepiscopatus Burdegalensis facta propter ingressum abbatis S. Crucis 13 lib. 12 s. » (Arch. hist. de la Gironde, t. XXII, pièce n° 18, p. 349).
3. *Catalogue des Rolles gascons*, t. I, p. 172.
4. *Histoire de Bordeaux*, t. II, p. 215. Dom Devienne est particulièrement inexact en ce qui concerne l'abbé Salomon ; il le fait vivre en 1341 (t. II, p. 68) et en 1389 (t. II, p. 215) ; il donne la date de 1324 à la lettre relative au moine Pierre de Vaqueys (t. II, p. 213), qui est du 18 mai 1382.
5. Arch. hist. du dép. de la Gironde, t. XIII, pièce n° 37.
6. Archives départementales de la Gironde, série H, Abbaye Ste-Croix, Carton n° 72 (prov.).

Guiraud de la Tresne, infirmier, avait encore « plency poder den rebent payre en crist mos. bernard abat per la gracia de diu » et que, le 15 mai[1], le même officier recevait la procuration du prieur claustral Guillelmus de Caberno et de « tot lo coubent... per so quay no y aue abat audcyt mostey ». La *Gallia christiana* mentionne la démission de Bernard en 1384, sans indiquer qu'il fut déposé[2]. Quant à Arnaud de Madéran, procureur de l'ex-abbé, il revint dans son abbaye du Bournet, où il mourut le 21 octobre 1420 ; on l'enterra, sur sa demande, dans l'abbaye Sainte-Croix devant l'autel de saint Mommolin ; son sépulcre était de marbre noir[3] ; l'abbé Pierre André, à qui il avait légué 40 livres pour célébrer chaque année son anniversaire, se déchargea de cette tâche en faveur du pitancier[4]. Le tombeau d'Arnaud de Madéran, dont il ne reste aucune trace, portait l'épitaphe suivante : « Hic jacet subtus tumulum marmoreum Reverendus in Christo pater Domnus Arnaldus de Madirano olim abbas monasterii beatæ Mariæ de Borneto Engolismensis diœcesis qui obiit anno Domini MCCCCXX et die XXI mensis octobris, cujus anima requiescat in pace. Amen[5]. »

Pendant sa courte et aventureuse gestion de l'abbaye Sainte-Croix, Bernard augmenta de trente livres les revenus de la poissonnerie en diminuant d'autant l'office de l'infirmier et celui du chantre[6]. L'acte constatant cette modification, daté du 17 juin 1382, est surtout intéressant parce qu'il porte encore le sceau de l'abbaye, suspendu à un lien de cuir blanc ; ce sceau, aujourd'hui presque noir, était de cire jaune ; il n'en reste qu'une partie, mais on voit très nettement, au recto, un Christ en croix, ayant à sa gauche la sainte Vierge et à sa droite saint Jean ; on lit sur l'exergue NVENTUS SA (Sigillum conventus Sanctæ Crucis Burdegalensis). Au contre-sceau, il y a un trou assez profond, sans inscription ni image. L'acte portait autrefois un autre sceau, sans doute celui de l'abbé, il a disparu.

Bernard Salomon, ne fut pas remplacé aussitôt après sa déposition ; le chapitre chargea l'infirmier puis le pitancier d'administrer les inté-

---

1. Archives départementales de la Gironde, Carton n° 5 (prov.).
2. *Gallia christiana*, t. II, col. 863.
3. Ibid., col. 1051.
4. Archives départementales de la Gironde, série H, Abbaye Sainte-Croix Carton n° 32 (prov.). — Cet anniversaire ne figure pas à l'Obituaire.
5. Ibid., liasse B, n° 3. — Voir aussi *Gallia christiana*, t. II, col. 863.
6. Ms. 12751, Dom Claude Estiennot, p. 32 et 33.

rêts temporels, « deu combent deu mostey senta crotz de bordeu defalhent d'abbat », si l'on s'en rapporte à une charte du 27 janvier 1384-85[1].

Pendant la vacance, les moines prêtèrent 300 francs d'or, prélevés sur les dîmes de Cambes, à David Cradoc, chevalier, en vue de payer la rançon de son fils Richard, subdélégué du pape pour la croisade, lequel avait été fait prisonnier en se rendant à Nordwich, où il allait à l'occasion de sa mission. Les moines crurent devoir soumettre cette importante affaire à l'archevêque Bernard de Roqueys, leur ancien abbé. Celui-ci, par lettre du 26 mai 1384, loue, ratifie et approuve la convention faite avec David Cradoc, promettant, autant que cela était en son pouvoir, de la faire accepter par le futur abbé et d'y faire appliquer la partie revenant à sa mense ou à son administration[2]. Les dîmes de Cambes appartenaient, en effet, en partie à l'abbé et en partie au convent.

La vacance du siège abbatial se prolongea jusque vers le mois de mai 1385 ; le nouveau titulaire, AMANIEU DE LAMOTE, appartenait à la noblesse ; c'était le frère du seigneur de Roquetaillade, possesseur d'un château situé entre Langon et Bazas, restauré en 1870 par Viollet-le-Duc : la même famille avait fourni un abbé de Sainte-Croix cent ans auparavant, un archevêque de Bordeaux, un évêque de Bazas ; ce dernier, qui fut aussi prieur de Saint-Macaire, avait été revêtu de la pourpre cardinalice. La bulle d'Urbain VI[3] annonçant au chapitre de Sainte-Croix l'approbation de l'élection d'Amanieu indique qu'il appartenait à l'ordre de Saint-Dominique, mais que le pape avait autorisé son affiliation à celui de Saint-Benoît ; les difficultés de ce transfert expliquent, sans doute, la durée de la vacance. Dès qu'Amanieu eut reçu la bulle de provision, il constitua pour procureur le prieur de Soulac, Pey de Montausey[4]. L'acte, daté du 26 mars 1385, fut dressé dans la maison conventuelle des Frères Prêcheurs à Bordeaux ; le sceau « ab cera verda » de l'abbaye y était appendu « en absencia deu saget

---

1. Archives départementales de la Gironde, série H, Abbaye Sainte-Croix, Carton n° 36 (prov.).
2. Archives historiques du département de la Gironde, t. XIII, pièce n° 37. Original aux Arch. dép., liasse A, n° 12.
3. Archives départementales de la Gironde, Registre H. 941, folio 1.
4. Ibid., série H, Abbaye Sainte-Croix, Carton n° 36 (prov.).

deu deyt senhor abat », l'abbé n'ayant pas eu le temps de faire confectionner le sien.

Le seul acte important de la gestion d'Amanieu de la Mothe fut un accord conclu, le 22 novembre 1387, avec Guillaume de Larsan, vicaire perpétuel de l'église Saint-Michel de Bordeaux, pour confirmer la transaction du 16 août 1376. Nous reparlerons en détail de ces deux traités[1]. Il vécut en bons termes avec l'archevêque de Bordeaux qui, dans la seule année 1387, l'invita deux fois à sa table.

Amanieu passa de nombreux baux à fief; à partir du mois de décembre 1396, et pendant plusieurs années l'abbé est représenté dans ces baux par Arnaud de Passaget, sacristain[2], muni d'une procuration régulière dont le texte nous a été conservé. Nous ne savons pour quels motifs l'abbé renonça ainsi temporairement à l'administration du monastère; il la reprit, au plus tard, en 1403[3], peut-être par suite de la mort de son représentant; le nom d'Arnaud de Passaget ne figure pas dans la liste des moines, chapelains, prébendiers et clercs de Sainte-Croix envoyée à la jurade par l'abbé le 15 octobre 1406[4]; cette liste mentionne dix religieux, non compris l'abbé : le prieur claustral avec deux clercs, le sous-prieur et un clerc; le chambrier et un clerc; le réfectorier et un clerc; le sacristain (Bertrand de Cuisanio) et cinq clercs; le chantre, l'infirmier avec deux clercs; l'hôtelier et un clerc; le sous-chantre, le pitancier; en outre, le vicaire perpétuel et cinq prébendiers[5]. En 1412, Amanieu prit pour « loctenent et procurador generau » le chantre Arnaud Seguin[6].

La Guienne était en paix au début de la gestion d'Amanieu; mais en 1399 Bordeaux se souleva contre les Anglais, sous prétexte de prendre parti pour Richard II détrôné, en réalité pour tenter de s'affranchir de toute domination et devenir ville libre; l'assassinat de Richard II dans sa prison et l'avènement de Henri IV (Henri de Derby,

---

1. Chap. XVII.
2. Archives départementales de la Gironde, série H, Abbaye Ste-Croix. — Voir notamment, les Cartons nos 78, 113 et 116 (prov.).
3. Ibid., Carton n° 84 (prov.).
4. Archives municipales, Registres de la Jurade, t. III (Délibérations de 1406 à 1410), p. 100 et 101.
5. Registres de la Jurade, p. 100 et 101.
6. Archives départementales de la Gironde, série H, Abbaye Sainte-Croix, Carton n° 60 (prov.).

duc de Lancastre) mit fin à l'émeute. Un peu plus tard, en 1406, Louis, duc d'Orléans, envahit la Guienne : des gardes furent mis aux tours de la ville de Bordeaux en prévision d'une attaque ; une délibération des jurats datée du 4 octobre 1406[1], ordonna d'en placer 5 au « portau de senta Crotz debert la Ribeyre » (extrémité de la rue du Port), 6 à la tour « S" Crotz deu grand portau » (abattoir actuel), 6 à la tour du Merle, près du moulin de l'abbaye[2]. Les préparatifs de guerre occasionnèrent des dépenses à la ville de Bordeaux, qui, pour y faire face, dut emprunter ; les moines de Sainte-Croix prêtèrent 200 francs[3] ; par contre, les domaines de l'abbaye ayant été ravagés, l'abbé fut obligé d'acheter du blé pour ravitailler son couvent ; il emprunta à son frère le seigneur de Roquetaillade G. A. de la Mota et lui remit la cédule faite par la ville de Bordeaux[4] ; ce seigneur réclama son argent et demanda, en outre, « 300 francs et 25 tonetz de froment » pour armer et approvisionner son château et y tenir garnison de 100 hommes à pied et à cheval. Les jurats, à bout de ressources, lui répondirent qu'il toucherait bientôt 40 francs[5].

Les Registres de la Jurade, qui nous ont laissé ces minimes détails, ne mentionnent pas que l'abbé ait fait, en 1404, aucune réclamation pour rentrer en possession du droit de petite coutume aliéné pour cent ans seulement, le 6 janvier 1303-1304 ; les Bénédictins prétendirent, plus tard, que les Jurats avaient débouté l'abbaye, sous prétexte qu'ils avaient encore besoin des revenus du droit de petite coutume pour réparer les murailles ; nous reviendrons sur cette affaire[6].

La situation précaire de l'abbaye explique mais ne justifie pas qu'Amanieu de la Mote se soit emparé, pendant plusieurs années, des revenus de la poissonnerie, sans pourvoir à la vacance de cet office[7].

Du temps de cet abbé, en 1396, et en 1401, la sauveté de Sainte-Croix ayant été violée, les coupables furent sévèrement châtiés[8].

1. Léo Drouyn, *Bordeaux vers 1450*, p. 86 et 87.
2. Ibid., p. 94 et 95.
3. Registres de la Jurade, 1ᵉʳ mars 1407, t. III, p. 168.
4. Ibid., 2 mai 1407, t. III, p. 179.
5. Ibid., 13 septembre 1407, t. III, p. 258 et 183.
6. Chap. XIII.
7. Archives départementales de la Gironde, Registre H. 870, folio 4.
8. Archives historiques du département de la Gironde, t. XXVII, Obituaire, p. 339.

Un assez beau manuscrit, en fort bon état, écrit dans l'abbaye, en 1407, sur l'ordre du sous-prieur, Hélias Jordan, pour énumérer les fiefs du poissonnier, montre que les moines de Sainte-Croix avaient une certaine culture artistique[1].

Amanieu de la Mote mourut entre le 11 août 1412[2], date du dernier acte mentionnant son nom et le 11 septembre[3] de la même année, époque à laquelle le chapitre chargea le sous-prieur Gombaud Forney de gérer les affaires temporelles du couvent : « lomedis mostey aladont (alors) baccant et deffalhant de abat. » Cet abbé fut enseveli dans la partie supérieure du chœur de l'église Sainte-Croix, un arc surhaussé marque encore la place de son tombeau dont Jouannet a vu quelques restes, en 1823[4] ; l'épitaphe, qui a disparu, était la suivante[5] :

« Hic jacet nobilis vir domnus Amaneuus de Mota qui fuit abbas hujus monasterii S. Crucis per spatium XXVIII annorum et obiit. Requiescat in pace. Amen. Orent pro eo habitantes in loco supradicto qui diligenter servivit beato Benedicto. »

Amanieu de Lamothe n'était pas encore remplacé le 14 octobre 1412, date à laquelle le couvent était encore administré par « mosseu Gombaud Forney sotz prior[6] ».

Les bulles de provision de PIERRE ANDRÉ, successeur d'Amanieu, datent de la troisième année du pape Jean XXIII, soit de fin 1412 ; le pape lui adressa une autre bulle le 3 des calendes de décembre (29 novembre) de la même année[7] ; son nom figure dans un acte du 8 mars 1412/1413[8]. Le nouvel abbé était un homme intelligent et actif, il remplissait déjà les délicates fonctions de collecteur des débiteurs de la chambre apostolique pour le diocèse de Bordeaux ; les sommes recueillies étaient importantes, car dans une quittance pour solde, datée du 14 septembre 1414, le cardinal François, du titre des Saints-Côme-et-Damien, donne reçu de 500 florins à l'abbé[9] ; Pierre André est men-

1. Arch. dép. de la Gironde, liasse B, n° 3.
2. Ibid. — Carton n° 55 (prov.).
3. Ibid., Carton n° 55 (prov.).
4. Musée d'Aquitaine, t. I, p. 274.
5. Gallia christiana, t. II, col. 864.
6. Archives départementales de la Gironde, série H, Abbaye Sainte-Croix, Carton n° 55 (prov.).
7. Ibid., Liasse C, n° 1.
8. Ibid., Carton n° 3.(prov.).
9. Ibid., Registre H. 946, Inventaire de Sainte-Croix, 1784, folio 14.

tionné comme pitancier de l'abbaye au mois de décembre 1396[1], mais il abandonna, plus tard, ces fonctions, et même le monastère, car il ne figure pas dans la liste des moines dont nous avons déjà parlé, fournie à la Jurade le 15 octobre 1406; à cette époque, le pitancier était Guillaume Arnaud de Lagraulet, originaire de Duras.

Pierre, devenu abbé, resta, néanmoins, collecteur de la chambre apostolique et se trouva en conflit avec l'archevêque David de Montferrand, qui le menaça de le faire prendre par ses valets et de le faire incarcérer comme ayant empiété sur ses droits[2]. Pierre, effrayé, et se rappelant, peut-être, l'histoire de Bernard Salomon, s'adressa au pape, et se rendit, probablement, à Rome pour défendre lui-même sa cause et échapper à l'archevêque; dans tous les cas il donna sa procuration, le 26 décembre 1416[3], au prieur claustral Vidau Arnaud, qui opérait encore en cette qualité le 29 mars 1418-1419, bien que l'abbé fût revenu à Sainte-Croix dans l'intervalle[4]. Martin V, pour terminer le différend, déclara que l'abbaye Sainte-Croix[5] serait désormais exempte de toute juridiction, suprématie, pouvoir, visitation et correction de David de Montferrand et de tous ses successeurs dans l'archevêché de Bordeaux. La bulle est datée de Florence, le 7 des calendes d'août (26 juillet) 1419, mais le pape ne permit à l'abbé de la faire publier que le 4 des calendes d'avril (28 mars 1425); dès qu'il eut reçu cette autorisation, Pierre envoya, par missive du 16 juillet, la bulle à l'évêque d'Aire, à l'abbé de Saint-Séver et au doyen de Saint-Seurin de Bordeaux, chargés par le pape de la fulmination; elle fut opérée le 22 juillet de la même année[6]. David de Montferrand n'accepta pas immédiatement la sentence de Rome; lors de la réunion, en 1427, d'un synode diocésain, il convoqua l'abbé, comme d'habitude, et le cita devant l'officialité pour n'avoir pas obéi; sur nouvel appel, le cardinal de Novare[7], délé-

1. Archives départementales de la Gironde, Carton n° 85 (prov.).
2. *Gallia christiana*, t. II : « Acta controversiæ inter Davidem archiepiscopum et Petrum abbatem Sanctæ Crucis. »
3. Archives départementales de la Gironde, série H, Abbaye Sainte-Croix, Carton n° 2 (prov.).
4. Ibid. Le 8 juin 1417, l'abbé en personne intervenait dans un arrangement avec Arnan Daroquafort, tenancier de l'abbaye à Avensan.
5. Arch. hist. du départ. de la Gironde, t. XXVII, pièces n°ˢ 313 et 325.
6. Voir, notamment, t. XXVII de la collection des Archives historiques du département de la Gironde, pièces n°ˢ 313 et 325.
7. Arch. dép. de la Gironde, Reg. H. 946, Invent. de Sainte-Croix, folio 9.

gué par Martin V, interdit à l'officialité de connaître de cette affaire. Le vénérable Pey Berland, successeur de David[1], dans un but des plus louables, voulut, plus tard, inviter les moines à respecter la règle en mangeant plus souvent au réfectoire et en jeûnant pendant l'Avent; il les menaça même d'excommunication, mais le syndic des religieux en appela au pape, et l'affaire n'eut pas de suite.

Martin V, voulant éviter à l'abbaye d'avoir à recourir à Rome pour des différends peu importants, désigna l'évêque de Bayonne, l'abbé du Bournet et le doyen de l'église Saint-André de Bordeaux pour connaître de ces causes (Bulle du 20 février 1425-1426[2]).

Les démarches successives faites en cour de Rome par l'abbé Pierre avaient mis en relief ses hautes qualités; aussi le pape Martin V, tout en lui laissant les fonctions de collecteur apostolique pour le diocèse de Bordeaux, les lui confia aussi, le 10 avril 1426, pour les diocèses de Dax, de Bayonne et plusieurs autres. Pierre jura dans l'église Sainte-Croix, entre les mains du « discret homme Pey Berland chanoine de la primatiale et André Mascaroni bachelier en droits », de remplir avec fidélité ces nouvelles fonctions[3].

Avant ses démêlés avec l'abbé, l'archevêque David de Montferrand avait témoigné sa sympathie au monastère en déléguant Robert de Planeau, moine de Sainte-Croix, pour le représenter au concile de Constance[4].

Nous avons dit que la Jurade était obérée; ne sachant où trouver de l'argent, elle s'en prit à l'abbaye; en 1415 elle menaça de saisir le moulin si les moines ne faisaient pas réparer, à leurs frais, la muraille voisine de leur couvent, qui s'était écroulée; l'abbé composa en donnant un sol et des masures situées près de la tour Sainte-Croix, qu'on estimait 50 écus[5]; la réclamation de la Jurade n'était pas justifiée; continuant à percevoir à son profit le droit de petite coutume, il lui appartenait, certainement, de réparer les murs.

Nous raconterons, à propos du droit de petite coutume, les graves

1. Archives départementales de la Gironde, série H, Abbaye Sainte-Croix, Carton n° 103 (prov.).
2. Ibid., Registre H. 946, folio 8.
3. *Gallia christiana*, t. II, *Instrumenta*, col. 310.
4. Dom DEVIENNE, *Histoire de Bordeaux*, t. II, p. 74.
5. Archives municipales, Registres de la Jurade, t. IV, p. 136, 138 et 201.

difficultés de l'abbaye avec la Jurade, au sujet des franchises qui lui avaient été accordées pour la consommation et la circulation de ses vins[1].

Malgré ces tracasseries répétées, la Jurade empruntait de l'argent aux moines de Sainte-Croix; mais quand l'abbé réclamait sa créance, on employait des moyens dilatoires; en janvier 1416/1417, on lui fit répondre d'avoir à attendre l'arrivée à Bordeaux de navires qui venaient y prendre leur chargement, ce qui devait donner lieu à la perception de droits avec lesquels la dette serait payée[2]; en 1420, l'abbé prêta de nouveau 100 francs qu'on lui remboursa le 23 septembre[3]; au mois de juin de la même année, le sous-maire[4] et le procureur s'étaient rendus à l'abbaye pour traiter de la location d'un chai; on ne devait payer le loyer qu'à « la Totz Sans, sos la bilheta » (droits sur les vins).

L'abbé Pierre résista toujours avec la plus grande énergie, non seulement à la Jurade, mais encore aux seigneurs laïques et ecclésiastiques qui empiétaient sur ses droits.

Le 17 avril 1413[5], « Thomas, fils du roy d'Angleterre et de France, duc de Clarence et lieutenant en Guienne, Hyrlande, etc. », fit lever une saisie générale frappant les revenus de l'abbaye; la saisie avait eu lieu « soubs prétexte de sédition et rébellion », on reconnut « l'innocence des religieux[6] ».

En 1414, Pierre obtint la condamnation[7] à l'amende du seigneur de Lesparre et de ses héritiers pour avoir violé « les privilège, sauvegarde et liberté » du prieuré de Soulac. En 1423, « Gaillard de Duraffort, senhor de Duras et de Blanquafort », voulant faire pendre un criminel, s'avisa d'élever des fourches patibulaires sur le fief de Sainte-Croix, à Blanquefort, Pierre ayant protesté auprès de J. Typtort, sénéchal de Guienne, ce dernier, par mandement du 5 mai, enjoignit à ses sergents

---

1. Voir chapitre XIII.
2. Archives municipales, Registres de la Jurade, t. IV, p. 315.
3. Ibid.
4. Ibid., p. 393.
5. Archives départementales de la Gironde, Registre H. 946, Inventaire de Sainte-Croix, 1784, folio 3.
6. Dom Dabadie, ms. 12734, p. 79 (verso).
7. Archives départementales de la Gironde, Registre H. 946, Inventaire de Sainte-Croix, 1784, folio 746.

d'armes d'empêcher cet abus de pouvoir et de détruire les fourches si elles avaient été dressées[1].

L'abbé Pierre André avait vu, avec raison, d'un très mauvais œil, les chanoines de Saint-André s'installer dans le voisinage du monastère Sainte-Croix, en acquérant des seigneurs de la Lande certaines dîmes inféodées de Paludate et des Graves de Bordeaux; il essaya de leur contester la propriété de ces dîmes; le chapitre chargea son doyen Pey Berland de le représenter[2]; l'abbé recula le débat autant qu'il le put et finit par abandonner ses prétentions, comme le constate un acte du 10 janvier 1424/1425, passé devant Guillaume de Branya, notaire.

On trouve dans la gestion de Pierre André de nombreux baux à fief et quelques ventes; ces documents n'offrent aucune particularité intéressante. Signalons, toutefois, en 1430, le bail à « Ramon Monedey de la Rosselle » d'une terre près l'estey de Beautiran.

D'après le Registre d'inventaire de 1784, Pierre serait mort en mai 1435[3], mais cette indication est certainement inexacte, car son nom est mentionné dans un acte du 27 juillet 1435[4] et le nom de son successeur n'apparaît que le 19 septembre[5] de la même année. Pierre André fut enseveli dans la nef de Notre-Dame « dans un tombeau de marbre gris, lequel on a mis depuis deux ans a costé de la muraille et contre le degré qui conduit au chapitre, à cause qu'il empeschoit d'aller au chœur, estant placé immédiatement devant ledit degré[6] ». On y lisait l'épitaphe suivante :

> Hic Andriu Petro secluso in marmore tetro.
> Gratia cui fratrum quavis dulcedine morum.
> Ipsi summe Deus confer sibi regna polorum[7].

Le tombeau, de style gothique, a été détruit sous la Révolution; on y trouva des ossements, quelques restes de vêtements et une crosse en bois dont le travail était assez soigné[8].

1. Archives histor. du départ. de la Gironde, t. XXIV, pièce n° 104.
2. Ibid., t. VII, pièce n° 152.
3. Registre H. 946, folio 24.
4. Archives départementales de la Gironde, série H, Abbaye Sainte-Croix, Carton n° 49 (prov.).
5. Ibid., Carton n° 55 (prov.).
6. *Gallia christiana*, t. II, col. 864.
7. JOUANNET, *Musée d'Aquitaine*, t. I.
8. Ms. n° 12734, Dom Jean-Pierre DABADIE, p. 9 (verso).

CHAPITRE VIII

Organisation intérieure de l'abbaye sous les abbés réguliers

Aucun document ne renseigne sur l'organisation intérieure de l'abbaye avant le X⁰ siècle. On sait que les moines de Sainte-Croix, dès le VII⁰ siècle, suivaient la règle bénédictine, mais on ignore la date exacte de son introduction dans le monastère ; peut-être la règle de saint Colomban y fut-elle d'abord en vigueur[1].

Quand le comte Guillaume le Bon eut reconstruit l'église et le couvent et qu'il y eut installé treize religieux dirigés par un abbé, tous les biens furent mis en commun et administrés par l'abbé sous le contrôle des moines[2]. Les abbés voulurent, d'abord, gérer par eux-mêmes non seulement le monastère de Bordeaux, mais encore les prieurés de Soulac et de Saint-Macaire ; on lit, en effet, dans un texte de 1043[3] : « domino Gombaldo abbate assistente monasteriis imprimitus sancte Crucis et sancte Marie (Soulac)... et sancti Macharii ». C'était une mauvaise mesure, car l'abbé devant être fréquemment en route laissait souvent les moines sans direction ; la révolte de Saint-Macaire révéla cette faute administrative dont elle fut, peut-être, la conséquence. Dans tous les cas, c'est au début de cette tentative d'indépendance qu'apparaît le premier prieur connu du monastère de Sainte-Croix, Pierre, nommé par l'abbé Andron, auquel succéda, un peu avant 1130,

---

1. « Plurima monasteria regulam sancti Colombani, perpauca regulam sancti Benedicti sequebantur. » — LE COINTE, *Annales ecclesiastici Francorum*, t. III, p. 590. — Mabillon a fortement discuté cette assertion de Le Cointe ; on sait, cependant, par le testament de Leodebold, que Fleury suivit d'abord une règle mitigée.
2. Archives départementales de la Gironde. — Registre H. 938, intitulé : Concordats et Transactions. — *Notice historique*, par Dom BOULIN (1758), folio 159.
3. Archives historiques du département de la Gironde, t. XXVII, pièce n° 80.

Pierre de Buzac (ou de Beissac), depuis abbé[1]. Andron nomma aussi Guillaume Gombaud prieur de Soulac. Pierre de Buzac, devenu abbé, désigna Robert de Floirac comme prieur de Sainte-Croix[2]. Le premier prieur de Saint-Macaire, Géraud de Ramefort, ne put entrer en fonctions qu'après la fin de la révolte, vers 1166[3], sous l'abbé Bertrand de Lignan. Pierre de Buzac se déchargea aussi d'une partie de ses pouvoirs en créant les offices de sous-prieur, de sacristain et d'ouvrier; ce dernier officier[4] administrait, au point de vue temporel, la paroisse Sainte-Croix, nouvellement établie; plus tard, l'office d'ouvrier fut réuni à celui de sacristain et il y eut des « ouvriers laïques » dont les fonctions correspondaient à celles des fabriciens actuels. L'office de cellérier, l'un des plus importants, existait déjà en 1124[5].

D'autres offices furent ultérieurement fondés; ce furent, tout d'abord, des emplois temporaires, dont l'abbé pouvait, à son gré, changer les titulaires : « sed si, ut sepe fit, forte mutatus fuerit celerarius », dit un texte de 1124[5]. Plus tard, quand les ressources s'accrurent, que l'abbé fut choisi presque invariablement dans les familles nobles, il voulut avoir sa maison à part et disposer librement d'une partie des revenus du monastère; pour faire admettre cette dérogation à la règle bénédictine; il dut laisser les officiers administrer eux-mêmes les biens de leurs charges et leur donner un titre viager. Les officiers restèrent, d'ailleurs, obligés d'employer leurs revenus au service de l'abbaye[6]; les offices étaient souvent créés pour l'accomplissement d'œuvres pies; les offices du sous-chantre (9 décembre 1306)[7], de sous-sacristain,

---

1. Ces deux prieurs du nom de Pierre sont deux personnages distincts, car, à la page 103 du t. XXVII des Archives historiques du département de la Gironde, on voit figurer, à la fois, Pierre, prieur, et Pierre de Buzac; à la page 128, Pierre de Buzac est mentionné seul, comme prieur.
2. Archives historiques du département de la Gironde, t. XXVII, pièce n° 39.
3. Ibid., pièce n° 86.
4. Ibid., pièce n° 103.
5. Ibid., pièce n° 38. — Cette règle n'était pas particulière à Sainte-Croix. Durand de Maillane dit expressément : « dans le principe l'abbé choisissait et révoquait à son gré » les officiers (*Dictionnaire de droit canonique*, t. IV, p. 189).
6. Les statuts de l'abbaye que nous allons résumer ne laissent aucun doute à cet égard. — Le 3ᵉ Concile de Latran (5/19 mars 1179) l'avait, d'ailleurs, expressément décidé.
7. Archives départementales de la Gironde, série II, Abbaye Sainte-Croix, Carton n° 33 (prov.).

(5 juin 1307)[1] et de sous-poissonnier (15 juin 1346)[2] furent établis en vue de la célébration d'obits pour le repos des âmes des fondateurs et de leurs familles. Le même but pieux se manifeste dans l'acte[3] par lequel l'abbé Pierre de Sermet fit constater, le 8 novembre 1344, l'institution de l'office d'aumônier. Après avoir réuni en chapitre tous les moines, l'abbé rappela que plusieurs de ses prédécesseurs avaient créé, pour le salut des âmes, divers offices ou chapellenies ; voulant suivre cette louable coutume, désirant que, dans les prières de l'abbaye, il fût fait mémoire, à l'avenir, de ses parents, des abbés ses prédécesseurs et de lui-même, il déclara instituer, à la louange, honneur et gloire du Dieu Tout-Puissant, de la très glorieuse Vierge Marie, mère du Christ, et de tout le collège des bienheureux, un office nouveau qui s'appellerait dorénavant, et pour toujours, l'aumônerie; Pierre de Sermet nomma, comme premier titulaire, le frère Bertrand de l'odio, qu'il investit de sa charge par la tradition d'un anneau. Bertrand jura sur sur les saints Évangiles de ne jamais aliéner les biens du revenu de son office et d'en remplir toujours fidèlement les obligations.

Les auteurs de la *Gallia christiana* pensent que l'érection des offices claustraux en titres eut lieu du temps de l'abbé Gaillart de la Mote (1272-1282)[4]; cela est peu probable, car nous avons vu le cellérier Hélie de la Grave, en 1265[5], bailler à fief de sa propre autorité et sans l'intervention de l'abbé, ce qui prouve bien qu'il pouvait disposer librement des revenus de sa charge; l'infirmier et le pitancier opérèrent de même jusqu'au commencement du XIVe siècle[6]; la titularisation des offices eut lieu, vraisemblablement, dans la première moitié du XIIIe siècle, sans qu'il soit possible d'en donner la date précise. Les empiètements des officiers sur le pouvoir abbatial devinrent tels, que deux transactions durent intervenir en 1299[7], et en 1303[8], du temps de

---

1. Archives départementales de la Gironde, Carton n° 33 (prov.).
2. Ibid., Carton n° 33 (prov.).
3. Ibid., Carton n° 9 (prov.).
4. T. II, col. 862.
5. Archives historiques du département de la Gironde, t. XXVII, pièce n° 270.
6. Archives départementales de la Gironde, Registre H. 871, Terrier de l'infirmier, 1291 à 1696.
7. Ibid., Registre H. 938, Concordats et Transactions, folio 29 verso. — Voir aussi Registre H. 946, Inventaire de Sainte-Croix, 1784, folio 49.
8. Registre H. 938, folio 29 (verso).

l'abbé Guillaume de la Loubeyre, pour bien délimiter les attributions de chacun. Il fut d'abord convenu, en 1299, que les religieux et les prébendiers seraient nommés, d'un commun accord, par l'abbé et le chapitre, selon les canons; le prieur et les officiers par l'abbé seul, après avoir consulté le chapitre; les présentations aux cures et aux chapellenies étaient faites à l'archevêque par l'abbé et les religieux; la convention du 26 octobre 1303 réforma la précédente sur ce dernier point, en laissant à l'abbé seul la présentation aux cures et chapellenies[1].

Les fonctions des officiers de l'abbaye de Sainte-Croix sont indiquées en détail dans un document très intéressant du XIV° siècle; dont les premiers mots sont : « Sequuntur Statuta monasterii Sancte Crucis Burdigalensis. » L'original de ces statuts existait encore à la fin du XV° siècle; le 5 juillet 1485, il fut montré à Jean Guérin[2], commis greffier de la sénéchaussée de Guienne, qui en fit un extrait concernant l'office du sacristain. Guérin le décrit ainsi : « cest un liure en parchemin relié de deus esses de bois, couvert de cuir tané, auquel liure au commencement du second feuillet est escrit en lettres rouges : « Sequuntur Statuta « monasterii Sancte Crucis Burd. », et après, en grosses lettres noires : « Ista sunt statuta et observentia et onera que per abbatem, cellera- « rium, Administratores et alios monachos nominatim sancte Crucis « Burdigalensis ordine sancti Benedicti habet observare in eadem « monasterii », et auquel liure comme un vray original. »

Ce livre disparut, sans doute, pendant la débâcle du XVI° siècle, quand les serviteurs italiens de l'abbé Jules Salviati[3] laissèrent pourrir une partie des archives de l'abbaye; dans tous les cas, au cours d'un procès avec l'abbé Molé[4], au commencement du XVIII° siècle, les moines s'excusent de ne pouvoir produire l'original des Statuts et fournissent seulement les extraits dont il vient d'être question, relevés par le commis greffier Jean Guérin. A défaut de l'original, les archives du département de la Gironde possèdent trois copies des statuts, l'une du XVIII° siècle, les deux autres de la fin du XV° ou du commencement

---

1. Arch. départementales de la Gironde, Registre H. 946, p. 48 et 49.
2. Ibid., série H, Abbaye Sainte-Croix, liasse A, n° 10.
3. Archives départementales du département de la Gironde, série H, Abbaye Sainte-Croix, Carton n° 109 (prov.).
4. Ibid., Carton n° 51 (prov.).

du XVIe siècle[1], ces dernières précédées et suivies de maximes un peu puériles du scribe, telle que : « la mort n'y mord » ; la signature Bellet se trouve à la première page de l'une d'elles. En marge de la copie du XVIIIe siècle, à la première page, on lit : *ante annum 1305* ; sur les extraits de Jean Guerin, on trouve la date de 1303 ; ces deux dates sont inexactes ; il est probable qu'une première rédaction des Statuts a été élaborée au commencement du XIVe siècle, en suite des transactions intervenues en 1209 et en 1303 entre l'abbé Guillaume de la Loubeyre et les moines, mais le texte que nous possédons est postérieur à 1305, puisqu'il parle des constitutions du pape Benoît XII[2], publiées le 20 juin 1336, et qu'il mentionne l'office d'aumônier, créé en 1344, ainsi que celui de sous-poissonnier, fondé en 1346. D'un autre côté, les Statuts permettant à l'abbé de nommer les officiers sans tenir compte de l'avis des anciens moines, qu'il doit seulement consulter, ils ne pouvaient être en vigueur quand les religieux firent un procès en cour de Rome à l'abbé Pierre de Sermet au sujet de la nomination d'un sacristain[3] ; or, ce procès n'était pas encore terminé en 1348. Nous pensons que la promulgation des Statuts dut avoir lieu à la suite du chapitre général réuni par l'abbé Pierre de Camiade, en 1367, « ad audiendum saluberrima monita, statuta, seu constitutiones facta in concilio provinciali, proxime Lemovicio celebrato[4] ».

Les Statuts n'apportaient aucune modification importante à l'organisation intérieure de l'abbaye Sainte-Croix, ils sanctionnaient seulement un état de choses, fort ancien, qui menaçait de tomber en désuétude : « sic fuit usitatum et observatum quod memoria hominis in contrarium non existit ». Il fallait aussi mettre en vigueur la bulle bénédictine, que le pape Benoît XII venait de publier pour la réforme des moines noirs.

Au moment où les Statuts furent élaborés, il y avait à Sainte-Croix, outre l'abbé, vingt moines ; « ad minus sint viginti monachi... quoniam

---

1. Série II, Abbaye de Sainte-Croix, liasse A n° 10.
2. « *Quando monachi moriuntur.* — Item quando monachi sui in monasterio moriuntur, ipse debet recipere, juxta constitutionem Domini benedicti Pape XII..... — *De Sigillo, Privilegiis et Statutis.* — Item statutum est in monasterio quod servando cum Institutionibus Pape Benedicti XII..... »
3. Voir chap. vii, p. 138.
4. Voir chap. vii, p. 140.

ducentis annis, vel circa, consueverunt tot esse, licet multiores fuerint plures », dont quinze officiers, un chapelain desservant une fondation pieuse du damoiseau Pey de la Cropte¹, quatre prébendiers et un vicaire perpétuel, chargé de la paroisse Sainte-Croix. L'abbé est formellement invité à ne jamais avoir moins de vingt moines dans le monastère. Les officiers étaient : le cellérier, le prieur, le chambrier, le pitancier, l'hôtelier, le sous-sacristain, le sous-poissonnier, l'aumônier et le sous-chantre, qui se plaçaient au chœur, dans l'ordre indiqué, du côté de l'Évangile; le sous-prieur, le sacristain, le chantre, le réfectorier, l'infirmier, et le poissonnier, dont les stalles étaient du côté de l'Épître.

Les officiers devaient être prêtres au moment de leur nomination, ou le devenir dans l'année².

L'abbé était élu par tous les religieux du monastère Sainte-Croix et des prieurés qui en dépendaient; le privilège de choisir leur abbé appartenait, de tout temps, aux religieux bénédictins, ainsi que les moines de Sainte-Croix le firent observer au roi d'Angleterre Richard II, qui se plaignait, en 1380, de n'avoir pas été consulté sur le choix de l'abbé Bernard Salomon³. Ce privilège avait été confirmé, pour Sainte-Croix, par la bulle de 1037, du pape Benoît IX⁴, par l'ordonnance de 1137, de Louis, duc d'Aquitaine, mari d'Aliénor, et par celle de son père le roi de France, Louis VI, publiées le même jour, dans les mêmes termes⁵. Dans le principe, les fidèles concouraient à l'élection. « Statuimis autem », dit la bulle de Benoît IX, « cum abbas monasterii Sancte Crucis obierit, neque a comitibus, neque ab archiepiscopis neque ab episcopis neque a nullis principibus, neque a qualibet persona omnium aliqua cupiditas (*sic*) in monasterio Sancte Crucis eligatur neque consecretur abbas, sed qualis cuncta congregatio ibidem et in aliis ecclesiis sibi subditis degentium cum fidelibus et senioribus loci illius eligatur communi consilio a nobis nostrisque posteris

---

1. Les Statuts ne mentionnent pas la chapellenie fondée, en 1305, par l'abbé Arnaud de Pouyanne; le titulaire, sans doute, ne résidait déjà plus dans le couvent.
2. Statuts.
3. Archives départementales de la Gironde, Registre H. 946, Inventaire de Sainte-Croix, 1784.
4. Archives historiques du département de la Gironde, t. XXVII, pièce n° 85.
5. *Ordonnances des rois de France*, t. I (ancienne série).

pontificibus consecretur, si archiepiscopus in cujus episcopio est noluerit consecrare ».

Cette participation des laïques à l'élection de l'abbé disparut rapidement. En 1163, Alexandre III s'exprimait ainsi : « Nullus ibi... proponatur (abbas), nisi quem fratres, communi consensu, vel fratrum pars sanioris consilii, secundum Deum et beati Benedicti regulam, providerint eligendum[1]. »

L'abbé était généralement choisi parmi les prieurs de Soulac ou de Saint-Macaire, ou parmi les principaux officiers. Pierre Arnaud de Pouyanne, ancien moine de Saint-Sever-Cap (1305), et Bernard Salomon, abbé de Bournet (1380), furent les seuls abbés réguliers pris en dehors de l'abbaye. Il était, cependant, recommandé aux moines de ne pas se préoccuper des fonctions actuelles de celui qu'ils avaient à élire ; ils devaient jurer sur l'Évangile de ne considérer dans leur choix, ni l'amitié, ni la faveur, mais l'intégrité de la foi, la chasteté de la vie, les qualités administratives et la fermeté nécessaire au maintien de la discipline. L'élection devait être approuvée par l'archevêque de Bordeaux[2], tant que l'abbaye resta soumise à l'ordinaire, c'est-à-dire jusqu'à Pierre André, dernier abbé régulier ; le pape envoyait les bulles de provision « perficiendo te illi monasterio in Abbatem, prout in nostris inde confectis litteris plenius continetur », écrit le pape Jean XXIII, le 27 novembre 1412[3].

L'abbé était sacré, en principe, par l'archevêque de Bordeaux ; en cas de refus de ce prélat, la bulle de Benoît IX, nous l'avons vu, prévoyait que l'abbé serait sacré par le pape, mais le cas ne se produisit pas ; pendant la vacance du siège de Bordeaux, une bulle papale autorisait l'abbé élu à choisir, en dehors du diocèse, un évêque consécrateur ; c'est l'objet de la bulle du 22 novembre 1412, du pape Jean XXIII, à l'abbé Pierre André, dont nous venons de parler. La bénédiction ou consécration de l'abbé se faisait en le revêtant de l'habit appelé « cuculla » (coule), en lui mettant à la main la crosse ou bâton pas-

---

1. Bulle du 4 février 1163 (Arch. hist. du dép. de la Gironde, t. XXVII, pièce n° 19, p. 28).
2. « ... Si electus fuerit... confirmetur ab Episcopo cui monasterium subjectum est » (Canones Domni Abonis Abbatis, *Vetera Analecta*, t. II, p. 276).
3. Archives départementales de la Gironde, série H, Abbaye Sainte-Croix : « Bulla qua abbas instituitur. » Nous avons publié cette bulle au t. XLIII des Arch. hist. du dép. de la Gironde.

toral et au pied la chaussure appelée *pedalis* ou *pedulis*[1]. La consécration donnait à l'abbé régulier de Sainte-Croix le droit de porter la mitre, l'anneau, les gants, la tunique, la dalmatique et autres ornements pontificaux (Innocent IV, bulle du 27 avril 1247[2]) et de tonsurer ses religieux (Clément V, bulle de Villandraut du 20 novembre 1309[3]).

L'abbé prêtait, entre les mains du prélat qui lui avait donné la bénédiction, un serment dont le texte était joint à la bulle pontificale de provision ; acte était dressé de la prestation du serment, l'abbé y appendait son sceau et l'envoyait au pape par un messager spécial. « Volumus autem ut... », dit la bulle de Jean XXIII, « ... postquam... recipiat iuramentum iuxta formam quam sub bulla nostra mittimus interclusam ac formam iuramenti quod tibi prestare contigerit de verbo ad verbum, per tuas patentes litteras sub tuo sigillo signatas, per proprium nuntium, quantotius deputare provideas. »

Quand l'abbé venait prendre possession du monastère, il trouvait toutes les portes extérieures de l'église et du couvent rigoureusement closes[4] ; on lui ouvrait seulement lorsqu'il avait renouvelé son serment devant tous les moines assemblés.

Dans le principe, le serment était très simple, le nouveau dignitaire promettait d'administrer avec le plus grand soin les biens spirituels et temporels du monastère d'observer et de faire observer les Statuts, de faire respecter les droits et privilèges de l'abbaye, et de ne jamais aliéner ses biens. « Ego... abbas humilis sacri monasterii Sancte Crucis burdigalensis nondum promotus... promitto et juro huic sacro monasterio Sancte Crucis burdegalensis in temporalibus et spiritualibus bone ac decenter, juxta posse, providere, statuta ad presentem diem non abrogata nec renovata tunc et observare et observari facere ; privilegia, libertates et usus licitos et honestos inviolate servire et religiosis et

---

1. *Acta Sanct. Ord. S. Bened.*, t. II, Præfatio XXXIX, n° 51 : « In ordinatione Abbatis, episcopus debet missam cantare et inclinato capite, cum duobus vel tribus de fratribus suis, et dat ei baculum et pedules. »
2. Archives départementales de la Gironde, Registre H. 946, folio 6, Inventaire de Sainte-Croix, 1784. Nous avons publié cette bulle au t. XLIII des Arch. hist. du dép. de la Gironde.
3. Ibid., folio 7.
4. « *De Abbate.* — Quando ipse vult recipere possessionem abbatiæ suæ, ipse præstat juramentum coram omnibus monachis dicti monasterii in porta magna ejusdem monasterii quæ est clausa, una cum omnibus aliis portis exterioribus... » (Statuts).

servis familiaribus ejusdem uti et sit me Deus adjutor et hec sancta evangelis protestata sint quod per dictam receptionem non interdum venire, nec quidquam facere quod statutis legalibus obviet, et si quid actum esset aut repertum esset eisdem priori et monachis preiudiciale eosdem relevare indempnos. » La formule du serment fut, plus tard, notablement allongée, mais les promesses ajoutées concernaient surtout les obligations de l'abbé à l'égard du Saint-Siège.

Ce serment prêté, l'abbé, toujours devant la porte de l'abbaye, lisait dans le missel ; les moines déclaraient alors qu'il était mis en possession réelle et actuelle de l'administration du monastère, de ses droits et appartenances ; on lui ouvrait la grande porte avec toutes les révérences et tous les signes d'obéissance prévus par les lettres apostoliques ; on le menait au chœur de l'église, on le faisait asseoir dans sa chaire, on lui montrait sa stalle, le chantre le conduisait à l'autel où se trouvaient un calice et une croix ; l'abbé, après avoir embrassé la croix, était introduit dans le cloître et au chapitre, où les moines juraient de lui obéir fidèlement suivant la règle de saint Benoît et comme on l'avait fait précédemment ; on l'introduisait ensuite dans la maison abbatiale, dont on lui faisait ouvrir et fermer la porte d'entrée et celle de la chambre ; il en prenait possession en y entrant et en y demeurant ; on le reconduisait ensuite à l'église en chantant le *Te Deum* et il s'asseyait dans sa chaire ; l'on constatait enfin qu'aucune opposition à toutes ces prises de possession ne s'était produite et l'on dressait acte de la cérémonie [1].

L'abbé était le seigneur et le chef de toute l'abbaye ; il baillait tous les fiefs et percevait les esporles, mais il était tenu de les distribuer aux jeunes moines pour leur permettre d'acheter le luminaire nécessaire à leurs études et à la lecture de l'office divin au chœur. Les revenus des fiefs (cens, rentes, lods et ventes, surventes) étaient attribués à la mense abbatiale, à la mense commune ou à la mense de chaque officier.

L'abbé avait à son service treize familiers (*servi familiares*), savoir :

1. Le serment que nous avons reproduit est celui de l'abbé Pierre de Foix junior, prêté par procureur, le 14 décembre 1461 ; nous avons supprimé quelques mots relatifs aux pouvoirs du procureur ; les détails de la prise de possession sont relatifs au même abbé : nous avons analysé le procès-verbal de la cérémonie qui est au Terrier de 1452 à 1455. On trouve aussi, au Carton n° 25, le texte du serment prêté par l'abbé du Buisson de Beauteville (1761-1776).

un trésorier, deux écuyers, un intendant (prêtre en général), un secrétaire (clerc), deux valets de chambre, deux cuisiniers, un portier et trois palefreniers, ces serviteurs l'accompagnaient lorsqu'il allait visiter les prieurés, ce qu'il était obligé de faire au moins une fois chaque année ; cette escorte était souvent utile, surtout quand les partis battaient la campagne. L'abbé Bertrand de Lignan s'engagea, dans le milieu du XIIe siècle, envers un feudataire de l'abbaye, à ne pas se présenter chez lui avec plus de huit hommes de pied et six cavaliers [1].

L'abbé nommait à tous les offices ; il devait consulter, au préalable, six ou huit des plus anciens moines de l'abbaye, mais il pouvait passer outre à leur avis, en se conformant, toutefois, aux règles posées par le concile de Latran ; son choix devait être promulgué en chapitre, sans que cette formalité fût absolument obligatoire. Les Statuts insistent sur la nécessité de consulter les anciens moines, en qualifiant cette coutume de louable, pratiquée de temps immémorial [2].

Conformément à la bulle de Benoît XII, dite bulle bénédictine, l'abbé rassemblait tous les moines une fois l'an (à Sainte-Croix, c'était le lundi de la première semaine de Carême) ; l'abbé tenait alors conseil avec eux ; dans la limite de ses pouvoirs, il les absolvait des infractions à la règle, des irrégularités qu'ils avaient commises et des suspenses qu'ils avaient encourues.

L'abbé, malgré ses prérogatives, rendait ses comptes chaque année devant tout le convent. Trois religieux nommés jurats (*jurati*), choisis par leurs confrères, examinaient les comptes du cellérier, officier dont la gestion financière était la plus lourde, toutes les fois que l'abbé le jugeait nécessaire et, au moins, trois ou quatre fois l'an. L'abbé, les jurats, le cellérier, le prieur de Saint-Macaire et celui de Soulac vérifiaient la gestion des officiers [3] ; pendant l'octave de la Saint-Martin (du 11 au 18 novembre), tous les obédienciers de l'abbaye et des prieurés devaient venir à Sainte-Croix, rendre compte de leur gestion

1. Archives historiques du département de la Gironde, t. XXVII, pièce n° 124.
2. « ... consuetudine laudabili et præscripta et sic fuit usitatum et observatum quod memoria hominis in contrarium non existit » (Statuts, *de Sigillo, Privilegiis et Statutis*, § 18).
3. Cette prescription des Statuts est conforme à une décision du troisième Concile de Latran (5/19 mars 1179), et du Concile d'Oxford (1222).

devant les mêmes religieux et déclarer les obligations qu'ils avaient envers le monastère.

Les trois jurats avaient chacun une clé du trésor contenant les vases sacrés, les pierres précieuses, dont on les ornait les jours de grande fête, la réserve en numéraire ou en lingots d'or ou d'argent, le sceau de l'abbaye, les chartes, les statuts et privilèges communs. Le coffre était bardé de fer et solidement verrouillé ; on ne l'ouvrait que du consentement de l'abbaye et des religieux ; les chartes étaient remises sous clé aussitôt après usage.

L'abbé avait son habitation particulière où il logeait avec ses gens ; son jardin, sur lequel le Fort-Louis empiéta plus tard, ses celliers, ses cuviers et ses bâtiments d'exploitation. Le passage qui conduisait du couvent proprement dit à la résidence abbatiale était fermé par une porte placée sous le dortoir des moines ; un portier en avait la garde. L'abbé entrait et sortait quand il le jugeait à propos ; les moines seuls pouvaient aller sans autorisation dans la maison abbatiale.

L'abbé mangeait ordinairement dans sa résidence ; mais il lui était loisible de prendre ses repas au réfectoire ou à l'infirmerie ; le cellérier lui donnait, chaque jour, le pain nécessaire à sa subsistance et à celle de ses serviteurs. Le cellérier, le réfectorier, le pitancier et le poissonnier leur fournissaient tour à tour de la viande et du poisson ; l'abbé recevait, annuellement, pour la boisson, trente barriques de vin. Quand l'abbé venait manger au réfectoire ou à l'infirmerie, on lui donnait la prébende monacale, bien qu'il eût déjà reçu la distribution afférente à sa mense. Le cellérier remettait, chaque trimestre, cent livres à l'abbé pour les vêtements, le linge du corps et de table, le bois et les légumes nécessaires à lui-même et à ses serviteurs.

L'abbé devait être présent au chœur à toutes les heures canoniales, ainsi qu'aux messes conventuelles, assister au chapitre, aller dans le cloître pour conférer avec les religieux, visiter chaque jour le réfectoire et l'infirmerie ; nous avons déjà dit qu'il devait se rendre une fois l'an dans chaque prieuré.

L'abbé avait une chapelle dédiée à sainte Madeleine, distincte de l'église abbatiale et située à peu près dans le prolongement de la nef méridionale de cette église ; c'était là qu'on l'enterrait, à moins qu'il n'eût fait ailleurs élection de sépulture¹. Cette chapelle, inutile quand les abbés devenus commendataires (1435) cessèrent de résider, tomba peu après en ruines ; l'abbé Jules Salviati la transforma en cellier ; elle a été démolie en 1664 par les moines de la Congrégation de Saint-Maur, avec la permission de l'archevêque de Bordeaux, Henri de Béthune, parce qu'elle gênait pour la reconstruction du monastère².

Quand l'abbé nommait un officier, il lui remettait un titre³ indiquant le motif (décès, résignation) de la vacance de l'office, qui était conféré avec tous ses droits, privilèges et revenus. Le libellé de ces nominations a peu varié. Le nouvel officier devait prendre possession réelle de son poste en présence d'un notaire ; l'un de ses collègues l'introduisait dans le chœur, le menait à sa stalle ; il baisait le grand autel, lisait dans le missel, sonnait une cloche, entrait et sortait de la maison et du jardin qui lui étaient dévolus, ouvrait et fermait les fenêtres, coupait des branches d'arbre, etc. Quand le registre des insinuations fut établi, le titre y était transcrit⁴. La nomination devait être approuvée par l'archevêque, tant que l'abbaye resta soumise à l'ordinaire ; le pape envoyait les bulles de provision. Adrien Maugis⁵, supliant le pape de lui confirmer sa nomination du pitancier (28 mai 1526), fait ressortir que « juxta lateranensis concilii (1215) ad sedem aposto-

1. Les tombeaux des abbés furent transportés dans le cloître lors de la démolition de la chapelle ; quelques-uns existaient encore récemment, quand le cloître a été transformé en sacristie ; les ossements ont été envoyés au charnier du cimetière de la Chartreuse.
2. L'ordonnance originale de l'archevêque Henri de Béthune se trouve aux Archives départementales de la Gironde, série H, Abbaye Sainte-Croix, liasse A, n° 2 ; elle est du 18 octobre 1664. Une confrérie dite de Sainte-Madeleine, plus ancienne que celle de Saint-Mommolin, avait son siège dans la chapelle abbatiale ; lors de la démolition de la chapelle, le siège de la confrérie fut transporté dans l'église ; d'abord à l'autel de Saint-Blaise, puis à celui de la Sainte-Vierge.
3. On trouve aux Archives départementales de la Gironde plusieurs actes de nomination et de prise de possession. Le plus ancien que nous connaissions est celui qui confère l'office de sacristain et d'ouvrier à Pierre de Loex, moine de Sainte-Croix, en remplacement de Bernard Jean, qui avait résigné ses fonctions ; l'acte, daté du 6 juillet 1454, est en latin ; la prise de possession est en gascon ; le tout se trouve au Carton H. 116. — Voir aussi le Carton H. 114 (prov.).
4. Voir, notamment, au Carton n° 114, la nomination par Pierre d'Ornano du prieur Archambaud Christut, le 20 janvier 1625.
5. Archives départementales de la Gironde, série H, Abbaye Sainte-Croix, Carton n° 47 (prov.).

licam est ultima devolutio ». L'archevêque intervenait même pour les mutations entre officiers, comme cela se produisit en 1358, quand l'abbé Pierre de Camiade voulut faire changer de fonctions l'hôtelier Pierre Maurand et le pitancier Bandoin de Montesereno [1].

L'abbé nommait à tous les prieurés, Saint-Macaire, Soulac, Saint-Hilaire du Taillan, l'Ile Saint-George, Saint-Martin de Sadirac et son annexe Saint-Etienne de Tourne, Saint-Martin de Blanquefort, Saint-Martin de Cambes, Saint-Martin de Lamarque, Sainte-Marie de Macau, Saint-Aubin de Blagnac (diocèse de Bazas), Saint-Jean de Montauriol, et N.-D. des Allemans, ces deux derniers du diocèse d'Agen. L'abbé présentait à l'évêque du diocèse (Bordeaux, Bazas, Agen) les prêtres qu'il voulait faire nommer chapelains ou vicaires perpétuels dans les paroisses dépendant du monastère, c'est-à-dire dans celles où se trouvaient des prieurés, et en outre dans celles de Saint-Michel et Sainte-Croix de Bordeaux [2], Saint-Pierre de Loupiac et Saint-Maurice d'Aubiac (Verdelais). La bulle d'Alexandre III du 2 février 1163 définit ainsi les droits et devoirs de chacun : « In parrochialibus autem ecclesiis quas tenetis, liceat vobis sacerdotes eligere et electos episcopo representare quibus, si idonei inventi fuerint, episcopus animarum curam committat; et de plebis quidem cura iidem sacerdotes episcopo, de temporalibus vero vobis debeant respondere [3] ».

L'installation d'un prieur ou d'un vicaire perpétuel se faisait comme celle d'un officier; le 11 des calendes de juin (22 mai) 1298 [4], Réginald, archidiacre de Blaye, vicaire général de Bozon, archevêque élu de Bordeaux, confère l'église de Soulac à Arnaud Bosco, clerc, sur présentation de l'abbé Guillaume de la Loubeyre, de la façon suivante : « teque eisdem, per traditionem breviarii nostri, super hoc personaliter investimus. Tu enim promisisti nobis et ad sancta Dei Evangelia juravisti quod predicto Domino nostro electo eris obediens et devotus... et jura ipse ecclesie non alienabis, sed alienata et deper-

---

1. Archives départementales de la Gironde, Carton n° 47 (prov.).
2. La transaction du 19 juin 1651 entre les religieux et l'abbé Molé céda aux moines la nomination aux cures de Sainte-Croix et de Saint-Michel de Bordeaux, ainsi qu'à celles de Saint-Martin de Cambes (Voir, notamment, Carton n° 3 prov.).
3. Arch. hist. du dép. de la Gironde, pièce n° 19, t. XXVII, p. 28.
4. Archives départementales de la Gironde, série H, Abbaye Sainte-Croix, Carton n° 16 (prov.).

dita ad jus et proprietatem ipsius ecclesie revocabis et facies pro viribus revocare. »

Quand un religieux avait été admis au nombre de frères, l'abbé ne pouvait l'exclure [1] que pour faite grave, même avec l'assentiment du chapitre. Un moine du nom d'Arnaud, sur le point d'être renvoyé du couvent, en appela au pape, qui désigna pour instruire la cause l'archidiacre du Médoc et Arnaud de Bogio, chanoine de Saint-Seurin ; leur sentence rendue en avril 1281 contraignit l'abbé à garder Arnaud.

Après l'abbé, les deux principaux officiers du monastère étaient, dans l'ordre spirituel, le prieur claustral ; pour le temporel, le cellérier.

Le prieur claustral remplaçait l'abbé en toutes choses, pendant ses absences fréquentes ; le prieur claustral « est l'œil de l'abbé », disent les Statuts ; même l'abbé présent, il dirigeait les moines à l'église, au chœur, au chapitre, au dortoir, au réfectoire ; il leur expliquait les Saintes Écritures et la règle de saint Benoît, les exhortait, les réprimandait, les punissait ; les Statuts parlent de la « férule » du prieur. Il donnait les bénédictions, au chœur et ailleurs, sauf quand l'abbé faisait signe qu'il voulait les donner lui-même. L'abbé chantait toujours la messe de tierce (9 heures) les jours de grande fête, mais il pouvait être absent les jours de fête de seconde classe et se faire remplacer par le prieur, qui recevait de lui « 12 léopards d'or par an ». Le prieur claustral était chapelain-né d'une des cinq chapellenies fondées dans l'église de Loupiac [2] par les seigneurs de la famille noble du Cros, ce qui lui valait une rente de 18 livres, assise sur des terres situées à Beautiran, et l'obligeait à faire deux services tous les ans, le mardi de Pâques et le 2 août.

Les fiefs dépendant de l'office de prieur claustral étaient, au moyen âge, au nombre de 22 [3] (dîmes à Loupiac, fiefs à Bordeaux et dans les paroisses circonvoisines) ; le revenu était évalué à 117 livres [4], à la fin du XVIIIe siècle. Le prieur claustral était assisté d'un clerc.

1. Archives départementales de la Gironde, Registre H. 872, folio 93.
2. Ibid., Registre H. 954, folio 140.
3. Ibid. Registre H. 940, Cartage des fiefs entre l'abbaye et l'abbé.
4. Ibid., série H, Abbaye Sainte-Croix, Carton n° 115 (prov.).

Le sous-prieur remplaçait le prieur malade ou absent; c'était le maître des novices, il fermait, la nuit, les portes du cloître et du dortoir; il recevait « 6 léopards d'or » par an pour chanter la messe au lieu et place de l'abbé. Il avait, au moyen âge, 59 fiefs[1], dont 34 étaient situés dans Bordeaux et lui rapportaient, en 1553[2], 16 livres 16 sols. A la fin du XVIII° siècle, le revenu du sous-prieur (fiefs dans Bordeaux et dans les paroisses voisines) était évalué à 12 livres[3].

Le cellérier était la cheville ouvrière du monastère; il pourvoyait, pour ainsi dire, à tous les besoins matériels, soit par lui-même, soit par ses deux serviteurs, qui devaient être clercs, ou du moins savoir bien écrire; il avait sous ses ordres le notaire et son clerc, qui habitaient le couvent, le portier, deux cuisiniers qui devaient être oblats (*condonati*)[4], le jardinier, deux boulangers, le meunier et ses cinq ouvriers, logés hors du monastère[5]; il devait pensionner deux avocats et un procureur. Le cellérier fournissait le pain et le vin à l'abbé, aux moines, aux prébendiers, au vicaire perpétuel, aux clercs et aux serviteurs; le four n'était chauffé que tous les deux jours, pour fabriquer environ 100 kilogrammes de pain; un jour par semaine, le lundi d'ordinaire, le cellérier faisait une distribution de viande ou de poisson; cet officier avait la charge d'entretenir en bon état les bâtiments de l'église et du couvent, de procurer les calices, les ciboires, les patènes, les croix, les chasubles, les chapes, les vespéraux, en un mot tous les objets nécessaires à la célébration du culte. Il payait pour tout le couvent les décimes imposés par le pape. Les revenus du cellérier étaient[6], en 1362, de 1200 livres bordelaises (24.000 fr.) de notre monnaie; quand ils étaient insuffisants, l'abbé fournissait ce qui manquait; le cellérier avait un roulement de fonds de 5000 sols[7] (environ 5000 fr.); il était prieur du Taillan. L'office du cellérier fut supprimé

1. Archives départementales de la Gironde, Registre II. 940.
2. Ibid., Carton n° 109 (prov.).
3. Ibid., Carton n° 115 (prov.).
4. Statuts, *de Coquis*.
5. « *De magistro molendini... debent habere mansionem extra monasterium juxta molendinum* » (Statuts).
6. Comptes de l'archevêché de Bordeaux, au XIV° siècle. Archives historiques du département de la Gironde, t. XXII, p. 14.
7. ... « *ultra summa quinque millium solidorum quam summam penes Cellerarium remaneant pro expensis abbatiæ quotidianis* » (Statuts, *de Computatione facienda*).

lors de l'établissement de la commende : l'abbé prit les revenus et devint responsable des charges.

Le pitancier[1] pourvoyait à la nourriture en viande et poisson, le jeudi, d'ordinaire ; il avait 289 fiefs[2], dont un seul en ville, déclaré pour un revenu de 30 sols, en 1553[3].

Le poissonnier fournissait les vivres tous les jours de la semaine sauf le jeudi : il y avait donc double ration le lundi, puisque le cellérier donnait aussi une prébende ce jour-là ; les jours de fêtes doubles, c'était toujours le poissonnier qui approvisionnait le couvent ; si le lundi ou le jeudi étaient fêtes doubles, le cellérier et le pitancier ne fournissaient pas et reportaient leur distribution sur le jour prochain non double ; si toute une semaine il y avait des fêtes doubles, le cellérier et le pitancier donnaient double ration, à leur jour, la semaine suivante ; à l'époque où les moines faisaient maigre constamment, le poissonnier leur servait surtout du poisson, d'où le nom donné à son office, nom qui fut conservé quand l'usage de la viande eut été autorisé. Le poissonnier était curé primitif de Saint-Michel de Bordeaux[4] ; il avait 232 fiefs[5].

Le sous-poissonnier aidait le poissonnier ; il allait à la cuisine quand c'était nécessaire pour diviser les prébendes destinées aux moines et aux autres personnes mangeant au réfectoire. Cet office fut institué le 15 juin 1346[6], par le poissonnier Gérald Dorinha avec l'assentiment de l'abbé Pierre de Sermet et de tout le chapitre. Le sous-poissonnier n'avait que deux livres[7] de revenus à la fin du XVIIIe siècle.

Le réfectorier[8] devait entretenir le réfectoire en bon état de propreté et le garnir de paille deux fois l'an, à la Toussaint et à Noël. Il fournis-

1. Cet office figure, pour la première fois, dans un acte de 1279. Arch. hist. du dép. de la Gironde, t. XXVII, pièce n° 217.
2. Archives départementales de la Gironde, Registre H. 940. Cartage des fiefs.
3. Ibid., Carton H. 109 (prov.).
4. Ibid. — Il est nommé (procurator piscium) pour la première fois dans un acte de 1225. Arch. hist. du dép. de la Gironde, t. XXVII, pièce n° 27.
5. Ibid., Registre H. 940, Cartage des fiefs.
6. Ibid., Carton H, n° 33 (prov.).
7. Ibid., série H, abbaye Sainte-Croix, Carton n° 115 (prov.).
8. L'office de réfectorier, ou réfecturier, figure, pour la première fois, dans un acte de 1264. Archives historiques du département de la Gironde, t. XXVII, pièce n° 248.

sait les essuie-mains, les nappes, les serviettes, les assiettes, les cuillers, les couteaux et tous les ustensiles de table ; les fourchettes étaient inconnues à cette époque ; les cuisiniers lavaient la vaisselle et on changeait leurs serviettes tous les deux jours ; le pain était servi dans des vases de bois recouverts d'une nappe ; il y avait un lavabo avec des essuie-mains à l'entrée du réfectoire ; à chaque instant les Statuts insistent sur les soins de propreté ; il faut probablement beaucoup rabattre de ce que l'on a dit de la saleté des moines : dans tous les cas les Bénédictins de Sainte-Croix étaient fort propres[1]. Le réfectorier était chargé de tenir bien nettoyées les cruches dans lesquelles on mettait le vin au sortir des barriques ; le contenu de ces cruches servait à remplir les bouteilles prébendales dont l'étalon était conservé dans le trésor de l'abbaye ; chacune de ces bouteilles contenait un peu moins d'un litre et demi. Quand le cellérier voulait mettre une barrique en perce, le prieur et le réfectorier se rendaient avec lui au cellier, et tous trois appréciaient la quantité d'eau qu'il fallait ajouter au vin[2] ; on voit qu'on était en pays bordelais ; partout ailleurs la règle aurait défini, une fois pour toutes, la proportion d'eau à ajouter au vin ; à Sainte-Croix, on savait que les vins récoltés dans les Graves de Bordeaux, qu'on buvait d'abord, pouvaient porter plus d'eau que ceux de la palud de Macau ; on n'ignorait pas non plus qu'il fallait varier le mouillage suivant les années. Le vin des clercs était plus étendu d'eau que celui des religieux, celui du vicaire perpétuel et des prébendiers

---

1. « ... debet tenere refectorium bene mundum... crugas... bene mundas, tacas bene mundas et furbitas... unam nappam integram et honestam, manutergia sufficienta, sentillas, scutellinas et cissoria et solinteins de lignis bene mundas... habet tenere lavatorium quod est in porta refectorii bene coopertum de tabulis et mundum de intus... Infirmarius habet tenere cameras infirmorum... bene mundas... Hostellarius... debet tenere... lectos mundas... tenetur habere pelves et nappas et manutergia ad lavandum et tergendum pedes et manus hospicium supervenientium et etiam monachorum existensium in dicto monasterio, etc., etc. » Les recommandations de propreté reviennent à chaque instant dans les Statuts.

2. Les moines buvaient, d'abord, le vin des Graves de Bordeaux, et quand ils n'en avaient plus, du vin de Macau. Une note du 12 novembre 1644 (Carton II, n° 20) apprécie ainsi les vins : « Graves est le meilleur, pallu après et puis Macau, gravète, qui approche fort des Graves et, pour la garde, est meilleur ; l'autre, l'île de Macau, qui ne peut se garder, ni se vendre parce qu'il y en a trop et qu'on a de la peine à trouver le marchand. L'archevêque (H. de Sourdis)... a donné aux religieux pour leurs pensions, du rebut du vin de Macau, qui ne vaut pas, présentement, 45 livres. »

l'était moins, l'infirmier recevait le vin pur et se conformait aux prescriptions du médecin pour le servir aux malades. Le réfectorier, dont la dépense était relativement faible, n'avait que 31 fiefs[1] dont 5 urbains, rapportant 6 livres 5 sols en 1553[2] ; à la fin du XVIII° siècle, ses revenus étaient évalués à 65 livres[3].

Les moines qui n'appartenaient pas à l'abbaye étaient hospitalisés trois jours ; ils couchaient à l'hôtellerie, de même que les étrangers de passage. Dès leur arrivée, l'hôtelier[4] envoyait un clerc chercher de l'eau chaude aux cuisines pour laver les pieds des nouveaux venus. C'était aussi à l'hôtellerie que les moines se lavaient les pieds chaque samedi et que le barbier leur faisait la tonsure ; l'eau employée par le barbier était parfumée avec de la sauge, du plantain, de la menthe et autres plantes aromatiques, cultivées, à cet effet, par les jeunes clercs dans un jardin voisin de l'infirmerie. Lorsqu'un officier, ou même un simple moine, invitait un étranger à dîner, le repas était servi à l'hôtellerie. L'hôtelier devait avoir constamment sept lits garnis, quatre dans un dortoir, trois dans l'autre, avec tout le linge et les ustensiles nécessaires au service des hôtes. Bien entendu, la plus grande propreté est souvent recommandée. L'hôtellerie et l'infirmerie étaient les seuls endroits du couvent qui fussent chauffés ; le cellérier payait la dépense. L'hôtelier était prieur de Lamarque ; il disposait de 63 fiefs[5], dont 59 dans son prieuré ; son revenu était de 335° livres, à la fin du XVIII° siècle.

Le chambrier[7] entretenait les dortoirs, y tenait une lampe allumée pendant toute la nuit ; il donnait, annuellement, à chaque moine deux livres bordelaises pour leur vestiaire et l'achat de l'enduit destiné

---

1. Archives départementales de la Gironde, Registre H. 940. Cartage des fiefs.
2. Ibid., série H, Abbaye Sainte-Croix, Carton n° 109 (prov.).
3. Ibid., Carton n° 115 (prov.).
4. L'office d'hôtelier est nommé, pour la première fois, dans un acte de l'année 1234. Archives historiques du département de la Gironde, t. XXVII, pièce n° 244.
5. Archives départementales de la Gironde, Registre H. 940. Cartage des fiefs.
6. Ibid., série H, Abbaye Sainte-Croix, Carton n° 115 (prov.).
7. L'office de chambrier fut un des premiers créés : il existait au commencement du XII° siècle, du temps de l'abbé Guillaume Gombaud. Archives historiques du département de la Gironde, t. XXVII, pièce n° 103.

à graisser leurs chaussures. Le chambrier était prieur de Blanquefort ; il avait 75 fiefs[1], dont 8 en ville rapportant, en 1563, 2 livres[2] 8 sols ; à la fin du XVIII⁰ siècle son revenu était de 855 livres[3] (dîmes à Blanquefort et à Bassens, fiefs à Bordeaux et aux environs).

Il n'est pas nécessaire de définir les fonctions de l'infirmier[4] ; il était assisté d'un clerc ; l'infirmerie avait plusieurs dortoirs pour les malades, deux chambres séparées pour les moines seulement fatigués qui voulaient y dormir, une salle à manger pour les moines infirmes. L'infirmier et son clerc avaient leur chambre sous le dortoir des malades ; en cas d'épidémie, l'infirmier devait gager, pour aider le clerc, des serviteurs étrangers ; il les payait avec la prébende des malades qui lui était attribuée en entier. L'infirmier et son clerc étaient aussi chargés de la basse-cour et de l'élevage des porcs. L'infirmier avait 94[5] fiefs, dont 2 à Bordeaux, lui rapportant 2 sols 12 ardits[6] ; son revenu (agrières à Bègles et à Balach, fiefs à Bordeaux et aux environs) était évalué à 225 livres à la fin du XVIII⁰ siècle[7] ; l'achat des remèdes dépassait souvent ce chiffre.

L'un des officiers les plus occupés était le sacristain ; aussi était-il aidé par le sous-sacristain, l'aumônier et trois clercs. Tout l'entretien de l'église lui incombait, y compris la toiture et le pavé. Il faisait sonner les cloches par ses clercs, notamment pendant les tempêtes ; il avait le soin des neuf lampes qui brûlaient toute la nuit dans l'église et de celle du chapitre, que l'on éteignait après matines. Il avait l'entretien de tous les ornements, des nappes d'autel, du linge nécessaire au saint sacrifice de la messe ; ses clercs fabriquaient les hosties ; mais le cellérier fournissait la farine, ainsi que le vin des messes ; le sacristain devait s'approvisionner de torches et de cierges, que l'on allumait très nombreux ; ils provenaient, en grande partie, des oblations des

---

1. Archives départementales de la Gironde, Registre II. 940, Cartage des fiefs.
2. Ibid., série H, Abbaye Sainte-Croix, Carton n° 109 (prov.).
3. Ibid., Carton n° 115 (prov.).
4. Cet office est nommé, pour la première fois, à la fin du XII⁰ siècle, du temps de l'abbé Arnaud de Vayrines. Archives historiques du département de la Gironde, t. XXVII, pièce n° 12.
5. Archives départementales de la Gironde. Registre II. 940. Cartage des fiefs.
6. Ibid., série H, abbaye Sainte-Croix, Carton n° 109 (prov.).
7. Ibid., Carton n° 115 (prov.).

fidèles ; les torches étaient portées par les clercs des officiers. Le sacristain était curé primitif de la paroisse de Sainte-Croix ; il fournissait, chaque jour, un clerc au vicaire perpétuel pour lui servir la messe ; ce clerc accompagnait aussi le vicaire quand il allait porter le Bon Dieu aux malades, leur donner l'Extrême-Onction ou ensevelir les morts ; deux clercs couchaient, chaque nuit, près de l'église pour la garder. Le service des trois clercs du sacristain était très pénible, aussi les Statuts recommandent-ils à cet officier de tenir sa maison comme un bon père de famille et de donner à ses clercs un salaire convenable « parce qu'ils ont beaucoup d'ouvrage nuit et jour ».

A propos du sacristain, notons l'usage de faire du vin sacré (*vinagium*) [1] avec les reliques de saint Mommolin.

Le sacristain avait 210 fiefs [2] dont 53 dans Bordeaux, lui rapportant, en 1563, 15 livres 8 sols [3], 1 ardit ; son revenu (dîmes et agrières à Eyzines, dîmes à Ayguemortes, à Sadirac, au Pian, agrières et fiefs à Saint-Mariens, fiefs à Bordeaux et aux environs) était évalué à 471 livres à la fin du XVIIIe siècle [4] ; les cires des cérémonies faites dans le collatéral de la paroisse produisaient, en outre, 300 livres environ [5].

L'aumônier, en dehors des anniversaires prescrits par l'acte de fondation que nous avons rappelé, aidait le sacristain dans la distribution journalière des aumônes ; il avait 24 fiefs [6], dont 12 urbains, lui rapportant, en 1563, 7 livres, 11 sols 3 ardits [7].

L'office du sous-sacristain fut institué d'un commun accord, le 5 juin 1307 [8], par l'abbé Himbert Dante et les religieux réunis en chapitre, sur la demande de M⁰ Gombaut de Lafont, clerc, qui donna une rente annuelle de 10 livres, reconnue sur une maison située place Saint-Projet à Bordeaux ; cet office ne rapportait plus que 2 livres à la fin du XVIIIe siècle [9].

---

1. Statuts : *de Sacrista*, n° 21.
2. Archives départementales, Registre H. 940. Cartage des fiefs.
3. Ibid., série H, abbaye Sainte-Croix, Carton n° 109 (prov.).
4. Ibid., Carton n° 115 (prov.).
5. Ibid., Carton n° 115 (prov.).
6. Ibid., Registre H. 940. Cartage des fiefs.
7. Ibid., série H, abbaye Sainte-Croix, Carton n° 109 (prov.).
8. Voir l'acte de fondation. Carton H n° 33.
9. Carton H, n° 115 (prov).

¹ Les moines se levaient à minuit pour aller chanter matines au chœur, que le cellérier garnissait de paille, en hiver, à raison du froid; chaque moine s'éclairait avec un cierge; nous avons vu que l'abbé donnait les esporles aux simples moines et aux novices pour se procurer le luminaire dont ils avaient besoin. L'abbé avait sa stalle à part, les officiers se plaçaient comme nous l'avons déjà indiqué, les simples moines et les novices s'asseyaient un peu plus bas que les dignitaires.

Le prieur officiait, même l'abbé présent, sauf indication contraire de sa part; le chantre commençait toutes les antiennes, le sous-chantre entonnait les répons, le chœur des moines suivait; aux fêtes solennelles, le chantre, revêtu d'une chape, un bourdon à la main, se tenait devant l'abbé au début de la messe, pendant le *Credo*, le *Sanctus* et l'*Agnus*; le reste du temps il s'asseyait sur un banc, devant l'ambon, au bas du chœur. L'office du sous-chantre fut institué le 9 décembre 1306, par l'abbé Himbert Dante² et les religieux, sur la demande de « Pey Beguey de la Rocera (la Rousselle), civadin et borgues de Bordeu », qui donna à cet effet 13.000 sols, soit une rente de 17 livres 10 sols reconnue, en 1362, par ses héritiers, sur une maison de la rue Bouquière.

Après les matines les moines allaient se coucher; nous ignorons à quelle heure ils se relevaient; probablement à 5 heures, comme les religieux de la congrégation de Saint-Maur; cependant certains bénédictins, ceux de Saint-Waast, par exemple, ne se levaient qu'à 6 h. 1/2³. Dans tous les cas, la messe de prime était chantée vers 6 heures, généralement par le prieur; la messe du tierce (9 heures) était dite par l'abbé; elle ne commençait qu'à 10 heures les jours de jeûne; on chantait sexte aussitôt après. Conformément à la bulle bénédictine, les moines prêtres devaient célébrer la messe au moins trois fois par semaine; les non-prêtres se confessaient tous les huit jours et communiaient, au moins, une fois par mois. Les paroissiens étaient admis à entendre les messes des religieux; le sacristain ouvrait, à cet effet, les portes de l'église abbatiale et les refermait ensuite; le sacristain de la

1. Quand les Statuts ne nous renseignaient pas sur l'emploi du temps des moines, nous avons eu recours à d'autres documents manuscrits, notamment à l'arrêt rendu, le 10 septembre 1583, par le Parlement de Bordeaux, dans le but de rétablir à Sainte-Croix l'ancienne discipline. Registre des Arrêts, II, 993, fol. 117 et suiv.
2. Arch. dép. de la Gironde, série H, Abbaye Ste-Croix, Carton n° 33 (prov.).
3. Hélyot, *Histoire des ordres monastiques*, t. VI, p. 263.

paroisse faisait de même, aux mêmes heures, pour l'église paroissiale, dont il ouvrait, en outre, les portes au moment des baptêmes, des relevailles et des enterrements. Les prébendiers n'étaient tenus d'assister chaque jour qu'à la grand'messe de tierce; les jours de rit double, ils assistaient aussi à la messe de prime et à vêpres; ils chantaient au chœur et, en cas de besoin, ils faisaient diacre et sous-diacre, bien que, au moyen âge, ils fussent prêtres; ils devaient prendre part à toutes les processions intérieures et extérieures.

Le dîner, repas principal, avait lieu à dix heures et demie les jours ordinaires, à onze heures et demie les jours de jeûne. Suivant une tolérance accordée par le pape Clément IV à tous les moines bénédictins, maintenue par la bulle de Benoît XII, et inscrite dans les Statuts de l'abbaye Sainte-Croix, les religieux faisaient gras quatre jours par semaine, le dimanche, le lundi, le mardi et le jeudi; ils faisaient maigre le mercredi, le vendredi et le samedi, et jeûnaient les jours de Vigile et de Quatre-Temps, pendant l'Avent, et de la Septuagésime à Pâques. La prébende monacale comprenait un gros pain (32 onces, soit 1 kilog.) pour le dîner et un petit pain (16 onces) pour le souper; la nourriture était saine et abondante, deux plats à chaque repas les jours ordinaires; trois les jours de rit double; les Statuts prévoient la distribution de pièces de bœuf, de quartiers de mouton et surtout de viande de porc (l'agneau et le veau ne sont pas mentionnés); les légumes étaient, d'ordinaire, servis en purée, les poissons souvent en hachis, quelquefois en pâtés; ils étaient très variés : saumon, brochet, lamproie, lampredon, alose, merluche, esturgeon (creac), paraissaient sur la table des moines. Chaque religieux avait sa portion préparée à la cuisine, du sel dans des salières de bois, de l'huile, du vinaigre, de la graine de moutarde, des épices; n'oublions pas l'ail, cher aux Bordelais. Les parts de chaque moine devaient être rigoureusement égales. Au réfectoire on observait le silence le plus absolu [1].

Les clercs du sacristain servaient à table, au réfectoire, d'abord, puis à l'infirmerie.

Chaque jour sept pauvres dînaient avec les moines, à une table séparée, garnie d'une nappe; on leur servait la même quantité de pain

---

[1]. Voir *Vetera Analecta*, t. VI, p. 458 et 459 : « Antiquæ consuetudines monasteriorum S. Benedicti. »

et de vin qu'aux moines, mais on ne leur donnait que du second vin ; la part totale de nourriture, soit viande, soit poisson, était celle de trois moines.

Les jours de procession, tous les clercs qui à l'aller et au retour avaient porté des bannières ou des croix, mangeaient au réfectoire avec les moines et étaient servis comme eux. Le dimanche des Rameaux, les trois jours des Rogations, et le jeudi de l'Ascension, le vicaire perpétuel et les chapelains de Saint-Michel suivaient la procession et mangeaient au réfectoire ; le cellérier payait la nourriture[1]. Les chanoines de Saint-André qui se rendaient processionnellement à Sainte-Croix le mardi de Pâques déjeunaient ce jour-là avec les moines.

A l'occasion des fêtes de saint Benoît (21 mars), de l'Invention de la Sainte-Croix (3 mai) et de saint Mommolin (8 août), on invitait les principaux citoyens[2] de la ville et d'autres honnêtes personnes ; les Statuts recommandent d'en inviter le plus possible. On leur servait, notamment, des breuilles de porc. Les jours de grande fête, les novices et les jeunes moines étaient particulièrement bien traités ; le jour des Rameaux ils recevaient chacun une alose provenant des pêcheries de la Maqueline (Macau) et de Margaux.

De la Noël à l'Epiphanie, c'était fête à l'abbaye ; on servait en abondance de la viande de porc, car c'était l'époque de l'abattage et de la distribution des jambons ; l'infirmier, chargé de la basse-cour, donnait à chaque religieux, officier ou simple moine, au notaire, aux clercs et aux serviteurs, un demi-jambon, une demi-poule, cinq noix, deux pommes et de la graine de moutarde salée ; l'abbé recevait trois livres de porc, trois poules vivantes, vingt-cinq noix et dix pommes. Pendant cette période, divers officiers servaient, chacun leur tour, une prébende exceptionnelle qu'on appelait « infirmaria », composée, notamment, de mortayroulx, « sorte de potage très nourrissant préparé avec des œufs, des volailles, des quartiers de mouton, des épices de haut

---

1. Après la suppression de l'office de cellérier, l'abbé commendataire payait les frais de ces repas. Voir le détail du menu, t. XXVI, pièce n° 22, de la collection des Archives historiques du département de la Gironde.

2. ... « Cellerarius tenetur dare panem, vinum et bruellas, ad modum unius, videlicet cunctis majoribus civibus civitatis et etiam aliis honestis personis, maxime debent plures invitari » (*de Prebendariis*).

goût, le tout cuit ensemble, jusqu'à transformation en épaisse bouillie. Le mortayroulx était d'autant plus apprécié des moines qu'ils en mangeaient rarement[1]. »

Après le repas, les trois clercs du sacristain ramassaient les restes des moines et des pauvres et les distribuaient à d'autre pauvres qui attendaient l'aumône, soit dans l'église, soit entre les deux portes du couvent. « Les moines doivent manger toujours ensemble », observent les Statuts, « pour que les pauvres ne soient pas frustrés de leur part[2]. »

On chantait None après les grâces du dîner, sauf de Pâques à l'Exaltation de la Sainte-Croix (14 septembre), période pendant laquelle les moines étaient autorisés à faire « la méridienne » ; on chantait None alors à une heure. L'été, après None, à cause des chaleur, les moines allaient au réfectoire prendre une bouchée de pain et un verre de vin.

Ensuite, venait la récréation, puis l'étude ; le prieur enseignait les Saintes Lettres et commentait la règle bénédictine ; le sous-prieur faisait l'instruction des novices ; l'abbé payait un maître pour les études profanes, un autre leur enseignait le chant et la musique ; en 1594, le frère Jean de Lagarde réclame au sous-prieur Jean Lucheau 19 écus payés à Paignon, organiste, qui l'enseignait à jouer de « l'espinete[3] » ; parfois certains moines étaient envoyés à Paris pour compléter leur instruction.

La copie des manuscrits entrait pour une bonne part dans le travail des moines ; nous avons trouvé aux Archives du département de la Gironde un manuscrit fort soigné, avec des majuscules dorées ou en couleur, qui est certainement l'œuvre d'un religieux de Sainte-Croix, il a été écrit en 1402[4], par l'ordre d'Hélias Jordan, sous-prieur, pour mentionner les fiefs du poissonnier ; le château du Tariket, près Eauze, possède aussi un bréviaire composé peu après l'année 1323[5],

---

1. H. AFFRE, *Dictionnaire des Institutions, Mœurs et Coutumes du Rouergue*.
2. ... « Et nota, omnes monachi debent continue insimul comedere, pro salute animarum suarum, ne elemosina defraudetur » (*de Prebendariis*, § 14).
3. Archives départementales de la Gironde, série H, abbaye Sainte-Croix, Carton n° 46 (prov.).
4. Ibid., Carton n° 86 (prov.).
5. *Bulletin historique et philosophique de la Commission des travaux historiques et scientifiques*, 1893, p. 269 à 272.

ayant appartenu à l'abbaye Sainte-Croix et œuvre probable d'un moine.

On sonnait vêpres un peu avant trois heures; la sonnerie finie, on chantait les vêpres des trépassés et tout l'office, avec laudes, répons et oraisons, puis les vêpres du jour; après quoi, les moines allaient souper au réfectoire; le repas du soir était plus frugal que le déjeuner, la prébende de pain était la moitié de celle du repas principal. Le souper et le pain prébendal étaient supprimés les nombreux jours de jeûne, mais le vin était toujours distribué. Les jeunes moines, les débiles et les vieillards, qui ne jeûnaient pas, faisaient chaque jour le second repas.

Complies étaient sonnées à cinq heures et demie; pendant la sonnerie, les moines se rendaient au chapitre pour entendre la lecture des Saints Pères et la légende du saint du jour; le chapitre était présidé par l'abbé ou le prieur, qui réprimait les fautes contre la règle et donnait les avis nécessaires. Sur un signe du prieur, les moines allaient au chœur chanter complies; on disait ensuite l'*Ave Maria*, on donnait l'eau bénite en chantant l'*Asperges*, le verset *Miserere* et le *Gloria Patri*. Ensuite, on faisait un quart d'heure de méditation, on disait l'office de Notre-Dame à voix basse ou en particulier, suivant les jours, et on passait au réfectoire recevoir un « potum charitatis », enfin on se rendait au dortoir, chacun dans sa chambre, avec défense de descendre, de vaguer ou de parler, sauf aux officiers, pour leur service.

A certaines occasions, il y avait des cérémonies solennelles à l'abbaye; nous avons déjà parlé de l'octave de saint Mommolin; l'Exaltation de la Sainte-Croix était la fête patronale du monastère, la Sainte-Catherine celle de la paroisse; la dédicace de l'église abbatiale était célébrée le 24 septembre, cette fête avait aussi une octave[1].

Le jeudi-saint, l'abbé lavait les pieds à treize pauvres, qu'on appelait les apôtres; on leur donnait « un choine[2] » avec un sol fiché dedans; les officiers lavaient les pieds à quarante-sept autres pauvres, orphelins ou pupilles, complétant le nombre de soixante; ils recevaient, chacun, un denier; tous les pauvres qui se présentaient au

1. *Ceremoniale locale*. Arch. dép. de la Gironde, série H, abbaye Sainte-Croix, liasse A, n° 10.
2. Expression bordelaise encore usitée pour désigner un petit pain de luxe.

convent ce jour-là, ou le lendemain, avaient en abondance du pain, des poissons, du bois, des fèves cuites, et du vin. On recrutait dans le voisinage un nombre suffisant de chaudrons pour faire cuire trois boisseaux de fèves ; des femmes de bonne volonté se chargeaient de ce soin ; on les nourrissait aux frais de l'abbé pendant un jour et demi, avec deux morues, deux ou trois grands pains et du vin ; on leur donnait, en outre, un écu ; les personnes qui avaient prêté les chaudières étaient gratifiées d'une cruche de fèves cuites.

Le jour de l'Epiphanie, les moines mangeaient le gâteau traditionnel des rois, et le distribuaient aux pauvres, le tout aux frais de l'abbé, qui donnait à cet effet 10 livres[1].

Les fondations pieuses étaient nombreuses à Sainte-Croix ; de toutes les paroisses de la ville on demandait à être enterré dans l'église abbatiale, bien que cette faveur coûtât cent livres bordelaises, ou cinq livres de rente, même à l'abbé ; d'autres prenaient des arrangements avec le sacristain pour être enterrés dans le cloître ; le clergé de la paroisse du mort conduisait le cadavre jusqu'à la porte de l'église où les moines le recevaient et achevaient les cérémonies des obsèques.

L'obituaire de Sainte-Croix était très chargé ; outre les services obligatoires[2], on célébrait, chaque jour, deux messes pour les morts, sauf aux fêtes solennelles ; deux fois la semaine on faisait, dans l'église et dans le cloître, une procession pour les morts ; les fidèles pouvaient suivre la procession, mais les femmes n'entraient pas dans le cloître.

Les anniversaires de fondation étaient, en général, appliqués à un office, ainsi que l'indique l'obituaire ; les règles indiquées par les Statuts pour chaque officier se terminent, en général, par la phrase suivante : « habet facere plures anniversaria ut canetur in tabula anniversariorum » ; certains offices secondaires, comme ceux du sous-chantre, du sous-sacristain, de l'aumônier et du sous-poissonnier, avaient été spécialement établis pour que le titulaire affectât ses messes au repos de l'âme des membres d'une famille déterminée[3] ; quand les anniver-

1. Archives départementales de la Gironde, série H, abbaye Sainte-Croix, Carton n° 44 (prov.).
2. L'obituaire de Sainte-Croix, datant du XIVe et du XVe siècle, a été publiée dans la Collection des Archives historiques du département de la Gironde, t. XXVII, p. 293 à 340, et t. XXXV, p. 1 et suiv.
3. Voir les actes de fondation de ces offices, aux Cartons n°^{os} 33 et 9 (prov.).

saires n'étaient pas à la charge d'un dignitaire spécialement désigné par le fondateur, la rémunération était partagée entre l'abbé et les moines présents au chœur; les clercs du sacristain qui avaient à sonner les cloches pendant toute la cérémonie recevaient comme deux moines; on ne donnait rien aux absents, même à l'abbé. Quelquefois, à l'occasion d'un anniversaire, on distribuait une pitance supplémentaire aux religieux; l'abbé Arnaud de Vayrines, outre la rente annuelle de 10 sols qu'il avait laissée « ad honorem Beatissime Dei genitricis semperque Virginis Marie, ob salutem et remedium anime sue », commande qu'on distribue 10 sols de poisson aux moines.

A la mort d'un serviteur, s'il n'avait pas élu sépulture en dehors du monastère, les moines, le vicaire perpétuel et les prébendiers allaient processionnellement faire la levée du corps; la messe était chantée à l'autel de la Sainte-Vierge, l'ensevelissement avait lieu dans le petit cimetière, spécialement affecté aux religieux pendant le moyen âge[2].

Quand un moine mourait, le chapelain ou vicaire perpétuel lavait le cadavre; il recevait pour ce service la meilleure tunique du défunt; les clercs du sacristain avaient aussi une tunique pour sonner le glas; la cérémonie funèbre avait lieu au grand autel. Pendant trente jours, on faisait un service solennel en l'honneur du religieux décédé, et un clerc récitait le psautier en entier; chaque moine prêtre devait dire sept messes de *Requiem*, alors même que son confrère était mort dans un prieuré; les simples frères lisaient le psautier pendant sept jours. Conformément à la bulle bénédictine, l'abbé héritait des morts, mais il ne devait pas toucher aux ornements d'église, aux meubles nécessaires des maisons, ni aux animaux agricoles. Les Statuts de Sainte-Croix, tout en respectant cette règle, y apportaient quelques modifications de détail; le sacristain avait le quart de l'héritage pour l'entretien des ornements; la literie revenait à l'hôtelier, et c'est ainsi que le matériel de l'hôtellerie se renouvelait; le cellérier avait une ou deux étoffes d'or, suivant que le défunt était simple moine ou officier. Le prieur et le sous-prieur faisaient l'inventaire, mais on ne commençait à distribuer

1. Archives historiques du département de la Gironde, t. XXVII, pièce n° 58.
2. Les moines de la Congrégation de Saint-Maur, quand ils furent établis à Sainte-Croix, étaient enterrés devant l'autel de la Sainte-Vierge. (*Ceremoniale locale*, liasse A, n° 10.)

les biens qu'après avoir payé les serviteurs du défunt ; quand il ne laissait rien, « ce qui doit arriver, toujours pour un simple moine[1] », le cellérier suppléait à tout.

Les Statuts que nous venons de résumer furent ponctuellement exécutés jusqu'à la mort du dernier abbé régulier, Pierre André (1435). La commende, en éloignant l'abbé du monastère, apporta, de fait, à ces règles de nombreuses modifications dont la principale fut l'attribution de pensions aux moines et la suppression du cellérier[2] ; nous en parlerons à propos de l'histoire des abbés commendataires. L'introduction de la réforme de Saint-Maur eut pour effet de supprimer presque complètement les Statuts, puisque l'on revenait à la discipline primitive, en réunissant à la mense conventuelle tous les offices de l'abbaye ; qui ne subsistèrent que de nom et n'eurent plus de titulaires effectifs. Néanmoins, les religieux réformés, tout en rédigeant un cérémonial local (15 juillet 1683), considéraient toujours les Statuts du XIVe siècle comme la base de l'organisation du monastère et ils ne cessèrent jamais de les invoquer dans les continuels procès qu'ils eurent à soutenir contre les abbés commendataires.

1. « Item si nihil habeant quod debet semper contingere in simplici monacho ». Statuts, de Cellerario.
2. A l'intigation de l'archevêque Prévost de Sansac, l'office de cellérier fut rétabli, en 1584, en faveur de Pierre Castagnet ; il existait encore en 1590, mais il disparut, de nouveau, peu après. Archives départementales de la Gironde, Registre H. 938, Concordats et Transactions, folio 200.

CHAPITRE IX

Les abbés commendataires des XVe et XVIe siècles

Pierre André avait été un abbé d'une rare activité, d'une puissante intelligence et d'un dévouement absolu aux intérêts du monastère, mais ses fonctions multiples et les nombreuses affaires qu'il avait eu à traiter l'avaient empêché de surveiller suffisamment ses religieux ; la discipline s'était tellement relâchée qu'on ne mangeait plus au réfectoire et que l'on n'observait même plus les jeûnes de l'Avent. Quand Pierre André fut mort, « les moines qui ne voulaient plus de la régularité »[1], après avoir choisi comme vicaires généraux pendant la vacance Gombaud Fournié, sous-prieur, et Raimond Grimond-Pierres, réfectorier, se décidèrent, pour échapper, désormais, à la surveillance directe d'un abbé, à faire passer le monastère en commende, en élisant HENRI-FRANÇOIS CAVIER (ou de Cavier)[2], déjà évêque de Bazas. Le roi d'Angleterre Henri VI n'approuva pas cette mesure et désigna comme abbé régulier un religieux bénédictin nommé Paschal ou Paschase Guillot, résidant alors à Londres[3], mais appartenant au diocèse de Condom ; les religieux de Sainte-Croix ne voulurent pas le recevoir et Henri Cavier entra immédiatement en fonctions, bien que n'ayant pas reçu ses bulles ; on ne trouve aucun acte où le nom de Guillot soit mentionné. Dabadie ne le comprend même pas dans sa liste d'abbés. Henri VI confirma par deux fois, en 1436 et en 1439[4], la nomination de Guillot, mais Henri Cavier ayant reçu ses bulles du pape, datées du 24 août 1439, Guillot se désista, sur les instances de Jean, comte d'Huntingdon, amiral d'Angleterre en Guienne, et le roi approuva cette décision ; il nomma

---

1. Note bénédictine citée par MEZURET, *Notre-Dame de Soulac*, p. 289.
2. La *Gallia christiana* ne mentionne Cavier, comme évêque de Bazas, qu'en 1442 ; cependant, il figure sous ce titre dans les premiers actes de sa gestion à Sainte-Croix, c'est-à-dire à partir de 1435.
3. Archives du département de la Gironde, Registre H. 941, p. 1.
4. *Gallia christiana*, t. II, col. 864.

ensuite Henri Cavier administrateur perpétuel de l'abbaye Sainte-Croix, le 5 juillet 1443 [1]. En tout autre temps, les moines auraient été, sans doute, contraints de se soumettre, mais la jeunesse de Henri VI et les échecs répétés des Anglais expliquent que les religieux aient pu agir à leur guise.

Les abbés commendataires étaient, en théorie, et aux termes même des bulles papales qui leur conféraient leurs fonctions, les administrateurs spirituels et temporels des abbayes ; c'est pour ce motif que, en principe, les titulaires devaient être prêtres ou s'engager à prendre la prêtrise à l'âge requis ; mais, en fait, c'étaient de simples bénéficiers, laissant au prieur claustral le soin des intérêts spirituels des monastères dont ils touchaient seulement les revenus. Pierre de Foix, junior, quatrième abbé commendataire de Sainte-Croix, reçut la commende à treize ans [2] ; Sampetro d'Ornano abandonna ses fonctions, en 1629, pour se marier.

Les abbés commendataires étaient regardés dans l'Eglise comme prélats et vrais titulaires ; ils prenaient possession de leurs églises abbatiales en baisant l'autel, touchant les livres sacrés et les ornements, prenant séance au chœur à la première place ; ils ne recevaient pas, d'habitude, la bénédiction, ils ne portaient la crosse et la mitre qu'en peinture, dans leurs armes, mais ils avaient la croix pastorale et le camail sur le rochet [3]. Bien entendu, quand l'abbé commendataire était évêque ou cardinal, il conservait les marques extérieures de sa dignité ecclésiastique.

Les abbés commendataires ne pouvaient connaître de la discipline intérieure des religieux, dont les prieurs claustraux restèrent seuls chargés ; à Sainte-Croix, ces prieurs demeurèrent à la nomination de l'abbé jusqu'à la prise de possession du monastère par la congrégation de Saint-Maur (1627).

1. Archives du département de la Gironde, Registre H. 941, p. 1. — Catalogues des Rolles gascons, t. I, p. 225, n° 9.
2. Archives départementales de la Gironde, série H, Abbaye Sainte-Croix, Carton n° 42 (prov.). « Tunc in tertio decimo suæ ætatis », dit une bulle de Pie II. La *Gallia christiana* a commis de nombreuses erreurs au sujet de cet abbé.
3. *Dictionnaire de droit canonique et de pratique bénéficiale*, par DURAND DE MAILLANE, Avocat au Parlement d'Aix, 3ᵉ édition, Lyon, 1776, in-4, t. I, p. 27 et 28.

Une bulle de Clément VIII, datée de 1596[1], interdit aux abbés commendataires, sous peine d'excommunication et de privation de la commende, de donner l'habit monastique à un séculier, d'admettre un novice à la profession et de s'emparer des biens mobiliers ou immobiliers laissés par les moines défunts ; ces biens devaient revenir au prieur claustral et au sous-prieur, pour l'usage du couvent[2]. Cette bulle indique clairement que l'abbaye Sainte-Croix ne fut pas la seule à souffrir de l'esprit de lucre des abbés commendataires.

La commende étant contraire aux Canons de l'Eglise : les bénéfices en commende ne pouvaient, pour ce motif, être conférés que par le pape ; mais il n'avait pas le droit de refuser la collation dès qu'il y avait eu trois titulaires successifs dans ces conditions. La commende se généralisa bientôt, pour la ruine des ordres monastiques ; le cardinal Carjaval constatait avec tristesse, dans un consistoire tenu par le pape Paul II, en 1464, que, depuis le pontificat de Calixte III (1455-1458), plus de cinq cents monastères de France avaient été mis en commende[3]. Le grand schisme et la peur de la Pragmatique Sanction expliquent, sans la justifier, cette tolérance fâcheuse.

Le concordat de 1515 restreignit les inconvénients de la commende en décidant que l'abbé commendataire devait être âgé de vingt-trois ans, au moins, et appartenir à l'ordre religieux dont dépendait le monastère[4]. Le concile de Trente engagea le pape à ne rien oublier pour faire remettre en règle les monastères qui avaient été donnés en commende et il ordonna que dans ceux qui vaqueraient à l'avenir, on ne nommerait plus que des religieux du même ordre, habiles et d'une vertu exemplaire[5]. Ces sages prescriptions restèrent lettre morte et nous verrons Pie V, lui-même, en dispenser celui qui fut le plus mauvais abbé de Sainte-Croix.

En résumé, la commende entraîna la décadence de la plupart des abbayes ; ce fut, dit Jean-Pierre Dabadie, « la source de tous les mal-

1. Le texte imprimé de cette bulle se trouve aux Archives départementales de la Gironde, série H, Abbaye Sainte-Croix, Carton n° 119 (prov.).
2. Nous avons vu qu'à Sainte-Croix l'hôtelier et le sacristain avaient une part des dépouilles des moines décédés dans le monastère.
3. HENRY DE SPONDE, Continuation des Annales ecclésiastiques de Baronius, t. II, année 1464, XXI.
4. Ordonnances des rois de France (nouvelle série), t. I, p. 441.
5. DURAND DE MAILLANE, Dictionnaire de droit canonique, t. II, p. 19.

heurs et l'origine de la ruine des ordres religieux »[1]. Sainte-Croix, notamment, ne revint dans la règle monastique qu'en 1627, quand les moines de la congrégation de Saint-Maur en prirent possession.

Nous avons dit que Henri-François Cavier, évêque de Bazas, fut le premier abbé commendataire de Sainte-Croix ; dans les nombreux actes de sa gestion, il est mentionné ainsi : « *Mossen Henri per la gracia de diu abesque de bazats senhor administrator perpetuau et regidor deudeyt mostey » ; il n'est jamais désigné que par son prénom, comme tous les évêques et ne prend pas le titre d'abbé commendataire ; ses trois premiers successeurs l'imitèrent sur ce point.

Henri Cavier était professeur de droit canonique ; il aida beaucoup le vénérable archevêque Pey-Berland dans la création de l'Université de Bordeaux, approuvée par une bulle d'Eugène IV datée de Florence le 7 juin 1441. Pey-Berland en fut le premier chancelier, Henri Cavier le premier recteur élu ; on sait que le recteur était le chef véritable de l'Université[2]. Cavier fut ensuite nommé par Henri VI, le 22 mai 1442, membre de son conseil royal du duché d'Aquitaine[4].

Henri Cavier, bien qu'absorbé par ses occupations multiples, figure en personne dans la plupart des nombreux baux à fief passés de son temps ; il avait cependant pris comme vicaire général le chambrier Bernard Fau, la procuration est datée du 28 décembre 1435.

Du temps de cet abbé se produisit un incident intéressant ; le 3 février 1438-1439[5], le roi d'Angleterre accorda à un certain Richard Logan (*servitor noster*) ce qu'on appelait alors un « *corrodium* », c'est-à-dire le droit à la nourriture et au vêtement jusqu'à la fin de ses jours, aux frais des moines ; le *corrodium* existait déjà dans l'abbaye, puisque l'acte porte que Logan venait remplacer le titulaire d'une concession analogue. Le 3 novembre 1439, Logan se présenta pour réclamer l'exécution de la décision royale le concernant, mais les moines, alors en difficultés avec le monarque anglais, et profitant de sa situation embar-

---

1. Ms. 12734, p. 97, recto.
2. Voir, notamment, Arch. dép. de la Gironde, série H, Abbaye Sainte-Croix, Carton n° 3 (prov.).
3. BARCKHAUSEN, *Statuts et règlements de l'ancienne Université de Bordeaux*, passim.
4. *Catalogue des Rolles gascons*, t. I, p. 225, n° 40.
5. *Ibid.*, t. I, p. 220, n° 10.

rassée, refusèrent de recevoir son serviteur[1] ; ils se montrèrent mieux disposés en 1453, et acceptèrent à ce moment Richard Skelton, nommé aussi par Henri VI[2].

L'usage du *corrodium* continua après la conquête française; les titulaires prirent le nom de moines lais. Une ordonnance royale du 14 décembre 1650 nommant « religieux lay » le soldat estropié Jean Dufau, prescrit aux moines de Sainte-Croix de lui « faire fournir les vivres, vestiaire, chauffage et autres nécessités corporelles comme à l'un des religieux de la dite abbaye en y faisant tel service qu'il pourra, s'il n'est marié[3] ». La plupart du temps, ils n'habitaient pas l'abbaye, notamment quand ils étaient mariés ; on leur faisait alors une pension, en retranchant « 45 livres pour gage du portier mis à leur place[4] ». L'ordonnance de 1650 fixe à 100 livres la pension nette à faire à Jean Dufau. Un arrêt du Conseil d'Etat du 15 janvier 1671 décida que les abbayes tenues à l'entretien des religieux lais n'auraient plus, désormais, affaire avec eux et se borneraient à verser, chaque année, 150 livres, pour le titulaire, au trésorier général du clergé[5] ; Sainte-Croix n'était taxé que pour un seul moine lai.

Henri Cavier mourut au mois de novembre 1446[6]; le 8 du même mois, les religieux nommèrent vicaire général spirituel et temporel le prieur claustral Galhard Reux ou Ros, mais ils ne s'empressèrent pas d'élire un abbé ; la vacance dura jusqu'à la fin de l'année 1450, ainsi que le constatent divers actes originaux portant les dates des années 1446, 1447, 1448 et 1450, le dernier du 6 avril où « Galhard Ros prior de claustra » bailla à fief, comme « vicary generau deud monestey, la cea abbatiau bacant »[7]. C'est donc à tort que certains auteurs ont cru à une lacune dans la série des abbés[8].

1. Archives départementales de la Gironde, Registre H. 946, Inventaire de Sainte-Croix, 1784, folio 145.
2. *Catalogue des Rolles gascons*, t. I, p. 238.
3. Archives départementales de la Gironde, série H, Abbaye Sainte-Croix, liasse A, n° 10.
4. Ibid., Carton n° 48 (prov.).
5. Ibid., Carton n° 44 (prov.).
6. *Gallia christiana*, t. II, col. 864. — Voir aussi t. I, col. 1173, aux évêques de Bazas.
7. Archives départementales de la Gironde, série H, Abbaye Sainte-Croix, Carton n° 72 (prov.).
8. Voir, notamment, Archives historiques du département de la Gironde, t. II, Résumé de la pièce n° 31.

La *Gallia christiana* désigne le successeur de Cavier sous le nom de Pierre VI de Bramo, il faut¹ lire de Benearnio; le premier acte que nous connaissions de lui est daté du 14 décembre 1450. Pierre était clerc de Lescar et protonotaire apostolique; le surnom de Béarnais figure rarement dans les actes de sa gestion : on lit, d'ordinaire, « reverend payre en diu notable senhor mossen peys per la gracia de diu prothonolary de nostre senhor lo papa, administrator et regidor générau » ; dans un texte latin du 16 février 1451-1452, cet abbé est désigné ainsi : » Petrus, Dei gracia, et s(anc)te sed(is) ap(ostolice) p(ro)thon(otarius) ven(erabilis) mon(asterii) s(anc)te cruc(is) burd(igalensis), ordinis s(anc)ti benedicti in sp(irit)ualibus et t(em)poralibus adm(inistrato)r et commendatarius perpetuus² » ; le mot abbé ne se trouve pas ; enfin dans la nomination d'un vicaire général, le 16 juin 1453, on rencontre³ : « moss(en) p(ro)thon(otai)re de béarn administrador g(e)n(er)au ».

On peut se demander comment un clerc de Lescar est devenu abbé de Sainte-Croix de Bordeaux; nous croyons que l'évêque de ce diocèse, Pierre de Foix senior, légat du pape à Avignon, en même temps qu'archevêque d'Arles, préparait ainsi la nomination de son petit-neveu Pierre, qui venait de naître le 7 février 1449. Le cardinal Pierre senior, fils d'Archambaud de Grailly⁴, captal de Buch, avait, par sa naissance, des attaches avec la Guienne, et n'ignorait certainement pas la situation irrégulière de l'abbaye Sainte-Croix ; il n'est donc pas étonnant qu'il ait cherché à en profiter ; nous verrons que lui et son petit-neveu furent successivement abbés de Sainte-Croix; de plus, deux documents, datés du 16 juin 1453, montrent que Pierre senior et son frère « mossen de Kendale », qualifié de « protector de lad abadia », avaient déjà la haute main dans le monastère du temps de Pierre de Béarn, car à propos de la révocation d'un vicaire général demandée par le seigneur de Candale et de la nomination de son successeur, on lit : « et no revocan mossen lo cardinau de foix⁵ ».

Pierre de Béarn était depuis peu de temps en possession de son abbaye quand Bordeaux, pour ainsi dire abandonné par les Anglais, dut

1. Arch. dép., série H, Ab. Sainte-Croix, liasse B. n° 13.
2. Terrier de 1452 à 1455, p. 33.
3. Terrier de 1452 à 1455.
4. Frizon, *Gallia purpurata*, p. 470.
5. Ibid.

se rendre au roi de France Charles VII ; comme tous les dignitaires de la ville, Pierre se soumit ; « il fit serment d'être bon et loyal serviteur du roi de France », et on le laissa en fonctions[1] ; il est probable qu'il crut prudent de quitter Bordeaux pendant quelque temps, car c'est par l'intermédiaire d'un vicaire général, « discret home moss(en) bernard robert licentiat en décretz[2] », qu'il agit momentanément. Pierre intriguait en faveur des Anglais ; il salua avec bonheur l'arrivée de Talbot à Bordeaux, en 1453 ; dès lors il se montra ouvertement ennemi du roi de France et on lui imputa, plus tard, divers crimes de lèse-majesté ; on l'accusa notamment d'avoir donné aux Anglais des renseignements sur la situation du pays. Après la bataille de Castillon et la mort de Talbot, Bordeaux dut, de nouveau, rouvrir ses portes à Charles VII (octobre 1453) dont les troupes avaient saccagé les possessions de l'abbaye et détruit le moulin de Peyrelongue[3]. Pierre, comprenant qu'il n'était plus en sûreté à Sainte-Croix, se sauva à Lescar[4], nommant plusieurs mandataires, parmi lesquels Pierre de Casanova, chanoine de Saint-Seurin ; une fois en sûreté, il choisit, le 12 juillet 1454, un deuxième vicaire général, Jean de la Salle[5], pitancier de Sainte-Croix, en lui donnant les pouvoirs les plus étendus ; l'acte est revêtu du sceau de l'évêché de Lescar, l'abbé, dans sa fuite précipitée, ayant oublié le sien à Bordeaux[6] ; il institua, enfin, un troisième mandataire, Simon de Missa, le 19 juillet suivant ; il multipliait les procurations en vue d'éviter les conséquences de la perte de l'une d'elles ; mais les représentants de Charles VII en Guienne firent main basse sur l'abbaye ; Jean de Fabaas, P. Bureau et Giraud Leboursier, chargés d'administrer la justice et la police, mirent les biens du monastère sous séquestre ; le 30 septembre 1454[7], ils désignèrent pour les administrer Guillaume Girard, licencié en décrets, procureur

1. Archives historiques du département de la Gironde, t. I, pièce n° 30.
2. Archives départementales de la Gironde, série H, Abbaye Sainte-Croix, Carton n° 72 (prov.).
3. Archives historiques du département de la Gironde, t. I, pièce n° 31.
4. Ibid., t. I, pièce n° 30.
5. Ibid., pièce n° 29 donnant le texte de la procuration. — Voir aussi, liasse G. 2264, aux Archives départementales.
6. Archives départementales du département de la Gironde, t. I, pièce n° 29.
7. Ibid., pièce n° 30.

général de l'Université de Poitiers, et Jean des Vignes, écuyer, avec mission de nourrir les moines, payer les charges et garder « le surplus entre leurs mains sans en faire distribution, jusqu'à ce que par le Roy en soit aultrement ordonné de faire ». Malgré cette nomination émanant des représentants du roi de France, les gens qui avaient à passer des contrats avec l'abbaye ne paraissent pas avoir eu pleine confiance dans les pouvoirs des nouveaux administrateurs, car, lorsqu'il s'agit, par exemple, de bailler à fief les ruines du moulin de Peyrelongue [1], le 18 décembre 1454, les tenanciers Jean de Léglise et Jean de Séguiran exigèrent que l'acte constatât l'approbation du vicaire général de l'abbé, Jean de la Salle, et de tout le couvent ; Guillaume Girard est aussi nommé ; mais en dernière ligne, après tous les moines.

La *Gallia christiana*, à la liste des abbés, fait figurer Pierre de Foix junior, alors âgé de six ans, aussitôt après Pierre de Béarn [2] ; un peu plus loin, aux abbés de Verteuil, on lit, à la date du 5 novembre 1455 : « Matheum Pecolli... procuratorem et vicarium generalem Petri episcopi Albanensis et cardinalis de Fuxo, in commendam provisi abbatiæ S. Crucis Burdegal. a Callixto papa III, anno pontificatus I indic. III [3] », ce qui désigne Pierre senior : Mezuret mentionne deux serments prêtés par les habitants de Soulac, l'un en 1455, à Pierre cardinal de Foix, c'est-à-dire à Pierre senior, l'autre à Pierre de Foix, notaire du pape, le 5 janvier 1461/1462, c'est-à-dire à Pierre junior [4]. M. Brutails, archiviste du département de la Gironde [5], a fixé définitivement la succession des abbés de Sainte-Croix en 1455, et 1462, en indiquant l'existence, dans le fonds de l'abbaye, d'une transcription de la bulle de Calixte III datée du 26 avril 1455, donnant la commende à Pierre senior, et en publiant une bulle de Pie II du 12 juin 1461, notifiant aux religieux qu'il a nommé abbé commendataire de leur couvent Pierre de Foix, clerc du diocèse de Lescar.

Le cardinal Pierre, en se faisant nommer abbé commendataire de Sainte-Croix, n'avait en vue que de conserver ce bénéfice à son petit-

1. Archives départementales de la Gironde, pièce n° 31.
2. *Gallia christiana*, t. II, col. 864. On y lit que Pierre Junior avait dix ans en 1455 ; c'est une erreur, puisqu'il est né le 7 février 1449 à Pau.
3. *Ibid.*, col. 887.
4. *Notre-Dame de Soulac ou de la Fin-des-Terres*, p. 291.
5. *Bulletin historique et philologique de la Commission des travaux historiques et scientifiques*, 1904, p. 555 et 556.

neveu ; il ne parut jamais à l'abbaye, dont il prit possession le 5 novembre 1455, par son procureur Mathieu Pecolli, à qui, par erreur, la *Gallia christiana* attribue les fonctions d'infirmier de Montmajour, monastère situé près d'Arles ; dans tous les actes originaux de l'abbaye Sainte-Croix, même les plus voisins de la date précitée, Pecolli figure comme suit : « Mathieu Pecol, monge, bachaly en dreyt, prior deu priorat de Monteliamar vicary generau de rev. peyre en diu e notable s' mossen lo cardinau de fox et adm' gnau deudeyt monestey[1] ».

Pierre de Foix senior, bien que d'illustre origine, avait pris fort jeune le froc franciscain à Morlas ; il devint abbé de Montmajour, évêque de Lescar en 1453 à l'âge de dix-neuf ans ; l'anti-pape Benoît XIII l'honora de la pourpre en 1409 ; il abandonna la cause de ce pontife au concile de Constance et Martin V confirma son titre cardinalice de Saint-Etienne *in Monte aureo*. Il rendit de très grands services à l'Eglise comme légat en Aragon, abandonna l'évêché de Lescar en 1422, pour le reprendre en 1433[2], fut nommé évêque d'Albano, archevêque d'Arles et vicaire général de divers papes à Avignon. C'est lui qui fonda à Toulouse le collège de Foix[3].

On comprend que d'aussi hautes fonctions n'aient pas permis à Pierre senior de venir à Sainte-Croix : Mathieu Pécoli le représente d'abord, puis Ramon de Cleu (alias de Clino). Pecoli eut à défendre les privilèges de l'abbaye contre les empiétements de la Jurade, ainsi que nous le raconterons plus loin.

Quand Pierre de Foix junior fut entré dans sa treizième année, son grand-oncle, déjà fort âgé, s'empressa de lui procurer la commende de l'abbaye Sainte-Croix. Pie II[4], tout en accordant cette faveur, décida, par une bulle du 6 des calendes d'octobre 1461, que le cardinal resterait « vicarium, rectorem et gubernatorem tam in spiritualibus quam in temporalibus » de l'abbaye tant que son petit-neveu n'aurait pas atteint l'âge de vingt-quatre ans ; la bulle lui réservait la faculté de sub-

---

1. Voir, notamment, Archives départementales de la Gironde, série G, liasse 2264.
2. *Gallia christiana*, t. I, col. 1297.
3. Faizon, *Gallia purpurata*, p. 470.
4. Une copie peu fidèle de la bulle existe aux Archives départementales de la Gironde, série H, Abbaye de Sainte-Croix, Carton n° 42 (prov.). — Cette bulle indique explicitement que Pierre junior entrait dans sa treizième année en 1461, ce qui confirme sa naissance en 1449.

roger un ou plusieurs vicaires. Pierre senior choisit d'abord Raymond de Cleu, « monge licentiat en decretz, obrey (ouvrier) de l'abadia sent pey de montmayor ». Raymond[1] était déjà le vicaire général du cardinal à Sainte-Croix, mais il avait lui-même un substitut, « Johan de la Sala... loctenent et procurador substitut ». A partir de 1461, Raymond de Cleu alla résider à l'abbaye[2], dont il devint réfectorier. Le dernier bail à fief du cardinal de Foix est daté du 13 décembre 1461. Pierre senior survécut trois ans à la nomination de son petit-neveu : il mourut le 13 décembre 1464, à Avignon, où il fut inhumé dans l'église des Franciscains; sur son tombeau était gravée l'épitaphe suivante : « Sub hoc humili jacet loco Petrus de Fuxo, creatus Cardinalis anno ætatis suæ vigesimo secundo, qui in concilio Constantiensi cum Cardinalibus et in Hispania legatus schisma delevit et duos Hispaniæ reges confederavit. Tiaram beati Sylvestri Lateranensi ecclesiæ restituit et diversas provincias ut pater patriæ annis triginta duobus rexit, Iacobi et Salome Marias alta locavit. Tandem anno 1464, mense decembri animam cœlo reddidit quam sancta suscepit de terra lucia Pauli Pontificis Maximi anno primo[3]. »

Comme son neveu, il portait écartelé au 1 et 4, d'or au pal de gueules, de trois pièces; au 2 et au 3, d'or à deux vaches passantes, de gueules, accornées, accolées et clarinées d'azur[4].

PIERRE DE FOIX JUNIOR était fils de Gaston IV comte de Foix, vicomte de Béarn, et d'Eléonore de Navarre[5] ; la bulle de Pie II que nous avons citée le dit clerc de Lescar; dans les premiers actes de l'abbaye, il s'intitule « prothonotary de nostro sent payre lo papa[6] »; dans un titre de 1473, portant sa signature autographe, il prend la qualification de « infans Navarræ[7] ». Il devint successivement évêque de Vannes et administrateur du diocèse d'Aire ; Sixte IV le créa, en 1476, cardinal-diacre du titre des Saints-Cosme-et-Damien. Il mourut à Rome, au

---

1. Archives départementales de la Gironde, série H, Abbaye Sainte-Croix, Carton n° 36.
2. Ibid., série H, Abbaye Sainte-Croix, Carton n° 67 (prov.).
3. FRIZON, Gallia purpurata, p. 473.
4. Ibid.
5. Ibid., p. 524 et 525.
6. Archives départementales de la Gironde, série H, Abbaye Sainte-Croix, Carton n° 75 (prov.).
7. Ibid., Carton n° 9 (prov.).

palais des Ursins, le 10 août 1490, et fut enseveli dans la basilique de Sainte-Marie-du-Peuple[1].

Les formalités de prise de possession de l'abbaye furent accomplies par Fort de la Chambre (Fortis de Aula), chanoine de Lescar, procureur *ad hoc* de Pierre junior, le 16 décembre 1461[2]. L'abbé ne paraît pas être venu jamais à Sainte-Croix; tous les baux passés sous sa gestion sont établis au nom d'un vicaire général. On trouve successivement : Raymond de Cleu, dont nous avons déjà parlé, qui reçut le serment des hommes de Soulac, le 5 janvier 1461/1462[3], et soumit au Parlement, le 24 mai 1467, une enquête relative à la délimitation de ce prieuré contestée par son éternel ennemi, le seigneur de Lesparre[4]; Garsias, évêque d'Oléron, chargé principalement des nominations d'officiers[5]; Arnaud Pros, qui est mentionné dans un acte sous le titre de docteur en décrets, abbé élu de Saint-Séver; Martin de Martin, prêtre; Bertrand de Man, infirmier; Louis Chaumont, sacristain et ouvrier.

Du temps de l'abbé Pierre junior, en octobre 1471, Charles, duc de Guienne, « fils et frère du roi de France », confirma, par une charte, les biens, droits et privilèges du monastère[6]. Il se produisit aussi des événements d'une certaine importance concernant la sauveté et les relations de l'abbaye avec l'église Saint-Michel; nous en reparlerons ailleurs[7].

On comprend que la direction d'un abbé de treize ans fut seulement nominale; l'autorité de ses vicaires généraux se ressentit de la jeunesse et de l'éloignement de celui qui les avait délégués; aussi, la discipline se relâcha-t-elle de plus en plus, surtout dans les prieurés. A une date imprécise, mais probablement dans les premières années de la gestion de Pierre junior, le prieur de Soulac, Benoît de Thoron[8], viola tous ses vœux, fait unique dans les annales de l'abbaye; pris de repentir,

1. Frizon, *Gallia purpurata*, p. 524 et 525.
2. Voir, notamment, Archives départementales de la Gironde, Registre H. 286, fol. 31.
3. Arch. dép., liasse B, n° 22.
4. Ibid.
5. Ibid., liasse B, n° 5.
6. Ibid., Registre H. 946, Inventaire des Archives de l'abbaye Sainte-Croix, 1784, p. 36.
7. Voir chapitre xvii.
8. Archives départementales de la Gironde, Registre H. 286, folio 40.

il sollicita son pardon, et le vicaire général de l'abbé permit de l'absoudre, à la condition qu'il restituerait tous les biens qu'il avait détenus en violation de la règle, et qu'il en emploierait la moitié à la réparation des monastères de Sainte-Croix et de Soulac, ainsi qu'à d'autres bonnes œuvres.

En 1475, au cours d'une procession faite pour la santé du roi Louis XI, un grand tumulte éclata dans la nef de l'église cathédrale Saint-André, au sujet de la préséance des croix des chanoines de Saint-Seurin et des moines de Sainte-Croix, malgré la présence des membres du Parlement, du maire et des jurats; le maire fit saisir et conduire dans la prison municipale de Saint-Eliége le prieur de Sainte-Croix, Pierre de Ferranhas. Cet incident ne fit pas perdre beaucoup de considération à ce religieux, puisque, en 1479, le jour des Rameaux, le chapitre le désigna pour prêcher dans la cathédrale [1].

Le successeur de Pierre junior fut ANDRÉ DE LESPINAY [2]; d'abord moine bénédictin, il devint prieur de Saint-Martin-des-Champs, et ensuite archevêque de Bordeaux (1478); il fut créé par Innocent VIII, le 14 mars 1489/1490, cardinal du titre de Saint-Silvestre et de Saint-Martin *in Montibus*; il disputa l'archevêché de Lyon avec Hugo de Talaire et, par la cession de ce dernier, conserva ce siège en 1499, gardant aussi celui de Bordeaux. D'illustre race bretonne, fils de Richard et de Béatrice de Montauban, il devint favori de Charles VIII, qui le fit gouverneur de Paris; il suivit le roi dans l'expédition malheureuse de Naples; à la bataille de Fornoue (juillet 1495) il se jeta dans la mêlée, mitre en tête, revêtu des ornements pontificaux et tenant haute la croix; un autre cardinal, Guillaume Briçonnet, combattait, entouré de plusieurs prêtres: « vir perpaucarum litterarum », dit Frizon.

Le Cardinal de Lespinay portait d'argent au lion coupé, le haut de gueules, le bas de sinople, couronné, lampassé et armé d'or, qui était d'Espinay, écartelé de gueules, à neuf macles d'or au lambel d'argent à quatre pendants, qui était de Montauban, et sur le tout, d'argent à une guivre ou bisse d'azur lissant de gueules, qui était de Milan [3].

---

1. Arch. dép. Registre des Actes capitulaires de Saint-André, 1404-1480.
2. FRIZON, *Gallia purpurata*, p. 530 et 531. *Gallia christiana*, t. II, col. 865, et t. IV.
3. LOPES, *L'église Saint-André de Bourdeaux*, t. I, p. 156, édition Çallen.

André de Lespinay est le premier qui ait pris le titre d'abbé commendataire : « abbat commendatary et administrador perpetuau ». Il intervint plusieurs fois personnellement dans les actes de l'abbaye : « Mossen Andriu Cardinau arcevesque de bourdeu et Lyon [1] », ce qui ne veut pas dire qu'il s'intéressa beaucoup à elle, car il en mit les revenus à ferme, pour 1200 écus d'or « à honorables hommes Guillaume du Bosc et Arnaud Fort, marchands de Bordeaux [2] ». Cet exemple sera suivi par la plupart de ses successeurs, à partir du XVII° siècle surtout.

L'abbé eut plusieurs vicaires généraux ; en 1492, Pierre de Ferranhas, prieur claustral, et Robert Bouchier, chantre [3] ; en 1495, Itey Christian, chambrier.

Les moines de Sainte-Croix, malgré la décadence du monastère, conservaient encore une certaine considération, car lorsque Charles VIII chargea Guillaume de Sanderville, et François Pastoureau de faire une enquête sur les anciens privilèges des Bordelais, l'un des témoins consultés fut le vieux Raymond de Cleu dont nous avons eu souvent l'occasion de parler [4].

André de Lespinay mourut à Paris, au palais des Tournelles ; il fut enterré dans l'église des Célestins ; on grava, en français, sur son tombeau, l'épitaphe suivante [5] : « Ci-git Révérend Père en Dieu Monseigneur André d'Espinay Archevêque de Lyon et de Bordeaux, primat des Gaules et d'Aquitaine, bienfaiteur plein de zèle de l'ordre des Célestins, mort à Paris, aux Tournelles, le 10 novembre de l'an du Seigneur 1500 ». Avant sa mort, le cardinal de Lespinay s'était démis de l'abbaye de Sainte-Croix en faveur de CHARLES-DOMINIQUE DE CARETTO, d'une ancienne famille génoise, frère d'Alphonse Ier, marquis de Final ; venu en France avec Louis XII, il devint sccessivement archevêque de Thèbes, archevêque de Reims, archevêque de Tours (1508), évêque de Cahors (1513 ou 1514), cardinal (1505) du titre des SS. Vite et Modeste

---

1. Archives départementales de la Gironde, série H, Abbaye Sainte-Croix, Carton n° 113 (prov.).
2. GAULLIEUR, *Histoire de la réformation à Bordeaux*, p. 17. Note 2.
3. Archives départementales de la Gironde, Registre H. 290.
4. Archives municipales, *Livre des Privilèges*, pièce n° 3.
5. FISTIÉ, *la France pontificale*, Archidiocèse de Bordeaux, p. 256. *La Gallia christiana*, t. II, aux Archevêques de Bordeaux, mentionne que l'épitaphe fut gravée en français, mais elle n'en donne que la traduction latine.

*in macello*¹ ; à partir de ce moment, il est appelé le cardinal de Final ; les titres de l'abbaye le nomment : « Mossen Carles archevesque de Thèbes en nom, abbat commendatary et administrador perpetuau de labadie », ou : « Mossen Carles de Carret, cardinau de Final, etc. »

Charles prit possession de l'abbaye en 1499, par Gabriel Gauffier, protonotaire apostolique² ; il eut ensuite pour vicaires généraux François Daynot du Saillant, sous-prieur ; Guillaume Delage, pitancier ; Philippe Brigitto, prieur claustral ; Pierre de Lasserre, sacristain ; Jacques Brosset, Conseiller au Parlement de Bordeaux ; Guillaume Leyga. Les procurations sont datées, tantôt de Milan, tantôt « de nostre maison de Valley, diocèse de Rodez », tantôt d'ailleurs ; Carreto voyageait beaucoup.

Daynot du Saillant, comme représentant de l'abbé, se joignit, le 30 octobre 1503, au syndic du chapitre Agnet de Chaumont, chambrier, pour en appeler au pape d'une imposition de « 40 reales » faite, en général, sur le monastère et en particulier sur les prébendiers, comme don de joyeux avènement, sous le nom de « charitativum subsidium », par le nouvel archevêque de Bordeaux, Jean de Foix ; quand cet appel eut été signifié à Andron de Lansac, vicaire général de l'archevêque, il répondit que ce prélat n'avait pas eu l'intention de taxer les monastères, ce qui mit fin au différend³.

Les précédents abbés commendataires avaient été en bonne intelligence avec les moines ; ils payaient des pensions en argent, fournissaient le pain et le vin prébendaux, laissaient aux religieux les revenus des offices claustraux, ce qui leur permettait de vivre dans les conditions anciennes ; la charge de cellérier avait été seule supprimée, comme inutile, en raison des pensions de l'abbé. Carreto, généreux d'habitude, voulut lésiner : il diminua l'importance des pensions et supprima les offices par voie d'extinction ; un arrêt du parlement du 23 mars 1501/1502⁴, rendu sur transaction, l'obligea à entretenir dans l'abbaye le nombre statutaire des moines (20) et à payer une rente annuelle de 500 francs pour la réparation des bâtiments. Battu devant les tribunaux laïques, l'abbé, vers 1504, s'adressa à l'abbé de Gaillac et au

1. *Gallia christiana*, t. I, aux évêques de Cahors, col. 147.
2. *Gallia christiana*, t. II, col. 865.
3. Archives départementales de la Gironde, Registre H. 946, folio 16.
4. Ibid., folio 100.

prieur de Saint-Martin-des-Champs[1] ; il en obtint une sentence fixant à sept le nombre des officiers du monastère. Les moines, réduits à la famine, refusèrent, à leur tour, au vicaire perpétuel et aux prébendiers le pain et le vin qu'ils avaient l'habitude de prendre à l'abbaye ; une sentence du sénéchal de Guienne, rendue le 17 septembre 1506, rétablit ces derniers dans leur droit[2].

Charles de Carreto, d'après le tome I de la *Gallia christiana*[3], mourut le 29 des calendes de septembre 1514, et fut enseveli à Rome dans l'église Sainte-Cécile, qui fut, en dernier lieu, son titre cardinalice, après ceux des Saints Vite et Modeste et de Saint-Nicolas ; le dernier bail à fief au nom de cet abbé porte la date du 20 août 1514 ; la *Gallia christiana* se trompe donc, quand elle affirme, au tome II, que de Carreto fut abbé de Sainte-Croix de 1500 à 1513 seulement[4].

Christophe de Brilhac, successeur de Carreto, fut, d'abord, archevêque d'Aix, puis évêque d'Orléans, et enfin archevêque de Tours (1514) ; il était pourvu de nombreuses abbayes, notamment de celle de Saint-Ambroise, dans le diocèse de Bourges ; il géra l'abbaye de Sainte-Croix de 1514 au premier des calendes d'août 1520, date de sa mort, par l'intermédiaire de Bertrand du Saillant, son vicaire général ; il n'est connu que par un certain nombre de transactions sans importance.

Cette série de cinq hauts dignitaires ecclésiastiques, tous grands seigneurs, n'avait pas été trop nuisible au monastère, à part les tentatives du Génois Carreto. Le successeur de Brilhac, François Daux (Dauxius, sur l'épitaphe ; certains écrivent d'Aux), choisi dans les rangs du clergé inférieur, fut, au contraire, un des plus mauvais abbés commendataires de Sainte-Croix, aussi bien pour les intérêts spirituels du couvent, que pour ses affaires temporelles.

Il commença par chasser presque tous les moines, n'en gardant que neuf : prieur, sous-prieur, sacristain, infirmier, chambrier, poissonnier, réfectorier, aumônier et simple religieux[5], auxquels il ôta même les

1. Arch. départ. de la Gironde, Registre des Arrêts, II. 993, p. 111 et suiv.
2. Ibid., série H, Abbaye de Sainte-Croix, Carton n° 71 (prov.).
3. T. I, col. 147.
4. Col. 865.
5. Archives départementales de la Gironde, série H, Abbaye Sainte-Croix, Carton n° 99 (prov).

moyens de suivre les offices conventuels en ne leur fournissant pas les livres liturgiques ni les ornements sacerdotaux nécessaires ; un arrêt du Parlement rendu le 5 mars 1520/1521 l'y contraignit[1] ; de leur côté, les moines, ne pouvant plus remplir leurs fonctions religieuses, avaient pris des habitudes de désordre intolérables, ce qui obligea le Parlement à en faire enfermer quelques-uns dans les prisons de l'archevêché et à condamner l'abbé (10 décembre 1520) à replacer un portier à l'entrée du couvent pour empêcher les religieux d'en sortir sans autorisation ; le même arrêt chargeait l'archevêque de se rendre à l'abbaye avec le procureur général, quatre commissaires, le Procureur général du Parlement et trois moines réformés, pour aviser aux mesures à prendre en vue de remettre en vigueur les Statuts et d'y faire vivre les vingt religieux qu'ils prévoyaient[2]. Cette commision n'arriva à aucun résultat utile. Daux, au contraire, réussit à faire sanctionner la situation fâcheuse qu'il avait créée, en obtenant un jugement, prononcé le 4 octobre 1521, « en la salle du Palais Royal de Lumbrière à Bordeaux », autorisant lui et ses fermiers à prendre tous les fruits de l'abbaye pourvu qu'il servît à neuf religieux seulement, au vicaire perpétuel, aux quatre prébendiers, et aux domestiques une pension totale de 779 francs bordelais et 80 sols tournois, 120 barriques de vin rouge « du treuilh de Sainte-Croix », 49 barriques de vin clairet, 12 barriques de vin pimpin, et 72 pains mongeaux de deux jours l'un. La part des neuf religieux était comprise dans ces chiffres pour 392 francs bordelais, 80 sols tournois, 80 barriques de vin rouge, 24 barriques de vin clairet, 4 barriques de vin pimpin et 47 pains tous les deux jours. L'abbé devait donner, en outre, pour les pauvres, 26 barriques de vin, 13 pains à chaque fournée et 2 sols tournois par jour[3].

Les moines ne voulurent pas subir cette situation. François de Boulière, sacristain, fit appel, en leur nom, de cette sentence, et de l'ordonnance rendue sous Carreto par l'abbé de Gaillac et le prieur de Saint-Martin-des-Champs ; il obtint gain de cause ; le grand Conseil, réuni

---

1. Arch. dép. de la Gironde, Liasse A, n° 10, Registre II. 946, folio 100.
2. Ibid., Inventaire des Archives de l'Abbaye Sainte-Croix fait en 1784, II. 946, folio 113.
3. Ibid., série II, Abbaye Sainte-Croix, Carton n° 99 (prov.). Le Registre II. 946 donne à cet arrêt la date du 7 septembre 1521, fol. 129.

à Lyon, où il tenait les Grands Jours, par un premier arrêt du 9 août 1525, cassa l'ordonnance de l'abbé de Gaillac et rétablit les offices supprimés[1], un autre arrêt du 5 janvier 1525/1526, rendu aussi à Lyon, condamna Daux à payer 500 livres tournois chaque année pour les réparations et à verser les arrérages de cette somme depuis sa nomination[2]; le parlement de Bordeaux confirma ces deux arrêts ; toutefois, pour permettre à Daux de les exécuter, il leva la saisie que les religieux avaient fait pratiquer sur ses revenus de Macau[3]. Daux s'était rendu à Lyon[4] pour soutenir sa cause, mais ses efforts n'aboutirent pas. De l'expertise des bâtiments faite le 24 avril 1526 par Nicolas Turault, maître charpentier, et Mathurin Gallopin, maçon, il résulte que les réparations à exécuter se montaient à 2500 livres pour le réfectoire et le dortoir et à 3000 livres pour l'église[5].

La conduite de Daux à l'égard de son abbaye s'explique par ses attaches avec les idées nouvelles; fortement soupçonné de protestantisme, il fut incarcéré le 4 avril 1526[6], dans les prisons de l'Hôtel de Ville et mis au secret sur l'ordre de Fevario, inquisiteur de la foi, et de l'auditeur de l'archevêque; il fut assez habile, pour se tirer rapidement de ce mauvais pas, car dès le 15 septembre il était en liberté et demandait avec arrogance à la Jurade un état du temps qu'il avait passé en prison, sans doute pour réclamer une indemnité[7]. Il crut prudent, toutefois, de se faire un peu oublier; il se dirigea sur Lyon, laissant sa procuration à Jean Echinard[8]. A son retour, il continua à garder la même attitude, et le Parlement dut encore intervenir en 1528, parce « qu'en l'abbaïe de Sainte-Croix ne se faict aucun divin service suivant l'intention, des fondateurs. Quatre jurats mandés à la barre[9] » reçurent mission de veiller à la célébration des obits.

---

1. Archives départementales de la Gironde, Carton n° 74. — Voir aussi Registre des Arrêts, II. 993, et Registre de Cartage des fiefs entre l'abbaye et l'abbé, II. 940. Inventaire de Sainte-Croix, II. 946, folio 100.
2. Ibid., Registre des Arrêts, II. 993.
3. Ibid., liasse D, n° 12.
4. Ibid., Registre II. 871, folio 185.
5. Ibid., II. 356.
6. Inventaire des Registres de la Jurade, t. VI, p. 3. GAULLIEUR, Histoire de la réformation à Bordeaux, p. 17, note 2.
7. Ibid., t. VI, p. 3.
8. Archives départementales de la Gironde, Registre II. 919, folio 27.
9. GAULLIEUR, Histoire de la réformation à Bordeaux, p. 17, note 2.

Daux se jouait des arrêts rendus contre lui et il maintint toujours sa néfaste ligne de conduite. Il échoua, cependant, lorsqu'il voulut lutter contre le fisc en refusant de payer le droit de main-morte, de donner le dénombrement des moines et la déclaration des biens de l'abbaye; le sénéchal de Guienne, sur l'ordre du Commissaire des amortissements, à Paris, saisit les revenus et les titres du monastère jusqu'à ce que l'abbé eût donné satisfaction (1520)[1]; sur nouvelle résistance, les gens d'armes firent main basse sur la maison du prieur.

Daux mourut le 17 août 1533; il fut enseveli le 18, dans l'église Sainte-Croix, près de l'autel autrefois dédié à saint Sébastien[2], non loin de la chapelle actuelle du Sacré-Cœur; son sépulcre, qui tombait en ruines en 1823, a, de nos jours, complètement disparu, mais il reste la plus grande partie de l'épitaphe; nous la reproduisons ailleurs[3].

Le jour même du décès de François Daux, le chapitre nomma syndic du monastère l'hôtelier Antonin Guérin[4]. La même année, AUGIER HUNAULT DE LANTA, « docteur ès droits, conseiller du Roy nostre Sire en sa cour de Parlement de Bordeaux », fut nommé abbé commendataire de Sainte-Croix. Il était né en mars 1497[5] et appartenait à une ancienne famille du diocèse de Rieux, qui avait des alliances en Périgord[6]; il portait « fascé d'argent et de gueules de 6 pièces, alias fascé d'argent et de sable[7] ». Il avait été nommé Conseiller clerc au Parlement de Bordeaux, le 4 septembre 1526, en remplacement de Roger de Candelay[8]; Bellet donne, à tort, la date de 1545; ce fut, d'après lui, le premier Conseiller clerc, « actu et habitu »[9]; le 25 juin 1529, accompagné de Guillaume de Lanta, il était venu annoncer au chapitre le décès de l'archevêque Jean de Foix, survenu le même jour à Cadillac[10]; en 1542, il passa au Grand Conseil où il resta jusqu'en 1551,

---

1. Archives départementales de la Gironde, Inventaire de l'abbaye Sainte-Croix, 1784, Registre II. 946, folio 40. — Voir aussi, Carton n° 31 (prov.).
2. *Gallia christiana*, t. II, col. 865.
3. Chapitre xv.
4. Archives départementales, série H, Abbaye Sainte-Croix, liasse A, n° 4.
5. Archives hist. du dép. de la Gironde, t. XXX, p. 19.
6. P. MELLER, *Armorial du Bordelais*, t. II, p. 215.
7. P. MELLER, *loc. cit.*
8. Arch. hist. du dép. de la Gironde, t. XXX, p. 19.
9. Bib. mun. de Bordeaux, ms. n° 828, p. 67.
10. Arch. dép., *Actes capit. du chapitre de Saint-André.*

époque à laquelle il fut nommé Conseiller Honoraire du Parlement de Bordeaux[1] ; le 5 janvier 1544, il présenta au chapitre les lettres apostoliques concernant la nomination de Jean du Bellay à l'archevêché de Bordeaux et prêta serment en son lieu et place ; en 1545, il fut chargé par du Bellay d'administrer le diocèse[2] ; le 29 avril 1558, après la mort de François de Mauny, du Bellay, redevenu archevêque de Bordeaux, le nomma, de nouveau, son vicaire général[3] ; en 1566, il fut député du clergé à l'assemblée de Paris[4].

Hunault de Lanta continua les errements de l'abbé Daux pendant les trente et une années de sa gestion. Le nombre des moines, jusqu'en 1563, resta réduit à sept ; la discipline n'existait plus, et l'on vit, notamment, le syndic des religieux faire condamner en Parlement le 23 août 1534, le prieur claustral, qui, « pour certaine hayne particulière... refusait de le laisser sortir pour vaquer à ses affaires » ; le monastère et le moulin tombèrent peu à peu en ruines et l'abbé voulut se décharger du soin des réparations en allouant à quelques-uns des officiers des sommes dérisoires.

Lanta, comme Daux, tenta de refuser de payer le droit de mainmorte ; ses revenus et ceux des religieux furent saisis, à la requête du procureur général du Parlement, et il n'obtint d'être remis en possession que le 19 juin 1535, en s'engageant à payer à François Ier trois décimes en manière de don gratuit.

Cet abbé faillit, peu après, payer de sa vie sa lésinerie et celle de son prédécesseur : « comme plusieurs personnes de qualité et notamment un président aux requêtes du Parlement de Bordeaux, passassent le temps de l'après-midi à jouer au piquet, à l'homo et au reversin dans la grande salle de l'abbéie, le plancher du haut de la dite sale, les cadènes manquant, tomba et blessa grandement plusieurs de ceux qui jouyoyent..... »[5].

Lanta étant Conseiller au Parlement, il était difficile de faire prononcer des arrêts contre lui ; les moines cependant y parvinrent, sur la fin de sa gestion : le 31 juillet 1560, ils obtinrent qu'une enquête fût

---

1. Arch. historiques du dép. de la Gironde, t. XXX, p. 19.
2. Arch. dép., liasse G, n° 1.
3. Arch. hist. du dép. de la Gironde, t. XXX, p. 19.
4. Arch. dép., liasse G, n° 26.
5. GAUFFRETEAU, *Chronique bordelaise*, t. I, p. 62.

ouverte ; le conseiller de Ciret la fit traîner trois ans ; au moment où il allait conclure contre l'abbé, Lanta entra en arrangement avec les religieux et signa, le 23 juillet 1563, une transaction qui fut enregistrée au Parlement le 27. L'abbé s'engageait[1] à entretenir onze officiers (au lieu de quinze) : prieur claustral, sous-prieur, sacristain, hôtelier, poissonnier, pitancier, aumônier, chantre, chambrier, infirmier et réfectorier ; en outre il devait faire vivre dans l'abbaye un mongeat ou simple moine (au lieu de cinq), quatre prébendiers, un portier, un notaire, un barbier et un jardinier. Pour l'ensemble de ce personnel, il devait donner chaque année une pension de 464 francs bordelais, plus 24 livres 14 sols tournois comme compensation de la célébration par les moines des obits dévolus à l'abbé ; 37 barriques de vin rouge, 108 barriques de vin clairet, 4 barriques de vin pimpin ; de 2 jours l'un, il s'engageait à fournir 64 pains mongeaux de 32 onces chacun. En vue de garantir cette dernière fourniture, l'abbé devait faire mettre, chaque année, dans les greniers de l'abbaye fermés sous deux clés, 200 boisseaux de blé et déposer, en outre, 250 livres tournois entre les mains d'un marchand de grains de Bordeaux, pour parfaire l'approvisionnement convenu, en cas d'insuffisance de la récolte ; l'abbé gardait pour lui deux tonneaux de vin de Graves et distribuait le reste aux officiers, dans l'ordre où nous les avons nommés ; le vin de Graves terminé, la pension était servie avec le vin de Macau.

Il était temps qu'une transaction intervînt, les religieux « seraient morts de faim, n'avaient esté seulement personnaiges honnestes qui leur avaient presté argent[2] ». Lanta prenait, en effet, presque tout le revenu du monastère. Il est probable, d'ailleurs, que si l'abbé se montra si conciliant en 1563, c'est parce qu'il était sur le point de résigner son abbaye.

Il serait téméraire d'affirmer que Lanta partageait les opinions religieuses de son prédécesseur ; il est certain qu'il fut, d'abord, partisan de la tolérance ; en 1550, un clerc nommé Lavigne, traduit devant le Parlement comme hérétique et blasphémateur, allait être condamné à mort, lorsqu'un des juges prétendit que, d'après les dires de l'abbé

---

1. Archives départementales de la Gironde, série H, Abbaye Sainte-Croix, Carton n° 99 (prov).
2. Ibid., Registre H. 356.

de Sainte-Croix, un Indult du Pape Jules III, alors régnant, accordait un délai de trois mois aux hérétiques pour abjurer ; le délai fut accordé, mais Henri II blâma le Parlement[1]. Gaullieur, par contre, accuse Lanta d'avoir été le dénonciateur de Pierre Fugère, riche marchand de Bordeaux, brûlé vif sur la place de Lombrière, au mois de juillet 1559, pour avoir brisé une croix de pierre au faubourg de Saint-Seurin[2], mais ce témoignage est peut-être suspect ; ce qu'il y a de certain, c'est que le culte et la prédication protestants avaient lieu en 1563, non loin de la porte de Sainte-Croix[3], sans que Lanta paraisse avoir rien fait pour y mettre un terme ; il ne semble pas, non plus, s'être inquiété d'une chanson d'origine calviniste qui courut la ville en 1560, raillant les cérémonies de la fête de saint Mommolin, alors si fréquentées[3] ; en 1545, le bénédictin Bouchier, peut-être l'ancien vicaire général d'André de Lespinay, comparut devant le Parlement, accusé du crime d'hérésie[3].

Lanta se montra aussi peu généreux envers les pauvres qu'à l'égard de ses moines ; un arrêt rendu le 26 novembre 1549 par trois conseillers au Parlement de Paris, pendant la surséance du Parlement de Bordeaux, le taxa à « demy escu sol » pour les pauvres pestiférés[3] ; il fallut un autre arrêt du Parlement, rendu le 16 février 1559, pour le contraindre, lui et les prieurs hospitaliers de Bordeaux, à venir en aide aux malades de l'hôpital Saint-André[4]. Un peu plus tard, le 17 novembre 1562, l'archevêque ayant libéralement offert 100 livres tournois à cet hôpital « attendu disette et cherté des grains », l'abbé ne l'imita pas : un nouvel arrêt le condamna à payer 20 livres tournois « oultre ce quoy il a esté condamné par arrest précédent »[4].

Malgré son peu de zèle, Lanta sut, en plusieurs circonstances, affirmer le droit de l'abbaye. En février 1650-1551, il obtint de Henri II, pourtant mal disposé à l'égard de Bordeaux, une ordonnance confirmant les privilèges de Sainte-Croix[5]. La Jurade, à la suite d'un arrêt du Parlement, dut suspendre la construction de l'hôpital de la Peste, com-

---

1. BOSCHERON DES PORTES, *Histoire du Parlement de Bordeaux*, t. I, p. 57.
2. GAULLIEUR, *Histoire de la réformation à Bordeaux*, p. 176, 207, 345.
3. GAULLIEUR, *Histoire de la réformation à Bordeaux*, p. 79.
4. Archives historiques du département de la Gironde, t. XVIII, pièce n° 334, et t. XXV, pièce n° 153.
5. *Gallia christiana*, t. II, col. 865.

mencé sur le terrain mouvant du monastère où fut bâti, au XVII° siècle, l'hospice de la Manufacture¹ ; les Jurats établirent l'hôpital de la Peste sur une maison et un jardin de la rue Nérigean qu'ils acquirent, le 7 mars 1531, de Sanson Coutenceau² ; le terrain que les Jurats avaient d'abord choisi fut donné en fief par les religieux à Guillaume de Limes, qui avait fait les frais du procès.

Antoine de Bourbon, roi de Navarre, père de Henri IV, commandant la province de Guienne, jeta deux ponts sur l'Eau Bourde, en 1557 ; l'un, appelé ensuite pont de la Manufacture, traversait le ruisseau près de son embouchure ; l'autre, nommé plus tard pont de Lentillac, était placé au carrefour formé actuellement par les rues Peyronnet, de Tauzia et de Lentillac ; on en a retrouvé les substructions récemment ; Antoine de Bourbon fit faire aussi un chemin de ronde qui traversait le fief de Limes ; pour toutes ces emprises sur les terres de Sainte-Croix, il dut s'engager à payer une rente de 20 francs bordelais par an ³.

Parmi les baux à fiefs passés par Lanta comme « seigneur et baron de la terre et seigneurie de Macault, illes et padouens », il y a lieu de signaler celui par lequel l'abbé et les religieux concédèrent au sieur de Casau, le 4 juin 1545, les lieux appelés Pissebernard et Bayardeau, depuis île de Casau « à ung escu d'or de rente ». Le bail indique expressément que ces deux tènements faisaient, autrefois, partie de l'île de Macau, et qu'ils en avaient été séparés « par l'impétuosité du courant à deux, puis à trois reprises »⁴ ; nous verrons plus tard d'autres effets d'atterrissement et de destruction produits par le fleuve dans ces parages.

Hunault de Lanta étant devenu doyen du chapitre de l'église Saint-Seurin de Bordeaux et abbé de Saint-Sauveur de Blaye, voulut céder son abbaye de Sainte-Croix à celui qui y mettrait le prix. François de Salignac, archidiacre de l'église métropolitaine Saint-André de Bordeaux,

---

1. Archives départementales de la Gironde, série H, Abbaye Sainte-Croix, Carton n° 92. Mémoire instructif pour messire François de Béringhen, contre MM. le Maire, Soumaire et Jurats de Bordeaux, Brochure, avec plans, en partie imprimée, en partie manuscrite.
2. Ibid., série H, Abbaye Sainte-Croix, Registre n° 347.
3. DUCOURNEAU. La Guienne monumentale, t. II, p. 208 et 209.
4. Archives départementales de la Gironde, série H, Abbaye Sainte-Croix, Carton n°ˢ 90 et 59 (prov.). — Certains documents portent 1542, mais l'original est daté du 15 juin 1545 (Carton 59 prov.).

qui agissait en même temps pour le compte d'un certain Antoine de Senneterre, le mit en relations avec les Salviati [1] ; c'étaient des Florentins d'une illustre origine, considérant l'évêché de Saint-Papoul et l'abbaye Saint-Sauveur de Redon comme leurs fiefs et qui se passaient l'un à l'autre la pourpre cardinalice depuis près d'un siècle [2]. Les représentants actuels de la famille étaient Bernard et Jules Salviati. Bernard était fils de Lucrèce de Médicis et, par suite, neveu de Léon X ; il entra d'abord dans l'ordre de Malte, dont il devint grand-prieur à Rome, puis amiral, il fit trembler les Turcs, ruina Tripoli et saccagea Scio ; en 1559, il embrassa l'état ecclésiastique et se rendit en France auprès de Catherine de Médicis, sa parente, qui en fit son grand aumônier ; il eut l'abbaye Saint-Sauveur de Redon, l'évêché de Saint-Papoul, puis celui de Clermont (1561) ; Pie IV le nomma cardinal la même année. Bernard était fort embarrassé d'un neveu Jules Salviati, entré dans la cléricature, mais qui ne pouvait, à cause de sa naissance illégitime, aspirer à la pourpre, ni même à l'épiscopat. Bernard, après avoir obtenu pour lui de Henri II, le 21 mai 1554, l'autorisation d'avoir des bénéfices en France [3], en fit, d'abord, son vicaire général à l'abbaye Saint-Sauveur de Redon, lui donna sa procuration et songea à acquérir l'abbaye Sainte-Croix pour la lui passer ensuite. Une première transaction fut signée à Lyon, le 20 juin 1564, avec François de Salignac ; Jules s'engageait, au nom de son oncle, à résigner l'évêché de Clermont en faveur d'Antoine de Senneterre ; Salignac, de son côté, promettait de faire obtenir à Bernard l'abbaye Sainte-Croix ; cet accord fut confirmé, à Toulouse, le 9 février 1565 ; Lanta signa ensuite avec Bernard un concordat qui fut approuvé, en 1566, par Charles IX. Bernard avait obtenu ses bulles de provision le 16 des calendes de février 1565, mais il ne prit possession de l'abbaye, par l'intermédiaire de Jules, que le 2 octobre 1566 [4]. Au moment où cette cérémonie avait lieu, Jules était déjà nanti, par le pape Pie V [5], depuis le 19 des calendes de septembre, de ses bulles pour

1. Archives départementales de la Gironde, Registre H. 941, folio 1.
2. Ibid., Voir au sujet des Salviati la *Gallia christiana*, t. II, col. 865, et *Dictionnaire de Moreri*.
3. Ibid., Registres H. 941, p. 1, et H. 942, p. 3 verso.
4. Ibid. série H, Abbaye Sainte-Croix, Registres H. 941 et 942.
5. Ibid. Le texte original de la bulle se trouve dans la liasse C. n° 1 ; il est un peu détérioré aux plis. Il est écrit à la sépia ; l'écriture est magnifique et l'encadrement est admirablement calligraphié. Une autre bulle de la

Sainte-Croix, avec la dispense, datée du même jour, nécessitée par sa naissance illégitime. Le pape enjoignait au nouvel abbé de prêter un serment, dont il donnait le texte, entre les mains de l'official de Bordeaux, de Clermont, de Saint-Papoul ou seulement de l'un d'eux. L'envoi en possession de Charles IX est daté du 7 novembre 1566 ; le roi, étant amené à parler du cardinal Bernard Salviati, l'appelle son cousin [1], et il l'était en effet par sa mère Catherine de Médicis. Jules prit possession en personne, le 10 avril 1567 [2]; le verbal en fut fait par Antoine de Tauzia, conseiller en la sénéchaussée. Quant à Antoine de Senneterre, il paraît s'être laissé duper par les habiles Italiens avec qui il avait traité, car il n'obtint l'évêché de Clermont qu'en 1570, après la mort de Bernard. Ce trafic honteux des choses saintes soulève le dégoût et l'on est fâché de voir le grand et vénérable Pie V sanctionner de pareils actes.

Augier Hunault de Lanta survécut plusieurs années à sa résiliation ; il mourut en 1570 et fut enterré dans l'église Saint-Seurin de Bordeaux [3]. Son tombeau, qui existe encore, porte l'épitaphe suivante :

« Augerio Hulnado Lantano V C et N pridem S. Crucis apud Burdigalam, nuper S. Salvatoris apud Blaviam abbati dignissimo atque hujus ecclesiæ canonico et decano meritis egregiis honoribus, muneribus diu sancteque perfuncto, pio, probo, officioso, perhumano cum primis grato et liberali, omni virtutum generi alioqui incomparabiliter ornato. P. Hunal, Lant. patruo observantiss. et chariss. hoc monumentum gratus et mœstus po. Vixit an. 73 men. 10, obiit Burdigal. 14 décembre 1570. »

Le cardinal BERNARD SALVIATI, pendant sa courte gestion de l'abbaye Sainte-Croix, se conduisit en grand seigneur ; il orna d'une tourelle la maison abbatiale et y construisit un escalier de pierre sur les parois duquel il fit graver ses armes [4]. Il mourut à Rome le 8 mai 1568, peu après la prise de possession de son neveu, et fut enseveli dans l'église Sainte-Marie de la Minerve [5].

---

même date, relative à la nomination de Jules Salviati, se trouve à la même liasse.

1. Archives départementales, série H, Abbaye Sainte-Croix, Carton n° 25 (prov.).
2. Ibid., Registre H. 941, folio 1.
3. *Gallia christiana*, t. II, col. 865.
4. *Gallia christiana*, t. II, col. 865.
5. Ibid., col. 297 et 298.

Jules Salviati, au contraire, eut une gestion néfaste ; pendant les quarante années qu'il régit l'abbaye, il accumula ruines sur ruines et mérita l'exécration de tout l'ordre bénédictin, qui ne cesse, à juste titre, de le maudire chaque fois que son nom est mentionné dans un document quelconque[1]. Corruption complète de la discipline et des mœurs, querelles incessantes avec les religieux, ruine de l'église et du monastère, chapelle abbatiale et lieux réguliers transformés en celliers ou en greniers, croix brisées, sépultures violées, argent des reliquaires enlevé, pillage des archives, cession frauduleuse de l'important prieuré de Saint-Macaire, tel est le résumé de la gestion de Jules Salviati[2]. On ne s'explique pas qu'un pareil personnage ait pu se faire accepter comme vicaire général par l'archevêque d'Auch, Aloys, cardinal d'Este[3], et surtout, par le bon cardinal de Sourdis.

Jules Salviati laissa presque continuellement la direction de l'abbaye à des procureurs ou à des vicaires généraux. François Denort (ou de Nort), prieur de Virazeil, « procurator generalis in spiritualibus et temporalibus[4] », paraît s'être occupé surtout des questions spirituelles et des nominations d'officiers ; Mathieu Ablain[5], Matteo Certani (Mathieu Certain)[6], Jean de Lagarde, Pellisson[6], Jules Carpan[6], Raimond Orlic[7], etc., furent surtout chargés des affaires proprement dites.

---

1. Voir, notamment, la Notice que la *Gallia christiana* consacre à cet abbé, t. II, col. 865.
2. Toute cette gestion déplorable est admirablement résumée dans la lettre éloquente que Dom François Rolle écrivit à Jules Salviati lorsqu'il fit la visite officielle de l'abbaye Sainte-Croix pour l'affilier à la Congrégation des Exempts. Dom Devienne en reproduit le texte, *Histoire de Bordeaux*, t. II, p. 98.
3. Archives départementales de la Gironde, Registre H. 946, Inventaire de l'abbaye Sainte-Croix, 1784, folio 102.
4. Saint-Vincent de Virazeil (de Virazello), près Marmande, était un prieuré simple et séculier, dépendant de l'abbaye Saint-Gérald, d'Aurillac ; il rapportait, en 1789, toutes charges déduites, 6400 livres (Pouillé du diocèse d'Agen). De Nort, fils de Martial et d'Anne de Tapie, « estoit appelé à Bourdeaux M. de Vireseil, et aultres par chaffre (surnom), la grande barbe » (Gaufreteau, t. I, p. 100). Il fut curé de Sadirac, chanoine de Saint-Seurin de Bordeaux et chanoine d'Agen ; il mourut à Bordeaux, le 24 mai 1605. On peut lire son testament, qui fut ouvert le 25 may 1605, au t. XXVIII de le collection des Archives historiques (p. 148, pièce n° 61) ; il s'y intitule prieur de Virazelh et chanoine de l'église cathédralle d'Agen. »
5. Ibid., Carton n° 18.
6. Archives départementales de la Gironde, Registre H. 946, Inventaire de l'abbaye Sainte-Croix, 1784, folio 134.
7. Ibid., folio 101.

Dès le 4 juin 1567[1], Jules Salviati fut condamné par le Parlement à faire établir une horloge, à fournir les livres de chœur, les chandeliers et autres objets nécessaires au culte : il avait voulu s'exonérer, sans doute, de « l'ancienne et louable coutume, de tout temps observée dans l'abbaye » obligeant chaque nouvel abbé « à fournir à l'église et sacristie... à cause de son joyeux avènement, une chapelle garnie[2] » ; le 1ᵉʳ juillet 1569, la transaction conclue, en 1563, avec Hunault de Lanta fut confirmée[3] : le procureur de l'abbé, Matteo Certani, s'engagea, en son nom, à fournir chaque année « 21 boisseaux de blé froment pour les moines qui prenaient cinq pains, et treize boisseaux pour ceux qui en prenaient trois, soit 330 boisseaux 1/2 pour les douze religieux et quatre prébendiers ; autre arrêt rendu en 1576, condamnant Salviati à fournir le fût des barriques de cinq en cinq ans, à payer le portier et le notaire ; plus tard, on dut le contraindre à livrer, conformément à la transaction de 1563, la mouture du moulin aux religieux et à payer l'organiste. Le dortoir s'écroulant, le Parlement enjoignit aux moines, le 9 mai 1582, d'en sortir immédiatement et invita l'abbé à leur fournir un refuge dans la maison abbatiale[4]. Salviati s'inquiétait peu de toutes ces sentences ; quand un bâtiment menaçait ruine, il le faisait démolir sous prétexte de réparations et ne le rebâtissait pas ; c'est ainsi qu'il procéda, notamment, pour la chapelle où se réunissait le chapitre, dont il fit même enlever les sépultures[5]. Sur l'emplacement des lieux réguliers ainsi démolis, il fit construire une superbe maison abbatiale[6]. De 1582 à 1604, les religieux sont constamment en procès ; tout manquait dans l'abbaye, même les meubles les plus nécessaires qu'un arrêt du 10 avril 1585, invita Salviati à fournir pour seize chambres[7]. Le 10 mars 1583, les religieux faisaient les doléances suivantes aux Visiteurs de la Congrégation des Exempts[8] : « ils ne peuvent faire directement le service de l'esglise à raison que les vi-

---

1. Arch. dép. de la Gironde, série H, Abbaye Sainte-Croix, Carton n° 118.
2. Ibid., Carton n° 51.
3. Ibid., Carton n° 85.
4. Ibid., série H, Abbaye Sainte-Croix, Carton n° 107 (prov.).
5. Ibid., Registre H. 946, Inventaire de l'Abbaye Sainte-Croix, 1784, folio 103.
6. *Actes de l'Académie de Bordeaux*, 1842, p. 235.
7. Archives départementales de la Gironde, Registre H. 946, Inventaire de l'abbaye Sainte-Croix, 1784, folio 102.
8. Ibid., série H, Abbaye Sainte-Croix, Carton n° 46 (prov.).

tres sont rompues » ; ils demandaient que l'abbé « fasse réparer la cloison du cœur depuis le grand autel jusques à la chère abbatiale... qu'il mette une cloche au petit clocher pour sonner les heures et deux grandes au grand clocher, qu'il mette sur le dortoir ung orloge garny de réveil matin pour éveiller les religieux à minuit pour aller à matines... »

Un abbé comme Jules Salviati s'occupait peu de la discipline intérieure du monastère ; aussi, tout y allait-il de mal en pis ; certains religieux disaient leur messe pendant qu'on chantait l'office, et ceux qui étaient au chœur se hâtaient de psalmodier, sans faire les pauses nécessaires; tandis que les uns chantaient, les autres discutaient leurs affaires particulières; les matines commençaient tardivement, les moines sortaient librement du couvent et y tenaient des « chambrières scandaleuses » ; quelques-uns apostasiaient, comme le fit le pitancier Louis de Boyssonnade, en 1585[1] ; les officiers, à peine pourvus de leurs charges, les résignaient; d'autres, comme les prieurs claustraux, Jean Arnaut et Jean de Fayssac, devaient être remplacés, parce qu'ils ne faisaient pas résidence ; certains n'avaient pas les aptitudes voulues; tel le prieur claustral, Jean Duffau[2] ; c'était l'anarchie. On ne comprenait plus rien, d'ailleurs, à la collation des offices ; en 1567, Salviati nommant un sous-prieur dit, avec raison : « cujus collatio, provisio... ad... dominum abbatem spectat » ; en 1594, la nomination à la même charge est faite par les vicaires généraux du diocèse, le siège vacant, et ils écrivent : « collatio ad nos jure devoluta sit, spectet et pertineat » ; vers le même temps et toujours pour le sous-priorat, c'est le pape qui prétend que « collatio juxta Lateranensis statuta concilii est ad sedem apostolicam ultima devoluta », en 1586, c'est l'archevêque de Sansac qui s'attribue le même droit[3]. Les officiers deviennent eux-mêmes commendataires et prennent possession par procureur. Les règles les plus anciennes étaient, en un mot, bouleversées. Un exemple montrera jusqu'à quel point la discipline était relâchée. Le 23 août 1586, frère Antoine Chausseton fit réunir le chapitre et lui signifia que, après avoir porté sept

1. Archives départementales de la Gironde, série H, Abbaye Sainte-Croix, Carton n° 47 (prov.).
2. Ibid., Carton n° 33 (prov.).
3. Ibid., série H, Abbaye Sainte-Croix, Carton n° 76 (prov.).

mois l'habit de saint Benoît, il reconnaissait ne pouvoir se plier à la règle et désirait quitter le couvent : le chapitre trouva cette demande toute naturelle, et pour relever Chausseton de ses vœux, le prieur prononça la formule suivante[1] : « Exuat te Dominus novum hominem quo inductus fuerat et qui secundum Deum creatus est in spiritu et veritate; in nomine Patris et Filii et Spiritus Sancti. Amen. Vade in pace ». Le prieur dépouilla Chausseton de sa celle régulière, et le notaire du couvent dressa acte de l'opération.

Parmi les religieux dont l'abbaye était composée du temps de Jules Salviati[2], plusieurs souffraient vivement de l'état déplorable du monastère. Ces moines fidèles à leur devoir essayèrent, d'abord, tout en maintenant l'autonomie du monastère, d'élaborer de nouvelles règles, que tous s'engageraient à observer ; leurs efforts furent infructueux[3] ; ils voulurent ensuite (1580)[4] affilier l'abbaye à la Congrégation de Chezal-Benoît, formée depuis près d'un siècle en vue de restaurer la discipline bénédictine en France. Chezal-Benoît était une abbaye située à huit lieues de Bourges[5], dans laquelle l'abbé Pierre IV de Maso (mort en 1491) rétablit l'antique observance ; cette réforme, approuvée par des lettres apostoliques, s'étendit à plusieurs monastères, et Léon X, en 1515, sur la demande de François Ier, reconnut la nouvelle Congrégation[6]. Quelques religieux de Chezal-Benoît vinrent à Sainte-Croix pour y mettre leurs Statuts en pratique, mais un arrêt du Grand Conseil, auquel Salviati ne fut, sans doute, pas étranger, les obligea à se retirer[7].

Cette tentative n'ayant pas abouti, quelques religieux signalèrent au Parlement de Bordeaux les abus qui se commettaient dans l'abbaye; cette assemblée rendit, le 19 décembre 1580, un arrêt pour rétablir la

1. Archives départementales de la Gironde, Carton n° 87 (prov.).
2. Le chapitre était ainsi composé, à la date du 21 septembre 1590 : Jean Gros, prieur claustral ; Raimond Orlic, réfectorier, procureur de l'abbé; Pierre Pinet, chambrier ; Yves Decaulx, sacristain ; Jean Ornin, infirmier ; Jean Tuffau, aumônier ; Jean Chipault, poissonnier ; Adrien Maugis, pitancier ; Germain Dada, Jean Coly et François Tortaly, religieux simples (Carton n° 85).
3. Dom DEVIENNE, Histoire de Bordeaux, t. II, p. 96.
4. Gallia christiana, t. II, col. 165.
5. Ibid., t. II, col. 165.
6. Archives départementales de la Gironde, Registre H. 946, Inventaire de Sainte-Croix, 1784, folio 121.
7. DABADIE, ms. 12734, p. 86 (verso).

discipline[1] et décida que trois pères réformateurs seraient introduits pour veiller à la bonne exécution de la règle. Ceux des religieux qui vivaient dans le désordre, effrayés des conséquences de cet arrêt, s'empressèrent de faire remarquer à Salviati que le Parlement avait empiété sur ses prérogatives ; l'abbé se laissa facilement convaincre, et grâce à ses démarches la décision du Parlement resta lettre morte[2].

En présence de ce nouvel échec, les moines se mirent d'accord pour tenter de s'affilier à la Congrégation des Exempts ; ce ne fut pas l'amour de la discipline qui détermina cette union, mais le désir d'arracher, par cette affiliation, au Parlement de Bordeaux, favorable aux Jésuites, le jugement relatif au prieuré de Saint-Macaire[3], que les pères de la Compagnie de Jésus voulaient enlever à l'abbaye Sainte-Croix ; toutes les causes des couvents unis aux Exempts étaient, en effet, justiciables du Grand Conseil. Il fallait, d'ailleurs, pour se conformer à un décret du concile de Trente approuvé par l'Ordonnance de Blois, s'affilier à une Congrégation ou se soumettre à la visite de l'archevêque[4].

Le 18 avril 1582, le sous-prieur Lespiaut, assisté de deux religieux de Sainte-Croix qui achevaient leurs études à Paris[5], se présenta au chapitre général de la Congrégation des Exempts réuni à ce moment ; il demanda l'affiliation, s'engageant à la faire ratifier par ses confrères de Bordeaux. Avant d'accéder à cette demande, on écrivit à l'archevêque de Bordeaux pour avoir l'assurance que l'abbaye était exempte de sa juridiction. Prévost de Sansac, gêné par cette question en raison de l'affaire de Saint-Macaire, dans laquelle il avait pris parti pour les Jésuites, ne se pressa pas de répondre, mais les religieux ayant produit l'original de la bulle de Martin V, l'union fut prononcée le 15 juin 1582 et constatée par un acte que dressa le notaire Bernard[6].

Dom François Rolle, président ou vicaire de la Congrégation des

---

1. Archives départementales de la Gironde, série H, Abbaye Sainte-Croix, Carton n° 109, Registre H. 993, folio 111.
2. Dom DEVIENNE, *Histoire de Bordeaux*, t. II, p. 96.
3. Voir chapitre x.
4. HÉLYOT, *Histoire des Ordres monastiques*, t. VI, p. 254.
5. Archives départementales de la Gironde, série H, Abbaye Sainte-Croix, Liasse A, n° 8.
6. Archives départementales de la Gironde, série H, Abbaye Sainte-Croix, Carton n° 98 (prov.).

Exempts, vint faire la visite officielle de l'abbaye[1]; elle fut très solennelle, et dura onze jours à partir du 1ᵉʳ mars 1583. Tous les prieurs furent convoqués et se rendirent à Sainte-Croix, à l'exception de celui de Saint-Macaire que l'on déclara contumace. Salviati avait promis d'assister à la visite, mais il se fit remplacer par son procureur général de Nort. Dom François Rolle constata le relâchement de la discipline, la délabrement de l'église et des bâtiments réguliers. Il signala cette situation à Salviati, par une lettre très sévère[2] dans laquelle il relatait toutes les graves irrégularités qu'il avait constatées, exhortait l'abbé à revenir à de meilleurs sentiments et à exercer ses fonctions dans un esprit plus évangélique. Salviati, bien entendu, ne tint aucun compte des remontrances si dignes qui lui étaient adressées ; il s'efforça par tous les moyens en son pouvoir de contrecarrer l'action de Rolle ; de son côté, le Parlement rendit, le 10 septembre 1583[3], un arrêt long et minutieux concernant la réforme du monastère dont il prescrivit la visite par une Commission chargée de l'application des mesures qu'il venait d'édicter. Cette visite eut lieu le 15 décembre 1583[4], en présence de l'abbé, qui se rendit à Sainte-Croix pour recevoir l'archevêque Prévost de Sansac, le procureur général du Parlement, les conseillers Bertrand Duplessis, François Dalesme (ou Alesme), Geoffroy de Malvin et François de Grimard ; ces personnages étaient accompagnés du prieur de l'abbaye de la Daurade, de Toulouse, du prieur et du sous-prieur de Brantôme, en Périgord, et d'un religieux cluniste. L'archevêque approuva ce qu'avait décidé le Parlement et laissa à l'abbaye les religieux qu'il avait amenés. On ne prit aucune conclusion sur la demande du syndic des religieux bénédictins tendant au rétablissement des offices qui avaient été réunis à la mense abbatiale ; on se borna à la transmettre à Salviati pour qu'il y répondît. Les moines, désirant rester unis à la Congrégation des Exempts, firent appel au Grand Conseil de l'arrêt de réformation du Parlement de Bordeaux. Dom Rolle introduisit un autre appel, au nom de sa Congrégation. Le

---

1. Archives départementales de la Gironde, Liasse A n° 8.
2. Dom DEVIENNE, *Histoire de Bordeaux*, t. II, p. 98, donne le texte de cette lettre.
3. Archives départementales de la Gironde, Registre des Arrêts, H. 993, folio 117 et suivants, liasse A n° 8.
4. Dom DEVIENNE, *Histoire de Bordeaux*, t. II, p. 98, et Arch. dép. de la Gironde, série H, Abbaye Sainte-Croix, Carton n° 109 (prov.).

Grand Conseil accueillit favorablement la requête des moines ; des lettres du grand sceau, datées du 1er avril 1584[1], maintinrent l'union aux Exempts. L'abbé fut même obligé de s'exécuter dans une assez large mesure en ce qui concerne les réparations ; il existe, en effet, deux quittances, s'élevant ensemble à 5282 livres, pour des travaux effectués à la grande salle de l'abbaye, au chai, au moulin et à la maison abbatiale[2] ; en 1594, l'abbé déclara qu'il avait fait réparer à fond toute l'abbaye, dortoir, réfectoire, cloître et église[3] ; mais ses ouvriers démolissaient parfois, pour n'avoir pas à réparer. L'archevêque, de son côté, rétablit l'office de cellérier[4] supprimé depuis longtemps et le conféra à Pierre Castagnet ; cet office subsistait encore en 1590, mais il disparut de nouveau peu après. Quant aux pensions des moines, elles étaient irrégulièrement payées ; le 13 octobre 1594, le syndic des religieux exposa qu'il avait été obligé d'emprunter à 12 o/o[5] pour assurer la nourriture du couvent ; un peu plus tard, le 15 novembre 1597, les religieux durent se résoudre à vivre en commun pendant quelques années, se contentant[6] de cinq barriques de vin et de dix boisseaux de blé et laissant le surplus pour payer leurs dettes.

Le 23 décembre 1590, Dom François Rolle unit à l'abbaye Sainte-Croix les monastères de Saint-Sever et de Sordes et Caignotte[7] ; mais cette union ne paraît avoir eu aucun effet pratique.

D'après Dom Devienne, qui semble dans le vrai, tout ce qu'opéra l'union de l'abbaye aux Exempts fut d'obliger les moines à s'observer davantage, mais bien des abus subsistèrent encore[8]. L'institution de la Congrégation des Exempts avait eu « plutôt pour but de soustraire les couvents à la visite des évêques que de réformer les mœurs[9] ».

Jules Salviati était aussi âpre au gain avec ses tenanciers, qu'avec ses

---

1. Ces lettres étaient signées « par le Roy, Nicolas plotier, maître des requêtes de l'hôtel ». Arch. dép. de la Gironde, Carton n° 107 (prov.).
2. Archives départementales de la Gironde, Registre H. 946, Inventaire de Sainte-Croix, 1784, folio 108.
3. Ibid., Registre H. 934, Requêtes, folio 32.
4. Ibid., folio 200.
5. Ibid., H. 934, Requêtes, folio 28.
6. Ibid., H. 946, Inventaire Sainte-Croix, 1784, folio 118.
7. Ibid., Registre G. 797, p. 394.
8. *Histoire de la ville de Bordeaux*, t. II, p. 135.
9. Hélyot, *Histoire des Ordres monastiques*, t. VI, p. 265.

religieux ; il eut avec eux de nombreux procès ; nous verrons ailleurs [1] qu'il préférait laisser périr les gerbes sur place que céder aux justes réclamations des habitants de l'île de Macau et qu'il voulait profiter des perfectionnements apportés à la fabrication du vin pour augmenter ses droits d'agrière ; l'abbé ne reculait pas devant la saisie, soit des récoltes, soit des maisons, quand il se croyait lésé dans la perception de ses revenus [2].

Salviati, quand il fut vicaire général, voulut même attaquer les prérogatives séculaires des chanoines de Bordeaux, mais il échoua. Le 25 février 1603, le Parlement décida que les chanoines continueraient à avoir le pas sur lui [3].

Jules Salviati finit, en 1607, par résigner son abbaye en faveur de SAMPETRO D'ORNANO. Il mourut au commencement de mars 1615, et fut enterré en l'église Saint-Croix, « assistants aux honneurs funèbres mareschal d'Ornano et Messieurs les Jurats avec leurs livrées [4] » ; on ne lui fit pas l'honneur d'une épitaphe ; son tombeau, qui était près du grand autel, « in cornu evangelii », n'a laissé aucune trace.

1. Chapitre XII.
2. Archives départementales de la Gironde, série H, Abbaye Sainte-Croix, Carton n° 111, (prov.).
3. LOPES, L'église métropolitaine et primatiale Sainct-André de Bourdeaux, édition Callen, t. II, p. 461.
4. DARNAL, Supplément des Chroniques de la noble ville de Bourdeaux, p. 74 verso.

CHAPITRE X

Les Jésuites s'emparent du prieuré de Saint-Macaire

Les prieurés dépendant de Sainte-Croix furent, pour la plupart, au XVIe siècle, mis en commende, comme l'abbaye elle-même l'était déjà depuis près de cent ans. Les titulaires prenaient souvent possession de leur bénéfice par un fondé de pouvoirs, ne paraissaient jamais dans le monastère dont ils étaient les chefs nominaux, et s'efforçaient de s'affranchir de leurs devoirs les plus essentiels. Ainsi, le 21 juin 1523[1], le fondé de pouvoirs de Guyot Delage, pourvu du prieuré de Soulac, se contenta d'apercevoir le pignon de l'église, « inspectionem ecclesie et pinaculi ejusdem », et rebroussa chemin, sous prétexte que les locaux du prieuré étaient remplis d'hommes armés, « in dicto loco et precipue in domibus prioratus ejusdem loci erant et existebant plures armigeri ». Un peu plus tard, en 1532[2], les habitants de Soulac furent obligés de présenter requête au Parlement contre le prieur Pierre de Bar, qui avait « expellé les religieux hors de ladicte église et prieuré et qui pis, a cessé de faire le dict service (de nuict et de jour) fors seulement par un simple prêtre, soit vicaire ». Le Parlement leur donna satisfaction par arrêt du 10 mars 1532/1533, chargeant le sénéchal de Guienne d'employer le tiers du revenu du prieuré à réparer l'église et les lieux réguliers et d'obliger Pierre de Bar à entretenir deux religieux.

L'abbaye, n'ayant presque plus de moines, se désintéressait de la nomination des prieurs qui, d'ailleurs, était du ressort de l'abbé commendataire. Le désordre s'introduisit à tel point dans la collation de ces offices que les Bénédictins ne surent jamais par quelle autorité un

---

[1]. Archives départementales de la Gironde, série H, Abbaye Sainte-Croix, Carton n° 26 (prov.).
[2]. MEZURET, *Notre-Dame de Soulac ou de la Fin-des-Terres*, p. 294.

certain Jean Rousseau avait été pourvu, en 1562, du prieuré de Saint-Macaire. Ce personnage, après avoir été curé de Sainte-Croix du Mont[1], était devenu chanoine de l'église métropolitaine Saint-André et résidait à Bordeaux[2] ; il y avait seulement au prieuré trois officiers, le pitancier, le sacristain et l'ouvrier qui, probablement, ne laissaient à Rousseau qu'une faible partie des revenus. Dabadie croit qu'il y avait aussi à Saint-Macaire quelques religieux simples, mais cela n'est pas bien certain.

Les Jésuites, nouvellement établis à Bordeaux, et n'ayant pas de ressources suffisantes pour faire marcher leur collège de la Madeleine, firent des démarches auprès de l'abbé Jules Salviati dans le but de se faire céder Saint-Macaire. Salviati n'avait aucun intérêt personnel dans la question, puisque le prieuré ne lui rapportait rien ; on peut supposer aussi qu'il ne demanda pas mieux que d'être désagréable à ses moines avec lesquels il était toujours en procès. Il donna donc sa procuration, le 6 mai 1579[3], pour « consentir à ladite union » du prieuré de Saint-Macaire avec le collège de la Madeleine, sans même consulter Jean Rousseau ; mais celui-ci, circonvenu par les Jésuites, passa, le 25 du même mois, « un concordat, avec M. Toussaint Roussel, recteur du collège de la Madeleine... et donna sa procuration, le même jour, pour résigner entre les mains du pape le prieuré de Saint-Sauveur de Saint-Macaire, pour être uni audit collège des Jésuites » ; les Pères de la Compagnie de Jésus s'engageaient « à payer comptant au dit Sr Rousseau, en son domicile en cette ville de Bordeaux et chacun an, sa vie durant, au jour et fête de la Circoncision de N.-S., 133 écus et un tiers, à 60 sous pièces, revenant à 400 livres de pension franche et quite et déchargés des pensions que les ouvriers pitancier, sacristain dud. prieuré ont accoutumé prendre et lever[4] ». Rousseau, pour plus de sûreté, demanda des cautions qui lui furent accordées. Il faisait, d'ailleurs, un mauvais marché, car le prieuré rapportait brut plus de

---

1. Archives départementales de la Gironde, série H, Abbaye Sainte-Croix, Carton n° 83 (prov.). Voir aussi Liasse B. n° 27.
2. «... au dit sieur Rousseau, en son domicile, à Bordeaux », mentionne le traité qu'il passa avec les Jésuites (liasse B, n° 27). Il fut vicaire général, le siège vacant, après la mort de Prévost de Sansac (1591), Série G, n° 9.
3. Mémoire pour le prieuré de Saint-Macaire. Liasse B, n° 27.
4. Archives départementales, série H, Abbaye Sainte-Croix, Liasse B, n° 27.

18 à 20.000 livres à la fin du XVIII° siècle ; il est vrai que les Jésuites l'avaient agrandi depuis qu'ils en étaient les maîtres[1].

Salviati, en donnant sa procuration aux Jésuites, violait sciemment le serment de ne pas aliéner les domaines de l'abbaye, qu'il avait prêté avant d'entrer en fonctions. Cette procuration, même appuyée du désistement de Rousseau, était, en outre, insuffisante ; il fallait encore le consentement du chapitre de l'abbaye ; on s'en passa. Les Jésuites marchaient sûrement, soutenus qu'ils étaient par l'archevêque Prévost de Sansac et par le Parlement. A défaut du droit qu'ils n'avaient pas, ils s'entourèrent de toutes les formalités légales ; le 15 octobre 1579, ils obtinrent du pape Grégoire XIII[2] une « bulle informe, portant union dudit prieuré et offices claustraux en iceluy audit collège de la Madeleine à Bordeaux ». Les procurations et la bulle furent « insinuées au greffe des insinuations de Bordeaux, le 14 février 1580 ». Un peu plus tard[3], par lettres patentes du mois d'avril 1580, insinuées le 4 avril de l'année suivante, Henry, roi de France et de Pologne, « approuva, ratifia et confirma les susdites bulles et union ». La prise de possession eut lieu le 8 août par Martin Ruelle, religieux du collège de la Madeleine et de la Société de Jésus, assisté de Guiraud, notaire royal, qui dressa acte de l'opération.

S'il faut en croire Dom Jean-Pierre Dabadie, le recteur du Collège de la Madeleine, dans la supplique présentée au pape, déclarait que « le revenu du prieuré et de toutes ses dépendances et annexes n'excédait pas la somme de 24 ducats : *fructus, redditus et proventus ipsius prioratus et illi forsan annexorum viginti quatuor ducatorum de camera, secundum communem estimationem valorem annuum non excederet*; laquelle somme de 24 ducats revient à la somme de 1000 livres, et cependant ledit recteur reçut la résignation dudit prieuré sous la réservation de la pension de 400 livres, payables au prieur, et s'obligeait de donner pension à l'ouvrier pitancier et sacristain et d'entretenir nombre suffisant de prestres pour faire et célébrer l'office religieux audit lieu de Saint-Macaire à la place des religieux qui en sortaient[4] ».

---

1. Archives départementales de la Gironde, Carton n° 115 (prov.).
2. Ibid., série H, Abbaye Sainte-Croix, Carton n° 98 (prov.).
3. Ibid., même carton.
4. Ms. n° 12734, p. 97 (verso).

Les trois officiers claustraux de Saint-Macaire ne firent aucune résistance et se rendirent à Bordeaux porter leurs doléances aux religieux de l'abbaye ; ceux-ci ignoraient l'affaire ; ils se réunirent immédiatement en chapitre et donnèrent pleins pouvoirs à leur syndic Raymond Orlic réfectorier [1] pour suivre cette importante question.

De leur côté, les Jésuites continuaient leur procédure ; le 19 février 1581, Henri III signa de nouvelles lettres patentes enjoignant au Parlement de donner commission à un conseiller pour procéder à « l'exécution des bulles et union ». Ces lettres patentes furent enregistrées au Parlement le 4 avril [2], en même temps que les précédentes. Le 30 du même mois, suivant « verbal » de l'archevêque Prévost de Sansac, le commissaire désigné par le Parlement fut invité à assigner les religieux de l'abbaye pour recueillir leur avis sur l'union. C'était un peu tard, puisqu'elle était presque entièrement accomplie ; néanmoins frère Orlic ne se découragea pas ; il obtint, le 20 mai, des lettres d'appel comme d'abus, et assigna le 28, les Jésuites devant le Parlement ; mais, de son côté, le commissaire prononçait sa sentence : « il unit et incorpora à perpétuité le dit prieuré de Saint-Macaire avec toutes ses dépendances, fruits et revenus aud. collège des Jésuites ». Cette sentence ayant été signifiée à Orlic le 5 novembre, le syndic obtint des « lettres de relief d'appel » qu'il envoya le 18 aux Jésuites et à l'archevêque. Le Parlement de Bordeaux fit d'abord traîner l'affaire en longueur, pour permettre aux Jésuites de s'installer à Saint-Macaire. Dans les plaidoiries, le procureur général ne craignit pas d'altérer gravement la vérité ; il prétendit notamment, que, à l'époque de la donation de Guillaume V, les religieux desservant l'abbaye de Sainte-Croix n'appartenaient pas à l'ordre de Saint-Benoît ; il plaida ensuite la nullité de la donation, sous prétexte que depuis plus de cinquante ans le prieuré n'avait été possédé par aucun religieux bénédictin.

Pendant que l'affaire s'instruisait au Parlement, les moines de Sainte-Croix avaient réussi à s'unir à la Congrégation des Exempts ; l'affiliation, ainsi que nous l'avons dit, fut prononcée le 15 juin 1582 [3].

---

1. Ms. n° 12734, p. 97 (verso).
2. Mémoire pour le prieuré de Saint-Macaire, Arch. dép. de la Gironde, série H, Abbaye Sainte-Croix, Carton n° 98 (prov.) et liasse B, n° 27.
3. Chapitre IX, p. 211.

Rousseau, bien que cité en sa qualité de prieur de Saint-Macaire par Dom François Rolle, n'assista pas à la visite officielle du monastère faite au mois de mars suivant. Comme conséquence de cette union, toutes les causes des moines de Sainte-Croix devenaient justiciables du Grand Conseil, à Paris. Cette situation nouvelle ne fit que hâter l'arrêt du Parlement de Bordeaux ; il fut prononcé le 7 février 1584[1] ; il déboutait les religieux de Sainte-Croix et sanctionnait l'union du prieuré de Saint-Macaire au collège de la Madeleine. Le Parlement voulut bien ne pas condamner les moines à l'amende.

La Congrégation des Exempts, en présence de cet arrêt, souleva un conflit de juridiction ; la cause fut évoquée au Grand Conseil, le 29 décembre 1584, mais la séparation était consommée et les Jésuites conservèrent le prieuré de Saint-Macaire jusqu'à la suppression de leur ordre en 1762.

Les Exempts continuèrent, cependant, à maintenir leur droit : ils nommèrent au prieuré de Saint-Macaire un religieux de l'abbaye de Sainte-Croix appelé Duclos, qui poursuivit l'affaire en son nom personnel ; les Jésuites, gênés, « se débarrassèrent de lui en obtenant une lettre de cachet l'exilant au château de Niort, où il mourut en 1650[2] ». Plus tard, la Congrégation des Exempts nomma encore prieur de Saint-Macaire un religieux de son ordre, Dom Louis Conchet, n'appartenant pas au monastère Sainte-Croix. Conchet, effrayé peut-être par le sort de son prédécesseur, laissa les Jésuites tranquilles et, à la fin de ses jours, résigna son prieuré entre les mains de Jean-Joseph-Marie de Guernes, vicaire général de l'évêché de Riez[3]. Ce dernier, très appuyé, reprit la procédure et, disent les Bénédictins, « il aurait peut-être atteint son but, si la suppression de l'ordre des Jésuites n'était venue terminer le différend ».

Après l'expulsion des Jésuites, l'abbaye Sainte-Croix ne reprit pas

---

1. Archives départementales de la Gironde, série H, Abbaye Sainte-Croix, Carton n° 98, et Registre des Arrêts n° 993.
2. Ibid., série H, Abbaye Sainte-Croix, Carton n° 115 (prov.). — Nous copions textuellement sur un inventaire des biens de l'abbaye fait du temps de l'abbé de Beauteville (1761 à 1776), sans pouvoir garantir autrement ce détail. Il n'est, peut-être, pas inutile de rappeler que Beauteville était un ardent janséniste.
3. Le 2 avril 1762, de Guernes donnait procuration pour prendre possession du prieuré. Arch. dép. de la Gironde, série H, Ab. Sainte-Croix, liasse B, n° 27.

son bien ; le prieuré de Saint-Macaire fut d'abord mis sous séquestre et affermé 20.700 livres ; il fut ensuite uni au collège de Guienne. Les Jésuites laissèrent quatre choristes pour faire les offices, l'un d'eux était le curé[1] que cet emploi aidait à vivre.

Tel est l'historique de cette déplorable affaire, que la décadence de l'abbaye au XVIe siècle et le peu de scrupules de l'abbé commendataire, Jules Salviati, permirent seuls aux Jésuites d'entreprendre, et qu'ils ne purent mener à bonne fin qu'avec l'assistance de l'archevêque Prévost de Sansac et du Parlement de Bordeaux ; on avait certainement alors besoin des Jésuites à Bordeaux ; mais on aurait dû employer d'autres moyens pour les y établir.

Les Bénédictins de Sainte-Croix regrettèrent toujours cette riche proie, qui leur avait été si injustement enlevée. « Dieu dans sa miséricorde », écrivait l'un d'eux, « fasse connaître aux Jésuites le droit que le monastère de Sainte-Croix a dans ce prieuré, pour les obliger à la restitution[2]. »

La collation de la cure de Saint-Macaire appartenant à l'abbé Jules Salviati, et non aux moines, les Jésuites lui laissèrent ce privilège purement honorifique ; les abbés commendataires de Sainte-Croix le conservèrent jusqu'à la suppression des ordres religieux en 1790.

1. Archives de l'Archevêché de Bordeaux. Registre D. 16 intitulé : Renseignements que S. A. Mgr le prince Ferdinand Maximin Mériadec de Rohan Guéménée demande à tous les curés des villes de son diocèse, le 9 avril 1772.
2. Actes de l'Académie de Bordeaux, 1842, p. 238.

CHAPITRE XI

Les derniers abbés commendataires

SAMPETRO d'ORNANO, en faveur de qui Jules Salviati résigna son abbaye, était le troisième fils du maréchal Alphonse d'Ornano, gouverneur de la Guienne, et de Marguerite de Grasse de Pontevès de Flassans[1]. Bastelica était le nom patronymique de la famille, qui était d'origine Corse; d'Ornano était le nom maternel; le maréchal le prit quand son père eut étranglé sa mère par haine des Génois.

Sampetro reçut ses bulles au mois de juillet 1607; il y est qualifié de clerc du diocèse d'Uzès; le pape l'invite à prendre le sous-diaconat, le diaconat et la prêtrise quand il aurait l'âge requis; « c'était un jeune seigneur vaillant, courageux, hardy et sage »[2]; dans les actes de l'abbaye on le dénomme « Petrus d'Ornano, abbas commendatorius inclytæ abbatiæ S. C. B.[3] ». Quand le huguenot Fabas Castets, après s'être emparé de Soulac, pilla tout le Médoc et s'avança jusqu'aux portes de Bordeaux (1620), ce fut Sampetro que la Jurade mit à la tête des troupes assemblées à la hâte pour lui résister; il réussit à chasser les protestants et faillit même s'emparer de Fabas.

Après avoir exercé pendant vingt-deux ans les fonctions abbatiales, Sampetro résigna son bénéfice, se réservant une pension de 4000 livres, prit de nouveau les armes, devint mestre de camp du régiment du duc d'Orléans et se maria avec Hélène de Lupé de Sansac, dont il eut trois enfants. Dans sa nouvelle situation, il se faisait appeler sans vergogne : « le marquis de Sainte-Croix ».

C'est assurément, une vie peu monacale; néanmoins, dans les écrits

---

1. P. ANSELME, *Histoire généalogique*, etc., t. VII, p. 392, B.
2. GAUFFRETEAU, *Chronique bordelaise*, t. II, p. 109. Une copie des bulles d'Ornano se trouve aux Archives départementales, Registre G. 821.
3. Voir, notamment, collation de la charge de prieur claustral en faveur d'Archambaud Christut, Arch. dép. de la Gironde, série H, Abbaye de Sainte-Croix, Carton n° 114 (prov.).

bénédictins, Sampetro est représenté comme un bon abbé ; effet de contraste, sans doute ; à un cuistre intrigant et rapace, succédait un grand seigneur, la main largement ouverte, employant toute son influence à la prospérité de l'abbaye.

Dès le mois d'octobre 1609, Sampetro avait réussi à faire confirmer par Henri IV les privilèges de Sainte-Croix, formalité des plus utiles, que Salviati avait toujours négligé de remplir ; les lettres, scellées du grand sceau « de cire verte à las de soye rouge et verte », sont adressées « à notre amé et féal messire Sampetro d'Ornano abbé de Sainte-Croix de Bordeaux » et aux « religieux et couvent de laditte abbaye....., lesquels doutaient que, pour n'avoir obtenu depuis le décès du feu roy Henry deuxième, lettres de confirmation de nos prédécesseurs roys, ni de nous, puis nostre advènement à la couronne, on les vouleut cy après empescher en la jouissance d'icelles, s'ils n'avoient sur ce nos lettres nécessaires[1] ». Ces lettres furent enregistrées au Parlement le 17 décembre 1609 ; le 31 du même mois, d'Ornano obtenait aussi l'enregistrement au Parlement des donations du duc Guillaume. Enfin, après la mort de Henri IV, l'abbé recevait encore (janvier 1614) la confirmation des privilèges du monastère « par le Roy, la Reine régnante sa mère présante[2] » et un nouvel enregistrement au Parlement le 3 juin 1616[3].

Même contraste au sujet des réparations des bâtiments de l'abbaye ; Sampetro fit de réels sacrifices afin de les remettre ou de les maintenir en bon état. Un procès-verbal de l'état des lieux fut dressé contradictoirement, le 18 août 1617[4], entre l'abbé et le syndic des religieux ; pour payer les réparations « au dortoir, réfectoire et autres lieux de l'abbaie », d'Ornano, en vue de faire face aux dépenses nécessaires, par l'organe de son mandataire François Fournier bourgeois de Bordeaux, transporta à perpétuité, moyennant 100 livres tournois, à M. Pierre de Coursillaud, sieur de Beauroche, tous les deniers d'esporles, rentes et autres devoirs seigneuriaux, avec le droit de directité et fonda-

---

1. Archives historiques du département de le Gironde, t. III, pièce n° 27.
2. Ibid., t. III, pièce n° 27.
3. Archives départementales de la Gironde, série H, Abbaye Sainte-Croix, Carton n° 20 (prov.).
4. Ibid., Registre H. 946, Inventaire de Sainte-Croix, 1784, folio 103.

lité » qu'il possédait, comme abbé, dans la paroisse de Tabanac[1].

D'Ornano avait assigné un traitement de 120 livres à Jean Pouleau, organiste ; son fermier général, Jean de Bouldi, n'ayant pas payé cette somme, les moines obtinrent facilement, le 4 janvier 1613, un arrêt du Parlement l'obligeant à s'exécuter[2].

En 1611, les Jésuites vinrent établir leur noviciat dans le voisinage immédiat de l'abbaye dont ils voulaient, peut-être, s'emparer[3]; s'ils eurent réellement ce désir, loin de pouvoir le réaliser, ils furent contraints, par un arrêt du Parlement daté du 20 mars 1616, de reconnaître le chambrier Darnal comme seigneur foncier d'une partie du terrain sur lequel ils s'étaient établis et l'abbé comme seigneur du reste[4]; à la suite de cet arrêt, les parties passèrent, le 29 avril 1617, une transaction par laquelle les Jésuites s'engagèrent à payer une redevance annuelle ; le 3 juin 1620, leur syndic se reconnut tenancier de l'abbaye. Du temps de Salviati, le Parlement condamnait toujours les moines, on voit qu'il n'en était plus de même sous son successeur.

On doit regretter que d'Ornano ait laissé opérer sans y prendre part la réforme définitive de l'abbaye Sainte-Croix par son affiliation à la naissante Congrégation de Saint-Maur ; ce fut l'œuvre du cardinal de Sourdis ; ce prélat voyait avec peine le désordre qui régnait dans les monastères de son diocèse ; en vue d'y remédier et de faire appliquer les décrets du concile de Trente, il commença par convoquer à Bordeaux, au mois de juillet 1624, un concile provincial où siégèrent huit évêques[5]; l'abbaye de Sainte-Croix fut représentée par le sous-prieur Archambaud Christut, qui devint, plus tard, prieur claustral. Le concile prit beaucoup de décisions importantes ; il obligea, notamment, les prieurs à une résidence constante ; il invita les évêques à faire remettre à leurs supérieurs les moines sortis sans permission des

---

1. Archives départementales de la Gironde, Carton n° 83 (prov.).
2. Ibid., Registre H. 946, folio 145.
3. GAUFFRETEAU, *Chronique*, t. II, p. 123 et 124. — Voir aussi *Les Prieurs claustraux de Sainte-Croix de Bordeaux et de Saint-Pierre de la Réole* par ANT. DE LANTENAY (pseudonyme du Sulpicien Bertrand), Bordeaux, 1884, in-8°, p. 17, note 1.
4. Archives départementales de la Gironde, Registre H. 946, Inventaire de l'abbaye Sainte-Croix, 1784, folio 320.
5. Voir les Décrets de ce Concile au t. XVII des Archives historiques du département de la Gironde, pièce n° 147.

couvents et à surveiller les abbés et administrateurs pour qu'ils accomplissent les devoirs de leurs charges.

Ces prescriptions ne produisirent pas grand effet sur l'abbaye Sainte-Croix, exempte de la juridiction de l'ordinaire; le nombre des moines diminuait de jour en jour; en février 1624, le chapitre ne comprenait plus que huit officiers [1] (prieur, sous-prieur, sacristain, chambrier, pitancier, aumônier, poissonnier et réfectorier). Il fallait, évidemment, aviser, ce qui était d'autant plus difficile que la réforme n'était pas du goût des moines. Un savant sulpicien, M. l'abbé Bertraud (Antoine de Lantenay), dans les *Prieurs claustraux de Sainte-Croix de Bordeaux*, a raconté en détail [2] comment la Congrégation de Saint-Maur prit possession de l'abbaye de Sainte-Croix; nous nous bornerons à dire que, le 2 juillet 1627, un concordat fut signé entre les religieux anciens et le cardinal François de Sourdis [3], avec l'assentiment de Placide Devaux, procureur de l'abbaye Saint-Augustin de Limoges (Congrégation de Saint-Maur), de passage à Bordeaux. Ce concordat fut homologué le lendemain par le Parlement; le 23, Dom Anselme Rolle, supérieur de la Congrégation de Saint-Maur, arriva à Bordeaux; le 28, Dom Gérard des Alleux, prieur de Saint-Jean-d'Angély, et trois moines réformés prirent possession de l'abbaye; le 1er août ils commencèrent les offices à Sainte-Croix, en présence du cardinal François de Sourdis; la mort de Dom Anselme Rolle, survenue le 13 août, n'arrêta pas la réforme.

La Congrégation de Saint-Maur faisait revivre la règle bénédictine dans toute son austérité : biens en commun, offices réunis à la mense conventuelle, abstinence continuelle, jeûnes fréquents, tel fut le nouveau mode de vivre dont les moines ne se départirent pas jusqu'à la suppression de l'abbaye en 1790. Le prieur claustral, supérieur de la communauté, était nommé pour trois ans par le chapitre général de la Congrégation. Ses pouvoirs pouvaient lui être renouvelés deux et même trois fois; ensuite il quittait l'abbaye où il revenait quelquefois, plus tard, comme simple moine. Le prieur claustral était assisté de « séniors » nommés pour un an à l'élection ; il se réunissaient dans

---

1. Archives départementales de la Gironde, série H, Abbaye Sainte-Croix, Carton n° 107 (prov.).
2. *Les prieurs claustraux*, p. 17 à 25.
3. Voir le texte de ce Concordat, liasse A, n° 9.

la chambre du prieur; les affaires importantes étaient soumises au chapitre composé de l'ensemble de la communauté.

Les religieux de Saint-Maur « portent une robe et un scapulaire noirs et, par-dessus, quand ils vont au chœur ou qu'ils vont par la ville, ils mettent une coule qui n'est pas si ample que celle des moines du Mont-Cassin. Ils reçoivent parmi eux des frères convers qui sont habillés de même et ils ont encore des frères commis qui retiennent leur habit séculier[1] ». La Congrégation avait pour armes une couronne d'épines au milieu de laquelle il y avait le mot PAX surmonté d'une fleur de lis et de trois clous de la Passion. Les moines de Saint-Maur avaient deux noviciats par province; après profession, les novices allaient passer deux ans dans un autre monastère, puis ils étudiaient cinq ans la philosophie et la théologie et enfin ils avaient un an de « récollection » pour se préparer au sacerdoce[1].

Les anciens officiers de l'abbaye Sainte-Croix conservèrent, leur vie durant, les fruits de leurs charges et leurs pensions monacales, mais après eux, ces revenus furent réunis à la mense conventuelle. Les moines réformés accélérèrent cette union par des transactions avec les anciens officiers. Il y eut quelques tentatives de révolte de la part des religieux anciens, mais peu importantes. Le prieur des anciens, Archambaud Christut, vécut toujours en bons termes avec les religieux réformés, qui le chargèrent même, le 25 février 1649[2], de représenter l'abbaye aux Etats du Clergé, tenus à Orléans. Archambaud eut de la peine à maintenir la discipline parmi les religieux anciens; le 5 janvier 1634[3], il rappelait que le Parlement avait ordonné aux moines de coucher dans le couvent; le 20 février 1634, et le 14 septembre 1637, il enjoignait, par voie d'affiches, à divers religieux absents depuis plus de quatre ans, de réintégrer le monastère; preuves certaines que l'abbaye Sainte-Croix serait tombée en complète décadence sans les moines de Saint-Maur. Archambaud Christut mourut au mois de mai 1659.

---

1. Hélyot, *Histoire des Ordres monastiques*, t. IV. Adrien Laborie fut reçu le 13 février 1733 « comme commis pour servir en cette qualité à Sainte-Hélène ou dans un autre monastère, suivant la volonté des supérieurs; il gardera la règle de Saint-Maur, la continence, la chasteté » (Arch. dép., Carton II, n° 5).

2. Archives départementales de la Gironde, série H, n° 785, Registre des Actes capitulaires pour la période de 1627 à 1691.

3. Ibid., série H, Abbaye Sainte-Croix, Carton n° 48 (prov.).

L'abbé d'Ornano n'intervint dans la grave affaire de l'union que pour donner son approbation au Concordat, encore ne put-on l'obtenir que le 9 octobre 1627[1].

Dans sa hâte de réformer l'abbaye, le cardinal de Sourdis ne s'était pas préoccupé de procurer aux moines les moyens de vivre : ils furent, au début, dans une grande détresse : « ils étaient obligés de coucher à terre sur de la paille, et, deux par deux, dans des cellules » très étroites ; pour comble de malheur, le cardinal mourut peu après l'union, le 8 février 1628. Les religieux prétendaient, en 1632, « que la pitance journalière n'était que de 12 deniers ». Le 1er juin 1629, d'Ornano, pour les aider à vivre[2], leur donna « l'ermitage de Cambes » ; on dut faire réparer ce bâtiment qui tombait en ruines, mais ce don permit aux moines de recouvrer plus tôt l'office claustral d'aumônier que Dom Michel Gasquet, religieux ancien, résigna aux réformés en échange de l'autorisation de résider, sa vie durant, dans l'ermitage.

Le moine anonyme de Sainte-Croix prétend que d'Ornano « tint l'abbaye Sainte-Croix jusqu'en 1632[3] » ; c'est aussi la date donnée par la *Gallia christiana* dans la liste des abbés[4] ; mais à propos des doyens de Bordeaux, elle mentionne que Desaygues prit ses fonctions abbatiales en 1629[5] ; cette dernière date est exacte, car ce fut le 6 décembre 1629[6] qu'il prit officiellement possession de Sainte-Croix.

Le nom du successeur de d'Ornano est écrit JACQUES DES AYGUES ou DESAYGUES, ou encore DESAIGUES ; il était doyen de l'église de Bordeaux depuis 1619 ; au mois d'avril 1630, les religieux réformés réclamaient la chapelle de joyeux avènement et le rétablissement des quinze offices claustraux[7] ; le 4 juin de la même année Desaigues transigeait[8]

---

1. *Les Prieurs claustraux de Sainte-Croix*, p. 23.
2. Archives départementales de la Gironde, Registre H. 946, Inventaire de Sainte-Croix, 1784, folio 185. En 1772, le curé de Cambes écrivait à l'archevêque Ferdinand de Rohan : « Il y a, attenant au presbytère, un ancien hermitage dans le rocher, où il y a encore une chaire à prêcher, une cloche et des vestiges de plusieurs autels, à l'un desquels on dit la messe à des jours déterminés... il n'y a pas de revenu annexé et il n'est pas habité par qui ce soit » (Archives de l'Archevêché de Bordeaux, Registre D. 16).
3. *Actes de l'Académie de Bordeaux*, 1842, p. 235.
4. T. II, col. 866.
5. Ibid.
6. Archives départementales de la Gironde, Registre H. 318, folio 189.
7. Ibid., Registre H. 934, fol. 157.
8. Ibid., Carton n° 117 (prov.).

avec « le sieur Lauvergnac curé, vicaire perpétuel de Macau », qui obtint une portion congrue de 600 livres, avec charge d'entretenir un vicaire secondaire. Tous ces actes ne laissent aucun doute sur le départ de d'Ornano avant 1632 ; il se retira dans sa maison noble de Senizac, paroisse du Pian en Médoc[1], où il vécut modestement pour payer ses dettes. Le 25 octobre 1631, il céda à Jean Desaigues escuyer, sieur de Chesnevert, la moitié de la rente de 4000 livres que son successeur lui faisait, en échange « d'une dette de 18000 livres tournoises résultant d'un contrat d'obligation[2] ».

L'abbé Desaygues ne voulut pas, d'abord, céder à la requête des moines dont nous venons de parler relative au rétablissement des offices ; il se laissa traduire devant le Parlement de Bordeaux, puis accepta une transaction arbitrale, qui fut signée le 3 janvier 1633. Dans cet acte[3], Desaygues s'engageait, non seulement pour lui, mais pour ses successeurs ; il stipulait que, après sa mort, la mense entière de l'abbaye serait divisée en trois parties[4] ; l'abbé aurait un tiers, mais ne devrait payer que les décimes et les réparations afférentes à sa portion ; les moines auraient deux tiers, avec toutes les charges ; sa vie durant, Desaygues jouirait de tous les revenus de l'abbaye, sauf ceux des offices claustraux, et aurait à en supporter toutes les charges, notamment les pensions pour quinze officiers, cinq moines simples, quatre prébendiers, les employés et les domestiques (portier, cuisinier, boulanger, jardinier, organiste, médecin, chirurgien, notaire, greffier, avocat, procureur). Le total des pensions pour les officiers, les moines et prébendiers, s'élevait à 260 boisseaux de froment, 40 tonneaux de vin et 440 livres d'argent ; les officiers recevaient une pension supplémentaire de 193 boisseaux de blé, 42 tonneaux de vin et 182 livres 6 sols. Desaygues donnait aux religieux[5] le prieuré de Saint-Martin de Cam-

1. Cette paroisse est fort éloignée de celle portant le même nom, située aux portes de Saint-Macaire, dont nous avons parlé au chapitre V.
2. Arch. dép. de la Gironde, sér. H, Abbaye Ste-Croix, Carton n° 25 (prov.).
3. Une copie de cette transaction importante se trouve aux Arch. départ. de la Gironde, série H, Abbaye Sainte-Croix, Carton n° 3 (prov.).
4. Par suite des abus commis par les abbés commendataires, ce partage en trois lots devint bientôt de droit commun (DURAND DE MAILLANE, *Dictionnaire de droit canonique*, t. II, p. 318). Tenté plusieurs fois à Sainte-Croix, il ne fut jamais effectué.
5. Archives départementales. Voir, notamment, série H, Abbaye Sainte-Croix, Carton n° 111 (prov.).

bes et la dîme de Saint-Caprais, comme l'équivalent de huit pensions monacales. Les moines se montrèrent accommodants pour le don de la chapelle de joyeux avènement ; ils se contentèrent de recevoir 180 livres en argent, une croix, un calice, deux chandeliers, deux burettes, le tout d'argent [1].

La transaction conclue entre Desaygues et les religieux de Sainte-Croix fut homologuée par le Parlement de Bordeaux le 7 mars 1633 [2], et confirmée par le Chapitre général de la Congrégation de Saint-Maur le 6 mai 1633 [3].

Le 1er avril 1636, les syndics et ouvriers de la paroisse Sainte-Croix, ayant demandé l'autorisation de bâtir une maison contre l'église pour loger le sacristain et le sonneur de cloches, l'abbé, le prieur des anciens et le prieur des réformés donnèrent leur consentement à cette demande.

C'est du temps de l'abbé Desaygues [4] que les religieuses bénédictines, établies à Bordeaux depuis 1636, transportèrent leur couvent dans l'espace compris entre la rue du Port et celle de la Monnaie ; le 14 août 1639, Françoise de Pichon, « prieur de N.-D., ordre de Saint-Benoît », acheta, dans ce but, des maisons rue Sainte-Croix et rue du Port.

Le monastère avait été fondé par « nobles Jean de Pontac, procureur général du Parlement de Bourdeaux, et dame Françoise de Pichon, sa femme », qui furent enterrés tous deux dans le nouveau couvent. L'épitaphe de Jean de Pontac était la suivante :

« Aux siècles à venir. Ici repose corps de H. et P. Seigneur, Messire Jean de Pontac. Il exerça aux applaudissements longtemps la charge de procureur général au Parlement de Bourdeaux et, ayant hérité la probité et la piété de ses ancestres, il donna tousjours des marques de l'une et de l'aultre. Il fonda avec Madame Françoise de Pichon, sa femme, le monastère de Saint-Benoist, l'an MDCXXXVI et apres luy avoir donné une partie de ses biens pendant sa vie, il l'a fait dépositaire de son corps après sa mort, qui arriva le XXX Juillet MDCLXI.

1. Archives départementales de la Gironde, Carton n° 83 (prov.).
2. Ibid., Registre des Arrêts, H. 993, p. 272 verso.
3. Ibid., Carton n° 83 (prov.).
4. Ibid., Registre H. 327.

« Condidit domum in nomine Domini et paravit sanctitatem in sempiternum. Ecc., XLVII. »

Quant à Françoise de Pichon, l'on grava sur son tombeau l'inscription ci-après :

« Cy gist noble et puissante dame, Madame Françoise de Pichon, femme de Messire Jehan de Pontac, procureur général au Parlement de Bourdeaux, qui avec luy fonda ce monastère et y fut ensevelie le XXV d'Octobre MDCLXXXVIII [1]. »

La première supérieure des Bénédictines de Sainte-Croix fut Françoise de Pichon, sœur de la fondatrice; elle régit le couvent pendant vingt-trois ans [2]; on l'ensevelit dans le chœur de l'église des moniales, avec l'épitaphe suivante :

« Aux temps et à l'éternité.

« Icy devant la grille du chœur repose le corps de noble et religieuse dame Madame Françoise de Pichon. Elle se consacra à Dieu par ses vœux solennels, en l'abbaye de Saint-Ausone d'Angoulesme, d'où elle fut tirée l'an MDCXXXVI pour estre la première prieure de ce monastère, fondé par Messire Jean de Pontac, son beau-frère, et Madame Pichon, sa sœur. Elle y a estably une nombreuse communauté, basty l'église et les lieux réguliers, augmenté les revenus, et après l'avoir gouverné avez zèle et prudence pendant XXIII ans, elle changea cette vie en une meilleure, le XXIV avril, l'an MDCLIX.

« Modicum plora super mortuam, quoniam requiescit. Eccli., XXII cap [3]. »

Cécile de Pontac succéda à Fr. de Pichon et gouverna le monastère vingt-huit ans; après elle, on établit le triennat [4]. Les religieuses bénédictines appartenaient, pour la plupart, à la noblesse de Bordeaux; en 1689, la prieure se nommait Marguerite de Chaillon, et la sous-prieure Charlotte de Montaigne [5].

Jacques Desaygues passa un concordat, le 11 mai 1640 [6], avec l'ar-

---

1. ESTIENNOT, ms. 12751, p. 605.
2. Dom DEVIENNE dit, à tort, 26 ans. — Voir l'épitaphe ci-après.
3. ESTIENNOT, ms. 12751, p. 244.
4. Dom DEVIENNE, Histoire de la ville de Bordeaux, t. II.
5. Voir accord du chapitre des Bénédictines avec l'abbé Molé, au sujet d'une redevance aux Islets, conclu le 27 avril 1689, Arch. dép., série H, Ab- Sainte-Croix, Carton n° 12 (prov.).
6. Arch. dép. de la Gironde, série H, Abbaye Sainte-Croix, Carton n° 48.

chevêque de Bordeaux, Henri d'Escoubleau de Sourdis, successeur de son frère François, pour échanger l'abbaye Sainte-Croix contre celle de Cadouin, ordre de Cîteaux ; l'archevêque s'engageait à procurer les bulles, à faire tous les frais, à laisser Desaygues jouir pendant quatre années de la maison abbatiale et à payer la pension due à l'ex-abbé d'Ornano, « marquis de Sainte-Croix, capitaine de cent hommes d'armes pour Sa Majesté[1] ». De Sourdis obtint ses bulles le 19 janvier 1643, elles furent enregistrées le 28 septembre suivant et fulminées le 25 juin 1644, par de Maleret, official ; mais Desaygues, n'ayant pas reçu les siennes, engagea une instance contre l'archevêque devant le Grand Conseil, qui, par un arrêt du 28 septembre 1643, prononça l'annulation du concordat de 1640, à moins que les bulles n'arrivassent dans les trois mois[2], ce qui eut lieu. Le 15 septembre 1644, de Sourdis ayant envoyé Jean Duduc, conseiller à la Cour, pour prendre, en son nom, possession de l'abbaye, Desaygues s'avança au devant de lui, un bâton à la main, sa soutane retroussée sous le bras ; il frappa de son bâton un charretier qui était entré dans la cour de l'abbaye avec des meubles appartenant à l'archevêque[3]. La prise de possession fut néanmoins opérée, et Desaygues, pour éviter les suites fâcheuses de cette affaire, prétendit que, à l'arrivée de Duduc, il allait à vêpres et qu'il se servait de son bâton pour s'aider à marcher.

Henri d'Escoubleau de Sourdis ne fut abbé que pendant neuf mois : il ne ressemblait pas à son frère, c'était un coureur de bénéfices ; il était abbé de la Sauve, de Saint-Emilion, de Montréal, de Pruliac, du Bienheureux-Pierre, du Val-d'Or (diocèse de la Rochelle), de Sainte-Croix de Angla, de Saint-Jouan des Marnes (diocèse de Poitiers), de Mauléon, de Royaumont, etc.[4]. Prélat batailleur, il accompagna Louis XIII au siège de La Rochelle, ville de son ancien diocèse de Maillezais, où il eut l'intendance de l'artillerie et la direction des vivres ; après la prise de cette place, il réconcilia l'église Sainte-Marguerite,

---

1. Arch. dép. de la Gironde, Carton n° 25 (prov.).
2. Ibid., Carton n° 48 (prov.). Le représentant de Sourdis lui écrivait de Rome : « le retard dans l'envoi des bulles provient de ce que vous aviez porté les armes et qu'à cette occasion vous aviez encouru quelques censures ecclésiastiques. » Arch. dép., liasse B. 255.
3. Ibid., série H, Carton n° 25 (prov.).
4. Ibid., série H, Abbaye Sainte-Croix, Carton n° 25 (prov.).

profanée par les hérétiques ; il fit campagne avec le roi en Italie, reprit sur les Espagnols les îles Sainte-Marguerite et offrit au chapitre de Saint Seurin l'artillerie conquise, avec laquelle on fondit, en 1640, une cloche qu'on appela Marie[1]. On connaît ses démêlés avec le vieux duc d'Epernon.

Henri de Sourdis ne fut pas un bon abbé pour Sainte-Croix ; il refusa, tout d'abord, de payer sa chapelle de joyeux avènement et de faire réparer le monastère ; malgré la saisie de ses revenus du Taillan et de Macau, il persista dans son refus ; les moines ne purent obtenir satisfaction qu'après sa mort ; son héritier, le marquis de Sourdis, les désintéressa, ainsi que le constate une quittance datée du 22 mars 1646[2]. Il fournissait aux religieux pour leurs pensions le rebut du vin de Macau[3] ; il poursuivait l'annulation de la transaction du 3 janvier 1633, quand la mort vint le surprendre à Auteuil, le 18 juin 1645, à l'âge de cinquante et un ans[4]. Il fut enseveli à Jouy-en-Josas, seigneurie de sa famille. Il portait pour armoiries parti d'azur et de gueules, à la bande d'or brochant sur le tout[5].

Du temps d'Henri de Sourdis se termina, en faveur de Sainte-Croix, un procès qui durait depuis plus de quarante ans avec diverses personnes à qui le roi avait accordé la propriété des îles nouvelles formées par les atterrissements de la Gironde et de la Garonne[6]. Le différend, en ce qui concerne l'abbaye, fut relatif aux fiefs de Pissebernard et de Bayardeau, enlevés de l'île de Macau par le courant, et qui, grâce à l'industrie du tenancier, étaient devenus l'île de Cazau. En 1606, « le sieur de la Varenne, « contrôleur général des postes de France et gouverneur d'Angers », avait été débouté par un arrêt du conseil privé ; il en fut de même, en 1625, d'un certain « de l'Hospital, capitaine des gardes de la maison de Sa Majesté ». En dernier lieu, le premier président de

---

1. Abbé Pardiac, *Notice sur les cloches de Bordeaux*.
2. Archives départementales de la Gironde, Registre H. 946, Inventaire de Sainte-Croix, 1784, folio 107.
3. Ibid., Carton n° 59 (prov.).
4. *Gallia christiana*, t. II, col. 866 : « au village d'Auteuil près Paris en la maison appartenant aux révérends religieux et couvent Sainte-Geneviefve du Mont de Paris. » (Testament d'H. de Sourdis, Archives hist. du dép. de la Gironde, t. I, p. 116).
5. Fisquet, *la France pontificale*, Archidiocèse de Bordeaux, p. 341.
6. Archives départementales de la Gironde, série H, Abbaye Sainte-Croix, Carton n° 59 (prov.).

Gourgue fut condamné par un arrêt de 1643 à « 54.000 livres de dépens et l'île fut maintenue dans la directité de Sainte-Croix. La dame Olive de Lestonac, sa veuve, s'étant pourvue en cassation », vit confirmer l'arrêt qui avait été rendu contre son mari ».

Après la mort de l'abbé de Sourdis, le Parlement désigna dom Bruno Clamondes, syndic des religieux réformés, pour administrer les revenus de l'abbaye pendant la vacance[1]. Elle se prolongea environ un an; les vicaires généraux du diocèse voulurent en profiter pour replacer l'abbaye sous la domination de l'ordinaire; dans ce but, le 20 novembre 1645, ils invitèrent les moines à se rendre processionnellement à l'église primatiale Saint-André; les religieux n'obéirent pas; traduits devant l'officialité, ils firent défaut. Les vicaires généraux suspendirent alors de ses pouvoirs, pour un mois, le prieur claustral Hyacinte Fradet, le condamnèrent à une amende de 50 francs à faire aux Ursulines et le menacèrent d'excommunication. Le prieur claustral fit appel comme d'abus et, le 10 janvier 1646, le roi prononça qu'il y avait eu abus, ce qui mit fin aux difficultés[2]. Un peu plus tard, le 7 septembre 1646, les vicaires généraux excommunièrent le frère Augustin, prêtre, et ses adhérents pour violences envers les bénéficiers de Saint-Michel et bris de la croix, à l'occasion de l'enterrement d'un sieur Dupon, domicilié rue Sainte-Croix, près le cimetière[3].

Du Fourny prétend qu'Edouard Molé, mort évêque de Bayeux, en 1652, aurait été abbé de Sainte-Croix après Henri de Sourdis[4]; nous n'avons trouvé aucune trace de son passage à l'abbaye; d'accord avec Dabadie presque contemporain, avec la *Gallia christiana*, nous pensons que le successeur d'Henri de Sourdis fut François Molé de Champlatreux; notre conviction résulte de ce que Bruno Clamondes administrait encore la mense le 23 mai 1646[5], et que le 29 août suivant, Fran-

---

1. Archives départementales de la Gironde, Registre H. 888, folio 126.
2. L'auteur des *Prieurs claustraux* s'étend longuement sur cet incident (p. 63 à 69), mais n'en indique pas la solution. Arch. dép. de la Gironde, Carton n° 61 (prov.).
3. Arch. dép., Registres G. 14 et 2141. Voir aussi, série H, Ab. Sainte-Croix, liasse A, n° 2.
4. P. Anselme, continué par Dom Fourny, *Histoire généalogique*, etc. t. VI, p. 575 B. Voir aussi, Dom Devienne, *Histoire de Bordeaux*, t. II, p. 161.
5. Arch. dép. de la Gironde, Registre H. 888, folio 126.

çois Molé avait déjà pris possession de l'abbaye, puisqu'il affermait ses revenus aux religieux[1].

François Molé était un des dix enfants que le célèbre garde des sceaux Mathieu Molé eut de Renée Nicolaï, fille de Jean, seigneur de Goussanville ; il fut abbé de Saint-Paul de Verdun, de Saint-Mange, d'Hérivaux, de Chambrefontaine et de la Prie, conseiller au Parlement de Paris en 1650, à vingt-six ans, maître des requêtes en 1657 ; dans un acte de 1698[2], il s'intitule « chevalier seigneur de Charonne et autres places, conseiller du roy en ses conseils, maître des requêtes ordinaires de son hôtel, abé commandataire de l'abaye Sainte-Croix de Bordaux ». Il fut nommé évêque de Bayeux après la mort de son frère Edouard, mais il se démit avant d'avoir reçu ses bulles. Il portait « de gueulles, au chevron d'or, accompagné en chef d'estoilles de mesme et d'un croissant d'argent en pointe, escartelé d'argent au lyon de sable couronné et compassé d'or ». François Molé garda la commende plus de soixante-six ans ; il ne paraît pas être venu une seule fois à Sainte-Croix ; les divers actes de sa gestion mentionnent qu'il habitait d'abord « en l'hostel de Mgr le premier président, son père, dans l'enclos du Palais[3] » ; plus tard, il demeura dans l'île Saint-Louis. Il géra toujours l'abbaye par des procureurs dont le premier fut Claude Raulin, « prestre et esconome de l'église royalle N.-D. de Vitray », nommé le 16 septembre 1650[4].

Dans les premières années de l'abbé Molé, en 1656, les Feuillants, qui possédaient le prieuré de Bayon depuis 1619, obtinrent des vicaires généraux une ordonnance chargeant le curé de cette localité d'administrer les sacrements dans l'île de Cazaux, et leur donnant le droit d'en percevoir la dîme. Comme, jusqu'alors, l'abbé de Sainte-Croix, seigneur de l'île, y avait fait administrer les sacrements par le curé de Macau et joui de la dîme, Molé porta cette affaire devant la justice et obtint un sursis ; l'huissier chargé de le signifier à l'huissier des Feuillants rencontra cet officier ministériel percevant la dîme et fit tirer sur lui par les soldats de la garnison de Blaye qui l'avaient accompagné. Cet inci-

1. Archives départementales de la Gironde, Carton n° 37 (prov.).
2. Ibid., série H, Abbaye de Sainte-Croix, Carton n° 107 (prov.).
3. Ibid., Carton n° 109 (prov.).
4. Ibid., liasse C, n° 2.

dent fit évoquer l'affaire au criminel ; elle vint ensuite au Grand Conseil. Molé finit par l'abandonner, perdant ainsi 500 livres de revenu.

Molé fut, dans sa vieillesse surtout, un peu négligent pour les affaires de Sainte-Croix, parfois exigeant, mais ce fut, en somme, un assez bon abbé. Dès le commencement de sa gestion, il fit reconnaître les privilèges de l'abbaye par Louis XIV encore mineur[1] (1649) ; il en obtint de nouveau la confirmation en 1704[2]. Les moines de Saint-Maur, dès leur arrivée à Sainte-Croix, s'étaient préoccupés de recouvrer le droit de petite coutume abandonné depuis plus de deux siècles et le droit de circulation en franchise des vins de l'abbaye. Molé s'occupa activement de ces deux affaires et eut un premier succès, qui servit de base à l'arrêt définitif obtenu, en 1721, par son successeur ; il combattit d'abord avec énergie, puis un peu plus négligemment, les empiétements de la Jurade sur la sauveté et la directité de Sainte-Croix. Nous parlons plus loin en détail de ces questions[3].

Dans les premières années, Molé voulut s'opposer à l'exécution du concordat accordé par Desaygues aux religieux ; il finit par conclure avec eux, le 10 juillet 1651, une transaction des plus importantes, dont nous résumons les principales clauses[4].

L'abbé se réservait la nomination à toutes les cures, à l'exception de celles de Saint-Martin de Cambes, de Saint-Michel et Sainte-Croix de Bordeaux. Il consentait à faire les pensions accoutumées à quinze officiers et à neuf religieux, dont quatre représentaient les prébendiers supprimés ; les religieux continuèrent à avoir la jouissance du prieuré de Cambes, du dîmon de Saint-Caprais et des oblations de Saint-Michel, comme représentant huit pensions monacales.

Cette transaction fut complétée par une autre de bien moindre importance, passée le 15 février 1655[5] ; les religieux réclamaient une pension de trente boisseaux de blé qui leur était servie autrefois sur le moulin de Peyrelongue vendu en 1578, lors de l'aliénation du temporel d'une partie de l'abbaye. Molé, en échange, leur céda le droit de rachat pour ce moulin, mais il ne voulut pas consentir à leur aban-

1. Archives départementales de la Gironde, Carton n° 98 (prov).
2. Ibid., liasse A, n° 4.
3. Voir chapitres XIII et XIV.
4. Arch. dép. de la Gironde, série H, Abbaye Sainte-Croix, Liasse A, n° 8.
5. Ibid., liasse B, n° 3.

donner les dîmons de Sadirac et de Tabanac et la moitié de la dîme de Taillan, qui appartenaient autrefois au poissonnier. Les religieux tentèrent d'exercer le droit de rachat qui leur était concédé, mais le possesseur du moulin, « Messire Jean Luc du Mirat, conseiller du Roi au Parlement de Bordeaux », prétendit que le moulin n'était pas rachetable ; les moines abandonnèrent leurs prétentions moyennant une indemnité de 1600 livres tournois « qui servit à payer une dette contractée par la communauté envers Jean de Mons écuyer, sieur de la Caussade [1] ».

Molé exécuta assez fidèlement ses engagements ; cependant en 1693 [2], comme il se trouvait en retard pour le paiement des pensions, les moines durent adresser une réclamation à « Nos seigneurs de la chambre du Clergé ». Deux ans après, le 30 juin 1695 [3], l'abbé et les religieux ayant été condamnés solidairement par deux arrêts du Parlement de Bordeaux à payer à raison du moulin de Sainte-Croix aux seigneurs de « la maison et fief de Lalande, représentée par la dame de Civrac », une rente annuelle de 48 boisseaux de blé, avec répétition des arrérages depuis l'origine du litige, Molé laissa les moines faire l'avance du montant de la condamnation qu'il était seul à devoir [4]. Cette rente était précédemment assise sur le moulin de Peyrelongue, dont Arnaud de La Lande [5], en 1338, avait « donné et emphythéosé le tiers aux abbés et religieux à raison de 48 boisseaux de blé » ; elle avait été reportée sur le moulin de Sainte-Croix, lors de l'aliénation, en 1578, du moulin de Peyrelongue. Il fallut un arrêt du Parlement rendu le 20 juillet 1697 [6], pour obliger Molé à indemniser les religieux ; le remboursement effectif n'eut lieu qu'en septembre 1699, quand Molé bailla, de nouveau, ses revenus à ferme.

Ainsi que nous l'avons dit, les moines avaient été les premiers fermiers de Molé, en 1646 [7] ; il afferma ensuite sa mense 7000 livres à un nommé Barreyre, qui ne le paya pas [8] et ne fit même pas les pen-

1. Arch. dép., série H, abbaye Sainte-Croix, Carton n° 56 (prov.).
2. Ibid., Carton n° 90 (prov.).
3. Ibid., Carton n° 115 (prov.).
4. Série H, abbaye Sainte-Croix, Carton n° 87 (prov.).
5. Ibid., Carton n° 37 et n° 6 (prov.).
6. Ibid., Registre H. 942, fol. 18.
7. Ibid., Carton n° 3 (prov.).
8. Ibid., Carton n° 117 (prov.).

sions aux religieux, prétendant avoir conclu un marché trop onéreux ; il y eut procès ; le 10 juin 1658, Raulin[1], procureur de Molé, passa un bail de cinq ans avec Jean Lestrilles, moyennant 6000 livres, nettes de toutes charges ; en 1663 un nouveau bail fut conclu ; en 1672 le fermier général de Molé était Henri Chasseret[2], « bourgeois de Paris », qui sous-afferma le Taillan aux moines, moyennant 1200 livres; à partir de 1675, et jusqu'en 1700 les moines devinrent fermiers de l'abbé[3] ; le premier traité, en date du 16 août 1675, conclu pour six années, moyennant 6.800 livres, nettes de charges, fut signé par « Anthoine Robert[4], prêtre docteur en théologie, logé dans l'hôtellerie du Faisan, rue des Combes » ; en 1684, le procureur de l'abbé était Jean Maigret[5] ; de 1700 à 1709, Molé fit gérer ses biens par « Pierre Laurant, seigneur de la Milleraye, conseiller du Roy, conterrolleur des dixmes[6] », qui alla demeurer dans la maison abbatiale, mais il fut obligé de révoquer sa procuration, vu, notamment, les oppositions des créanciers de Laurant ; les moines redevinrent fermiers de l'abbé, le 3 novembre 1710, après avoir réglé tous leurs différends avec lui le 2 mai précédent, par une transaction arbitrale[7] confirmant celles de 1633 et de 1651.

Parmi les actes de la gestion de Molé, nous citerons, comme présentant quelque intérêt, une requête de cet abbé datée de 1698[8] ; il expose qu'il a été taxé de 330 livres sur le moulin de Sainte-Croix « pour l'establissement des lanternes dans la ville », il demande la réduction à 150 livres de cette imposition, vu le peu de revenus du moulin qu'il évalue à 450 livres seulement.

Les religieux de la Congrégation de Saint-Maur avaient trouvé l'église et les lieux réguliers dans un état déplorable ; ils se bornèrent d'abord à faire les réparations indispensables, fort importantes d'ailleurs ; puis, quand la disparition des religieux anciens eut amélioré leur situation pécuniaire, ils songèrent à reconstruire complètement les bâtiments de

1. Archives départementales de la Gironde, Registre H. 876, fol. 93.
2. Ibid., série H, Abbaye Sainte-Croix, Carton n° 20 (prov.).
3. Ibid.
4. Ibid.
5. Ibid., Carton n° 37 (prov.).
6. Ibid.
7. Ibid., Carton n° 3 (prov.).
8. Ibid., Carton n° 107 (prov.).

l'abbaye et ils sollicitèrent, à cet effet, au mois de mai 1660[1], l'autorition de leurs supérieurs ; la « demoiselle Jeanne de Hegué, dame de la Vison[2] », les aida beaucoup dans cette entreprise en leur laissant 6000 livres, qui furent employées à la construction de l'infirmerie et de l'hôtellerie ; la dame de la Vison demandait seulement qu'on fît les frais de ses obsèques et que l'on chantât deux messes pour elle, à perpétuité ; cette dame avait laissé toute sa fortune au prieur Dom Boitard, mais le legs était nul, « un religieux étant mort civilement ». Les moines durent emprunter pour payer les frais de construction de leur nouveau monastère que nous décrivons plus loin en détail[3].

C'est du temps de l'abbé Molé que vécurent, au couvent de Sainte-Croix, deux de ses principaux historiens : Dom Jean-Pierre Dabadie et Jean Darluc ; nous en avons parlé dans notre Préface.

Molé mourut le 5 mai 1712 ; certains documents[4] disent le 6 mai ; son décès ne fut signifié à l'abbaye que le 15 juillet suivant, jour où le chapitre nomma vicaire général, pendant la vacance, le prieur claustral, Dom Gilles Chouart[5] ; la régie des revenus de la mense abbatiale[6] fut confiée au sieur Saubert, « économe royal du diocèse[7] » ; les moines s'entendirent avec lui pour continuer la ferme.

Le successeur de Molé fut FRANÇOIS-CHARLES DE BÉRINGHEN D'ARMAINVILLIERS, second des neuf enfants de Jacques-Louis, marquis de Béringhen, gouverneur de Marseille, et de Marie-Elisabeth d'Aumont. La famille de Béringhen avait eu autrefois des possessions en Guienne, car, d'après un document du commencement du XVIIᵉ siècle, un seigneur de ce nom acquit, le 1ᵉʳ août 1618, le marais de Blanquefort, contenant 9000 arpents, et entreprit de le dessécher. « Ce travail fut dans sa perfection en ces temps cy[8]. »

1. Actes capitulaires, Registre H. 785, fol. 84.
2. Archives départ., série H, abbaye Sainte-Croix, Carton n° 24 (prov.).
3. Voir chapitre xiv.
4. Voir, notamment, un *Mémoire* imprimé relatif au procès soutenu par les moines contre les héritiers de Molé, Carton n 118 (prov.).
5. Archives départementales de la Gironde, Registre H. 946. Inventaire de Sainte-Croix, 1784, fol. 24.
6. Actes capitulaires de 1702 à 1789, fol. 28.
7. Bellet prétend, à tort, que Molé eut pour successeur l'abbé Pelletier (Bibliothèque municipale de Bordeaux, ms. n° 828, p. 53). Les bulles de Béringhen mentionnent qu'il remplaçait Molé (Arch. dép. Registre G. 818).
8. Archives départementales de la Gironde, série H, Abbaye Sainte-Croix, Carton n° 115. Bellet, Bibl. municipale, ms. n° 828, p. 148, verso.

Le nouvel abbé, né en 1691, était encore un jeune homme quand il prit possession de l'abbaye, le 29 septembre 1712 ; il habitait alors à Paris, rue Saint-Nicaise, paroise Saint-Germain-l'Auxerrois. Dans un arrêt signifié à M. Touzet, greffier de la grande chambre du Parlement[1], il expose « qu'il n'est entré dans l'âge de majorité que depuis l'introduction d'une certaine instance pendante devant le Parlement de Guyenne... le requérant n'en a eu connaissance que depuis peu de temps, les exercices de classes et études de son âge de minorité, joint à la distance des lieux, ne lui ont pas laissé le loisir d'étudier l'affaire en litige ».

Le procureur de Béringhen constata que Molé avait laissé « les bâtiments dans un entier dépérissement[2] » ; une instance fut engagée contre les héritiers de l'abbé, mais ceux-ci appelèrent les moines en garantie, sous prétexte qu'ils étaient fermiers de l'abbé décédé et que le bail mettait les réparations à leur charge ; de leur côté, les moines réclamèrent la chapelle de joyeux avènement que Molé n'avait jamais donnée. Ces procès traînèrent en longueur ; après de nombreuses expertises, ils se terminèrent, le 23 août 1726, par la condamnation des héritiers de Molé, en la personne de « Joseph Sublet d'Heudicourt, chevalier, marquis de Cénoncourt », mari de Madeleine Molé ; les réparations à faire furent évaluées à 12.384 livres[3], mais d'Heudicourt ne les exécuta pas complètement.

Béringhen fut, sans conteste, le meilleur des abbés commendataires ; « sa mémoire », dit un texte du 6 juin 1762, « sera toujours en bénédiction dans l'abbaye Sainte-Croix[4] ». Dès le 20 février 1713, les moines donnèrent pouvoir à l'un d'eux de traiter avec Béringhen sur les bases suivantes[5] : l'abbé donnerait ses revenus à ferme moyennant 7000 livres, mais il resterait chargé de la moitié des cas fortuits (grêle, gelée, etc.) ; il abandonnerait le tiers du droit de petite coutume, s'il était rendu à l'abbaye, ou le tiers du dédommagement qui le remplacerait ; cette dernière condition n'ayant pas été acceptée, les religieux, par une nouvelle délibération du 7 août 1713[6], se contentèrent du

1. Archives départementales de la Gironde, Carton n° 102 (prov.).
2. Ibid., Carton n° 118 (prov.).
3. Ibid., série H, Abbaye Sainte-Croix, Carton n° 83.
4. Ibid., Carton n° 87 (prov.).
5. Ibid., Carton n° 93 (prov.).
6. Actes capitulaires de 1702 à 1789, fol. 32.

quart de l'indemnité éventuelle. La transaction fut signée le 1ᵉʳ septembre 1713; l'abbé gardait à sa charge la capitation et les décimes, il se réservait l'indemnité totale qui serait accordée pour les emprises du Fort-Louis sur la maison abbatiale. Béringhen ne toucha rien de ce chef; il encaissa, à partir de 1721, avec effet rétroactif depuis 1715, une rente de 3000 livres comme compensation de la petite coutume, laissant 1000 livres aux moines, ainsi que cela avait été convenu[1].

Les moines vécurent en paix pendant toute la vie de Béringhen; ils en profitèrent pour augmenter les revenus des terrains avoisinant l'abbaye en y bâtissant des corderies et des raffineries. Une raffinerie fut construite en 1717 et louée à Paul Neyrac; deux autres, de quelques années plus récentes, eurent pour locataires Archambaud et Alquier. Ces trois raffineries occupaient « toute la presquille comprise entre la rue Nacaran (Acan), au couchant, la rue Fusterie, au nord, la place du Moulin, au levant, et l'église et la clôture du monastère au midy[2] ». Elles existent encore. En 1732[3], ils appuyèrent la requête des habitants de Paludate, demandant qu'il y fût tracé une voie carrossable; le 20 août 1733, ils permirent aux syndics et marguilliers de la paroisse de construire des échoppes » contre l'église abbatiale pour y loger le sacristain et le sonneur[4]; ces affreuses masures existent encore et servent de débarras; en 1735, ils édifièrent, dans le jardin de leur monastère contre le mur de ville, une fontaine monumentale[5] d'un joli caractère, que l'on peut voir dans la cour de l'école municipale des beaux-arts; le 28 mai 1740, ils achetèrent à M. de Ferron la maison noble de Carbonieux, moyennant 119.000 livres qu'ils empruntèrent; nous reparlerons plus loin des difficultés qu'ils eurent avec la ville de Bordeaux au sujet de cette acquisition et des nombreux procès qu'ils soutinrent, d'accord avec l'abbé de Béringhen, contre la Jurade pour faire respecter les droits antiques de l'abbaye[6]; sur la fin de sa vie, Béringhen consentit à un arbitrage qui se termina du temps de

1. Archives départementales de la Gironde, série H, abbaye Sainte-Croix, Carton n° 111 (prov.).
2. Arch. dép. de la Gironde, Liasse B. n° 14.
3. Actes capitulaires de 1702 à 1789, fol. 76.
4. Ibid., fol. 83.
5. Registre H. 938, fol. 192.
6. Voir chap. XIII et XIV.

son successeur, le 29 août 1746, par une transaction désastreuse pour l'abbaye.

L'abbé de Béringhen mourut dans son diocèse le 17 octobre 1742[1]; il était docteur en théologie ; il fut abbé de Saint-Sever, archidiacre de Melun (1721), prévôt de la collégiale de Pignans (diocèse de Fréjus), vicaire général de Chavigny, à Sens, évêque du Puy-en-Velay (nommé le 31 mars 1725, sacré le 24 mars 1726) ; il administra son diocèse avec sagesse et y établit les Frères des Écoles chrétiennes. Ayant reçu l'abbaye de Saint-Gilles (diocèse de Nîmes), il résigna la prévôté de Pignans. Comme tous ses prédécesseurs, il laissa des réparations à faire aux immeubles abbatiaux de Sainte-Croix, de Macau et du Taillan ; un jugement des requêtes rendu à Paris le 2 juillet 1743, les évalue à 4483 livres[2] ; son héritier, le marquis de Béringhen, ne s'exécuta pas, car le 13 septembre 1755[3] il fut de nouveau condamné et n'obtint quittance définitive que le 27 octobre 1760[4].

Louis-Joseph de Montmorency-Laval, clerc du diocèse d'Angoulême, né le 11 décembre 1724, fut nommé pour remplacer de Béringhen par bulle du 18 mars 1743[5] ; il fut mis en possession le 7 mai par Jean Blanquefort, sous-doyen de l'église de Bordeaux ; c'était le deuxième fils de Guy-André, marquis de Montmorency-Laval de Lezay de Magnac, colonel d'infanterie, et de Marie-Anne de Turmenies de Nointel ; dans les premiers actes de sa gestion, on l'appelle simplement « Messire Joseph de Laval[6] » (1748) ; puis « haut et puissant seigneur Louis-Joseph de Laval » (11 juin 1753)[7] ; après qu'il eut quitté l'abbaye, « Mgr Louis-Joseph de Montmorency-Laval, premier baron chrétien (1770) ». Il fut successivement vicaire général de Sens, évêque d'Orléans (sacré le 10 février 1754), de Condom (octobre 1756) et de Metz (8 septembre 1760).

Laval donna d'abord ses revenus à ferme aux religieux pour 9 ans[8],

---

1. Fisquet. *La France pontificale*, Archidiocèse de Bordeaux, p. 622 et 623. R. P. Armand Jean, *Les évêques et archevêques de France*, p. 103.
2. Arch. dép. de la Gironde, Carton n° 83 (prov.).
3. Ibid., n° 99 (prov.).
4. Actes capitulaires de 1702 à 1789, fol. 103.
5. Ibid., fol. 98 et liasse G. 609.
6. Carton n° 118 (prov.).
7. Carton n° 97 (prov.).
8. Archives départementales de la Gironde, série H, Abbaye Sainte-Croix, Carton n° 120. Actes capitulaires de 1702 à 1789, fol. 98, Liasse n° 2.

à partir du 1ᵉʳ janvier 1743 ; il demeurait alors au collège d'Harcourt, rue Laharpe, à Paris ; l'abbé abandonnait tous ses droits aux religieux moyennant 9.000 livres par an, nettes de toute charge, sauf les grosses réparations, payables en deux pactes, le jour de Noël et le jour de Pâques ; les moines réussirent à sous-affermer pour 9.300 livres[1], en conservant l'exploitation de Macau. Ce bail fut renouvelé le 11 juin 1753, mais l'année suivante, Laval, poussé par ses hommes d'affaires[2], voulut revenir sur ce contrat et présenta requête pour le partage des revenus de l'abbaye en trois portions égales: une pour lui, une pour les religieux, la troisième pour satisfaire à toutes les charges ; il réclama aussi l'intégralité de l'indemnité accordée pour la petite coutume et l'inventaire des titres de l'abbaye. Les moines ne s'opposaient pas absolument au partage des revenus par tiers puisqu'ils l'avaient demandé à Desaygues en 1633 ; la difficulté provenait[3] de savoir quels biens devaient être divisés ; les religieux soutenaient qu'ils n'avaient à mettre dans le partage que les terres qu'ils possédaient avant la commende et non les acquêts ultérieurs et les donations faites aux religieux seuls, à l'exclusion de l'abbé ; ces biens, déclaraient-ils, devaient rester aux religieux, comme les donations faites aux abbés allaient à leurs héritiers. Les religieux obtinrent, le 29 août 1752[4], un arrêt du Grand Conseil condamnant Laval à exécuter, provisoirement, les transactions de 1633 et de 1651, ainsi que la sentence arbitrale de 1710 ; cet arrêt ordonnait qu'il fût dressé procès-verbal des réparations à faire à l'église, aux lieux claustraux et réguliers, aux ornements et vases sacrés. L'inventaire des titres fut effectué, ainsi que nous le verrons plus loin, mais le procès ne fut jamais jugé, parce que Laval, dès qu'il eut été nommé évêque de Metz (8 septembre 1760), résigna l'abbaye de Sainte-Croix. Il eut une longue et brillante carrière ; il fut abbé de Saint-Arnould (1775), grand-aumônier de France (1786) ; promu car-

1. Actes capitulaires de 1702 à 1789, fol. 102.
2. Carton n° 109. Le Carton n° 111 contient plusieurs *Mémoires* imprimés relatifs au procès qui eut lieu à ce sujet entre l'abbé et les religieux.
3. Voir *Notice historique sur l'abbaye Sainte-Croix*, écrite en 1758 par Dom Boulin, syndic des Religieux, sur le Registre II. 954 et, notamment, le fol. 159.
4. Archives départementales de la Gironde, série H, Abbaye Sainte-Croix, Carton n° 37. Les prétentions des religieux de Sainte-Croix étaient de droit commun (DURAND DE MAILLANE, *Dictionnaire de droit canonique*, t. II, p. 321).

dinal le 30 mars 1789, il suivit le futur Louis XVIII à Mittau, où il célébra le mariage de Madame Royale, fille de Louis XVI, avec le duc d'Angoulême; il refusa de se démettre en 1801 et mourut à Altona le 19 juin 1808¹, à l'âge de quatre-vingt-quatre ans. Ce fut un évêque orthodoxe et bien intentionné, mais sans grande énergie; ayant rencontré des difficultés dans ses deux premiers diocèses, il préféra les abandonner que lutter; devenu évêque de Metz, il émigra en Allemagne, quand il vit son siège envahi par un intrus.

Laval laissait des réparations à faire à l'abbaye et fut condamné à les exécuter par arrêt du 24 septembre 1770²; du temps de cet abbé les religieux, déjà fort gênés par l'acquisition de Carbonieux, furent victimes d'une banqueroute³; avec l'autorisation des supérieurs de la Congrégation, accordée le 11 août 1750, ils durent emprunter encore 15000 livres, pour faire honneur aux billets qu'ils avaient en circulation.

A partir de 1752, dom Devienne commença à s'occuper de l'histoire de Bordeaux et de celle de la Guyenne; nous ne referons pas le récit des démêlés de Dom Devienne avec la Jurade, ses supérieurs et Dom Carrière; nous nous bornerons à renvoyer le lecteur aux travaux de M. l'abbé Bertrand et de M. Barckhausen⁴.

Louis-Charles-Vincent de Salaberry remplaça Laval; ses bulles sont du 5 des ides de septembre 1760; elles le qualifient de sous-diacre du diocèse de Paris et conseiller d'Etat. Pierre Labbat, prieur, prit possession en son nom⁵, il abandonna les prétentions de Laval et donna ses revenus à ferme aux religieux le 11 novembre 1760⁶. Il mourut le 20 janvier 1761⁷, après quelques mois de gestion; il était aussi abbé de Coulombs; il ne reste aucune trace de son court passage à Sainte-Croix.

1. Fisquet, *La France pontificale*, Archidiocèse de Bordeaux, p. 623. R. P. Armand Jean, *Les évêques et archevêques de France*, p. 291, 131 et 409.
2. Archives dép. de la Gironde, Carton n° 3.
3. Carton n° 39 (prov.).
4. *Les prieurs claustraux*, p. 103 et suiv. Archives municipales, Livre des Bouillons, Introduction, p. XIII et suiv.
5. Archives départementales, Registre G. 821.
6. Ibid., Carton n° 87 et Registre des Actes capitulaires de 1712 à 1789, fol. 103.
7. Fisquet, *La France pontificale*, Archidiocèse de Bordeaux, p. 623.

Ce fut l'évêque d'Alais, JEAN-LOUIS (*alias* LOUIS-JOSEPH) DU BUISSON DE BEAUTEVILLE, qui lui succéda. La bulle de provision, datée du 3 des calendes d'avril (30 mars), le nomme, par erreur, Louis de Baillon de Beauteville[1]. Ce prélat, très mauvais évêque[2], ne fut pas un bien bon abbé. Se trouvant « présentement présent à bordeaux[3] », il passa avec ses religieux un bail sous seing privé, à partir du 1er janvier 1762, mais il eut le tort de déclarer qu'il exploitait lui-même ses biens et d'en faire faire l'annonce à Macau, au sortir de la messe. Cette dissimulation avait pour but d'éviter de payer les frais d'un acte public, et surtout de faire exempter de la taille les religieux, ses fermiers ; il n'y réussit pas complètement, car ils furent imposés deux ou trois fois pendant la durée de leur bail, de neuf ans ; ce bail fut renouvelé le 10 septembre 1770, pour un fermage de 10.400 livres par an.

Beauteville eut un différend[4] au sujet des novales avec Dugarry, vicaire perpétuel du Taillan ; un arrangement fut conclu le 20 mai 1765[5]. Les difficultés furent plus sérieuses avec Louis Borie de Pomarède, écuyer, vicaire perpétuel de Macau ; elles durèrent pendant presque toute la gestion de l'abbé et ne se terminèrent que le 21 décembre 1775, par une sentence arbitrale[6]. Les torts étaient, peut-être, réciproques ; dans tous les cas, Pomarède était mal disposé pour les moines de Sainte-Croix ; répondant, en 1772, à une demande de renseignements de l'archevêque de Bordeaux, Ferdinand de Rohan Guéménée[7], il déclara que l'abbé affermait les revenus de Macau à MM. les Bénédictins, à charge de secourir les pauvres, mais que ceux-ci, loin d'exécuter les pieuses intentions de leur abbé, leur font payer de 1500 à 1600 livres de taille qu'ils devraient supporter eux-mêmes. Le reproche de ne pas secourir les pauvres était injuste, car une disette s'étant produite en 1773, les moines firent faire du pain à leurs frais, le distribuèrent gratuitement

---

1. Voir au Carton n° 15 (prov.) des Arch. dép. de la Gironde, l'original de cette bulle et le texte du serment prêté par l'abbé.
2. « De révoltante mémoire », dit le P. ARMAND JEAN, *Les évêques et archevêques de France*, p. 257.
3. Arch. dép., Carton H, n° 61, Actes capitulaires de 1702 à 1789, fol. 102.
4. Ibid., Carton n° 112 (prov.).
5. Ibid., Carton n° 115 (prov.), et liasse D. 14.
6. Ibid., série H, Abbaye Sainte-Croix, Carton n° 54 (prov.), et liasse D, n° 9.
7. Archives de l'archevêché de Bordeaux, Registre D, 16.

aux indigents de Macau et le vendirent aux autres à prix très réduits[1].

Les religieux de Sainte-Croix ayant fait quelques acquisitions dans la paroisse de Villenave, y avaient construit une chapelle; l'archevêque de Rohan, en 1772, en autorisa le maintien, à la condition qu'il n'y serait pas célébré d'offices aux quatre grandes fêtes de l'année et le jour de la fête patronale de la paroisse; pas de cloche, pas de chaire, pas de confessionnal, défense d'administrer les sacrements de Pénitence et d'Eucharistie sans permission écrite; les dimanches et fêtes, les domestiques devaient aller à la messe à la paroisse[2].

De Beauteville mourut à Alais, à l'âge de soixante-huit ans, le 25 mars 1776, laissant dans son testament un appel, qu'il n'avait pas osé publier de son vivant, contre la bulle *Unigenitus*; il était en lutte avec ses collègues et ses supérieurs; en 1763 il eut avec le vénérable de Brancas, archevêque d'Aix, un différend où l'évêque ne parut pas plus songer à mettre les formes de son côté qu'à l'emporter par le fond[4] »; il fut, à ce sujet, blâmé par tous ses collègues de l'Assemblée provinciale; il fut un des quatre évêques qui refusèrent d'adhérer à l'écrit connu sous le nom d'*Actes du clergé de France sur la religion*, adopté par l'Assemblée générale le 22 août 1765[5]; il se montra « même insolent à l'égard du pape[6] ».

De Beauteville portait : « Ecartelé au premier et quatrième quartiers, d'argent au buisson de sinople, mouvant du bas du quartier, au chef de gueules chargé d'un lion issant d'or; aux deuxième et troisième, à trois coquilles d'or. L'écu sommé d'une couronne de marquis et des ornements de dignité épiscopale[7] ».

De Beauteville fut remplacé par l'abbé JEAN-BAPTISTE DE LA ROCHEFOUCAULD DE MAGNAC, vicaire général de l'archevêque de Rouen, son parent. Il signifia lui-même sa nomination au prieur claustral Roch Lavaissière, par lettre du 14 décembre 1776[8], dans laquelle il manifeste

---

1. Arch. dép., Actes capitulaires de 1702 à 1789, fol. 114.
2. Ibid., Carton H, n° 53 (prov.).
3. *Les évêques et archevêques de France*, par le P. ARMAND JEAN, p. 257.
4. PICOT, *Mémoires pour servir à l'histoire ecclésiastique pendant le XVIII° siècle*, t. IV, p. 138/139.
5. Ibid., p. 192.
6. *Les évêques et archevêques de France*, p. 257.
7. *Armorial des Etats de Languedoc*, par GASTELIER DE LA TOUR, in-4, Paris, 1767. p. 61.
8. Arch. dép., Carton H. 87 (prov.).

déjà sa cupidité en demandant qu'on lui indiquât immédiatement les revenus et charges de ses nouvelles fonctions; « il avait l'idée fastueuse que son abbaye valait 25.000 livres de rentes », et il fut bien déçu en apprenant, par la réponse des religieux, que la commende de Sainte-Croix, toutes charges déduites, lui rapporterait seulement 16.000 livres. Pensant que les religieux avaient eu la ferme à trop bon compte, il leur fit défense de « s'immiscer dans l'administration des biens de l'abbaye[1] », offrant d'acquitter les charges, comme l'avaient fait ses prédécesseurs; un peu plus tard il voulut réduire d'un tiers les pensions des religieux et refusa de payer les réparations, puis il reprit les desseins de l'abbé de Laval et assigna les moines en partage par tiers des revenus de l'abbaye; le procès traînant en longueur, la Rochefoucauld, pour en presser la solution, se rendit lui-même à Bordeaux en 1787, mais ne descendit pas à l'abbaye; il alla loger sur « le cours d'Albret, paroisse Sainte-Eulalie[2] ». Le 30 mars 1787, le Parlement approuva le partage et chargea deux experts de l'effectuer; ce furent Jean Lagnier, géomètre feudiste de la ville de Bordeaux, choisi par les Bénédictins, et Jean-Gabriel Lalanne, représentant l'abbé; ils déposèrent leur rapport le 28 décembre 1787[3]. Ce document évalue les biens à partager à 39.809 livres 6 sols 11 deniers, non compris les 4.000 livres d'indemnité de la petite coutume, dont 3.000 livres continuaient à être attribuées à l'abbé et 1.000 livres aux religieux; Cambes et Saint-Caprais, donnés aux religieux par Desaygues et Molé, figuraient dans cette estimation, mais non « le petit couvent », c'est-à-dire les acquisitions faites par les religieux depuis 1627, pas plus que les prieurés non unis la mense. En attendant que le partage fût réalisé, l'arrêt du Parlement ne maintenait que onze officiers claustraux[4], prieur, sous-prieur, sacristain, chantre, aumônier, hôtelier, infirmier, chambrier, poissonnier, pitancier et réfectorier; mais les moines pouvaient continuer à disposer du prieuré de Cambes et de la dîme de

---

1. Archives départementales de la Gironde, série H, Abbaye Sainte-Croix, Carton n° 87 (prov.).
2. Ibid., Carton n° 114 (prov.).
3. Ibid., Carton n° 85 (prov.).
4. Il est, peut-être, utile de rappeler que ces offices n'avaient plus de titulaires depuis que la Congrégation de Saint-Maur avait pris possession de l'abbaye.

Saint-Caprais équivalant, comme nous l'avons déjà dit, à huit pensions monacales (quatre offices et quatre prébendes).

Les événements politiques empêchèrent l'exécution de cet arrêt; Louis XVI convoqua les Etats généraux ; les trois ordres durent nommer leurs représentants pour l'assemblée préparatoire; le 5 février 1789, le chapitre désigna, à l'unanimité, le prieur claustral Dom Boé[1]; l'abbé et le prieur titulaire de l'Ile-Saint-George, Clapisson, résidant alors dans l'abbaye Saint-André de Villeneuve-lès-Avignon, choisirent le syndic des religieux, Dom Soubira[2]; le 4 mars, Dom Jean-Joseph Vessière, prieur titulaire de Sadirac et du Tourne et sous-prieur effectif de Notre-Dame de la Grasse (Aude), donna sa procuration au cellérier, dom Nicolas Affre[3]. L'Assemblée des Etats du clergé du diocèse de Bordeaux se réunit, le 9 mars, au palais archiépiscopal et nomma membre des Etats généraux l'archevêque de Bordeaux, Champion de Cicé.

La procuration donnée à Dom Soubira (14 février 1789) est le dernier acte que nous connaissions de la gestion de La Rochefoucaud ; il semble qu'un autre abbé ait été nommé après lui ; on lit, en effet, dans une note sans date de la fin du XVIII° siècle, relative aux revenus et dépenses de l'abbaye : « il a été offert de ferme au sieur abbé Audoïng 2.400 livres[4] »; La Rochefoucauld figure cependant comme abbé commendataire de Sainte-Croix de Bordeaux sur le dernier almanach royal (1790), où sont mentionnés les bénéfices ecclésiastiques.

L'agitation révolutionnaire eut sa répercussion en province ; le 27 octobre 1789, sur le bruit ridicule que le comte d'Artois était aux portes de Bordeaux, que la ville était minée et que les moines possédaient des armes et des munitions de guerre, les Compagnies patriotiques se présentèrent au milieu de la nuit dans tous les couvents de Bordeaux pour en effectuer la visite ; bien entendu, on ne trouva rien, mais on effraya beaucoup les moines ; certains furent, cependant, assez naïfs pour régaler les volontaires[5]. La Compagnie patriotique de Sainte-

1. Arch. dép. de la Gironde, actes capitulaires de 1702 à 1789, fol. 132.
2. Carton n° 71 (prov.).
3. Carton n° 73 (prov.).
4. Archives départementales de la Gironde, série H, Abbaye Sainte-Croix, Carton n° 87 (prov.).
5. BERNADAU, Tablettes manuscrites, V° vol.

Croix n'était pas, d'ailleurs, au début, hostile aux religieux, car elle leur demanda de bénir solennellement ses drapeaux[1].

L'Assemblée nationale confisqua les biens du clergé par décret du 2 novembre 1789, et supprima les couvents le 13 février 1790 ; l'inventaire de la mense conventuelle fut opéré, le 26 avril, par Jean Ferrière-Colk et par Léonard de Gaye Martignac, officiers municipaux, assistés du secrétaire-greffier Collardon, qui paraphèrent, à la date du 28, l'inventaire détaillé des archives de l'abbaye effectué en 1784[2]. Presque tous les religieux protestèrent de leur désir de rester dans la Congrégation de Saint-Maur ; mais ils aimèrent mieux rentrer dans leurs familles qu'accepter de se rendre dans les couvents non désignés où l'Assemblée nationale voulait les enfermer[3]. Après cette opération, les moines résidèrent encore quelque temps dans le monastère ; au mois de mai, ils poussèrent la condescendance jusqu'à envoyer aux officiers municipaux de Bordeaux une adresse, dans laquelle ils protestèrent de leur soumission à la loi[4] ; le dernier arrêté des comptes que nous ayons trouvé est du 27 janvier 1791 ; quelques religieux résidaient encore dans le monastère le 30 avril suivant[5], date à laquelle le procureur syndic Duranthon annonçait à la municipalité le départ imminent des Bénédictins et proposait de confier, jusqu'à nouvel ordre, la garde des archives à Dom Soubira, syndic[6].

Au moment de sa suppression, la congrégation de Saint-Maur, après avoir donné à l'Eglise de saints religieux et à la science des historiens illustres, avait abandonné la règle qui faisait sa force ; plusieurs de ses membres, notamment Dom d'Isard et Dom de Lavie[7], prieurs claustraux de Sainte-Croix, avaient embrassé l'hérésie janséniste, et avec elle des germes de mort s'étaient introduits dans les monastères. Déjà, en 1711, certains religieux pourvus de prieurés avaient voulu disposer de leurs revenus et habiter dans les monastères dont dépendaient les béné-

---

1. *Les prieurs claustraux*, p. 138 et 139.
2. Ce Registre est coté H. 946 aux Archives départementales de la Gironde.
3. Voir Inventaire des archives municipales, Période révolutionnaire, p. 111, 207, 208, 210, 216.
4. *Les prieurs claustraux de Sainte-Croix*, p. 150.
5. Voir le texte de leurs déclarations, *Les prieurs claustraux*, p. 144 à 149.
6. Inventaire des arch. munic., Période révolutionnaire, t. I, p. 227.
7. *Les prieurs claustraux de Sainte-Croix*, p. 85 et 88.

fices ; des lettres patentes royales du 4 mars 1711 [1], écrites sur la demande des supérieurs, durent le leur interdire ; plus tard, certains religieux apportèrent des modifications au costume de l'ordre ; quelques supérieurs faisaient de longues absences, et autorisaient les moines à les imiter [2] ; le ministre fut obligé d'intervenir au nom du roi ; les abus prenaient, quelquefois, une sérieuse importance ; ainsi, en 1756, un certain Berthus [3], lieutenant de maréchaussée à Mirambeau, en Saintonge, signalait que Dom Garros menait une vie errante et ordonnait de l'arrêter, ce qui eut lieu à Rions, près de Bordeaux ; il fut incarcéré, mais le 31 octobre, Dom Labbat, prieur claustral de Sainte-Croix, s'offrit à le garder et répondit de lui. On connaît la vie mondaine de Dom Galleas, sous-prieur de Sainte-Croix, affilié, dit-on, à la maçonnerie. Dom Devienne prétextait ses recherches historiques pour sortir du couvent à son gré ; il allait à l'heure des offices troubler le ménage Lageüzère [4] dans lequel il mena une conduite peu édifiante, sans cependant enfreindre ses vœux ; plus tard, il se mit en révolte, à plusieurs reprises, contre ses supérieurs qui le firent incarcérer ; il publia contre eux des libelles dont le Parlement de Paris ordonna la destruction en 1775, les qualifiant de « séditieux, calomnieux, injurieux, contraires à l'obéissance » [5].

Les supérieurs généraux de la congrégation de Saint-Maur se plaignaient « de la situation affligeante [6] » de leur ordre et faisaient tous leurs efforts pour arrêter le torrent qui l'emportait, mais ils n'y réussissaient pas, malgré l'aide du pouvoir royal ; l'autorité des chapitres généraux était contestée par les moines que les réformes inquiétaient ; ils appelaient comme d'abus au conseil d'État de leurs décisions et en suspendaient ainsi l'application. Les germes révolutionnaires répandus sur la France s'étaient introduits parmi les religieux de Saint-Maur, et peut-être leur décadence serait-elle devenue complète si le décret de l'Assemblée nationale ne les avait pas supprimés.

1. Archives départ., série H, Abbaye Sainte-Croix, Carton n° 56 (prov.).
2. Ibid., actes capitulaires, 1769.
3. Ibid., Carton n° 73 (prov.).
4. Ibid. ; il existe, sur ces agissements irréguliers de Dom Devienne, trois *Mémoires* assez volumineux qui se font suite ; l'un est au Carton n° 97, les autres au Carton n° 61 (prov.).
5. Nous avons publié l'arrêt du Parlement au t. XLIII des Archives historiques de la Gironde (pièce n° 272).
6. Actes capitulaires, 13 janvier 1785.

CHAPITRE XII

Possessions et revenus de l'abbaye.

La partie la plus importante des possessions de l'abbaye Sainte-Croix fut constituée par les donations du comte de Bordeaux Guillaume le Bon, et par celles du comte de Poitiers, duc d'Aquitaine, Guillaume V ; c'étaient l'église Saint-Hilaire du Taillan, le bourg et l'oratoire de Soulac, les terres voisines du monastère, la sauveté de Sainte-Marie de Macau avec les terres et l'île adjacentes, l'église et le péage de Saint-Macaire. L'abbé Arnaud Trencard reçut, un peu plus tard, vers 1070, de l'archevêque Goscelin de Parthenay et des chanoines de Saint-André, l'église Saint-Michel de Bordeaux. Au cours du XII° siècle, nous l'avons vu, par suite de dons, d'achats ou d'échanges, les moines acquirent des domaines dans une foule de localités dépendant, pour la plupart, de l'archidiocèse de Bordeaux, mais dont quelques-unes, cependant, se trouvaient dans le diocèse de Bazas et même dans celui d'Agen. L'esprit de foi qui animait nos pères se manifeste dans la rédaction des actes de donation : « Je donne à Dieu et à l'église Sainte-Croix, pour la rémission de mes nombreux péchés », « pour la rédemption de mon âme et de celles de mes parents », « à Deu nostre senhor, à la santa veraia crots, a la gleisa Sainte-Crots de Bordeu et au combent de la medissa gleissa [1] » ; telles sont les formules les plus habituelles. Quelquefois on donnait à l'occasion de la prise d'habit d'un fils [2] ; souvent pour obtenir d'être revêtu, en mourant, du froc bénédictin [3] et d'être enseveli comme

---

1. Archives départementales de la Gironde, série H. Abbaye Ste-Croix, Carton n° 24 (prov.). Donation d'une terre à Lignan faite le 6 janvier 1271/72.
2. Voir le 1ᵉʳ Cartulaire au t. XXVII de la Collection des Archives historiques de la Gironde, *passim* ; notamment la pièce n° 82.
3. Le 1ᵉʳ Cartulaire (t. XXVII des Archives historiques de la Gironde) contient de nombreux exemples de donations semblables. Voir, notamment, les pièces n°ˢ 86 et 15. On sait, que de nos jours, Huysmans a tenu à être enseveli revêtu de l'habit de saint Benoit.

un moine ; Gaillard du Tourne, malade à bord d'un navire[1], déclare que, s'il meurt, il laissera trente sols à l'abbaye et dix sols à l'église du Tourne pour qu'on célèbre, chaque année, son anniversaire et celui de sa mère. Le plus souvent les donateurs étaient des bourgeois, plus rarement des nobles, chevaliers ou damoiseaux.

L'abbaye entourait les donations qui lui étaient faites de toutes les garanties possibles, afin d'éviter les revendications ultérieures des parents ou des alliés des donateurs ; elle n'y réussit pas toujours ; en cas de contestation, les moines maintenaient leurs droits avec fermeté mais sans âpreté, car il leur arrivait souvent de composer pour éviter un procès ; Raymond du Soler mourant appelle l'abbé Bertrand de Lignan (1155-1170) ; en présence de sa femme et de ses enfants, il donne au couvent sa part du moulin d'Estrabon[2] et de l'estey Cocud[3] ; son frère Alexandre donne, peu après, ce qui lui revenait sur le même moulin, mais Rostan, le troisième frère, ne voulant pas faire une générosité semblable, on lui achète son tiers sept sols bordelais. Guillaume Hélie de l'Isle[4], chevalier, actionna l'abbé Arnaud de Vayrines (1182-1209) au sujet du cours d'eau de Peyrelongue (Eau Bourde) qui faisait tourner le moulin de l'abbaye ; l'abbé prouva que son prédécesseur avait acheté cet estey 200 sols à Bernard d'Escozano et à Assailhide sa femme, parents du plaignant ; Guillaume abandonna son procès. Amanieu de Roqueir (d'Arroqueir, en idiome bordelais) avait donné à Sainte-Croix[5] la moitié de la dîme de Saint-Caprais, au moment où son fils se faisait moine ; la donation fut contestée par Gaillard de la Roche, fils du seigneur du fief, et par Rostand, autre fils d'Amanieu ; l'abbaye transigea et, comme un chevalier ne doit pas se « retirer les mains vides », les moines donnent 800 sols à Gaillard de la Roche (1124).

Pour sanctionner toutes ces donations, l'abbaye avait recours à l'autorité spirituelle et au pouvoir temporel, au pape et au roi d'Angleterre ou de France. Nous avons énuméré, à propos de l'histoire des abbés,

---

1. Arch. hist. du dép. de la Gironde, t. XXVII, pièce n° 73.
2. Sur l'Eau Bourde, Arch. hist. de la Gironde, t. XXVII, pièce n° 133.
3. Petit cours d'eau de la commune de Bègles, qui se jette dans la Garonne un peu en amont des Douze-Portes.
4. Arch. historiques de la Gironde, t. XXVII, pièce n° 63.
5. Ibid., t. XXVII, pièce n° 38.

les nombreuses bulles papales et les chartes royales octroyées successivement aux Bénédictins de Sainte-Croix.

En associant la bulle d'Alexandre III[1] du second jour des nones de février (le 4) 1164-65, à celle de Célestin III[2] datée du 16 des calendes de mai (16 avril) 1193, on obtient la liste aussi complète que possible des possessions de l'abbaye de Sainte-Croix, savoir : dans le diocèse de Bordeaux, l'église de Saint-Macaire ; tous les dons du comte Guillaume le Bon, fondateur du monastère ; l'église Saint-Michel hors les murs de Bordeaux, avec les oblations ; l'église Saint-Martin de Sadirac et ses appartenances ; l'église Sainte-Marie de Macau avec la dîme et l'île adjacente ; l'église Saint-Hilaire du Taillan, avec ses droits et possessions ; l'église de l'Ile-Saint-Georges, avec sa dîme et ses possessions ; l'église Saint-Etienne du Tourne, avec sa dîme et ses possessions ; l'Eglise Saint-Martin de Cambes, avec ses dépendances ; l'église Saint-Pierre de Loupiac, avec une partie de la dîme et des possessions ; l'église Saint-Seurin de Lamarque et ses dépendances ; l'église Saint-Martin de Blanquefort, avec ses possessions ; l'église Saint-Circe de Cameirac, avec ses appartenances ; l'église Saint-Maurice d'Aubiac (Verdelais) avec sa dîme et ses possessions ; l'église Sainte-Croix du Mont, avec ses possessions ; l'église Saint-Jean de Gasnag, avec une partie de la dîme et des dépendances ; le lieu de Balag[3]. Dans le diocèse de Bazas, l'église Saint-Aubin de Blagnac et l'oratoire Saint-Rémy (près Saint-Macaire), avec ses dépendances. Dans le diocèse d'Agen, l'église Sainte-Marie des Allemans[4], avec sa dîme et ses possessions ; l'église Saint-Jean de Montauriol, avec une partie de la dîme et des possessions[5]. L'abbaye était, en

---

1. Archives hist. de la Gironde, pièce n° 19 ; *Gallia christiana*, t. II, *Instrumenta*, col. 313.
2. Ibid., pièce n° 20. *Gallia christiana*, t. II, col. 313.
3. Quelquefois Balach, cours d'eau de la commune de l'Ile-Saint-Georges.
4. Les Allemans, à 2 kilomètres de Penne, n'ont aujourd'hui que 10 habitants. En 1789, c'était un prieuré simple et séculier que l'abbaye Sainte-Croix ne possédait plus ; il valait alors 2000 livres (Pouillé du diocèse d'Agen, p. 285).
5. Dans la vie des Saints du diocèse de Bordeaux, imprimée en 1723, le P. Proust parle (p. 255) d'une chapelle dédiée à saint Laurent, située à « quelques cent pas de Bordeaux du côté de la porte Sainte-Eulalie » et affirme qu'elle appartenait aux Bénédictins de l'abbaye Sainte-Croix. Les cartes anciennes mentionnent cette chapelle. Nous n'avons trouvé aucun document la concernant.

outre, propriétaire d'un certain nombre de maisons dans la ville de Bordeaux et de beaucoup de terres peu étendues dans diverses paroisses voisines. Nous donnons la liste des fiefs dans la ville de Bordeaux à la fin du volume (Pièce n° 4).

Les Bénédictins de Sainte-Croix surent conserver presque tous ces bénéfices jusqu'à leur expulsion en 1790 ; ils perdirent seulement, en 1583, le prieuré de Saint-Macaire enlevé par les Jésuites, avec l'oratoire de Saint-Rémy ; le prieuré des Allemans, passé en commende au XVIII° siècle ; à des dates que nous n'avons pu déterminer, Saint-Circe de Cameyrac, Saint-Maurice d'Aubiac[1] et Saint-Jean de Casnag. Le roi Charles IX ayant eu la singulière pensée de faire payer au clergé catholique les frais de la guerre protestante, les religieux de Sainte-Croix durent, en 1576[2], quand le pape eut donné son autorisation, aliéner des biens représentant 26 écus de rente ou 624 écus de capital au denier 24, à raison de 65 sols par écu[3] ; mais ils les rachetèrent, en grande partie, au XVII° et au XVIII° siècle. Parmi les domaines aliénés qui ne purent être recouvrés, il faut citer le moulin de Peyrelongue acquis pour « 468 écus sols entiers », par « Richard de Pichon conseiller du roi et receveur général du taillon de Guienne ».

Du XII° au XVII° siècle, l'abbaye n'augmenta guère ses propriétés ; mais, à partir de 1627, les moines de la congrégation de Saint-Maur firent de nombreuses acquisitions qu'ils ne considéraient pas comme faisant partie de l'abbaye Sainte-Croix ; elles constituaient ce qu'ils appelaient le petit couvent ; nous les énumérons plus loin.

La répartition des possessions du monastère entre l'abbé et les officiers fut à peu près constante au XIV° siècle et dans la première partie du XV°. Les abbés commendataires, dès le XV° siècle, s'emparèrent de la mense commune, supprimèrent le cellérier qui la gérait et firent des pensions aux moines en pain, vin et argent ; au commencement du XVI° siècle, ils absorbèrent par voie d'extinction les revenus de sept autres officiers, cessant en même temps de payer les pensions corres-

---

1. En 1553, Saint-Maurice d'Aubiac était une annexe de la cure de Sainte-Croix-du-Mont (Arch. dép., Carton II, n° 83) ; en 1664, les Célestins du Verdelais en étaient curés primitifs (Carton II, n° 83).
2. Archives départementales de la Gironde, série H, Abbaye Sainte-Croix, Carton n° 56 (prov.).
3. Arch. historiques du département de la Gironde, t. II, pièce n° 254.

pondantes. L'abbé Hunault de Lanta fut obligé de rétablir quatre des officiers supprimés, mais les vingt places monacales statutaires et les quatre prébendes ne furent reconnues que du temps de la congrégation de Saint-Maur, par les conventions dont nous avons parlé, du 3 janvier 1633 et du 10 juillet 1651. A la fin du XVIII° siècle, en présence des difficultés soulevées par l'abbé de la Rochefoucauld, les moines chargèrent le « feudiste » Declanet de reconstituer les domaines des officiers tels qu'ils étaient avant la commende. Nous donnons ci-dessous les conclusions de ce sérieux et minutieux travail [1] :

Prieur,	22 fiefs	Chambrier,	75 fiefs
Sous-Prieur,	59 —	Chantre,	6 —
Sacristain,	210 —	Infirmier,	94 —
Pitancier,	289 —	Aumônier,	24 —
Poissonnier,	232 —	Hôtelier,	63 —
Réfectorier,	31 —		

soit, en tout, 1.105 fiefs, non compris ceux du cellérier qui n'ont pas été dépouillés, peut-être parce qu'ils constituaient la mense commune dont les pensions formaient l'équivalent, ceux du sous-sacristain, du sous-poissonnier et du sous-chantre, qui n'avaient aucune importance.

Il ne faut pas perdre de vue que chaque fief payait un cens minime ; en 1553, 322 fiefs urbains produisaient seulement à l'abbaye 166 livres 8 sols [2].

Au début, les revenus de l'abbaye provenaient des récoltes des terres exploitées par les moines eux-mêmes, des dîmes et des droits d'agrière ; plus tard, les moines baillèrent à fief moyennant un cens annuel peu élevé et un droit d'esporle insignifiant. Le premier bail à fief passé par l'abbaye date de 1217, c'est celui qui donne la maison de Foartigue à l'hôpital de Camparian, près Cestas.

On appelait dîme la dixième partie des revenus d'une terre, ou une portion approchante ; en bien des endroits, le tenancier ne payait que la douzième ou la treizième gerbe. La dîme se levait quelquefois

---

1. Voir aux Archives départementales de la Gironde, Registre H. n° 940, intitulé *Cartage des fiefs entre l'abbaye et l'abbé*, comprenant 418 feuilles.
2. *Déclarations de fiefs en la ville de Bordeaux*, faites à la maison de la Ville par ordre du Roy, suivant son édit du 14 juillet 1553 (Archives départementales de la Gironde, Carton n° 109).

sur des objets manufacturés comme sur les produits du sol ; c'est ainsi qu'une décision arbitrale rendue à la suite d'une bulle du pape Innocent III datée du 13 octobre 1204, autorisa l'abbaye Sainte-Croix à percevoir la dîme des tuiles fabriquées dans la sauveté du monastère[1]. On distinguait les grosses dîmes provenant des gros fruits et les menues dîmes se recueillant dans les jardins (pois, fèves et autres légumes) ; les menues dîmes appartenaient toujours au curé, sans qu'il eût à produire de titre ; les gros décimateurs lui devaient aussi une portion congrue fixée à 300 livres par l'édit du 29 janvier 1696, portée à 500 livres puis à 700 livres, par les édits des 13 mai 1768 et 2 septembre 1786[2] ; l'abbé payait, en général, la portion congrue des cures dont il avait la collation ; la portion congrue de l'église Sainte-Croix de Bordeaux était en partie payée par le chapitre Saint-André, à cause des dîmes qu'il avait dans la paroisse ; pour Saint-Michel il y avait des arrangements spéciaux.

Les dîmes de terres nouvellement défrichées s'appelaient novales ; elles appartenaient au curé, mais une bulle d'Innocent IV, datée du 31 mai 1246[3], exemptait des novales les terres travaillées par les religieux de Sainte-Croix eux-mêmes, « desquelles personne n'avait encore tiré la dîme » ; ils eurent, au sujet de ces terres, de nombreux litiges avec les curés.

L'agrière était un droit analogue à la dîme, mais d'importance plus considérable ; il était du septain ou même du quint du fruit : il se percevait en nature. Dans une enquête du 26 mai 1575[4], il fut établi que le droit d'agrière de l'abbé de Sainte-Croix « était du quint sur les biens de l'île de Macau et aubarèdes ». W. Polan, homme questal de Macau, reconnut, le 10 janvier 1258/1259[5], devoir à l'abbé P. de Lenham, aux principaux officiers et à tout le couvent « las agreyras qua

---

1. Archives historiques du département de la Gironde, t. XXVII, pièce n° 33. La tuilerie avait été établie sur un sol cultivé ; la dîme des tuiles remplaçait celle des fruits.
2. L'abbé Lamartinie : *Un coin du Fronsadais*, p. 93.
3. Archives départementales de la Gironde, Registre H. 946, Inventaire de Sainte-Croix, 1784, folio 6.
4. Archives départementales de la Gironde, série H, Abbaye Sainte-Croix, Carton n° 74 (prov.).
5. Archives historiques du département de la Gironde, t. XXVII, pièce n° 298.

acostumat n'a à pagar et deus bins et deu bestiar, biu et mort¹ ». Le tenancier ne pouvait pas bâtir sur une terre soumise au droit d'agrière, puisque la partie du sol sur laquelle s'élevait la construction n'aurait plus donné de récoltes, mais l'abbaye ne se refusait jamais à entrer en arrangement et à donner l'autorisation nécessaire.

Le tenancier sujet à la dîme ou au droit d'agrière devait prévenir l'abbaye avant de commencer à récolter ; les moines envoyaient un ou plusieurs hommes pour faire le partage des produits du sol ; tantôt ces surveillants étaient nourris et payés par le couvent, tantôt l'une des dépenses ou toutes les deux incombaient au tenancier ; les baux avaient, d'ordinaire, des précisions à ce sujet.

Quelquefois, l'abbaye prenait à sa charge le transport de sa part de récolte depuis la terre jusque dans ses greniers ; il arrivait aussi que la redevance était due en un lieu déterminé, d'où les moines la faisaient enlever ; les « agrières de la palu » de Macau « étaient portables à Bordeaux, sur la côte Sainte-Croix », les fûts rendus par les moines ; les agrières de l'île de Macau étaient livrables dans la « salle » de l'abbé, à Macau. Dans un acte signifié le 23 décembre 1594², par Pierre et Jean Augiers, bourgeois de Bordeaux et tenanciers de l'abbé dans l'île de Macau, il est exposé que l'on avait l'habitude de conduire les vins et le blé des champs « à la salle » en se servant de la Maqueline (petit bras de rivière séparant l'île de Macau de la terre ferme), ce qui était peu coûteux : l'abbé Jules Salviati ayant fait construire un pont à l'extrémité de l'île, la Maqueline s'était envasée et les tenanciers ne pouvaient, sans frais considérables, livrer leurs récoltes : ils demandèrent que Salviati fît reconnaître les blés sur place et les fît enlever ; le cupide abbé aima mieux laisser perdre une partie des gerbes que donner à ses tenanciers une satisfaction pourtant bien légitime.

Le tenancier qui enlevait ses récoltes avant que l'abbaye eût prélevé ce qui lui était dû encourait des peines sérieuses. Au commencement

---

1. Arch. dép. de la Gironde, série H, Abb. Sainte-Croix, Carton II. 94 (prov.).

2. Archives départementales de la Gironde, série H, Abbaye Sainte-Croix, Carton n° 114 (prov.). La « salle » de l'abbé, à Macau, joignait l'église ; elle comprenait deux prisons, l'une au bout du chai, l'autre au bout du cuvier (Arch. dép., Carton n° 20 (prov.).

du XVII° siècle, Louis XIII, à la requête de l'abbé Sampetro d'Ornano, fit « expresses inhibitions et deffences... à toutes personnes de quelque qualité qu'elle soit, tant propriétaires, tenanciers que fermiers des héritages » à Macau « subjects au paiement desdites agrières et dismes... de non coupper ou fair coupper, sier, enlever, desplacer et emporter les fruicts naissans et croissants dans leurs héritages... ne de nuict, ne autrement, sans au préalable en avoir adverty le dict suppliant, ses fermiers ou commis, ou autre ayant de luy charge... le tout sur peyne du fouët et autre amande arbitraire, saisie de leurs terres et champs et confiscation de tous les fruicts, chevaux, charrettes et harnois qui se trouveront emportant les dicts fruicts, sans l'acquit du dict suppliant ou de celuy qui aura de luy charge[1] ».

Le partage des récoltes se faisait facilement quand il s'agissait de céréales ou de fruits; il en était autrement pour le vin livré en nature. Dans les grands « bourdieux » qui devaient un nombre exact de barriques ou de demi-barriques, pas de difficultés; mais, quand il s'agissait de tènements de faible étendue, les moines devaient faire transporter leurs vaisseaux vinaires d'un lieu à un autre et mélanger des produits hétérogènes, ce qui donnait un vin de qualité douteuse et de conservation difficile. C'est ce qui arrivait, notamment, à Cambes[2] et à Saint-Caprais où « lousdit senhor et convent auen accoutumate sa en reire (autrefois) prendre et recebre en vin clair, voulat (foulé) et coulat » ; après entente avec les intéressés, il fut convenu, le 9 septembre 1416, « que los medis parropian et habitans seran tenguts de garder ausdits senhor, Abat et convent la leur part (de la vendange non foulée) et lut laisser a una nuit et un jour o la portaram et faram porter aux Duhls (douils, vaisseaux vinaires) que seran mes et pausats par los medits senhors... » Un tel changement ne put se faire sans l'intervention de l'official, qui commit le notaire Jean Duperrier (Deperrius dans les parties latines de l'acte, Jehan deus Peyreys dans le texte gascon) pour

---

1. Archives départementales de la Gironde, série H, Abbaye Sainte-Croix, liasse D, n° 12.
2. Ibid.; Acte imprimé mi-partie gascon, mi-partie latin, intitulé : *Transaction entre les abbés et religieux de Sainte-Croix de Bordeaux, Curez primitifs et seigneurs temporels de la paroisse Saint-Martin de Cambes, Sancti Martini de Cambis, d'une part, et les habitans paroissiens ou bien tenan dans la paroisse concernant la manière de payer la dixme et la récolte des vins ou vendanges, autorisée par M. l'Official, de 97/1416* (Carton n° prov.).

s'assurer si l'arrangement convenait aux deux parties ; après avoir recueilli l'avis de quatre paroissiens de Quinsac et des officiers du monastère chargés de rentrer la dîme, l'official prononça sa sentence et le notaire rédigea l'acte transactionnel.

Quand les perfectionnements apportés, au XVIe siècle, aux procédés de vinification eurent pour conséquence l'augmentation de la quantité de vin récoltée, l'abbé Jules Salviati[1], dont la rapacité était toujours en éveil, voulut avoir sa part du surcroît de revenu. L'abbé avait coutume, dans la « palu ou isle de Macau », de recevoir pour droit d'agrière la cinquième partie de la vendange ; dans la suite, il fut convenu, contrairement à ce que nous venons de rapporter pour Cambes, « que M. l'abbé prendrait la cinquième partie de ce qui coulait de la cuve avant d'y mettre de l'eau pour faire du second vin appelé pimpin ; il était dû à M. l'abbé une barrique de vin pimpin dans chaque petit bourdieu, c'est-à-dire dans lequel il y avait 49 barriques de vin jusques et au-dessous de 98 barriques et 2 barriques, ou une pipe, de pimpin dans les grands bourdieux ». Quelques-uns des tenanciers s'étant avisés de faire des pressoirs appelés treuilhis, Jules Salviati voulut aussi la cinquième partie du vin qui coulait du pressoir appelé vin de « treuilhis ».

Pour éviter les frais et les difficultés de toute nature occasionnées par la perception des dîmes et droits d'agrière, le cardinal André de Lespinay, ainsi que nous l'avons dit, afferma tous ses revenus[2] ; son exemple ne fut pas suivi, en général, au XVIe siècle ; mais, au commencement du XVIIe siècle, d'Ornano mit sa mense à ferme[3] et, à partir de Molé, tous ses successeurs, sauf l'abbé de la Rochefoucauld, firent comme lui ; depuis la fin du XVIIe siècle, les religieux de la Congrégation de Saint-Maur furent presque toujours les fermiers des abbés ; mais le plus souvent ils sous-affermaient la mense abbatiale et affermaient leur propre mense ; en 1790, ils n'exploitaient directement que le domaine important de Carbonieux.

Le comte de Bordeaux Guillaume le Bon et le duc d'Aquitaine Guil-

---

1. Arch. dép. de la Gironde, Carton n° 114 (prov).
2. GAULLIEUR, *Histoire de la réformation à Bordeaux*, p. 17, note 2.
3. Archives départementales de la Gironde, série H, Abbaye Sainte-Croix, Carton n° 23 (prov.).

laume V, avaient fait en « franc alleu » leurs donations à l'abbaye Sainte-Croix[1] ; les donations ou acquisitions ultérieures eurent lieu en général dans les mêmes conditions. L'abbé et les moines reçurent aussi le droit de haute, moyenne et basse justice dans la plupart des localités, mais certainement à Soulac, à Saint-Macaire, à Macau et à Montauriol ; ils défendirent longtemps cette prérogative ; ils finirent toutefois par l'abandonner, sauf à Macau, où de Beauteville nommait encore, le 6 juillet 1773[2], le sieur Martin Jaquet, notaire royal à Macau, « pour lieutenant de juge civil, criminel et de police de notre dite Baronnie » ; de la Rochefoucauld, son successeur, dernier abbé, était « seigneur et haut justicier du bourg et paroisse de Macau[3] ».

« Le franc alleu, tant noble que roturier », dit une note bénédictine de la fin du XVIIe siècle[4], « relève de Dieu immédiatement et n'est soumis à aucun hommage, dénombrement, reconnaissance, redevance, ni rente envers aucun seigneur, ni même envers le Roy ». Un règlement du Grand Conseil du 18 décembre 1670 obligea les possesseurs de francalleu à prouver leur droit par des titres antérieurs à 1570[5] : cela fut facile à l'abbaye Sainte-Croix.

Si une terre en franc alleu baillée à fief tombait en déshérence, la couronne ne pouvait s'en emparer. « Suppliez nous ont », dit Edouard, prince de Galles[6], dans une charte du 15 janvier 1369/1370, « nos Snors en Dieu Abbé et convent de ma maison de saincte croix de Bourdeaux. Que come après la mort de Arnaud de Camparian tous les bns (biens) et heritages dudit Arnaud soient esté nus saisiz a mi main par deffaute de hors (hoirs). Tout les choses francs et celes qui meuvent de nous come celes qui meuvent d'autres ss. (seigneurs) ja soit ce que de raison et confirme depans du bourdelois chascun s. (seigneur) de lieux doit avoir ce qui moet de lui et soit aussi que grande partie des diz bns et héritages moeuvent des diz suppliants de l'église de Saincte Croix et

---

1. « Concedimus ecclesie Sancte Crucis salvitatem et allodium liberum de omni mala exactione », dit la charte de Guillaume V, 1er Cartulaire de Sainte-Croix, Archives historiques de la Gironde, pièce n° 2.
2. Archives départementales de la Gironde, série H, Abbaye Sainte Croix, Carton n° 74 (prov.).
3. Ibid., Carton n° 87 (prov.).
4. Ibid., Carton n° 81 (prov.).
5. Ibid., série H, Carton n° 81 (prov.).
6. Charte originale du Carton n° 71 (prov.).

d'autres seigneurs desdiz fieux axquels dient nous bolissons fre (faire) rendre aus diz supplianz ce que a eulx apprent (appartient) desdiz bns et héritages selon raison et la costume du païs ensemble avec les revenues qui en esté pris et levez puis ladit saisie. Et nous arnandons et cometons et a chascun de vous que apelez me peuvent et autres qui seront a appelez fairez aus diz supplianz bon accompliment de droiture sur les choses susdites gardées les feurs et costumes du païs. »

En vertu du franc alleu, les moines possédaient leurs terres au même titre que les seigneurs laïques ; leurs tenanciers, hommes questaux, bourgeois ou seigneurs leur devaient hommage. Nous avons vu que l'archevêque de Bordeaux n'était pas exempt de cette servitude et que, pendant longtemps, après avoir pris possession de son siège, il venait au chœur de l'église Sainte-Croix recevoir, avec l'anneau pastoral, l'investiture de ce qu'il possédait à Soulac[1].

Les hommes ou serfs questaux de la Guienne[2] « étaient généralement astreints à résider dans la manse et à y tenir *fuc viu* (feu vif) ; ils étaient attachés à la glèbe[3] ».

« Le serf questal n'était pas dépourvu de personnalité civile, mais sa personnalité était restreinte. Il était attaché aux biens qui lui avaient été concédés et ne pouvait les abandonner sans le consentement de son seigneur ; à son décès, il le transmettait à ses enfants, mais aucun autre parent ne lui succédait, pas même son frère ; s'il mourait sans enfants, ses biens retournaient au seigneur[4] ».

« Li auantdeit home et lur her (hoirs) sian et estongan et tengan estalgan en lurs proprias perssonas per totz temps a Macau, senes (sans) que no s'en partan ni partir no s'en puscan pertotz temps », décide, le le 14 mars 1254/1255, Calhau, ancien maire de Bordeaux, pris comme arbitre dans un différend entre l'abbé Pierre de Lignan et les hommes questaux de la localité[5].

---

1. Archives hist. de la Gironde, 1ᵉʳ Cartulaire, t. XXVII, pièce n° 13.
2. La situation des serfs questaux n'était pas la même dans les contrées voisines. On peut consulter à ce sujet le savant travail de M. l'abbé GALABERT, intitulé : *La condition des serfs questaux, du Xe au XIIe siècle, dans le pays du Tarn-et-Garonne*.
3. M. BRUTAILS, *Cartulaire de Saint-Seurin*, Introduction, p. LXXI.
4. M. SAIGNAT, *Essai sur l'origine de la coutume de Bordeaux*.
5. Archives historiques du département de la Gironde, t. XXIII, pièce n° 40, et t. XXVII, pièce n° 291.

Les filles n'héritaient pas des terres questales. En 1432/1433, Arnaud du Claus[1], homme questal de la paroisse de la Tresne, étant mort sans laisser d'héritier mâle, tous ses biens devaient revenir à l'abbaye, ses deux filles, Blanche et Marguerite, étant inhabiles à lui succéder dans ses fiefs. Pour éviter cette déchéance, la veuve et quelques amis du défunt proposèrent à l'abbé Pierre André d'accepter comme nouveau tenancier Pierre de la Coste, qui s'engageait à épouser Blanche du Claus, à entretenir convenablement Marguerite du Claus jusqu'à son mariage et à lui donner, à cette époque, quinze livres bordelaises. L'abbé, avec l'assentiment de tout le couvent, consentit à cette transaction, mais il fallut une nouvelle investiture, à titre de fief nouveau, en faveur de Pierre de la Coste. Cet acte montre que, même au XVᵉ siècle, les hommes questaux n'avaient pas de nom qui leur fût propre ; ils prenaient celui de la terre à laquelle ils étaient attachés ; le fief se nommait « au Claus » ; le tenancier s'appelait du Claus, avec un prénom [2].

A chaque changement d'abbé, les hommes questaux juraient fidélité à leur nouveau seigneur. Le 24 novembre 1376[3], Ramon de Roqueis, s'étant rendu à Soulac, reçut le serment des gens de la localité : « Jo ren homenalge et segrament de fidautat audeit senhor abat en ladeita gleisa dauant lodeit autar de nostra dona, so es a sçaver estans a genoilz per dauant luy, mans junctas, sens capeyron, sens capel, sens cintura et sens tota autra armadura et tenens los deitos mans l'un apres l'autre sobre los sancts euangelis de diu et sobre la vraya crotz et juraren... beyssen en la boca l'un apres l'autre lodeit senhor abat, exceptat los molhers tant solament. » L'abbé, de son côté, promit d'être bon maître et de protéger ses tenanciers suivant les droits et coutumes de Bordeaux. Un acte notarié, indiquant les noms des hommes questaux, fut immédiatement rédigé.

On trouve trace de cérémonies analogues en divers lieux dépendant de l'abbaye et à des époques différentes.

Le serf questal ne pouvait, sans l'autorisation formelle du seigneur, mettre ses fils à l'école, ni les faire entrer en religion : il n'avait pas,

1. Archives historiques du département de la Gironde, t. XIX, pièce n° 3.
2. Ibid.
3. Archives départementales de la Gironde, Terrier de 1341 à 1580 recopié et vidimé au XVIIᵉ siècle. H. 872, folio 7 et 8.

non plus, le droit de marier ses filles ; il était taillable à merci[1]. Quand l'homme questal avait rendu à son seigneur de signalés services, il arrivait parfois que celui-ci l'affranchissait entièrement par un acte notarié dans lequel le suzerain donnait ses biens en caution de sa promesse[2].

Les bourgeois et les nobles étaient tenanciers de l'abbaye en vertu de baux à cens ou à rente. Le cens était un droit annuel grevant une terre ou un immeuble en faveur du seigneur du fief; c'était la marque de la suzeraineté, que le seigneur retenait quand il baillait son fief. La rente était une redevance analogue, mais le bail à rente n'était fait que pour un temps, toujours très long, tandis que le bail à cens n'avait pas de limites et ne cessait que par la déshérence ou par l'inexécution de ses conditions. L'abbaye employa aussi, dans quelques circonstances, le bail « à faisandure[3] », c'est-à-dire qu'elle donna un bien à un fermier pour un temps assez court, lui en laissant les revenus, à condition qu'il apportât au fief les améliorations nécessaires.

Les moines de Sainte-Croix ne baillèrent à cens qu'une faible partie de leurs domaines ; ils évitèrent ainsi la ruine qui frappa beaucoup d'abbayes ; le cens, en effet, était une redevance fixe ; or, la valeur de de l'argent diminuant constamment, tandis que le prix des choses augmentait sans cesse, cette double cause de dépréciation réduisit à la famine nombre de monastères, les obligeant à fermer leurs portes ou à réduire considérablement leur personnel de religieux.

Le cens était imprescriptible et non rachetable ; il emportait le droit de lods et vente et de saisine d'amende. Le droit de lods et ventes (*laudimia, lodes, laudationes*) était dû en argent au seigneur du fief, en cas de vente, comme rémunération de la permission qu'il donnait d'aliéner l'héritage. D'après l'article 95 de la coutume de Bordeaux[4], « pour les lods et ventes était dû le huitième denier et devait être payé

---

1. « No deven ni poden metre degun de los effans mar en escalar, ni metre en degun religion, ni en degun orde, ni maridar lurs filhas... no avens franquesse, no libertad : que edes home questau a tallia et a merce » (Archives historiques du département de la Gironde, t. I, pièce n° 33).
2. Ibid., pièce n° 36.
3. Voir, notamment, Mezuret, *N.-D. de Soulac ou de la Fin-des-Terres*, p. 291.
4. Voir, notamment, Archives historiques de la Gironde, t. XXVII, pièce n° 239.

par l'achepteur au seigneur foncier et non à un autre » ; dans la coutume de Paris, il était de vingt deniers pour livre, ce qui était, à peu près, l'équivalent. L'importance des lods et ventes s'accroissait de siècle en siècle, car le droit devait être payé « non seulement des sols et fonds sur lesquels le cens a été premièrement imposé, mais aussi de l'édifice bâti sur celui et vendu avec ce sol[1] ». Les Statuts de l'abbaye élaborés au XIV° siècle et divers autres documents très anciens prévoient un droit supplémentaire en cas de vente, appelé, en latin « retrovenda », en gascon « reyrevenda ». Ducange le définit ainsi : « quod præter vendas a feuda acquirentibus solvebatur ».

L'acte suivant, daté de 1264, indique comment on procédait en cas de vente : « A questa benda fo feita et autrejada en la man de W. de Comps abat adoncas (alors) de lauandeita gleissa, en cui man lauandeit en Pey Guiscart sen desuesti, en laquau man cesta venta fo feita et autrejada ; laquau abas per sin et per tot lo combent de lauandeita gleisa na bestit lauandeit en Iohans Dissenta e en W. de Laubesc ab lauandeits esporles dessus mentagutz (sus-mentionnés) a senhor mudant et am los biantz et ab las autres deners dessus mentaguts.....[2] »

L'esporle, dont parle cet acte, était une redevance particulière que le fief devait en Guienne ; elle était perçue « a senhor ou affeuat mudant », c'est-à-dire en cas de changement, par décès ou autrement, de seigneur ou de tenancier ; la redevance était très minime et n'était pas proportionnelle à l'importance du cens[3]. A Sainte-Croix, l'esporle était pour les jeunes moines[4]. « L'existence de l'esporle caractérisait et constituait le fief en Guienne ; c'était une maxime de jurisprudence reçue dans cette province qu'il fallait qu'il y eût esporle pour qu'il y eût fief, si bien qu'il arrivait quelquefois qu'on employait les deux mots l'un pour l'autre[5]. »

Le tenancier pouvait emprunter sur le fief avec l'autorisation de l'abbé ; le 27 mars 1262, Contor Solman femme d'Arnaud des Arbres

---

1. Arch. dép. de la Gironde, série H, Abbaye Sainte-Croix, Carton n° 62 (prov.).
2. Arch. hist. du dép. de la Gironde, t. XXVII, p. 181. Le *bian* était une journée d'homme.
3. Brutails, *Cartulaire de Saint-Seurin*, Introduction, p. LXXXVI.
4. Statuts, *De Sigillo, Privilegiis et Statutis*.
5. *Notice sur un manuscrit de la bibliothèque de Wolfenbüttel*, par Martial et Jules Delpit, p. 25.

emprunta 112 sols bordelais à P. Bogès du Mirail et à P. Carpentes des Ayres ; elle leur hypothéqua deux pièces de vignes à Arx ; la terre est mise en gage entre les mains de l'abbé W. de Comps et il est entendu que les prêteurs prendront tout le fruit des vignes jusqu'à remboursement de leur avance[1].

Un fief pouvait changer de seigneur en gardant le même tenancier. Gaillard de Cursan, clerc, pour le salut de son âme et de celles de ses père et mère, de son frère et de son lignage, donne à Dieu, à l'abbé et au couvent de Sainte-Croix tout le fief qu'Hélie Carpenter, le changeur, tenait du dit Gaillard, dans la paroisse de Floirac, notamment au lieu appelé le Laurier. L'abbé W. de Comps, le 10 juillet 1264, mis en possession des terres, les baille à fief nouveau à Hélie Carpenter[2].

Le bail à cens ou à fief, la reconnaissance féodale, la mutation de tenancier par suite de vente ou d'échange, faisaient l'objet d'actes établis par le notaire de l'abbaye suivant des types qui, du XIIe au XVIe siècle, furent à peu près uniformes pour chaque nature de transaction. Ils furent d'abord écrits sur parchemin, rédigés en latin, ensuite en gascon, idiome usuel du pays bordelais ; à partir des premières années du XVIe siècle, on adopta le français, mâtiné de gascon dans les premiers temps, mais bientôt très correct. Les actes gascons commencent tous par les mots « Conoguda causa sia », correspondant à « Notum sit » ; la date, toujours en latin, termine l'acte[3] : « Actum fuit hoc Burdigal. decima septima die mensis maii anno Dni millesimo quadringintesimo quadragintesimo tertio, regnante excellentissimo dno Henrico dei gr. rege Anglie et Francie ducatu Hibernie et Aquitanie, reverend. in Christo patre et dno Petro eodem gracia burd. archiep. Presentibus ibidem... testibus ad premissa vocatis, appelatis et rogatis. Et me Johanne de Salverto, clerico Agennensis diocesis, notario publico ducatus Aquitanie, qui presentem cartam audivi, retinui et recepi, manu mea propria scripsi, signoque meo consueto signavi, vocatus et requisitus in testimonium premissarum. »

Du XIIIe au XVe siècle, le nom du notaire était inséré dans les

---

1. Archives historiques du département de la Gironde, t. XXVII, pièce n° 240.
2. Ibid., t. XXXVII, pièces n°[s] 242 et 248.
3. Archives départementales de la Gironde, série H, Abbaye Sainte-Croix, Carton n° 21 (prov.).

blancs d'un dessin représentant généralement le clocher, plus ou moins orné, d'une église, placé horizontalement; cela servait de sceau ou de paraphe.

Le sieur Declanet, feudiste et archiviste « de la Compagnie des Conseillers du Roy notaires à Bordeaux », après avoir examiné attentivement pendant près d'un an, en 1787, toutes les archives de l'abbaye Sainte-Croix, résume ainsi les réflexions que lui a suggérées le dépouillement de ces titres [1] :

« 1º Aux XIIIᵉ, XIVᵉ, XVᵉ et XVIᵉ siècles, les abbés stipulaient presque tous les actes féodaux, soit procédant pour eux personnellement, pour les officiers claustraux et pour les religieux; tantôt pour eux et en présence du consentement des dits officiers ; tantôt également pour eux et avec les mêmes officiers claustraux, en qualité d'administrateurs de l'abbaye ;

« 2º Cette stipulation a même eu lieu dans les actes féodaux qui ont succédé aux achats de plusieurs fiefs par les seuls officiers claustraux et aux donations en leur seule faveur ;

« 3º Souvent les abbés stipulaient sans avoir rien du cens. »

L'autorité de ces remarques est considérable ; néanmoins, il est certain que l'intervention de l'abbé dans les actes ne se produisait pas toujours ; au XIIIᵉ siècle, quelques officiers, le cellérier [2] notamment, stipulaient seuls; le 25 décembre 1357, le poissonnier Vidau Gran vêtit l'acheteur d'un fief sans le concours de l'abbé; le terrier de l'infirmier [3] reproduit de nombreuses reconnaissances féodales où l'abbé n'est pas nommé. Néamoins, on peut admettre, d'une manière générale, que les actes du monastère étaient faits au nom de l'abbé, tout en ne perdant pas de vue que la règle n'était pas absolue.

L'abbé était, parfois, remplacé par son procureur général ou par son vicaire général. « Vénérable et religios home fray Mathieu [4] Pecol mongo... prior du priorat deu Monteliamart et vicary genau deu tres renerent payre en diu et notable senhor mossen la cardinau de foix et

1. Archives départementales de la Gironde, Registre H. 940, Cartage des fiefs entre l'abbaye et l'abbé.
2. Archives historiques de la Gironde, 2ᵉ Cartulaire, t. XXVII, pièce nº 270.
3. Archives départementales de la Gironde, Registre H. 871, Terrier de l'infirmier, passim. Jusqu'en 1365, l'abbé n'intervient jamais.
4. Ibid., série H, Abbaye Sainte-Croix, Carton nº 23 (prov.).

admr gnau deudeyt monestey de sancta Crotz » (décembre 1455). Le procureur général pouvait révoquer les vicaires généraux : « Tum lo religios home mossen Peys de Loex monge et cambarey deudeyt monest. de sta crotz de borden et procurador gnau de mossen lo prothonotari de bearn[1], administrator deudeyt monestey. a revocat lo vicariat de mossen bern. Robbert » (16 juin 1453).

Dans les cas assez rares de carence d'abbés, il en est fait mention. « Religios home mossen gaillard Ros, prior de claustro, vicary generau deu monestey la cea abbatian bacant[2]... »

Les actes étaient très explicites et minutieusement rédigés, de façon à éviter toute équivoque ou toute contestation ultérieure[3] : « Blanqua brissaud de la parropia de Maquau », lit-on dans un document du 12 mai 1430, « per sa bona voluntat recogno et confesset... auat en feus feuamment, seguont los fors et las costumas de bordales, ab los dreyts et dueurts de que bas escrit, deus honorables et religios senhors abat et combent deu monaster Sta-Crotz de Borden et de lurs successors... (suit la description détaillée du fief et de ses limites) « Blanqua brissaud, per sa bona boluntat, recebo befadon deu Reverend payre en diu mossen pey andriu, abat lo jorn et hora que costa carta fot feyta et anthada deudeyt moster santa Crotz de bordeu, Elomedis (et le dit) senhor abat lon bestit feuamment... » Suivent les conditions.

Le tenancier prenait de nombreux engagements ; l'acte ci-après, du 13 juillet 1376, en donne la nomenclature assez complète[4] : « ne deuen ni poden mettre accazat ni sotz accazat ab meis sporle ni a meis cens ni dar ni dalhar a gleiza, o temple, ni a hospitau, ni mettre en man morta, ni par diguna autra causa a per que las vendas, reyrevendas, los dreyts, los deuers ni las senhorias deudeits senhors abat et monge deudeyt mostey... ne forssan o pogassan estre amermadas (amoindris) o affoladas a tot ni en partida en aucuna maniera. »

Presque toujours on interdisait au tenancier « d'accaser ou de sous-accaser » le fief, c'est-à-dire de le sous-louer ; cette interdiction avait un double but : d'abord, éviter la perte des lods et ventes par suite de

---

1. Archives départementales de la Gironde, Terrier de 1452 à 1455.
2. Ibid., Série H, Abbaye Sainte-Croix, Carton n° 72 (prov.):
3. Ibid., Carton n° 113 (prov.).
4. Archives départementales de la Gironde, série H, Abbaye Sainte-Croix, Carton n° 118 (prov.).

la dissimulation d'une vente à l'aide d'une sous-location ; ensuite, empêcher le tenancier de retirer de la terre un revenu plus fort que le cens qu'il payait au monastère.

L'abbaye surveillait la gestion de ses tenanciers et intervenait quand ses droits étaient menacés. Au commencement du XIIe siècle [1], Gausselin de Genizac, Remund son frère, et Vierna leur mère, avaient donné à l'abbé Pierre de Buzac toute la dîme qu'ils avaient à Lignan, en échange d'un cheval de 500 sols ; l'usage de la dîme fut laissé à Robert de Malagent, chevalier, frère d'un moine de Sainte-Croix, moyennant un cens annuel de quatre « escartes » de froment (environ 16 hectolitres) et cinq sols d'esporle. Gérard, fils de Robert, poussé par la nécessité (necessitate cogente), eut le tort d'engager la dîme, qui ne lui appartenait pas, à Robert de Leyan (Lignan) moyennant 700 sols. L'abbé Arnaud de Vayrines, ayant eu connaissance de cette mauvaise action, introduisit une instance auprès de Pierre Gaubert « dominus pacis », et l'abbaye rentra dans ses droits, mais elle dut désintéresser Robert de Leijan.

Arnaud de Couture [2] tenait en fief de l'abbaye une maison située dans la sauveté, sur le bord de l'eau, près du mur du cimetière du monastère ; il meurt, n'ayant pas payé le cens dupuis plus de trois ans ; le 16 février 1285/1286, l'abbé Guillaume de la Loubeyre « en plencira cort », c'est-à-dire devant tout le couvent et « en la presentia de mui Gaillart de Budos, communau notary de bordeu et deus testimonis », cite les fils majeurs du défunt et le tuteur de ses enfants mineurs ; il leur demande s'ils veulent payer le cens en retard et s'engager à le solder à l'avenir ; ils refusent, l'abbaye reprend son fief et en donne quittance aux tenanciers.

Un propriétaire de la rue Fusterie ou Carpenteyre [3] n'avait pas payé le cens d'une maison située près la porte Sainte-Croix ; le 18 août 1592, le sergent royal requis par l'abbé Jules Salviati, fait « main mise » sur la maison « en confortant la dite main mise par celle du roy nostre

---

1. Archives historiques de la Gironde, t. XXVII, 1er Cartulaire, pièce n° 83.
2. Archives départementales de la Gironde, série H, Abbaye Sainte-Croix, Carton n° 87 (prov.).
3. Archives départementales de la Gironde, série H, Abbaye Sainte-Croix, Carton n° 87 (prov.).

sire et en signe d'icelle place un penanceau contre la porte de la dite maison »; il délègue « deux commissaires de par le roy » à payer ultérieurement « sur les louages saisies ».

Nous avons vu que, en 1616[1], les Jésuites avaient été obligés de reconnaître la directité de l'abbaye sur leur noviciat et à lui payer un cens annuel.

Au XVIe siècle, la décadence de l'abbaye fit perdre de vue aux moines la surveillance de leurs droits; nous avons raconté comment les Jésuites lui enlevèrent Saint-Macaire[2]; la paroisse Saint-Nicolas des Gahets, que les Bénédictins avaient fondée, s'annexa aussi la chapelle de Saint-Vincent de Ladors[3], située près du confluent de l'Eau Bourde et du ruisseau d'Ars, et la confrérie qui y était instituée; quand les moines réclamèrent, il était trop tard, la spoliation était consommée.

C'est avec le maire et les jurats de Bordeaux que l'abbaye eut le plus de litiges; nous racontons plus loin comment les moines perdirent le droit de petite coutume et celui de sauveté[4]; nous ne parlerons ici que des empiétements de la municipalité bordelaise sur leurs droits seigneuriaux dans Bordeaux. Dès les premiers temps de la conquête française, les jurats comprirent que leurs entreprises contre les prérogatives du clergé seraient bien vues de leur nouveau roi. Le refus de cens pour la partie du château Gaillard mouvant de l'abbaye fut le premier essai[5]; il échoua; le 18 février 1502-1503, Bernard Coulomb, ancien jurat[6], vendit au « maire, soubs maire et jurats toute icelle tour et maison qui était dans la dite tour... située dans la rue appelée Latour du portal »; les Bénédictins, dont ces immeubles mouvaient, ne touchèrent, dans la suite, aucun cens et ils eurent le tort de rester longtemps sans réclamer. Un peu plus tard, en 1537[7], la Jurade avait commencé à

1. Archives départementales de la Gironde, Registre H. 946, Inventaire de Sainte-Croix, 1784, folio 320.
2. Chapitre x.
3. Ibid., série H, Abbaye Sainte-Croix, Carton n° 103 (prov.).
4. Chapitres xiii et xiv.
5. Voir, notamment, Inventaire des Registres de la Jurade, t. VI, p. 11.
6. Archives départementales de la Gironde, série H, Abbaye Sainte-Croix, Carton n° 115 (prov.).
7. *Mémoire instructif* pour messire Fn. DE BÉRINGHEN, évêque du Puy, abbé commendataire de l'abbaye royale Sainte-Croix de Bordeaux, Ordre de Saint-Benoît, Congrégation de Saint-Maur, et le Chapitre et Religieux de la

bâtir l'hôpital de la Peste sur le fief où devait s'élever, ultérieurement, l'hospice de la Manufacture ; elle dut renoncer à cette construction. Le 25 octobre 1601[1], conformément à une délibération des « Cent Trente », le maire et les jurats concédèrent à perpétuité aux Capucins l'ancien hôpital de la Peste[2] situé dans la directité de Sainte-Croix ; on ne voit pas que les Bénédictins aient protesté.

En 1674[3], les jurats baillèrent à fief au sieur de Lentillac (ou Dantillac), avocat et substitut de l'hôtel de ville, « moyennant une grosse rente », une tour et une place vacante près du moulin de Sainte-Croix, lesquels mouvaient certainement de l'abbaye ; les jurats ne pouvaient ignorer cette particularité, car, tout récemment, le 20 juin 1671[3], ils avaient acheté la place aux moines 1.100 livres, en s'engageant à payer une rente foncière de 4 livres tournois et l'intérêt d'une indemnité de main-morte fixé à 300 livres 15 sols ; une émeute[5] dont les quartiers Saint-Michel et Sainte-Croix furent le principal théâtre, en 1675, et la « translation des deux Cours supérieures » qui s'ensuivit ne permirent pas aux religieux d'engager immédiatement une instance. Cette émeute occasionna un dommage d'une autre nature à l'abbaye ; les troupes du roi entrèrent en ville par une brèche pratiquée entre « l'estey » et la porte Sainte-Croix, qui fut démolie ; le Fort-Louis fut construit (1676), sur l'emplacement de l'abattoir municipal actuel[6] ; les directeurs de cet ouvrage prirent l'entier jardin de l'abbé et une partie des bâtiments, les fonds et les pierres ayant été employés à l'usage du fort » ; l'abbaye ne reçut aucune indemnité « par suite de la négligence de l'abbé Molé », alors que les Jésuites surent en obtenir une pour les emprises faites sur leur noviciat.

---

dite abbaye contre MM. le Maire, Soumaire et Jurats de Bordeaux. Brochure imprimée avec plans manuscrits, p. 21. Cette brochure se trouve aux Archives départementales, série H, Abbaye Sainte-Croix, Carton n° 98. Voir aussi le Carton n° 116 (prov).

1. Archives municipales, *Livre des Privilèges*, pièce n° 31.
2. Rue du Hamel ; c'est le Grand Séminaire.
3. Archives départementales de la Gironde, série H, Abbaye Sainte-Croix, Carton n° 115 (prov.).
4. Archives municipales, Inventaire des Registres de la Jurade.
5. *Continuation de la chronique bourdelaise* de DELURBE et DARNAL. Voir aussi Archives départementales, série H, Carton n° 115 (prov.).
6. Archives municipales de la Gironde, série H, Abbaye Sainte-Croix, liasse C, n° 4.

D'un autre côté, les Jurats permirent, en 1684, au sieur Ribaut[1] « de construire de petites maisons à un étage, depuis la porte Sainte-Croix jusqu'à la dite tour et par dehors, à condition que ledit sieur de Ribaut ferait une espèce de muraille menée par derrière pour fermer la brèche par où les troupes du roy avaient entré en 1675 ». Le syndic des religieux protesta, l'affaire fut même portée au Grand Conseil, mais, comme le dit mélancoliquement une des pièces du dossier : « MM. les Jurats ont leurs troupes et leurs sergents de ville avec leur autorité en mains, il faut que tout cède. » Le maire essaya même de percevoir des droits de location sur les marchands qui descendaient chaque année des Pyrénées et venaient camper dans les terrains vagues de Paludate, hors la ville, dans la directité de Sainte-Croix ; cette fois ils n'avaient pas affaire aux moines seuls, leur tentative échoua[2].

L'abbé Molé, malgré son apathie et sa vieillesse, finit par s'émouvoir de toutes ces entreprises ; le 3 mars 1709, il obtint des avocats Dudon et Monnereau[3] une consultation motivée établissant les torts des Jurats ; peu après, d'autres avocats, Poitevin et Beaune, conclurent dans le même sens. L'abbé de Béringhen fit imprimer un mémoire résumant les revendications de l'abbaye et exposant l'origine de ses droits[4] ; de nombreux procès furent engagés ; pendant qu'ils étaient en cours, la Jurade éleva de nouvelles prétentions en réclamant aux moines les droits de lods et ventes sur la maison noble de Carbonieux qu'ils avaient acquise le 28 mars 1740[5], sous prétexte que ce domaine, situé dans les paroisses de Villenave et de Léognan, dépendait du comté d'Ornon dont le maire et les Jurats étaient seigneurs.

Les deux parties finirent par se lasser de toutes ces instances ; on nomma des arbitres qui discutèrent pendant plusieurs années ; l'arbitrage, comme nous l'avons dit, commencé sous l'abbé de Béringhen, se termina du temps de son successeur de Montmorency-Laval. La transaction du 29 août 1746[6] fit abandonner à l'abbaye presque toutes ses

---

1. Arch. dép. de la Gironde, sér. H, Abbaye Ste-Croix, Cart. n° 115 (prov.).
2. Ibid., série H, Abbaye Sainte-Croix, Carton n° 115 (prov.).
3. Ibid.
4. Ibid., Carton n° 98 (prov.).
5. Ibid., Carton n° 118 (prov.).
6. Voir le texte de cette transaction. Archives municipales, Inventaire des Registres de la Jurade, t. VI, p. 7 et 30 à 39. Il existe une copie de cette transaction aux Archives dép. de la Gironde, série H, Dossier A, n° 4.

demandes; il fut décidé que les abbés et religieux de Sainte-Croix renonceraient :

1° Comme nous le verrons plus loin, à tout droit de franchise, sauveté, etc. ;

2° A tout droit de directité sur le clos de Lentillac (espace compris entre la rue Peyronnet, le cours Saint-Jean et la rue de Lentillac actuels); sur la raffinerie voisine, dans l'intérieur des murs; sur le terrain contigu et sur la tour dite de Lentillac ;

3° Sur l'échoppe et bâtiment appartenant aux sieurs Peyronnet et Chapperon;

4° Sur tous les magasins, chais, maisons et places vides dans l'intérieur de la ville adossés aux murs depuis la tour de Lentillac jusqu'à la porte de Grave ; enfin sur le terrain où était bâti le mur de ville et sur les échoppes, maisons et chais construits hors les murs de ville vers la rivière.

Les Jurats abandonnaient seulement le droit de directité qu'ils prétendaient avoir sur l'Eau Bourde et sur neuf échoppes bâties le long de ce ruisseau. Ils maintenaient leurs droits seigneuriaux sur le domaine de Carbonieux, mais se contentaient de l'hommage d'un fer de lance doré, que deux religieux devaient faire, au nom de l'abbaye, de trente ans en trente ans ayant genouil en terre, la tête découverte et les mains jointes dans celles du maire ou sous-maire »; moyennant cet hommage, la Jurade renonçait aux lods et ventes sur ce fief noble et sur les biens qui en dépendaient. La ville concédait enfin 74 journaux de lande à Léognan, en deux tenants, à foi et hommage d'une paire de gants blancs.

Les parties restèrent fidèles à leurs engagements, mais les Bénédictins subirent un autre amoindrissement résultant de la construction par l'intendant général en Guienne, Aubert de Tourny, de l'Hôtel des Monnaies, bâti sur le terrain placé entre le couvent des Capucins et le noviciat des Jésuites ; cet emplacement était bien certainement dans la directité de l'abbaye, cependant elle ne reçut aucune compensation. Les moines réunirent des documents en vue d'établir leur droit, mais ils ne paraissaient pas l'avoir revendiqué [1].

---

1. Archives départementales de la Gironde, série H, Abbaye Sainte-Croix, Carton n° 120 (prov.).

Pour justifier leurs prérogatives, si souvent attaquées, les religieux devaient, à chaque instant, produire les pièces d'où elles résultaient ; aussi se préoccupèrent-ils toujours de tenir leur archives en ordre.

Les Statuts du XIVᵉ siècle prescrivaient de minutieuses précautions : « trois moines, appelés jurés, gardent fidèlement dans des coffres bardés de fer, verrouillés et fermés à clés... les chartes, statuts et privilèges communs ; ces documents sont exhibés de l'avis et du consentement de l'abbé et du couvent, mais ils sont aussitôt après remis sous clés [1]. » Plus tard, les coffres et armoires contenant les archives furent placés dans la sacristie.

Il existe plusieurs cartulaires de l'abbaye de Sainte-Croix ; la Société des Archives historiques du département de la Gironde, a fait imprimer les deux plus anciens[2], dont le premier ne nous est pas parvenu en original ; les transcripteurs déclarent, d'après une note de l'inventaire de 1754/1755, que l'original du premier Cartulaire se trouvait, à cette époque, à l'abbaye ; nous ne le pensons pas ; l'inventaire de 1754/1755 contient de nombreuses erreurs, et il y en a une sérieuse dans la note relative au cartulaire ; elle mentionne que ce document était signé par « David abbé[3] », alors qu'aucun abbé de Sainte-Croix n'a porté le nom ni le prénom de David. D'un autre côté, dans l'instance du Conseil d'Etat au sujet de la petite coutume, qui se termina par l'arrêt du 21 novembre 1721, il était spécifié[4] « qu'il y a dans la Chambre des Comptes (à Paris) un registre fort ancien, aux armes d'Angleterre, qui fut apporté de Bordeaux et déposé au greffe par ordre de Charles (VII), dans lequel, au folio 70, on trouve tous les titres de fondation de l'abbaye de Sainte-Croix..... » Nous croyons que ce Registre est l'original du premier Cartulaire du monastère.

Le néfaste abbé Jules Salviati s'empara des Archives[5] et les plaça

---

1. Statuts, de Sigillo, Privilegiis et Statutis : « 1º Item statutum est... quod sigillum conventus et omnia Instrumenta communia, Statuta et Privilegia Abbatie Sancte Crucis, habita et habenda, a supradictis Monachis juratis custodiantur et si utilitas vel necessitas monasterii exhiberi exigerit de consilio et consensu Abbatis et Conventus, finito vero usu ad quem exhibite ad eamdem custodiam reducantur. »
2. Voir t. XXVII de la Collection, Préface v et vi.
3. Ibid., v.
4. Archives départementales de la Gironde, série H, Abbaye Sainte-Croix, Carton nº 44 (prov.).
5. Ibid., Carton nº 109 (prov.).

dans la tour de la maison abbatiale, où il les laissa à la disposition de ses serviteurs italiens ; beaucoup de titres furent détruits par l'humidité. Le 30 janvier 1607[1], le chambrier Jean Darnal, et un autre Jean Darnal chantre (ex-aumônier), obtinrent un arrêt du Parlement, condamnant Salviati à remettre les archives aux religieux ; l'abbé ne s'exécuta pas et il donna, au contraire, les clés de la tour abbatiale au notaire Ysaudon. Ce notaire, après la résiliation de Salviati, somma son successeur, le 5 février 1612, de prendre livraison de la clé des archives ; d'Ornano l'accepta, mais ne surveilla pas ces précieux papiers ; en février 1627[2], un homme s'introduisit dans la tour abbatiale et enleva un coffre plein de titres ; le chantre Jean Darnal, qui le vit passer rue de la Devise, voulut arrêter le portefaix, mais il fut injurié et frappé ; il obtint néanmoins que le coffre fût mis sous scellés et un monitoire du cardinal de Sourdis enjoignit aux fidèles de dire aux religieux tout ce qu'ils savaient de cette affaire.

L'abbé Desaigues, après avoir promis par écrit, le 3 janvier 1633[3], de rendre les archives, se borna à remettre au prieur claustral[4] « un certain livre couvert de bois et de basane verte billiée, de la grosseur d'un pouce, contenant, pour la première, une copie de la donation faite par le duc Guillaume en faveur de l'abbaye et religieux et plusieurs coppies de bulles et autres actes importants ». Ce fut seulement en 1647, ensuite de plusieurs arrêts du Parlement, dont le dernier est du 14 novembre, que les moines purent obtenir de faire prendre copie des archives. Ce long travail fut opéré par le notaire Grenier ; il subsiste encore, l'écriture en est superbe, mais, malgré la vidimation, il ne faut prêter à ces copies qu'une confiance un peu limitée, car nous y avons relevé un certain nombre d'erreurs dans les dates et surtout dans l'orthographe des noms propres.

En 1700[5], les moines firent construire un local spécial pour les archives ; la part contributive de l'abbé Molé fut de 1000 livres ; dans la

---

1. Archives départementales de la Gironde, Registre H. 940, Cartage des fiefs entre l'abbaye et l'abbé.
2. Ibid., série H, Abbaye Sainte-Croix, Carton n° 10 et 11 (prov.).
3. Ibid., série H, Abbaye Sainte-Croix, Carton n° 109 (prov).
4. Ibid.
5. Archives départementales de la Gironde, série H, Abbaye Sainte-Croix, Carton n° 3 (prov.).

transaction du 2 mai 1710, il fut convenu que les moines auraient une clé du nouveau bâtiment.

Nous avons connaissance de quatre inventaires des archives de l'abbaye Sainte-Croix ; le premier, exécuté en 1584, fut remis « au Secrétaire de la Chambre du Roi » et retiré le 7 août 1608, par Jean Darnal, en vertu de la procuration de la communauté[1] ; le second, effectué en 1644 par Duduc[2], commissaire aux requêtes, sur la demande de l'abbé Henri de Sourdis ; le troisième, opéré en 1754 et 1755[3], par « Delarose, lieutenant général de la sénéchaussée de Guienne » ; le quatrième, daté de 1784[4], a été paraphé par les officiers municipaux de la ville de Bordeaux le 28 avril 1790. Ces deux derniers inventaires sont aux Archives du département de la Gironde, où nous avons trouvé, en original, la plupart des pièces qu'ils mentionnent ; l'inventaire de 1784 est le plus exact.

Il nous a été facile, à l'aide de ces deux documents, d'indiquer, comme nous l'avons fait précédemment, les possessions de l'abbaye et leurs variations dans le cours des siècles ; il est possible aussi de déterminer exactement les revenus du monastère, mais il est moins aisé de donner la valeur qu'auraient actuellement les livres, sols et deniers figurant dans des actes de dates diverses. Pour faire la conversion, nous emploierons la méthode suivante, qui nous a été indiquée par M. Brutails, archiviste du département de la Gironde ; nous prendrons la valeur moyenne « de la livre tournoise déduite du cours légal de l'or combiné avec le cours légal de l'argent » dans l'ouvrage de Natalis de Wailly intitulé : *Mémoire sur les variations de la livre tournoise depuis le règne de saint Louis jusqu'à l'établissement de la Monnaie décimale ;* nous multiplierons cette valeur moyenne par le « pouvoir de l'argent » aux diverses époques, que nous emprunterons à l'*Histoire économique de la propriété des salaires, des denrées et de tous les prix en général, depuis l'an 1200 jusqu'en 1800,* par M. le vicomte d'Avenel. C'est à l'aide du coefficient ainsi obtenu que nous ferons la transformation. Il est bien entendu que nous donnerons toujours d'abord les chiffres des

1. Arch. dép. de la Gironde, Registre H. 946, Inventaire de Sainte-Croix, 1784, p. 110, et liasse A, n° 8.
2. Carton H. n° 25 (prov.).
3. Coté H. 942 aux Archives départementales de la Gironde.
4. Coté H. 946.

revenus comme ils figurent dans les documents. Nos recherches personnelles nous ont conduit, d'ailleurs, aux résultats ci-après :

1° La monnaie bordelaise, livre ou sol, ne valait que les 3/5 de la monnaie tournoise[1]. Cette conclusion résulte nettement d'un acte notarié du XV° siècle[2] et d'une note portée en marge d'un relevé de dépenses du XVIII° siècle[3] ;

2° La livre bordelaise, vers le milieu du XIV° siècle, valait environ 20 francs de notre monnaie.

En étudiant les comptes de l'archevêché de Bordeaux pour cette période[4], on trouve, en effet, que si le prix des denrées varie sans cesse, suivant la plus ou moins grande abondance des récoltes, la rémunération de la main-d'œuvre reste toujours constante. L'ouvrier agricole est payé 2 sols 6 deniers par jour, la femme 1 sol, l'ouvrier d'atelier de 4 à 5 sols ; or, de nos jours, les salaires seraient nominalement 20 fois plus élevés ; cette conclusion est, d'ailleurs, d'accord avec ce que nous donnerait la méthode générale que nous avons adoptée : avec notre coefficient 20, une livre bordelaise, de 1350 à 1375, valait 20 fr. de notre monnaie ; dans la même période, de Wailly donne 10 fr. 81 pour la valeur de la livre tournoise, d'Avenel le pouvoir 3 ; la livre tournoise représentait 10 fr. 81 $\times$ 3 = 32 fr. 43 ; la livre bordelaise 32 fr. 43 $\times \frac{3}{5}$ = 19 fr. 46 : la différence est insignifiante.

Pour avoir une idée exacte de la situation financière de l'abbaye, il est nécessaire de diviser son histoire en trois périodes :

---

1. Le chroniqueur Darnal, qui écrivait en 1619, dit expressément : « La livre Bourdelaise vaut 12 sols tournois, le sol Bourdelais, 7 deniers et quelque pite » (p. 100 verso et 101 recto), ce qui est d'accord avec nos conclusions. Darnal ajoute que le franc bordelais valait 15 sols tournois, ce qui correspond à une livre et quart en monnaie bordelaise. En 1235, « X libris turonensibus, tunc temporis XI libras dimidia Burdegalensis valebant » (Arch. dép., liasse B, n° 20, série H) ; la livre bordelaise valait alors les 85 centièmes de la livre tournoise.

2. Archives départementales de la Gironde, série E, notaires, 270-3, Minute de Bosco, fol. 127. Voir aussi GAULLIEUR, *Histoire de la Réformation à Bordeaux*, p. 17, note 2.

3. Ibid., série H, Registre 900, fol. 3.

4. Ces comptes ont été relevés par Léo DROUYN, et font partie de la Collection des Archives historiques de la Gironde, t. XXI et XXII.

1re période. — Gouvernement des abbés réguliers. — Les comptes de l'archevêché de Bordeaux sont, à notre connaissance, les seuls documents permettant de chiffrer les revenus de l'abbaye pendant cette période. Dans les comptes relatifs à l'année 1362, à l'occasion d'une imposition du trentième mise sur tous les bénéfices par « Mgr Clément VI, pape d'heureuse mémoire, lequel trentième doit être payé annuellement à la fête de Tous les Saints », on trouve les revenus bruts de l'abbaye, la dîme et le trentième ; ces impositions sont celles qui résultent des revenus indiqués, il n'y a pas d'erreurs de calcul. Les revenus bruts sont ainsi détaillés :

L'abbé du monastère de Sainte-Croix,	316 livres
Le cellérier[1],	1200 —
Le chambrier,	105 —
Le poissonnier,	90 —
Le sacristain,	30 —
Le chantre,	100 sols
Le pitancier,	30 livres
Le réfectorier,	16 —
L'infirmier,	25 —
L'hôtelier,	13 —

Le total[2], non indiqué, est de 1830 livres, soit, en monnaie actuelle, environ 36.000 francs.

Nous donnons, à titre de renseignement, d'après le même document, les revenus des prieurés, étant bien entendu qu'ils ne doivent pas s'ajouter aux précédents, puisque les prieurés vivaient de leurs seules ressources et ne rapportaient rien à l'abbaye :

---

1. Le cellérier avait la disposition de la mense commune ; il faisait face aux plus grosses dépenses.
2. Le texte ne donne pas les revenus, peu importants, du prieur, du sous-prieur, de l'aumônier, du sous-sacristain, du sous-chantre et du sous-poissonnier ; en les supposant proportionnels au nombre des fiefs de ces officiers, on arriverait à un revenu total d'environ 2000 livres (40.000 francs) pour l'abbaye entière. — Voir pièce n° 12 du t. XXII de la Collection des Archives historiques de la Gironde.

Prieur de Soulac,	20 livres
Chapelain de Soulac,	20 —
Sacristain de Soulac,	20 —
Prieur de Blanquefort,	25 —
Chapelain de Blanquefort,	25 —
Chapelain de Macau,	25 —
Prieur du Taillan,	6 —
Chapelain du Taillan,	34 —
Prieur du Tourne,	20 —
Prieur de Sainte-Croix du Mont,	25 —
Chapelain de Sainte-Croix du Mont,	25 —
Prieur de Cambes,	30 —
4 officiers de Saint-Macaire,	681 —
Chapelain de Saint-Macaire,	30 —
Prieur de Sadirac,	30 —
Chapelain de Sadirac,	25 —
Prieur de Saint-Pierre de Loupiac,	35 —

Le revenu de 1830 livres n'était pas exagéré pour les besoins de 60 personnes, moines, prébendiers, clercs et domestiques. Pendant longtemps, tout fut mis en commun et employé à de bonnes œuvres, augmentation du nombre des moines, fondation de prieurés, construction d'églises et de chapelles, création d'hôpitaux, percement de routes.

L'accroissement du nombre des moines nécessita l'agrandissement du monastère qui, au XIe siècle, s'étendit du côté du fleuve jusqu'à ce qui fut, plus tard, la rue du Moulin[1], du côté opposé jusqu'à l'abattoir actuel. Quand les moines furent au nombre de vingt, non compris les quatre prébendiers, le chapelain et les novices, on fonda des prieurés. Celui de Saint-Macaire fut institué au XIe siècle, son église construite en 1039[2], et agrandie, au fur et à mesure des besoins, au XIIIe, au XIVe et même au XVe siècle. Le prieuré et l'église de Macau[3] remontent au XIIe siècle; des bas-côtés furent ajoutés à l'église au XVe siècle; le portail et les murs de la nef furent refaits à la même époque; le prieuré ne subsista pas longtemps. Le prieuré de Soulac existait en 1022, sui-

---

1. Dom DEVIENNE, *Histoire de Bordeaux*, t. II, p. 28.
2. Rapports de la Commission des Monuments historiques de la Gironde, année 1852, p. 4.
3. Ibid., année 1845, p. 78.

vant Mabillon[1], la première église fut bâtie, vraisemblablement, au XIe siècle ; ses voûtes s'écroulèrent et furent reconstruites à la fin du XIIe siècle[2], ou au commencement du XIIIe. Des prieurés furent fondés successivement au Taillan, à Sadirac, au Tourne, à l'Ile-Saint-Georges, à Saint-Aubin de Blagnac, aux Allemans et à Saint-Jean de Montauriol. Toutes ces communautés avaient leur autonomie et vivaient des terres avoisinantes que l'abbaye leur avait cédées.

Les moines eurent à faire face à la grosse dépense de la construction de l'église actuelle de Sainte-Croix ; commencée à la fin du XIe siècle[3], elle ne fut terminée que vers le milieu du XIIIe, et on la compléta au XVe siècle par une chapelle latérale.

Au commencement du XIIe siècle, les religieux fondèrent l'église Saint-Nicolas, près Bordeaux, et la chapelle Saint-Vincent de Ladors, non loin du confluent de l'Eau-Bourde et du ruisseau d'Ars ; ensuite de la donation de la dame Donzelous (1149), ils reconstruisirent l'église Saint-Michel de Bordeaux ; puis ils bâtirent, près d'Arsac, l'hôpital de la lande de Corn[4], dotèrent celui de Camparian[5], sur la paroisse de Cestas (1217), élevèrent l'hospice de Laronde près Soulac et jetèrent un pont pour en faciliter l'accès.

L'abbaye faisait aussi d'abondantes aumônes ; chaque jour sept pauvres étaient nourris au réfectoire[6], les moines étrangers porteurs d'une autorisation de leurs supérieurs étaient hospitalisés pendant trois jours.

Les dépenses que toutes ces fondations occasionnaient au monastère furent considérables et absorbèrent, à coup sûr, tous ses revenus ; dans tous les cas, au moyen âge, l'abbé et les moines ne thésaurisèrent pas.

2e Période. — **Abbés commendataires jusqu'à l'introduction de la réforme de Saint-Maur (1435-1627).** — Les abbés commendataires entrèrent immédiatement en possession des revenus de la mense abbatiale qui comprenait : les dîmes et agrières de la paroisse et de l'île de Ma-

---

1. *Annales Ordinis Sancti Benedicti*, t. IV, p. 285.
2. Mezuret, *Notre-Dame de Soulac*, p. 204.
3. Viollet-le-Duc, t. VII, p. 402.
4. Archives historiques du département de la Gironde, t. XXVII, pièce n° 92 et 53.
5. Ibid., pièce n° 28.
6. Statuts du XIVe siècle, *de Prebendariis*, § 13. Ces Statuts sont dans la liasse A, n° 12.

cau ; le prieuré du Taillan ; les dîmes et agrières de Cambes ; les agrières et cens de Paludate et des Graves de Bordeaux ; le moulin de l'abbaye ; les dîmons de Sainte-Croix du Mont, Loupiac, Baurech, Saint-Caprais, La Tresne, Lignan, Carignan, l'Ile-Saint-Georges, Beautiran, Bruges, Saint-Haon de Blanquefort, Sainte-Hélène ; la chapelle de Birac (paroisse d'Arsac) ; les rentes et agrières des Graves et de Paludate ; les deniers des rentes et menus cens dans la ville de Bordeaux ; les immeubles abbatiaux et le jardin attenant qui furent, ultérieurement affermés ; les lods et ventes[1]. L'abbé commendataire s'empara aussi, peut-être pas immédiatement, mais, à coup sûr, avant le XVIe siècle, des revenus de la mense commune, exploitée jusqu'alors par le cellérier, dont l'emploi fut supprimé et ne fut rétabli que pendant quelques années, à la fin du XVIe siècle. Tous ces biens furent affermés, par l'abbé André de Lespinay, cardinal, archevêque de Bordeaux, en 1491[2], moyennant 1.200 écus d'or bordelais, valant chacun 35 sols tournois (environ 65.000 francs de notre monnaie). Sampetro d'Ornano en retirait brut 7.000 livres tournoises[3] (61.000 francs) en 1608, lods et ventes non compris ; 5.000 livres en 1621 et 1623 (40.000 francs)[4], nettes de toutes charges.

Comme compensation de la mainmise sur la mense commune, les abbés commendataires durent assurer la subsistance des religieux ; mais, dans le but de diminuer leurs charges, ils supprimèrent la plupart des offices claustraux, par voie d'extinction. Au commencement du XVIe siècle, le cardinal de Final, Charles de Caretto, avait réduit à sept le nombre des religieux, et ses successeurs suivirent son exemple ; Hunault de Lanta fut obligé, en 1563, d'entretenir onze officiers et un mongcat, soit douze religieux. Le nombre statutaire de vingt moines ne redevint réglementaire qu'après l'introduction de la réforme de Saint-Maur ; ce nombre fut même, ultérieurement, quelquefois dépassé, mais sans augmenter, cependant, les obligations de l'abbé commendataire, réglées par les accords.

---

1. Archives du département de la Gironde, série H, Abbaye Sainte-Croix, Carton n° 23 (prov.).
2. GAULLIEUR, *Histoire de la réformation à Bordeaux*, p. 17, note 2.
3. Archives départementales de la Gironde, série H, abbaye Sainte-Croix, Carton n° 23 (prov.).
4. Ibid., Registre H. 321.

Les charges des abbés comprenaient aussi : les portions congrues des curés des paroisses dépendant de leur mense ; la rente de 48 boisseaux de blé à la famille de Lalande, à raison du moulin de Peyrelongue[1] ; 500 livres tournoises, chiffre moyen des réparations annuelles ; les repas offerts au clergé de la paroisse Saint-Michel de Bordeaux, lorsqu'il était tenu de venir à Sainte-Croix, pour les Rameaux et à l'occasion des processions des Rogations ; les moines n'ayant plus les moyens de faire les larges aumônes prévues par les Statuts, on en imposa d'office aux abbés commendataires en faveur de l'hôpital Saint-André de Bordeaux ; ils devaient donner chaque année 36 livres tournoises, 28 barriques de vin et 50 boisseaux de blé.

Pour assurer la vie matérielle des religieux, du vicaire perpétuel, des prébendiers et des serviteurs, les abbés commendataires leur donnèrent du pain, du vin et de l'argent. Jusqu'à la fin du XVIe siècle, le pain fut fourni en nature ; à partir du 1er juillet 1563, l'abbé livra du blé que le meunier de Sainte-Croix devait moudre gratuitement[2] ; les religieux vendaient une partie du vin qu'ils recevaient. Pendant tout le cours du XVIe siècle, la pension alimentaire fut distribuée d'une façon très irrégulière. En 1521, la pension totale que l'abbé fut condamné à faire par jugement[3] prononcé le 4 octobre, « en la salle du palais de Lumbrière à Bordeaux », pour 9 religieux, un vicaire perpétuel, 4 prébendiers, 5 serviteurs, le notaire et un « condonat », était, en numéraire, de 819 francs bordelais ; en vin, de 207 barriques ; en outre, 85 pains mongeaux d'environ un kilogramme tous les deux jours ; dans ce total, la part des 9 religieux était comprise pour 396 francs bordelais, 108 barriques de vin[4] et 47 pains mongeaux tous les deux jours. Ensuite d'un accord avec l'abbé Augier Hunault de Lanta conclu le 23 juillet 1563[5]

---

1. Cette rente était payable, moitié le jour de Mardi-Gras, moitié pour la fête de Saint-André. Voir, notamment, Arch. dép. de la Gironde, Carton n° 112 (prov.).
2. Le blé bon, pur et nouveau était livrable le 16 août. Voir Cartons n°s 18 et 112 (prov.).
3. Le Registre II. 946, p. 129, donne à cet arrêt la date du 7 septembre.
4. Les religieux n'ont jamais consommé la partie entière de leur pension qui leur était payée en nature. En 1760, ils déclaraient au Bureau du diocèse qu'ils ne consommaient chaque année que 210 boisseaux de blé (sur 398) et 26 tonneaux de vin (sur 55) ; ils vendaient ou donnaient le reste (Arch. dép., liasse G. 827).
5. Archives départementales de la Gironde, série H, Abbaye Sainte-Croix, Carton n° 99 (prov.).

et sanctionné le 27, le nombre des religieux fut porté à douze, leur part fixée à 488 francs bordelais, 149 barriques de vin et 64 pains mongeaux tous les deux jours ; la part des domestiques n'est pas indiquée.

Malgré les charges qu'il avait à assurer, l'abbé commendataire était riche.

Quant aux moines, leur situation était souvent précaire ; la pension prébendale constituait le plus clair de leurs ressources [1], car les offices claustraux avaient été, pour la plupart, accaparés par l'abbé : leurs revenus consistaient en cens, dont l'importance, fixée depuis longtemps, n'avait subi aucune variation, tandis que la valeur de l'argent avait diminué et le prix des choses augmenté ; en 1553, l'ensemble des fiefs urbains des officiers claustraux rapportait seulement 51 livres 12 sols [2] ; le 29 janvier 1508/1509, François de Larmandie [3], réfectorier, abandonna, pour un an, à Antoine de Laborde, poissonnier, tous les droits de son office, moyennant 60 francs bordelais. Quand la pension de l'abbé venait à manquer, ce qui arriva souvent au XVIe siècle, les moines étaient dans la misère et ils devaient emprunter à gros intérêt pour vivre, en attendant des temps meilleurs ; le 13 octobre 1594, le syndic des religieux exposait qu'il avait dû se faire prêter à 12 %, pour assurer la nourriture des moines [4].

3e Période. — Depuis l'introduction de la réforme de Saint-Maur (1627-1790). — Cette réforme ne modifia pas la situation des abbés commendataires ; leurs charges furent seulement augmentées par suite du rétablissement des 14 offices claustraux ; ils cédèrent le prieuré de Cambes comme correspondant à 8 places monacales ; les revenus nets de l'abbé étaient évalués, en 1632 [5], de 8 à 12.000 livres (de 31.000 à 46.000 francs), suivant les années.

La mense abbatiale, mise à ferme, rapportait, toutes charges dédui-

---

1. La pension des religieux fut déclarée insaisissable même pour les décimes, par arrêts du Parlement de Bordeaux des 14 mars 1606, 28 juillet 1614, 6 septembre 1619, etc.
2. Déclarations des fiefs en la ville de Bordeaux, faite à la maison de Ville, paroisse du Roy, suivant édit du 14 juillet 1554, carton n° 109 (prov.).
3. Carton n° 41 (prov.).
4. Archives départementales de la Gironde, Registre H. 934, Requêtes, fol. 28.
5. Ibid., Carton n° 3 (prov.).

tes ; en 1646¹, 8.000 livres ; de 1651 à 1654, 7.000 livres tournoises ; en 1658², 6.000 livres ; de 1675³ à 1681, 6.800 livres ; de 1684 à 1692, 6.300 livres ; de 1713⁴ à 1742, 7.000 livres ; de 1743 à 1752, 9.000 livres⁵ ; en 1754, 11.000 livres⁶ ; de 1770 à 1776.⁷, 10.400 livres. A ce revenu, il faut ajouter, à partir de 1721, la somme de 3.000 livres⁸, part de l'abbé dans l'indemnité accordée comme compensation de la perte du droit de petite coutume. D'après l'évaluation de Pallandre⁹, faite en 1785, l'abbaye Sainte-Croix valait 15.000 livres de rente ; cette indication nous paraît assez exacte, elle concorde, à peu près, avec celle des religieux, lors de la prise de possession (1776) de l'abbé de la Rochefoucauld.

Les moines¹⁰ de Saint-Maur débutèrent dans la misère, et ne devinrent jamais riches ; leurs revenus doivent être divisés en cinq catégories : 1° les pensions de l'abbé ; 2° les fruits des offices claustraux ; 3° les produits d'un certain nombre de prieurés, quelques-uns appartenant depuis longtemps à l'abbaye, d'autres annexés depuis 1627 ; 4° le petit couvent, c'est-à-dire les terres achetées par les moines avec leurs économies et qu'ils déclaraient indépendantes de l'abbé ; 5° à partir de 1721, la somme de 1000 livres, part attribuée aux religieux sur l'indemnité accordée comme compensation de la suppression du droit de petite coutume.

En 1642¹¹, les revenus bruts des religieux, charges non déduites, s'établissaient ainsi :

---

1. Arch. dép., Carton n° 37 (prov.) (23.000 francs en monnaie actuelle).
2. Ibid., Registre H. 886, folio 93 (environ 35.000 francs, en monnaie actuelle).
3. Environ 29.000 francs, en 1675. Carton n° 20 (prov.).
4. Environ 25.000 francs, en 1713 ; la valeur de l'argent a beaucoup varié pendant cette période, pendant laquelle se produisirent les opérations de Law. Voir *Actes capitulaires de 1702 à 1789*, p. 31.
5. *Actes capitulaires de 1702 à 1789*, fol. 98.
6. Carton n° 97 (prov.).
7. Environ 12.000 francs en 1776. Carton n° 87.
8. Voir chap. XIII.
9. *Description historique des monuments de Bordeaux*, in-16, Bordeaux, 1785, p. 40 et 41. C'est aussi le chiffre donné par *l'Almanach royal de 1790*, (p. 84). La taxe en cour de Rome était de 500 florins.
10. La plupart tombèrent « malades de misère et de pauvreté, car ils étaient obligés de coucher par terre sur de la paille et deux par deux dans des cellules étroites ». *Les Prieurs claustraux*, p. 35.
11. Archives départementales de la Gironde, série H, Abbaye Sainte-Croix, Carton n° 21 (prov.).

Pensions de l'abbé :	257 boisseaux de blé, à 4 livres...	1028 livres	
	133 barriques de vin, à 60 francs le tonneau..................	1995 —	4511 livres
	Somme payée en numéraire.....	368 —	
	Revenus du bourdieu de Cambes.	1120 —	
Rentes, lods et ventes des offices claustraux[1] :	Sous-prieur.............	50 livres	
	Poissonnier.............	16 —	
	Sacristain..............	480 —	
	Infirmier..............	250 —	1035 livres
	Réfectorier............	95 —	
	Hôtelier..............	141 —	
	Pitancier.............	3 —	

Ensemble : 5546 livres[2]

Les charges étaient les suivantes :

Réserve de l'abbé sur le prieuré de Cambes.................	336 livres
Rente au sous-prieur ancien pour la cession de son office......	240 —
Décime au roi........ 220 livres	
Taxe du clergé....... 200 livres	420 —
11 douzaines de barriques neuves à acheter chaque année......	330 —
1 barrique de vin d'aumône aux Carmes déchaux	15 —
Autres aumônes aux pauvres.......................	100 —
Nourriture du prédicateur de l'Avent et du Carême..........	100 —
Entretien de l'église (3 lampes).....................	350 —
Réparations.............................	500 —
Intérêt d'un emprunt de 5520 livres	278 —
Frais commun de la communauté....................	60 —
Rente à l'hôtelier ancien pour la cession de son office.........	380 —
Frais de procès...........................	500 —

Ensemble : 3609 livres

Il restait seulement disponibles 1937 livres (9500 francs environ) pour l'entretien et la nourriture de 18 moines et 2 domestiques.

Les revenus des offices claustraux augmentèrent constamment, à

---

1. Les autres offices claustraux, notamment le priorat, appartenaient encore, à cette époque, aux religieux anciens.
2. Environ 16.500 fr.

raison de la réunion à la mense des offices, au fur et à mesure de la mort des religieux anciens et surtout de l'accroissement des lods et vente qui donnaient 2373[1] livres, année moyenne, entre 1750 et 1760.

La pension des abbés varia peu, à partir du moment où les moines se furent mis d'accord avec eux, ce qui ne tarda pas; elle était, en 1790[2], de 414 boisseaux de froment à 14 livres l'un, 55 tonneaux de vin estimés chacun 138 livres, plus 1612 livres en numéraire, soit, en tout, 14.798 livres[3]; à cette somme il fallait ajouter les revenus de Cambes et de Saint-Caprais (1134 livres) laissés aux religieux comme l'équivalent de huit pensions simples.

Les revenus des prieurés non unis à la mense s'accrurent sans cesse; en dehors de Soulac, l'Ile-Saint-Georges, Saint-Aubin de Blagnac, Saint-Martin de Sadirac et Saint-Jean de Montauriol, anciennes propriétés de l'abbaye, qui cessèrent d'exister comme communautés religieuses dépendant de l'abbaye, et devinrent pour elle de simples fiefs, les moines de Saint-Maur s'annexèrent successivement Saint-Nicolas du Fieux, Saint-Paxens de Lamothe-Montravel, Saint-Martin de Flaujagues avec Gensac, et Sainte-Colombe; les fruits de tous ces prieurés non unis à la mense étaient perçus par les moines de Sainte-Croix et ils en avaient aussi toutes les charges. Les revenus bruts totaux encaissés de ce chef étaient de 2300 livres en 1690[4], de 11500 livres vers 1770; de 10343 livres[5] en 1790; le revenu net à la fin du XVIIIe siècle dépassait 9000 livres[6]. L'organisation de ces prieurés n'était plus la même que sous les abbés réguliers; le titulaire était un moine quelconque de la Congrégation, ne résidant ni au prieuré, ni même à l'abbaye Sainte-Croix, mais lui laissant les produits du bénéfice; avant de mourir, le prieur résignait en cour de Rome en faveur d'un autre moine de la Congrégation de Saint-Maur, ce qui empêchait l'intervention de l'abbé dont le prieuré dépendait.

---

1. Archives départementales de la Gironde, série H, Abbaye Sainte-Croix, Carton n° 20 (prov.).
2. Ibid. Pièce isolée de la série H, non répertoriée.
3. Environ 29.000 fr.
4. État financier des divers monastères, Ordre de Saint-Benoît, de la Région, série H, Carton n° 11 (prov.).
5. Pièce non répertoriée de la série H, aux Archives départementales.
6. Carton n° 54 (prov.).

Quant au « petit couvent », il se forma peu à peu ; comme les religieux de Saint-Maur suivaient la règle de saint Benoît, logeaient dans un dortoir commun et mangeaient à la même table, les maisons des officiers anciens, devenues disponibles au fur et à mesure de leur disparition, furent louées, ce qui donna les premiers revenus et permit aux religieux de vivre ; quand le nouveau monastère fut construit, l'industrie des moines eut pour objet l'amélioration des terrains avoisinant leur couvent ; ils empruntèrent pour y construire des corderies et des raffineries [1] qu'ils louèrent fort cher, ce qui leur donna les moyens d'amortir une partie de leur dette ; plus tard, en 1740, ils acquirent, toujours à l'aide d'emprunts, l'important domaine de Carbonieux [2], qu'ils trouvèrent en mauvais état, mais qu'ils améliorèrent rapidement ; ils expédiaient leur vin blanc jusqu'en Turquie, en lui donnant le nom « d'eau minérale de Sainte-Croix ».

Les revenus du « petit couvent », d'abord nuls, étaient de 9.725 livres en 1760 et s'élevaient à 21.182 livres en 1790 ; mais les moines avaient à servir, pour le capital emprunté, une rente de 13.820 livres en 1760, et de 4590 livres en 1790. En 1767, la dette des moines était de 260.000 livres ; il durent réduire le nombre des religieux de vingt-deux à dix-huit en vue de faire des économies [3].

Nous donnons, avec quelque détail, à la fin du volume (Pièce justificative n° 5), la situation financière de l'abbaye au XVIII° siècle, d'après des documents officiels ; elle peut se résumer ainsi :

---

1. A la fin du XVIII° siècle, les moines possédaient trois raffineries, exploitées par Paul Neyra, Couder, Lafargue et Pévelet. Elles étaient louées 7021 livres, plus 8 quintaux de sucre (Arch. dép. de la Gironde, série H, Abbaye Sainte-Croix, Carton n° 94).
2. Ce domaine comprenait, à la fin du XVIII° siècle, 152 journaux de vigne, 50 de terre labourable, 36 d'aubarèdes ou de peupliers, 15 de châtaignerais, 3 de vimières, 78 de bois taillis, 40 de bois de pin, 34 de bonnes landes ; la contenance totale était d'environ 600 journaux (à peu près 200 hectares), dont les 5/6 d'un seul tenant. Le prix d'achat de Carbonieux fut de 119.000 livres, suivant acte du 28 mars 1740 ; les frais s'élevèrent à 15312 livres (Arch. dép., série H, Carton n° 75). Dans leur déclaration au Bureau du diocèse faite le 9 janvier 1760, les moines prétendirent que l'exploitation de Carbonieux et les rentes à payer pour les sommes empruntées les mettaient, chaque année, en debet de 6400 livres (Liasse G. 827).
3. *Les prieurs claustraux*, p. 116 et 117.

ANNÉES	1730 (30 moines)	1760	1790 (21 moines)
Pensions de l'abbé converties en argent..........	6.880 Livres	10.726 Livres	16.165 Livres
Revenus des offices claustraux	1.902 —	2.622 —	6.648 —
Revenus des prieurés non unis à la mense conventuelle................	2.720 —	2.190 —	10.343 —
Revenus du petit couvent..	5.279 —	17.560 —	22.155 —
Rente sur la Comptablie (Partie de l'indemnité afférente à la petite coutume)................	1.000 —	1.100 —	1.100 —
Totaux des revenus........	17.781 Livres	34.198 Livres	56.411[1] Livres
Charges totales............	7.988 —	16.494 —	41.975 —
Revenu net..............	9.793 Livres	17.704 Livres	14.436 Livres
Dettes restant à amortir....	54.000 —		114.600 —
Décimes.................	580 —		

Si l'on considère que la dépense faite en 1790 pour la nourriture des moines a été de 11733 livres, il ne restait que 2700 livres pour amortir la dette de 114.600 livres, ce qui était vraiment bien peu.

En résumé, l'abbé commendataire était riche, mais les moines ont toujours vécu dans la gêne, depuis l'établissement de la commende.

1. Près de 110.000 francs. Le texte que nous avons consulté, qui n'est pas répertorié, indique, comme revenu total de la mense conventuelle, au moment de la suppression de l'abbaye, 56.377 livres 8 sols 11 deniers ; il y a une erreur dans l'addition. Le texte consulté par M. l'abbé BERTRAND (*Prieurs claustraux*, p. 142) donne un total de 56.798 livres 8 sols 11 deniers. La différence est insignifiante.

CHAPITRE XIII

La petite coutume et le droit de circulation en franchise des denrées de l'abbaye.

On appelait autrefois « coutumes » dans certaines provinces l'ensemble des usages ayant force de loi, bien que n'étant ni codifiés ni écrits. Dans la Guienne, ainsi que l'expliquait en 1721 le procureur général de la Cour des Comptes aux membres du Conseil d'État[1], ce mot avait un sens différent : « il ne signifiait autre chose qu'une redevance accoutumée ». A Bordeaux, « tous les droit indistinctement qui se percevaient, ainsi que les impositions sur les vins, les grains, le sel et sur toutes sortes de marchandises, s'appelaient coutumes ; les octrois étaient ainsi nommés, la pêche et les péages portaient de même ce nom. En ce qui concerne la petite coutume, ajoutait-il, on n'en peut parler que par conjecture... il y a apparence que ce n'étaient que les redevances dont l'abbaye jouissait dans l'intérieur de la ville ».

Le droit de petite coutume s'appelait aussi Yssac : « parva costuma vocata : Yssak[2] », ou Lyssac[3] ; jusqu'en 1303 ce droit fut perçu au profit des moines de Sainte-Croix sur les vins vendus en taverne ; de 1304 à 1548, l'encaissement fut fait par la ville ; en 1548, Henri II confisca le droit à son profit[4] ; l'Yssak était payé par « tota maneyra de gens que non son borgués... dou que lou vin sia[5] ». En 1430, le droit d'Yssak était « per cascun tonel de vin... huit Cartons, et per cascuna pipa quatre Cartons[6] ». Charles VII confirma le droit d'Yssak au profit

---

1. Archives départementales de la Gironde, série H, Abbaye Sainte-Croix, Carton n° 92 (prov.). Extrait des Registres du Conseil d'État, 21 novembre 1721.
2. Archives municipales de Bordeaux, *Livre des Bouillons*, pièce n° 54.
3. D'Arnal, *Instruction pour la conservation de certains droicts appartenans à la ville et cité de Bourdeaus*, passim.
4. Vinet, *L'antiquité de Bourdeaus et de Bourg*, n° 71.
5. D'Arnal, *op. cit.*, p. 10 verso.
6. Ibid., p. 10 recto.

de la ville, le 4 janvier 1454-55 et le limita à deux pots par barrique[1].

Le droit de grande coutume se percevait sur les vins vendus en gros dans l'intérieur de la ville et sur ceux qui s'expédiaient par navires : « Si vina supra villam de Sancto Makario crescentia », indique le Livre des Bouillons, à la date du 10 avril 1382, « in tabernis vendi possint, non sine parva costuma vocata Yssak ad opus nostrum solveretur ; que si in tabernis non vendantur, venditioni in civitate exponi, vel alias in navibus ibidem carcari et magnam costumam inde solvi necessario opportebit[2] ». En 1373, le droit de grande coutume pour les vins du Haut Pays vendus en ville était de 2 sols petit tournois par tonneau ; il fut doublé pour les vins en provenance des contrées révoltées contre les Anglais[3]. En 1416, il était de 20 sols par tonneau pour les vins exportés[4].

« La grande et la petite coutume estoit du domaine de la ville : laquelle vaudroit à présent (1620) quarante mil livres de rente[5]. »

A ces deux droits se superposait un troisième perçu aussi pour le compte de la Jurade et nommé « droit d'eschaptz, Cartonnage ou Tavernes[6] ». Darnal déclare que « le dict droit est différent tout à faict du droit de Lyssac[7] ». D'après les Statuts de la ville de Bordeaux, « ce droict de tavernes et eschats » consistait « au devoir de payer six pots de chasque barrique de vin qui est vendu et desbité en destail, soit en tavernes ou par les hostelleries et cabarets[8] ». C'est la taxation qu'indique l'édit de Charles VII, du 4 janvier 1454/55, dont nous avons déjà parlé. En 1404, « la valeur du dict droict » était de « 5500 livres par an[9] » ; en 1414, il fut versé, pour « vn quartier seulement, 1224 livres, 13 sols vn denier[10] », ce qui s'accorde avec l'évaluation précédente ; en 1620, il était affermé tous les ans, « dix, vnze ou douze mil

1. Environ 4 litres. Ibid., p. 8 recto.
2. *Livre des Bouillons*, pièce n° 54.
3. Ibid., pièce n° 41.
4. *Registres de la Jurade*, t. IV. Délibérations de 1414 à 1416 et de 1420 à 1422, p. 306.
5. D'Arnal, *loc. cit.*, p. 3 verso.
6. Ibid., p. 4 recto.
7. Ibid., p. 6 recto.
8. *Ancien et Nouveau Statuts de la ville et cité de Bordeaux*, p. 55.
9. D'Arnal, *loc. cit.*, p. 3 verso.
10. Ibid., p. 4 verso.

livres¹ ». Pour l'acquit de ce droit, les débitants donnaient, en 1430, 12 cartons par pipe².

D'après les Statuts de la ville de Bordeaux (1612), « il n'y a aucun exempt (du droit des eschats) que le bourgeois, pour le vin de son crû, les bénéficiers et chapelains de ladicte ville pour le vin provenant de leurs bénéfices, chapellenies ou prébendes sans fraude; les monnoyeurs ... pour le vin de leur crû seulement³ ».

Les droits de petite et de grande coutume ainsi que celui des eschats se payaient, soit en nature, soit « en argen segon que lodit vin sera vendut⁴ ».

D'après d'Arnal, les « bourgeois payaient droits de Cartonage⁵ ». Il est en contradiction sur ce point avec les Statuts, mais il faut remarquer que le travail de d'Arnal est un plaidoyer pour la ville et que ses dires ne sont, peut-être, pas exacts. Ce qu'il y a de certain, c'est que Philippe le Bel avait déclaré en décembre 1295 que les vins récoltés par les bourgeois dans leurs vignes étaient exempts d'impôts, toujours et partout⁶; il se réservait toutefois le droit de prélever un impôt du dixième sur les vins étrangers (vinis forecensis... emptis aut aliter acquisitis), fûts déduits, valeur appréciée par le maire et les jurats d'après les prix moyens de vins des chapitres de Sainte-Croix, de Saint-André et de Saint-Seurin⁷.

Jusqu'en 1304, nous l'avons dit, le droit de petite coutume se percevait au profit des religieux de l'abbaye Sainte-Croix. Mais, à la suite des dévastations dont les domaines de l'abbaye voisins de Bordeaux avaient été l'objet pendant la guerre entre les Français et les Anglais qui termina le XIIIᵉ siècle, les Bénédictins résolurent de faire le sacrifice de ce droit pour obtenir que leur église et leur couvent fussent compris dans la nouvelle enceinte fortifiée que la Jurade projetait de

---

1. D'ARNAL, loc. cit., p. 3 recto.
2. Ibid., p. 10 recto.
3. Statuts, p. 55.
4. D'ARNAL, loc. cit., p. 10 recto.
5. Ibid., p. 9 recto.
6. Livre des Bouillons, pièce n° 8. — Ces détails ne sont donnés que pour l'intelligence de certaines parties de l'*Histoire de l'Abbaye Sainte-Croix*. La question complète des droits sur les vins à Bordeaux ne saurait être traitée ici.
7. Livre des Bouillons, pièce n° 8.

construire. Ils offrirent[1] à la municipalité de Bordeaux de l'abandonner pour cent ans, en échange de la faveur qu'ils sollicitaient ; le maire répondit qu'il devait, au préalable, soumettre la proposition aux citadins et bourgeois de la ville ; l'assemblée, réunie le 7 octobre 1302, donna pleins pouvoirs aux maire et jurats ; ceux-ci déléguèrent comme représentants Bertrand Caillau, maire, Pey Caillau, sous-maire, Arnaud Colomb et Bertrand Colomb, jurats. De leur côté, les moines réunis en chapitre, le 15 novembre suivant, désignèrent l'abbé Guillaume de la Loubeyre et le poissonnier Bertrand de la Tresne pour conclure cette affaire. L'acte fut signé le 6 janvier 1303/1304 ; les témoins furent Pey Thomas, Jean de Corbie, Gombaud de Santa-Lana, prêtre, Arnaud de la Roque, qui rédigea la charte, et Gaudin, qui l'écrivit. Il fut convenu que toutes les libertés et franchises de l'abbaye seraient respectées comme précédemment et que, à l'expiration du délai de cent ans, les moines se remettraient en possession du droit de petite coutume, sans être obligés de faire aucune contrainte à la ville de Bordeaux. Cette transaction ne laisse aucun doute sur le fait de la perception de la petite coutume par les Bénédictins de Sainte-Croix, mais elle n'éclaire pas sur l'origine de cette prérogative. Dans les nombreux procès qu'ils soutinrent pendant le XVIIe et le XVIIIe siècles, les religieux justifiaient leur droit par les chartes de Guillaume d'Aquitaine en 1027, de Richard (Cœur de Lion), comte de Poitiers et duc d'Aquitaine, en 1174, d'Aliénor de Guienne en 1199, et de Henri III, roi d'Angleterre, en 1233.

La charte de Guillaume d'Aquitaine s'exprime ainsi, en son latin barbare : « Ecce vero, omnes istas villas... cum omnes consuetudines et jura... et cum totas pertinentias... in consuetudinibus[2]. » Cela est un peu vague. Richard confirme les donations de ses prédécesseurs « cum omnibus consuetudinibus et libertatibus extra muros civitatis et infra ». Les chartes d'Aliénor et de Henri III ne sont aussi que des confirmations.

Rien n'autorise à penser que le maire et les Jurats de Bordeaux

---

1. Archives historiques de la Gironde, t. XXIV, pièce n° 101.
2. *Gallia christiana*, t. II, *Instrumenta*, col. 268. Le texte donné par la pièce n° 2 du t. XXVII des Archives historiques du département de la Gironde ne mentionne pas les passages que nous avons reproduits.

n'étaient pas de bonne foi en signant la transaction de 1304, mais leurs successeurs ne respectèrent pas les engagements pris. D'une part, les moines, peut-être par négligence, ne recouvrèrent jamais le droit de petite coutume ; d'autre part, dès que l'abbaye fut enfermée dans l'enceinte de Bordeaux, la Jurade ne cessa de battre en brèche ses privilèges. Elle commença les hostilités en supprimant l'exemption de tous droits dont jouissaient les religieux pour les denrées en provenance des domaines qu'ils exploitaient directement ou par l'intermédiaire de leurs tenanciers et pour celles destinées à leur consommation.

Les Bénédictins se plaignirent au prince Noir[1] ; par charte du 4 avril 1357, il les confirma de nouveau dans leurs exemptions, aussi bien que dans leurs autres droits, libertés et franchises, voulant que, à l'avenir, eux, leurs procureurs, leurs fermiers et même ceux qui achetaient leurs vins pussent les vendre, débiter et charger : « franche, pleine et libere, sine aliqua inquietudine, vel exactione, sine costumæ solutione aut retardatione ». Le 1er mars 1358/1359, le roi Edouard III, se trouvant à Bordeaux, confirma encore les privilèges de l'abbaye[2].

Après la mort du Prince Noir (1376) et d'Edouard III (1377), les moines se préoccupèrent de faire reconnaître de nouveau leurs privilèges. L'abbé Bernard Salomon, se trouvant à Londres, en 1381, obtint de Richard II une lettre chargeant le constable de Bordeaux de laisser les religieux user en paix de toutes leurs concessions, en la forme qui leur avait été accordée et comme ils avaient eu l'habitude d'en jouir[3] ; l'exemption de tout droit de coutume pour les vins récoltés sur les terres de l'abbaye fut encore confirmée le 18 janvier 1384/85, et le 13 mars 1396/97 par Richard II, le 20 juillet 1401 par Henri IV[4]. Toutes ces chartes que sollicitait l'abbaye montraient à quel point elle se sentait menacée ; elles n'empêchaient point, d'ailleurs, la Jurade de

---

1. Archives départementales de la Gironde, série H, Abbaye Sainte-Croix, Carton n° 98. — Brochure imprimée avec plans manuscrits, intitulée : *Mémoire Instructif* pour messire Fr. DE BÉRINGHEN, évêque du Puy, abbé commendataire de l'abbaye royale Sainte-Croix de Bordeaux, Ordre de Saint-Benoît, Congrégation de Saint-Maur, et le Chapitre et Religieux de la dite abbaye contre MM. le Maire, Soumaire et Jurats de Bordeaux, p. 6.
2. *Catalogue des Rolles gascons*, t. I, p. 141, pièce n° 48.
3. Archives historiques du département de la Gironde, t. XXIV, pièce n° 103.
4. Ibid., t. III, pièce n° 11. — *Catalogues des Rolles gascons*, p. 180 et 187. Archives départementales de la Gironde, Registre H. 946, folio 32.

continuer ses entreprises; l'abbaye dut payer les droits de grande coutume et l'abbé Pierre André vint en séance, le 8 janvier 1416/1417, réclamer aux jurats la restitution de ces perceptions, faveur qui avait été accordée aux chapitres de Saint-André et de Saint-Seurin ; on répondit à l'abbé que ces chapitres avaient exhibé leurs privilèges et qu'il eût à montrer les siens, s'il en avait; on ajouta que toutes ces exemptions étaient préjudiciables à la Ville[1].

Pierre André obtint alors de Henri V une nouvelle confirmation; néanmoins, le 20 décembre 1421, on délégua auprès de lui le sous-maire, le prévôt et le procureur pour l'inviter à payer la petite coutume des vins qu'il avait vendus en taverne[2]; l'abbé refusa de s'exécuter; un procès fut engagé, la Ville le perdit sans doute, car on la voit, le 8 février 1421/1422, payer les frais de l'instance, soit 60 sols, comptés aux sieur Baudéac pour avoir instrumenté contre l'abbé de Sainte-Croix[3].

Henri VI, à son tour, accorda, le 7 juillet 1425, une charte relative aux libertés et franchises des vins de l'abbaye[4].

L'abbé Amanieu de la Mothe ne paraît pas avoir accompli, en 1404, les démarches nécessaires pour faire rentrer l'abbaye en possession du droit de petite coutume qu'elle avait abandonné pour cent ans seulement, le 16 janvier 1303/1304 ; les Bénédictins prétendirent, plus tard, que les Jurats avaient débouté l'abbaye, sous prétexte qu'ils avaient encore besoin des revenus du droit de petite coutume, vu l'état de guerre et la nécessité d'entretenir en bon état les murailles de la ville, mais aucun texte ne vient à l'appui de cette assertion et les registres de la Jurade ne portent aucune trace de la réclamation de l'abbé. Ils indiquent, au contraire, que les 5 et 10 avril 1415, on eut l'audace de menacer Pierre André de faire saisir le moulin s'il ne faisait pas réparer une partie du mur qui s'était écroulée dans le voisinage de l'abbaye. Le 20 juillet 1415[5], l'abbé passa une transaction aux termes de laquelle il cédait un sol et des masures près de la terre et du moulin de Sainte-Croix afin que la ville se chargeât des réparations. Vinet,

1. Registre de la Jurade, t. IV, p. 306.
2. Ibid., p. 592.
3. Ibid., p. 486.
4. Catalogue des Rolles gascons, t. I, p. 207.
5. Registres de la Jurade, t. IV, p. 136, 138 et 201.

cependant, affirme qu'il y eut « procés contre la ville lequel a traisné et s'est pourmené en plusieurs parlemens ». Jodocus Sincerus dit aussi : « inde lis mota civitati quæ pependit in pluribus curiis » (*Itinerarium Galliæ*, p. 285).

Après la conquête française, les habitants de Bordeaux se préoccupèrent de faire ratifier par leurs nouveaux maîtres les privilèges que leur avaient accordés les rois d'Angleterre. Des lettres patentes de Charles VII[1] datées du 11 avril 1453/1454, sur la réquisition « des diz gens d'église, nobles, bourgeois et habitans », décidèrent que les gens d'église de Saint-André, Saint-Séverin, Sainte-Croix, Saint-Jacques et l'hôpital Saint-Andrieu, puissent jouir des vins de leur creu sans coutumier, c'est assavoir qu'ilz les puissent vendre et faire térir hors de la dicte ville de Bourdeaulx et du païs sans paier aucune coustume ou yssac » ; le roi impose, cependant, un droit de 25 sols tournois par l'acheteur et de 4 deniers par le vendeur pour chaque tonneau de vin exporté de la Guienne[2].

Peu après, le 8 mai 1458, Charles VII, toujours désireux de restreindre les privilèges du clergé en Guyenne, revint sur sa décision ; de nouvelles lettres patentes enjoignirent au Sénéchal de contraindre les gens d'église de la ville et cité de Bordeaux et banlieue à payer le droit de cartonnage et d'Yssak sur les vins qu'ils vendent, nonobstant les privilèges accordés par les rois d'Angleterre à l'archevêché et aux Chapitres, sans s'arrêter aux procès pendants. Ces lettres ajoutaient, contrairement à la vérité, que les Jurats avaient joui de toute antiquité du droit d'yssak, mêmement sur les gens d'Église[3]. Elles furent bientôt annulées en 1461, par l'ordonnance de Louis XI[4] rendant aux Bordelais les privilèges contenus dans le premier traité qu'ils avaient conclu avec Charles VII. Cette ordonnance fut confirmée par Charles VIII en 1483[5].

Au milieu du XVIe siècle, Henri II confisqua toutes les rentes et revenus de la ville de Bordeaux « et de cete petite coustume aussi

---

1. Archives municipales, *Livre des Privilèges*, pièce n° 2 de l'appendice.
2. *Livre des Privilèges*, pièce n° 2 de l'appendice.
3. *Inventaire des Registres de la Jurade*, t. VIII, p. 199.
4. Voir le texte d'une partie de cette Ordonnance dans Dom Devienne, *Histoire de Bordeaux*, t. II, p. 235 et 236.
5. Dom Devienne, *Histoire de Bordeaux*, t. II, p. 236.

bien que de la grande : qui estoit à la ville »[1]. « Cela arriva à l'occasion de M. de Moncins, lieutenant dv Roy tué dans une sédition populaire en 1548. M. le connétable de Mommoranci étant venu à Bordeaux avec une grosse armée confisqua au Roy tous les biens et revenus de la maison de ville. Le roi Henri II, par sa déclaration du mois d'août 1550, en rétablissant les bourgeois de la ville dans leurs privilèges n'ayant pas trouvé que la dite petite coustume leur appartint de droit et légitimement et qu'ils n'avaient par d'autres titres que le susdit engagement de 1303, se réserva la dite petite coutume avec la grande[2] ».

Ces droits de petite et de grande coutume étaient devenus considérables ; le 25 avril 1516, la Jurade avait affermé la petite coutume à Jean Tueillhé pour 26.000 livres[3] ; en 1577, dans la requête que les Jurats adressèrent à Henri III en vue d'obtenir une réduction d'impôts, ils déclarèrent que la grande et la petite coutume rapportaient au roi 100.000 livres par an[4].

Malgré le changement de collecteur de ces taxes, les moines de Sainte-Croix paraissent avoir continué à s'en faire exempter, car dans les premiers temps de la gestion de l'abbé Molé[5], Gauslin, fermier de la comptablie, ayant refusé de laisser passer les vins du monastère en franchise, sous prétexte que son bail ne prévoyait aucune exception, l'abbé saisit le Grand Conseil de la question. Déjà, le 30 mars 1633[6], Desaygues et le syndic des moines avaient présenté requête au roi pour rentrer en possession de la petite coutume ; il fallut le grand crédit de Molé pour faire aboutir l'affaire ; l'arrêt, rendu le 27 octobre 1649, fut favorable à l'abbaye[7] «... Le roy en son conseil a ordonné et ordonne que le dit Gauslin jouira des droits portés par son bail sur les vins du crû dudit abbé et religieux de Sainte-Croix de Bordeaux ; ainsy qu'il y est accoutumé et, néanmoins, voulant S. M. favorablement traiter le

---

1. Vinet, *L'antiquité de Bourdeaux et de Bourg*, n° 71.
2. Archives du département de la Gironde, série H, Abbaye Sainte-Croix, Carton n° 92 (prov.).
3. Archives départementales de la Gironde, série H, Abbaye Sainte-Croix, Carton n° 92 et 115 (prov.). Registre H. 946, p. 34.
4. Archives municipales, Inventaires des Registres de la Jurade, t. VIII, p. 201.
5. Archives du département de la Gironde, série H, Abbaye Sainte-Croix, Carton n° 44 (prov.).
6. Ibid., Carton n° 48 (prov.).
7. Archives départementales de la Gironde, série H, Carton n° 48 (prov.).

sieur Molé, luy a accordé et accorde, par forme de dédommagement, 4.000 livres pour chacun an, ordonne qu'à l'avenir la dite somme sera payée sur les estats de ladite ferme à compter du 1er jour du mois de janvier prochain. » Molé toucha d'abord seul cette allocation de 4.000 livres, mais les religieux protestèrent, et la transaction du 10 juillet 1651 leur accorda le tiers de cette somme [1]. Malheureusement, elle ne fut payée que jusqu'en 1659 ou 1660 [2]. Les moines ne recevant plus d'indemnité s'efforcèrent de recouvrer la franchise de droits pour leurs récoltes ; ils y réussirent ; de 1680 à 1694 [3], notamment, on trouve des Notes de la comptablie de Bordeaux autorisant la libre circulation des denrées de l'abbaye ; l'une d'elles est ainsi conçue : « Ordre de donner billettes gratis pour le vin des religieux, 3 décembre 1680 ».

De son côté, Molé ne s'était pas contenté de l'indemnité de 4000 livres qu'il avait obtenue et il en avait demandé une autre comme compensation du droit de petite coutume. Le 16 septembre 1650, un arrêt du Grand Conseil lui accorda, de ce chef, une rente annuelle de 12.000 livres ; les lettres patentes expédiées [4] sur cet arrêt limitèrent la jouissance de cette somme à neuf ans : les religieux n'en eurent aucune part.

L'abbé Molé, d'un caractère un peu apathique, se contenta de ce qu'il avait obtenu. A sa mort, arrivée en 1712, la situation était redevenue la même qu'à son avènement en 1645. La jeunesse du nouvel abbé, François de Béringhen, ne lui permettait pas de reprendre une aussi grosse affaire, mais dès qu'il fut en âge, les religieux le poussèrent à introduire une nouvelle action. Elle se termina par l'arrêt suivant rendu le 21 novembre 1721 [5]... « Le Roy en son conseil ordonne que la somme de 4000 livres pour l'exemption des droits sur les vins du crû de l'abbaye sera payée désormais sur les États de la ferme du Convoy et Comptablie de Bordeaux... l'arriéré non payé depuis 1715 sera soldé par le trésor royal. » La demande relative aux 12000 livres pour le droit de petite coutume fut rejetée.

Cette sentence fut définitive ; sur l'indemnité de 4.000 livres, les

1. Archives départementales de la Gironde, Carton n° 111 et 3 (prov.).
2. Ibid., Carton II, n° 44 (prov.).
3. Ibid., Liasse A, n° 4.
4. Ibid., série II, Carton n° 44 (prov.).
5. Ibid. Carton n° 92 (prov.).

moines, conformément à la transaction du 1ᵉʳ septembre 1713, que Béringhen exécuta fidèlement, touchèrent 1000 livres, et l'abbé 3000 ; quant à l'arriéré, l'abbé en perçut seul sa part, mais les religieux furent inscrits pour une rente perpétuelle de 100 livres sur le Trésor royal. Le successeur de Béringhen, l'abbé Joseph de Montmorency-Laval, voulut encaisser pour son compte l'indemnité entière de 4000 livres [1], mais il n'y réussit pas et la convention de 1713 continua à être exécutée. Lors de l'inventaire des revenus de l'abbaye fait au moment de sa suppression, le 28 avril 1790, les officiers municipaux constatèrent que les 1000 livres étaient encore payées à la mense capitulaire; ils les inscrivirent sous la rubrique suivante [2] :

« Somme payable par le Trésor, en vertu de plusieurs arrêts du conseil du Roy..... 1.000 livres. »

---

1. Archives départementales de la Gironde, série H, Abbaye Sainte-Croix, Carton n° 111. *Mémoire* (imprimé) *signifié par M. de Montmorency-Laval évêque d'Orléans, abbé commendataire de l'abbaye royale Sainte-Croix de Bordeaux, Ordre de Saint-Benoît, Congrégation de Saint-Maur, contre les Prieurs et Religieux défendeurs.*
2. Ibid., pièce isolée, non répertoriée.

CHAPITRE XIV

La sauveté de Sainte-Croix

La charte octroyée aux moines par Guillaume V duc d'Aquitaine, en leur accordant la propriété des terrains avoisinant Sainte-Croix, y ajoute la Sauveté du lieu, « *salvitatem illius loci*[1] ».

« Le mot de sauveté ou d'immunité[2] qui lui est synonyme exprime un droit attaché à certains lieux ou accordé à certaines personnes pour leur faire jouir de l'exemption des charges et servitudes qui sont imposées sur le public. La sauveté et l'immunité des lieux emporte toujours celle des personnes. Ceux qui y font résidence sont exempts... les artisans de prendre des lettres de maîtrise, les bourgeois et cabaretiers de payer aucun droit pour les vins qu'ils vendent en détail ; les criminels peuvent même s'y réfugier sans pouvoir être pris, si ce n'est, peut-être, dans des cas privilégiés où l'immunité des églises n'a pas lieu. » Ainsi écrivait, au commencement du XVIII° siècle, l'abbé de Béringhen, dans un « Mémoire introductif contre la Jurade ».

Les Jurats comprenaient ce privilège d'une façon un peu plus étroite. « Sauveté et asyle », disaient-ils, « étaient synonymes ; ils signifiaient l'un et l'autre un lieu de refuge où les criminels, à l'abri de l'immunité des églises, faisaient intercéder ou composaient pour le crime qu'ils avaient commis » (Précis responsif contre le chapitre de Saint-Seurin). Léo Drouyn, après avoir publié ce dernier document, ajoute : « les magistrats de la ville, ni les chefs de corporations ouvrières ne pouvaient exercer aucune juridiction sur les artisans et autres personnes qui habitaient la sauveté[3] » : « Homines commorantes in salvitate

---

1. Le droit de sauveté était donné aussi à la plupart des églises et prieurés dépendant de l'abbaye (Soulac, Macau, le Taillan, Saint-Aubin de Blagnac, etc.) ; mais nous ne nous en occuperons pas ici.
2. Archives départementales de la Gironde, série H, Abbaye Sainte-Croix, Carton n° 98. *Mémoire instructif pour Messire Fr. de Béringhen, etc., contre MM. les Maire, Soumaire et Jurats* (brochure imprimée, avec plans manuscrits), p. 15.
3. Archives municipales. *Bordeaux vers 1450*, n° 451.

Sancte Crucis Burdegalensis », dit une liève de l'an 1300, « debent facere homagium Abbati dum est novus Abbas flexis genibus, sine capucio et sine cutello, junctis manibus, osculo dato¹ ».

La charte du duc Guillaume ne précise pas les limites de la sauveté de Sainte-Croix ; elles ont varié dans le cours des siècles, la Jurade empiétant toujours, l'abbaye essayant vainement de résister et ne paraissant même pas toujours fixée sur ses droits, bien qu'elle eût, dans le principe établi, la confrontation à l'aide de croix de bois². Léo Drouyn hésite ; tantôt il dit³ : « nous ne savons pas quelles étaient les limites de la sauveté, seulement nous voyons par des titres de 1415 (Jurade) que des masures qui s'élevaient sur les bords de la Garonne, près des moulins de Sainte-Croix, en faisaient partie. Nous trouvons ailleurs (Inv. de Sainte-Croix), que les rues du Peyrat, des Gallères, de Nacaran, d'Arnaud de Laubergaria, de la Fusterie du Port, Senguinengue et du Moulin y étaient comprises ainsi que le cimetière et le quartier Larribet (pont du Guit)... cela prouve que la sauveté de Sainte-Croix s'étendait dans la campagne. » Plus loin il ajoute⁴ : « par suite de nos nouvelles recherches nous croyons pouvoir affirmer que la Sauveté et la paroisse de Sainte-Croix avaient les mêmes limites. » C'est la conclusion à laquelle arrivaient les moines en 1784, par l'examen de l'esporle d'une maison contiguë à une autre appartenant à la paroisse de Saint-Michel⁵.

En réalité, la Sauveté n'a eu de limites fixes que jusqu'au XVIᵉ siècle ; elles sont ainsi indiquées dans un titre du XVᵉ siècle⁶ : « la dicte immunité et saubveté dure depuis la dicte église, du cousté devers la mer jusques à yme mer et à l'escu où sont certaines armes du duc Guillaume et autres princes du temps passé et jusques à la maison de Pey

---

1. Arch. dép., Carton II, n° 98 (prov.).
2. Ibid., série H, Abbaye Sainte-Croix, Carton, n° 100 (prov.). « ... entre les autres prérogatives données et octroyées à la dite abbaye », dit une Ordonnance de « Charles, fils et frère des Roys de France, duc de Guyenne », datée du 14 mars 1471, « est d'avoir sauveté et immunité de franchise, ainsi qu'elle est confrontée par croix et jusques aux fins et limites d'icelles croix... »
3. Archives municipales, *Bordeaux vers 1450*, n° 153.
4. Loc. cit., n° 483.
5. Archives départementales de la Gironde, Registre H. 946. Inventaire de Sainte-Croix, 1784, fol. 26.
6. Archives historiques de la Gironde, t. XXIV, pièce n° 151.

Artault, bourgeois de Bordeaux alias appelé le Gordiu, qui est en la rue de la grant Fusterie.

« Item dure ladicte saulveté du cousté devers la grand rue Sainte-Croix appelé Sanguynengue et du travers et de long jusques à une croix qui est sus la muraille d'un chappellain appelé Messire Bernard Estienne, recteur de Sainte-Croix.

« Item dure ladicte saulveté depuis ladicte église Sainte-Croix en la dicte grant rue, du cousté devers les Mineurs et Minoresses, jusques à une croix ancienne qui est en ladicte rue entre deux taulies, qui se confronte à la maison de Johannette Gombault, vefve de feu Hélis Gombault, et fille de feu Richard de Riou.

« Item dure la dicte franchise de travers depuis ladicte maison et croix jusques à la muraille de ladicte ville et y a une croix de bois assise ou plantée au chemin viz à viz du jardin de Arnauld de la Mazelle, laboureur, demeurant à Sainte-Croix et dure de long jusques à la croix qui est assise au cap du Serpolat, qui est en Graves, dehors les murailles de la ville.

« Item dure ladicte franchise depuis la croix du Serpolat dehors les murailles, jusqu'au portal de la ville et dudict portal en venant à la tour de Sainte-Croix et de là venant tout au long de la muraille et rue jusques à la dicte rue qui mène à la maison dudict Pey Artault et audict escusson et jusque à yme mer [1]. »

A partir du XVIe siècle, la Jurade réussit à enlever à la directité et par suite à la sauveté de Sainte-Croix un certain nombre de terrains ; en 1655, suivant un projet d'arrangement [2] qui fut bien près d'être signé, l'abbé Molé et et les religieux se contentaient des limites ci-après : « Depuis la rue Sainte-Croix suivant la rivière et tout le long de la rue Carboneau jusqu'aux murs de la ville, et de là, en suivant et en montant vers ledit monastère tout le long dudit mur jusqu'à la tour Sainte-Croix et dudit moulin suivant le boulivart le long des murs de la ville jusqu'à l'enclos du monastère des pères Capucins icelles exclu et descendant de l'autre côté de l'abbaye Sainte-Croix droit à la maison possédée à présent par Rouillard, maître cordier, laquelle est située

1. Archives historiques du département de la Gironde, t. XXIV, pièce n° 151.
2. Archives départementales de la Gironde, série H, Abbaye Sainte-Croix, Liasse A, n° 3.

dans la rue Sainte-Croix et fait la séparation de la paroisse Sainte-Croix et de celle de Saint-Michel. »

Au XVIII° siècle, en suivant les nombreux procès intentés par la Jurade, l'abbé de Béringhen[1] et les moines avaient acquis une idée plus exacte de leurs droits ; ils offraient de prouver, tant par des titres que par des témoignages, que la sauveté s'étendait dans toute la paroisse de Sainte-Croix *intra muros*, et jusqu'au carrefour du Pont du Guit *extra muros* ; ce sont les limites indiquées par la titre du XV° siècle que nous venons de citer.

Le droit de sauveté était souvent exercé au moyen âge, dans le cas de violences graves ; il fut accordé, le 12 avril 1451[2], à Jean Duboisfresne, héraut du comte de Longueville et de Benauge, captal de Buch, qui avait commis un meurtre sur de Ferrando de Amadura, sergent de ville ; la veuve accorda le pardon[3] ; le 2 janvier 1452/1453, des Anglais logés chez Pierre Dupuits, paroisse Saint-Rémy, avaient pillé la maison de Guillaume Arnolt, de Lormont ; Dupuits, qui avait recélé le butin, se réfugia dans la sauveté ; des amis s'interposèrent[4] ; le 11 mars 1468/1469, la sauveté était octroyée à l'assassin de l'enfant du procureur du roi ; le 26 juillet 1468[5], le vicaire de l'abbé Pierre de Foix l'accorda à un individu qui avait blessé un boucher ; le 23 septembre[6] de la même année, elle fut donnée à un autre homme « pour 1 cop de daga que aue ferit à Charlot lo sergant ».

Dans les premiers temps, les moines firent payer chèrement leur faute à tous ceux qui violèrent la sauveté. Les nobles et les bourgeois frappés d'excommunication composaient en argent avec le monastère[7] ; on obtenait alors un bref de la grande Pénitencerie de Rome permettant de les relever des censures qu'ils avaient encourues ; les ecclésiastiques étaient traduits devant l'officialité, qui leur imposait de sérieuses pénalités.

1. Archives départementales de la Gironde, série H, Abbaye Sainte-Croix, Carton n° 98. *Mémoire instructif pour Messire Fr. de Béringhen, etc., contre MM. les Maire, Soumaire et Jurats* (brochure imprimée avec plans manuscrits), p. 17.
2. Ibid., Registre H. 285 (nouveau).
3. Ibid.
4. Ibid., Registre H. 287 (nouveau), fol. 156.
5. Ibid.
6. Ibid.
7. Ibid., Registre H. 946, fol. 28.

En 1209¹, un habitant de Bordeaux avait poursuivi, l'épée à la main, jusque dans la sauveté de Sainte-Croix, un homme, qui s'y était réfugié ; les bourgeois, effrayés des suites de cette affaire, déléguèrent douze d'entre eux qui transigèrent pour la somme de cent livres. En 1365, des gens du peuple enlevèrent un homme de la sauveté et le livrèrent à la Jurade qui le fit incarcérer dans la prison municipale de Saint-Eloi ; sur les réclamations de l'abbé Pey de Camiade, le prisonnier fut rendu, mais ceux qui l'avaient enlevé l'empêchèrent pendant quelque temps de sortir du monastère. L'abbé et le couvent, après en avoir délibéré, infligèrent aux coupables la punition suivante : « nus et déchaux, sauf la chemise et les braies, ils entendirent la messe de prime (six heures) le jour de la sainte Trinité à genoux les mains jointes sur une torche allumée de 3 livres de cire ; après l'élévation, ils allèrent avec leur torche, sans courir, jusqu'au marché et revinrent par la Rousselle et les quais faire une première amende honorable, à genoux à la porte du monastère ; ils repartirent ensuite, se rendirent à l'église Saint-Seurin en faisant station à la cathédrale Saint-André ; de retour au cimetière de Sainte-Croix, il y eut une nouvelle amende honorable ; ils entrèrent ensuite dans l'église et allèrent offrir leur torche à l'autel de Sainte-Catherine, affecté au service de la paroisse. Enfin, le jour de la Fête-Dieu, ils firent une nouvelle tournée dans les mêmes conditions, s'arrêtant à toutes les paroisses de la ville². » En 1396, l'abbé Amanieu de la Mote eut à sévir contre des bourgeois qui avaient enlevé du cimetière Sainte-Croix le prébendier Pey Constans³ ; comme trois chapelains de Saint-Michel avaient été leurs complices, ils furent traduits devant l'officialité de Bordeaux, qui, par par sentence du 10 février 1401, les condamna à donner seize torches de huit livres à la chapelle de l'archevêché et à payer une amende de mille livres d'or à l'abbé et aux religieux. En 1414, Monot de Cessac fut conduit à cheval jusqu'à la fourche, décapité et pendu par les aisselles, « lequel, avec d'autres, avait meurtri Ioanyn le Français, son

---

1. Archives départementales de la Gironde, Carton n° 109 (prov.). *Mémoire pour la Sauvetat*.
2. Archives historiques de la Gironde, t. XXVII, p. 338. La pièce est en gascon ; elle se trouve à la fin de l'Obituaire.
3. Ibid., p. 339 et 340 et Registre II. 946. Inventaire de Sainte-Croix, 1784, fol. 28.

hôte, en son auberge et dans la sauvetat de Senta Crotz¹ ». En 1425, le pape permit² d'absoudre L. d'Aymon de Treulon (ou de Trenton), qui avait fait enlever de force Thomas Vidal, dit le Catalan, réfugié dans la sauveté et église Sainte-Croix.

Après la conquête française, la Jurade, comptant sur l'assentiment du pouvoir royal, crut pouvoir faire saisir dans la sauveté, dès 1456³, le nommé Jehan Melon ; les Grands Jours renvoyèrent l'affaire devant le sénéchal de Guienne, qui fit rendre le prisonnier ; un peu plus tard, en 1471, ce fut Jean Chiquet, dit Fouguerolos, qu'ils enlevèrent et firent incarcérer ; l'abbé Pierre de Foix Junior se plaignit à Charles, frère de Louis XI, gouverneur de la Guienne, et obtint que les agents d'exécution, Arnaud Dussaut, clerc de la ville, Bertrand Pichel, procureur, Jean Ros, Peyrat Brouat, dit le fou, sergents de ville, fussent cités, le 16 mars 1472/1473, devant Laborie, docteur de l'Université, conseiller en la Cour des Grands Jours⁴ ; vu la mauvaise tournure que prenait l'affaire, la Jurade rendit le prisonnier. Le 30 août 1520, la Jurade dut mettre encore en liberté un prisonnier qu'elle avait arrêté dans la sauveté⁵.

A partir du milieu du XVII⁰ siècle, les moines furent contraints d'abandonner peu à peu les privilèges attachés à la Sauveté. Les Jurats commencèrent par faire porter leur mesuroir dans le quartier Sainte-Croix et réclamèrent aux débitants le droit des échats dont ils étaient jusqu'alors exempts : les vendeurs qui voulurent résister à cette prétention furent incarcérés. La Jurade, pour couvrir ses tentatives d'une apparence de légalité, soumit la question au Parlement de Bordeaux, qui, le 9 août 1639, rendit un arrêt favorable à ses prétentions; les religieux de la Congrégation de Saint-Maur avaient eu le tort d'abandonner la cause des débitants inquiétés par les taverniers de Bordeaux ;

1. Archives départementales de la Gironde, Registre H. 284 (nouveau).
2. La Jurade paraît avoir payé deux fois la location du cheval qui a servi à promener le coupable, d'abord le 24 juillet, ensuite le 5 septembre 1414 (Arch. mun., Registres de la Jurade, délibérations de 1414 à 1416 et de 1420 à 1422, p. 39 et 85).
3. Ibid., série H, Abbaye Sainte-Croix, Carton n⁰ 100 (prov.). La copie de la procédure a été faite par Dom Jean-Pierre Dabadie, auteur du manuscrit que nous avons souvent cité ; elle se termine ainsi : « Collationné par Jean-Pierre Dabadie, le 14 décembre 1672 ».
4. Arch. dép. de la Gironde, série H, Abbaye Sainte-Croix, Liasse A, n⁰ 3.
5. Inventaire des Registres de la Jurade, t. VI, p. 2.

quelques années après, l'abbé Molé reprit cette affaire et obtint, par défaut, un arrêt du Parlement de Paris condamnant les taverniers[1]; pour obtenir l'exécution de cet arrêt, il assigna les Jurats devant le maître des requêtes de Bordeaux, mais ceux-ci demandèrent le renvoi du procès à un autre Parlement que celui de Paris, pour cause de suspicion légitime, étant donnée l'action que pouvait exercer Mathieu Molé, père de l'abbé. La question resta longtemps en suspens, mais, en attendant la solution légale, la Jurade, qui avait la force en mains, continuait ses entreprises; un arrêt du Grand Conseil du 11 octobre 1690[2] lui enjoignit de relâcher les prisonniers qu'elle avait faits; elle dut s'exécuter, mais elle incarcéra d'autres débitants. L'abbé Molé n'avait plus la même influence; devenu vieux, il s'intéressait moins aux affaires de son abbaye; aussi, laissa-t-il les Jurats obtenir par défaut, le 31 mai 1698[3], un arrêt du Grand Conseil maintenant aux taverniers de Bordeaux le droit de porter leur mesuroir dans tout le quartier Sainte-Croix. Fiers de ce succès, et en vue de faire trembler les débitants, les Jurats envoyèrent l'un d'eux, le procureur syndic et le greffier de police jusque dans la maison abbatiale où ils dressèrent procès-verbal et saisirent la bière que Laurant, économe de Molé, y fabriquait, ainsi que les chaudières, ustensiles et grains employés à la fabrication. Laurant porta plainte au lieutenant criminel en Guyenne, devant lequel il eut gain de cause, mais cette sentence fut cassée par un arrêt du Parlement et on continua à inquiéter les débitants établis dans le quartier Sainte-Croix[4].

La Jurade violait, en même temps, d'une autre façon, les privilèges de la sauveté; de tout temps les artisans, et particulièrement les cordonniers, dont le nombre était assez grand dans le quartier Sainte-Croix, y travaillaient sans avoir obtenu le droit de maîtrise; la Jurade envoya les bailes[5] des cordonniers de Bordeaux saisir les souliers mis en vente

1. Inventaire des registres de la Jurade, t. VI, p. 4.
2. Archives départementales de la Gironde, série H, Abbaye Sainte-Croix, Carton n° 102 (prov.).
3. Ibid., Carton n° 59 (prov.).
4. Inventaire des Registres de la Jurade, t. VI, p. 6. *Continuation de la Chronique bourdelaise de* DELURBE *et de* DARNAL, *par* TILLET, *avocat*, p. 221.
5. On nommait ainsi, à Bordeaux, les chefs des communautés d'artisans; on les appelait, ailleurs, jurés.

et fit incarcérer les ouvriers. Molé, pour s'opposer à cette entreprise, obtint, le 4 février 1662[1], un arrêt de la cour ordonnant aux bailes de rendre les souliers saisis et condamnant à 500 livres d'amende tous ceux qui essaieraient de troubler les artisans exerçant leur profession dans le quartier Sainte-Croix. La Jurade cessa ses entreprises et, comme la question de la maîtrise des cordonniers n'avait qu'une importance secondaire, elle ne soutint plus les bailes et leur interdit même[2], par sentence de 1703 et de 1706, de troubler leurs confrères de la sauveté; ces décisions faisaient même ressortir que les cordonniers de la sauveté étaient en possession de leurs droits depuis fort longtemps et qu'ils payaient les taxes municipales imposées aux maîtres cordonniers de la ville.

Les débitants de vin avaient des droits aussi anciens que ceux des cordonniers; mais, comme il s'agissait d'un commerce sérieux, les Jurats continuèrent à les tracasser et à les traduire devant toutes les juridictions. Molé et son successeur de Béringhen protestaient de leur mieux, de telle sorte que les procédures ne cessèrent pas pendant plus de cent années.

Les parties, lasses de plaider, se décidèrent à nommer des arbitres; la discussion des prétentions respectives de l'abbaye et de la municipalité fut très longue; pendant les débats, l'abbé de Béringhen mourut et fut remplacé par de Montmorency-Laval; ce dernier, d'accord avec les religieux, signa, le 29 août 1746, une transaction désastreuse pour le monastère, qui abandonnait presque tous ses privilèges en échange de concessions minimes faites par la Jurade. En ce qui concerne la sauveté, l'abbaye[3] « se désista pour toujours de tout droit de franchise, sauveté et immunité... dans le territoire de la paroisse Sainte-Croix, soit par rapport aux charges publiques, aux droits des taverniers, aux droits des échats et tous autres sans exception par rapport à la juridiction civile et criminelle, soit à l'égard des artisans et ouvriers et à l'égard des débiteurs et criminels qui pourraient prétendre, les uns se dispenser de prendre des lettres de maîtrise, les autres se mettre à

---

1. Archives départementales de la Gironde, série H, Abbaye Sainte-Croix, Carton n° 81 (prov.).
2. Inventaire des Registres de la Jurade, t. VI, p. 26.
3. Ibid., t. VI, p. 30 à 39.

l'abri des poursuites... sous prétexte qu'ils travaillent ou sont réfugiés... dans la paroisse Sainte-Croix ».

La Jurade n'avait plus rien à réclamer ; les moines se soumirent fidèlement au pacte qu'ils avaient signé : on ne trouve de leur part, ni de celle des abbés, aucune tentative pour recouvrer le droit de sauveté.

CHAPITRE XV

L'église et l'abbaye

Les parties les plus anciennes de l'église Sainte-Croix ont été construites à la fin du XI° siècle ou au commencement du XII° siècle[1]. Malgré les modifications et les mutilations que l'édifice a subies, il conserve très nettement le caractère roman, et le plan de l'architecte qui l'a conçu subsiste entièrement.

Cette église a la forme d'une croix latine, avec 3 nefs, ayant ensemble 16 mètres de largeur; chaque nef est terminée par une abside; la nef médiane est la plus ancienne; on a construit ensuite le clocher, puis la nef méridionale, à droite du spectateur, du côté de l'abbaye, et enfin, la nef septentrionale qui, de 1130 à 1790, a été utilisée pour le service de la paroisse, sous le vocable de Sainte-Catherine; la partie abbatiale de l'église était seule consacrée, autrefois, à la sainte Croix.

La longueur[2] de la nef principale, depuis la dernière marche de l'entrée, jusqu'au fond du sanctuaire, est de 56 mètres 60; sa hauteur de 18 mètres 45; la longueur des bas-côtés jusqu'à la croix est de 35 mètres, leur hauteur de 13 mètres. Les bras de la croix ont une longueur totale de 21 mètres 70[3]; leur hauteur est celle de la voûte du sanctuaire. Entre l'abside médiane et l'absidiole méridionale, se trouve une porte ogivale très ancienne, assez basse et fort dégradée; elle conduisait, dans le principe, du sanctuaire au cloître primitif, dont il ne reste plus que des substructions; ensuite, à la sacristie construite en

---

1. VIOLLET-LE-DUC, *Dictionnaire raisonné de l'Architecture française du XI° au XVI° siècle*, t. VII, Porche, p. 400.
2. La plupart de ces mesures ont été relevées par JOUANNET. Voir *Musée d'Aquitaine*, t. I, p. 223, 224, 228, 265 et 266. Nos vérifications personnelles en ont confirmé l'exactitude.
3. L'examen des nervures des voûtes qui viennent se briser contre la paroi sud du transept permet de supposer que le bras méridional de la croix était, à l'origine, plus long qu'aujourd'hui; il se reliait sans doute à l'abbaye. Une tribune était soutenue par le mur latéral du transept; elle a été fermée en 1851.

1675, et récemment démolie. L'abside septentrionale est séparée de l'abside centrale par un mur plein contre lequel était appuyé, jadis, le tombeau de l'abbé Amanieu de la Mothe, mort en 1412. Il résulte de ces dispositions que les absidioles latérales ne sont pas dans l'axe des nefs qu'elles terminent, ce qui produit un effet un peu disgracieux.

Au-dessus de la croisée des nefs s'élevait, autrefois, un petit clocher couvert d'ardoises, où se trouvaient plusieurs cloches que les moines sonnaient depuis le chœur[1]; l'escalier d'accès existe encore, mais le clocher a disparu vers la fin du XVIII° siècle.

Les voûtes sont supportées par douze piliers de hauteurs inégales : 6 mètres 50 pour les huit piliers de la nef centrale, 12 mètres pour les piliers du chœur.

La section des deux premiers piliers, que l'on voit après avoir franchi la voûte de la tribune de l'orgue, a la forme d'une croix grecque; ces piliers n'ont pas de piédestal, leur chapiteau se compose d'une moulure en talon, sculptée d'entrelacs formant, par leur ensemble, des espèces de croix de Malte; au-dessus, un mince filet; des piliers semblables mais plus nus encore sont encastrés dans les murs qui limitent la tribune de l'orgue. Ces piliers massifs et fort différents des autres, à tous les points de vue, sont, peut-être, les restes de l'ancienne église carlovingienne[2]; dans tous les cas, ils sont, au moins, contemporains du porche, c'est-à-dire qu'ils ont été bâtis, au plus tard, à la fin du XI° siècle. La sculpture des chapiteaux des autres piliers est fort belle, les colonnes du sanctuaire ont des chapiteaux romains richement ornés et variant d'un fût à l'autre; l'artiste a représenté diverses scènes de l'Écriture Sainte, Daniel dans la fosse aux lions, Jésus au milieu des docteurs, etc.

Les voûtes des nefs latérales reposent, d'un côté sur les piliers de la nef centrale, de l'autre sur des groupes de colonnettes engagées dans

---

1. Le *Ceremoniale locale*, du 15 juillet 1683, qui se trouve aux Archives départementales, Liasse A, n° 12, mentionne « qu'aux fêtes de 1re et de 2e classe, au signe des premières vêpres et de matines, on sonne les cloches qui sont dans le petit clocher, au-dessus du chœur (*supra chorum*). » Le dessin de l'église Sainte-Croix donné par le *Monasticon gallicanum* indique l'existence de ce petit clocher.

2. « Aux lourds piliers rectangulaires des basiliques carolingiennes, on substitua des colonnes, tantôt isolées, tantôt engagées. » (PROSPER MÉRIMÉE, *Annuaire de la Société pour l'Histoire de France*, 1838).

les murs de clôture ; l'ancienneté de la nef méridionale se manifeste par le plein cintre de l'absidiole terminale et du dernier arc de la nef, par l'alternance des chapiteaux romans et gothiques, ainsi que par le petit nombre des colonnettes groupées, un peu grêles et dont les chapiteaux sont à peine ornés.

L'architecte de Sainte-Croix, comme beaucoup d'architectes romans, ne devait pas être fixé sur les conditions de stabilité des voûtes ; ce qu'il y a de certain, c'est que le collatéral sud a dû être consolidé par un gros contrefort intérieur et extérieur du plus malheureux effet et que trois des piliers de la nef centrale étaient ensevelis dans un énorme empâtement ne laissant voir que les sculptures des chapiteaux ; l'un de ces piliers a été dégagé en 1846, ainsi que l'indique une inscription[1] ; il serait facile de dégager les deux autres, et, comme ils ne sont pas du même côté, on pourrait les reconstruire dans leur état primitif ; c'est une question d'argent.

Les trois nefs ont été, vraisemblablement, couvertes d'abord en bois[2] ; plus tard, à la fin du XIIe siècle ou au commencement du XIIIe siècle, les colonnes de la nef centrale ont été surélevées et l'on a construit les voûtes actuelles ; l'examen extérieur des absides, du plus pur style roman, ne permet pas de douter qu'elles aient eu, dès le commencement du XIIe siècle, leur hauteur actuelle ; les voûtes en cul de four de ces absides ont été reconstruites ou réparées, mais leurs dimensions n'ont pas été modifiées. Les voûtes de la nef centrale sont un peu plus hautes que celles du sanctuaire ; pour masquer cette différence d'élévation, on a réuni les deux derniers piliers de la nef par un arc dont la partie inférieure est en plein cintre ; l'intervalle entre cet arc et l'ogive de la voûte est garni par un épais mur de remplissage non décoré, du plus déplorable effet[3]. La même disposition, moins accusée,

---

1. « On a trouvé dans le massif de la maçonnerie une clé en fer... vraisemblablement perdue par un ouvrier employé à la consolidation du pilier... cette trouvaille précise une date (XIIIe siècle) ». *Actes de l'Académie de Bordeaux*, 1844.

2. « On donna d'abord aux basiliques des toits en charpente. Des voûtes remplacèrent ensuite les toits en charpente ». *Annuaire de 1832 de la Société pour l'histoire de France*, article de Prosper Mérimée.

3. Pareille différence de niveau se rencontre fréquemment dans les églises gothiques, mais l'arc doubleau est alors orné d'élégantes sculptures.

et partant moins laide, se reproduit à la réunion des voûtes ogivales du sanctuaire avec celles de l'abside principale.

Comme amortissement de plusieurs arcs ogivaux ne reposant pas sur des colonnes, on trouve, en divers endroits de l'église, deux têtes couronnées, qui, d'après la tradition, représenteraient Henri II d'Angleterre et sa femme Aliénor d'Aquitaine, bienfaiteurs de l'église Sainte-Croix[1]. Jouannet, qui a étudié avec un soin minutieux l'église Sainte-Croix, écrit : « le mélange du plein cintre et de l'ogive qui caractérise Sainte-Croix se retrouve dans plusieurs églises anglaises, bâties ou restaurées par Henri II et Aliénor ».

Les clefs de voûte sont ornées de sculptures variées d'un beau caractère ; les murs de remplissage placés entre les colonnes surélevées de la grande nef, portent, comme ceux de l'église bénédictine de la Sauve, des médaillons circulaires représentant chacun un saint soutenant de la main gauche une église et perçant avec une lance tenue de la main droite un monstre qu'il foule aux pieds ; les médaillons sont au nombre de huit ; on a voulu y voir les signes apposés lors de la consécration de l'église, mais cela n'est pas vraisemblable[2].

Les fenêtres des collatéraux, assez ornées, sont de la fin du XIIe siècle ; il en est de même de la décoration extérieure de celles du sanctuaire et des absidioles ; ces fenêtres, qui avaient été fermées au XVIIe siècle, ont été refaites à l'intérieur dans le style primitif, au XIXe siècle, à diverses dates[3]. Les larges baies de la nef principale, comme celles de l'abside méridionale et du bras méridional de la croix, sans aucun ornement, sont percées d'une façon barbare, et ne peuvent être rapportées à aucun style.

Jusqu'au XVIIe siècle, on devait descendre treize marches pour atteindre le sol de l'église ; le nombre des degrés fut réduit à six, puis à quatre ; il y avait de nouveau six marches en 1823, il n'en reste

---

1. « Henri commença son règne par des œuvres pieuses et agréables à Dieu ; il fit édifier beaucoup d'églises ». DELACOLONIE, *Histoire curieuse et remarquable de la ville et province de Bordeaux*.

2. Il est certain, cependant, que l'église Sainte-Croix a été solennellement consacrée ; la fête de la dédicace se célébrait le 24 septembre ; elle était encore de précepte pour les paroissiens au XVIIe siècle et on en faisait l'octave ; malheureusement, le *Ceremoniale locale* de 1683 (Liasse A, n° 10), qui nous donne ces détails, omet de mentionner l'année de la consécration.

3. JOUANNET, *Musée d'Aquitaine*, t. I.

actuellement que deux, par suite du déblaiement du sol de la place Sainte-Croix fait en 1848. A cette époque, il fallut, nécessairement, refaire les portes de l'église qui dataient seulement du XVIIe siècle[1] et n'avaient aucun caractère[2].

L'ancien pavé de l'église était composé de petits carreaux de brique ornés de personnages, d'animaux, de fleurs et d'autres sujets de fantaisie[3]; la réparation de ce carrelage, en 1647, faite par Jean Carriac[4], coûta 60 livres aux moines de la congrégation de Saint-Maur; lors de la pose récente du parquet actuel de l'église, à la fin du XIXe siècle, on a retrouvé plusieurs de ces carreaux que M. l'abbé Lamartinie, alors vicaire de la paroisse, a fait placer à la base du tombeau d'abbé de la nef septentrionale, au niveau du sol ancien ; malheureusement le nombre des carreaux retrouvés n'étant pas suffisant, on a dû leur adjoindre quelques-uns de facture moderne.

L'église fut pavée dès l'origine, ainsi que nous l'apprennent les Statuts du XIVe siècle; le moine sacristain était chargé de tenir les pavés en bon état[5]; il n'y avait pas alors de tapis, même dans le chœur; pour garantir les moines du froid, le sacristain y mettait de la paille deux fois l'an, à la Toussaint et à Noël[6].

Les murs de l'église, d'abord nus, disparaissaient au moyen âge, sous des tapisseries de laine ou de soie dont la fourniture et l'entretien incombaient au cellérier[7]; quelquefois les étoffes étaient peintes.

---

1. Les comptes de la fabrique de Sainte-Croix mentionnent, au 14 janvier 1677, la pose d'une « porte neuve à l'entrée de l'église du costé de la paroisse Sainte-Croix, par mestre Saboric, mestre menuisier ». Carton n° 102.
2. La réfection a été faite fort intelligemment par l'architecte Durand ; l'ornementation est empruntée à celle de l'église de Moulis, qui présente le caractère d'une époque fort reculée. *Rapports de la Commission des Monuments historiques de la Gironde*, année 1848, p. 39.
3. JOUANNET, *Musée d'Aquitaine*, t. I, p. 266.
4. Archives départementales de la Gironde, série H, Abbaye Sainte-Croix, Carton n° 107 (prov.).
5. « Item habet tenere ecclesiam pavimentam decenter. » Statuts, *de Sacrista* 2°, Carton n° 92.
6. « Item habet tenere seorsum et deorsum chorum bene palleatum bis in anno, scilicet in festo Omnium Sanctorum et Natalis Domini. » Statuts, *de Sacrista*, 5°. Liasse A, n° 12.
7. « Item latera ecclesie predicte infra de paramentis pannorum laneorum vel sericorum vel de aliis pannis depinctis circumquaque. » Statuts, *de Cellerario*, 5.

L'autel majeur a toujours été consacré à la sainte Croix et celui de l'abside méridionale à la sainte Vierge ; l'autel de l'abside septentrionale, qui servait aux offices de la paroisse, a été dédié jusqu'en 1790 à sainte Catherine[1] : à la reprise du culte, il fut consacré à saint Jean-Baptiste, vénéré de tout temps par l'abbaye ; il est maintenant sous le vocable du Sacré-Cœur.

L'ancienne église Sainte-Croix avait plusieurs petits autels[2] portant les noms de Saint-Pierre, Saint-Jacques, Saint-Hilaire ; il a été déjà question de celui de Saint-Mommolin[3] ; au XVᵉ siècle on construisit une chapelle pour les fonts baptismaux et on y plaça l'autel de saint Blaise[4] ; cette chapelle reçut aussi provisoirement, en 1664[5], quand l'oratoire de l'abbé fut démoli, l'autel de Sainte-Madeleine, autour duquel se réunissaient les membres d'une ancienne confrérie. Le nombre des autels fut, dans la suite, augmenté et leur vocable changé ; il y eut l'autel de Saint-Benoît, celui de Saint-Maur[6], celui de Saint-Roch et celui de Saint-Sébastien ; ces trois derniers dans le collatéral de la paroisse ; après la Révolution, la dénomination de la plupart de ces autels fut encore modifiée ; elle figure comme suit à l'inventaire du 22 février 1817 : Saint-Jean, Sainte-Madeleine, Saint-Augustin, les fonts baptismaux, Saint-Mommolin (autel en bois peint surmonté de colonnes avec chapiteaux) et Saint-Antoine[7] ; presque tous ces autels furent supprimés en 1826, par la fabrique[8], sous prétexte que, les jours d'affluence, les paroissiens s'en servaient comme de sièges ; ils n'ont

---

1. Nous avons établi dans l'*Aquitaine*, Semaine religieuse de Bordeaux, numéro du 4 décembre 1908, que sainte Catherine était la patronne de la paroisse. Voir, notamment, *Ceremoniale locale* (Liasse A, n° 10). Les Statuts du XIVᵉ siècle mentionnent que la paroisse solennisait sainte Catherine à l'égal de Pâques, de la Pentecôte, etc., sans indiquer expressément qu'elle était la patronne de la paroisse.
2. Voir, notamment, les Statuts, *de Sacrista*, 4 et 16.
3. Chap. 1.
4. « In capella divi Blasi ubi sunt baptimatis fontes. » Procès-verbal de la visite de Dom François Rolle du 1ᵉʳ au 11 mars 1683. Carton n° 105 (prov.).
5. Voir, notamment, Archives départementales, Carton II, n° 13 (prov.).
6. L'autel de Saint-Maur n'existait pas au XIVᵉ siècle, car les malades qui faisaient une semaine à l'autel de Saint-Mommolin devaient aller la terminer à l'autel de Saint-Maur, dans l'église des Carmélites. Statuts, *de Elemosinario*, 33.
7. Archives de la Fabrique Sainte-Croix.
8. 2ᵉ Registre des délibérations du Conseil de Fabrique, commençant en 1817.

pas été rétablis; l'autel de Saint-Mommolin fut seul conservé et placé sous l'horloge, avec la châsse des reliques du saint; il est, maintenant, dans la chapelle bâtie au XVe siècle.

Même dans les premiers temps, les autels avaient des rétables décorés, par les soins du cellérier, de peintures représentant des images de saints[1]; ces rétables devinrent, plus tard, très ornés; celui du grand autel, commencé en 1668[2], par « Me Eymond excultcur », exigea plus de cinq ans de travail; on y appliqua une somme de 400 livres[3] léguée par un religieux, et peut-être aussi 1200 livres données par les parents du frère Léonard Faucher mort à l'abbaye et qui avait été très bien soigné[4]. D'après le contrat passé, le 10 juin 1673[5], entre la fabrique de la paroisse et « Jacques Sabourie, maître menuisier et sculpteur » habitant la paroisse Sainte-Colombe, il fut convenu que « la niche où doibt estre mise la figure de sainte Catherine serait faite en demy rond par le devant en façon de tourelle avecq des ornemans au-dessus et par les côtés, de la même façon que celle qui est au maistre autel de la paroisse Saint-Pierre ». Il y avait aussi « deux cadres avec des ornemans autour, où doibvent estre plassées les figures de saint Sébastien et de saint Roch de 5 pieds de hauteur et celle de sainte Catherine de 5 pieds 1/2 plus deux grands cadres pour mettre deux grands tableaux, qui accompagnent le retable »; la sainte était placée dans une niche éclairée par en haut; le tout coûta 800 livres, soit environ 4000 francs de notre monnaie. Les autels de Saint-Mommolin et de Saint-Maur avaient aussi des retables construits en 1664[6]. Tous ces retables ont disparu.

Devant les autels, des lampes brûlaient nuit et jour ou la nuit seulement; les Statuts en prévoient dix, que le sacristain était obligé de

---

1. « Item habet tenere dicta altaria bene et decenter ornata ante ipsa altaria de retabus depinctis de imaginibus sanctorum. » Carton II, n° 92.
2. Archives départementales de la Gironde, série H, Abbaye Sainte-Croix, Liasse A, n° 8.
3. Ibid., Carton n° 28. La somme avait été léguée « à l'effet de la construction d'un tableau applicquable au retable nouveau qui se faict au maistre hostel de l'églize du dict monastère ».
4. Ibid., Carton n° 116 (prov.).
5. Une copie de ce Contrat se trouve au Carton II, n° 94 (prov.).
6. Archives départementales, série H, Abbaye Sainte-Croix, Carton n° 107 (prov.).

tenir garnies d'huile[1] ; dans un bail du 16 décembre 1381[2], il est stipulé qu'une partie du cens servira à tenir une lampe « que arga de nuyt et de jorn devant lo cors de Jesus Crist darrey lo gran autar » ; le nombre de ces lampes diminua graduellement et le *Ceremoniale locale* de 1683 n'en mentionne plus que trois, au grand autel, à la sainte Vierge, à saint Mommolin[3] ; la figure bizarre que l'on remarque à l'entrée de la nouvelle sacristie était, probablement, le support de la lampe de l'autel de Saint-Mommolin.

Au moyen âge, les parvis des autels n'étaient pas décorés ; le cellérier les recouvrait d'étoffes de laine ou de soie[4] ; plus tard ces tapisseries furent supprimées[5], et les murs ornés de peintures à fresque. En 1685, le sanctuaire fut revêtu de peintures fort belles ; en 1776, la chapelle de la Sainte-Vierge fut peinte par Terrier ; la restauration récente a laissé subsister deux peintures colossales de saint Jean-Baptiste et saint Jean l'Évangéliste à demi effacées ; toutes les autres décorations anciennes ont disparu, et l'opinion unanime est que la pierre nue est préférable ; la chapelle du Sacré-Cœur et celle de Saint-Mommolin sont encore revêtues de fresques modernes sans caractère artistique qu'on devrait aussi gratter.

Dans les premiers temps, la barrière de clôture séparant la nef du chœur où se tenaient les religieux était en bois ; au XVIe siècle, la cupidité des abbés commendataires la laissa tomber de vétusté, et Dom François Rolle, président de la Congrégation des Exempts, en faisant la visite officielle du monastère, du 1er au 11 mars 1583, constata qu'elle avait besoin d'être reconstruite dans toutes ses parties[6] ; en 1679, la Congrégation de Saint-Maur remplaça la clôture en bois par une grille en fer ouvragé qui coûta 2000 livres[7], soit environ 10.000 francs de notre monnaie ; cette grille pesait 3200 kilogrammes ; elle a été vendue

---

1. *De Sacrista*, 4. Liasse A, n° 10.
2. Archives départementales de la Gironde, série H, Abbaye Sainte-Croix, Carton n° 35 (prov.).
3. Carton H, n° 94 (prov.).
4. « Item in quolibet latere altarium praedictorum habet tenere cortinas de panno serico vel de lana. » Statuts, *de Cellerario*, 4. Liasse A, n° 10.
5. MARIONNEAU, *Description des œuvres d'art des édifices publics de Bordeaux*, p. 200.
6. Voir Procès-Verbal de cette visite au Carton n° 105 (prov.).
7. *Les Prieurs claustraux de Sainte-Croix de Bordeaux*, p. 77.

1195 francs en 1847[1] ; la Fabrique se félicita de ce qu'on ait bien voulu l'acheter au prix du fer neuf ; elle fut remplacée, sur les bas-côtés, par une affreuse murette, recouverte d'un enduit d'un blanc sale, surmontée d'un petit grillage et de candélabres de bois peints en fer ; on a placé, en 1852[2], une table de communion en marbre blanc, exécutée sur les dessins de l'architecte Burguet, avec l'approbation de la Commission des monuments historiques ; elle est en harmonie avec le caractère de l'église, mais fort lourde.

En 1847[3] le sanctuaire fut élevé d'une marche et l'autel principal avancé de quelques mètres ; il a été construit au XVII° siècle, en marbre blanc veiné de rouge ; il est fort beau, mais il n'est pas roman et détonne avec le reste de l'édifice.

L'église Sainte-Croix n'a pas de verrières peintes anciennes ; l'architecte Durand, qui a procédé à la réparation des vitraux, constatait, en 1844, qu'ils étaient tous en verre transparent[4] ; Jouannet affirmait, cependant, en 1823, que quelques vitraux des bas-côtés étaient peints[5]. Les verres coloriés des trois absides sont du XIX° siècle ; ceux de la chapelle de Sainte-Vierge sont particulièrement laids.

On constate l'existence des orgues à une époque très reculée ; un arrêt du Parlement, rendu en 1576[6], condamne Jules Salviati à payer 120 livres pour les gages de l'organiste ; la tribune était alors en bois ; le 22 octobre 1627[7], on fit un traité avec Bernard de Lafargue, menuisier, pour démolir l'orgue et construire, à la place, une tribune de 21 pieds de large sur 25 de long ; en 1756, le buffet de l'orgue reconstruit, au XVII° siècle, était devenu vermoulu, l'instrument presque irréparable ; on le vendit 100 pistoles[8] à Michel de Verthamon de Chavagnac, évêque de Montauban ; cet orgue ne servait plus au moment où l'évêque l'a-

---

1. Procès-verbaux du Conseil de Fabrique. Séance du 25 avril 1847.
2. Rapports de la Commission des Monuments historiques de la Gironde.
3. Procès-verbaux du Conseil de Fabrique. Séance du 25 avril 1847.
4. Actes de l'Académie de Bordeaux. Rapports sur les réparations exécutées à l'église Sainte-Croix de Bordeaux en 1842 et 1843, par G. J. Durand.
5. Le 15 juin 1770, il fut fait injonction à l'ex-abbé de Montmorency-Laval, alors évêque de Metz, « de faire mettre aux vitraux... des rideaux en toile de couleur, avec leurs tringles », ce qui semble indiquer des vitraux transparents. Carton II, n° 100. Il y a, cependant, à la fenêtre du transept nord un ou deux carreaux de vitre coloriés paraissant anciens.
6. Archives départementales de la Gironde, série H, Carton n° 73 (prov.).
7. Ibid., Registre H, n° 318 (nouveau).
8. Ibid., Liasse C, n° 2.

cheta ; les religieux l'avaient remplacé, depuis 1748, par un magnifique instrument, comprenant 5 claviers et 44 jeux [1], œuvre du célèbre organier bénédictin Dom Bédos, qui fit partie du monastère pendant une dizaine d'années [2]. Cet orgue n'est plus à l'église de Sainte-Croix. Le préfet Gary a eu la malencontreuse idée de le faire transporter, en 1811 [3], dans l'église primatiale Saint-André, où il est insuffisant ; il a été remplacé à Sainte-Croix par l'orgue du monastère bénédictin Saint-Pierre de la Réole, œuvre excellente du Toulousain Micot ; la montre et plusieurs autres jeux importants sont détériorés et ne parlent plus.

La seule statue de l'église Sainte-Croix qui présente quelque intérêt est une sainte Madeleine, placée, actuellement, dans une niche, contre le mur du clocher, au-dessous de l'horloge [4] ; cette statue de grandeur, presque naturelle, a été sculptée par le Père Bonnard [5], feuillant, mort à Bordeaux à la fin du XVIII° siècle. Un très beau bas-relief du XVI° siècle représentant la Cène, qui ornait l'ancienne cuve baptismale, décore aujourd'hui le tombeau de l'autel de Saint-Mommolin. Les tableaux n'offrent aucun caractère artistique ; nous renvoyons pour leur description au savant ouvrage de Charles Marionneau.

Il y avait, autrefois, dans l'église Sainte-Croix de nombreux tombeaux d'abbés, sans parler des sépultures particulières qu'une simple plaque signalait ; ils furent, pour la plupart, détruits en 1794 ; nous avons parlé de plusieurs d'entre eux à l'occasion de l'histoire des abbés, nous ne mentionnerons ici que ceux dont il reste des traces. L'un d'eux est presque intact et ressemble beaucoup à celui que l'on trouve dans le transept de l'église Saint-André près de l'entrée principale à droite où fut enterré, en 1362, Raymond de Landiras, archiprêtre de Lesparre [6], et

---

1. Voir le détail des claviers et des jeux de cet orgue magnifique et du précédent au t. XLIII, pièce n° 201, des Arch. dép. de la Gironde où nous l'avons publié d'après une pièce de la série H, Liasse C, n° 2.
2. Dom François Bédos de Celle (1706-1779) est l'auteur de l'*Art du facteur d'orgues*, traité qui fait encore autorité (Voir FÉTIS, *Biographie des musiciens*, t. I, p. 296).
3. MARIONNEAU, *Description des œuvres d'art des édifices publics de Bordeaux*, p. 200.
4. Cette horloge a été construite en 1756 par les moines de la Congrégation de Saint-Maur, la vieille étant irréparable (Arch. dép., Carton H. 83, (prov.).
5. BERNADAU, *Tableau de Bordeaux*, 1810, p. 111.
6. LOPES, *L'église métropolitaine et primatiale de Saint-André de Bourdeaux*, t. I, p. 228.

où repose maintenant le cardinal Guilbert ; le tombeau est placé dans le bras septentrional de la croix, en face la chapelle du Sacré-Cœur. Le costume du personnage étendu sur la pierre désigne clairement un abbé, et les croix qui parsèment la mitre ne permettent pas de douter que ce soit un abbé de Sainte-Croix ; sa tête est appuyée sur un coussin, entre deux anges à moitié couchés ; deux autres anges étaient placés à la partie opposée, mais ils ont été détruits ; les pieds de la statue reposent sur deux lions accroupis, les armoiries ont été soigneusement effacées, aucune inscription ne révèle le nom ; le style de l'ornementation, comme celui de la statue, doivent faire rapporter la construction de ce tombeau à la fin du XIVe siècle, c'est du gothique fleuri ; l'abbé qui repose dans ce sépulcre ne peut être que Pey de Sermet (1334 à 1349) ou Pey de Camiade (1349 à 1375), car Bernard Salomon, successeur immédiat de Pey de Camiade, n'a pas été enterré à Sainte-Croix et nous connaissons la position exacte qu'occupaient dans cette église les tombeaux des abbés Amanieu de Lamothe et Pierre-André, ce qui conduit jusqu'en 1435 ; à notre avis, il s'agit du tombeau de Pey de Sermet, car son ami Pey de Laffite, chanoine de Saint-André, qui a fondé un obit pour lui en 1370[1], a dû s'occuper aussi de sa sépulture et il ne serait pas étonnant qu'il eût choisi, pour exécuter le sarcophage, l'artiste qui venait de terminer celui de la cathédrale, ce qui expliquerait la ressemblance des deux tombeaux.

Contre la paroi latérale du même bras de la croix on voyait encore, en 1823, la trace d'un mausolée pyramidal portant l'inscription suivante.

Hoc sub marmore Dauxius sepultus,
Ignotus populo jacet prophano,
Castus moribus integra pudore,
Velox ingenii, fideque felix[2].
Qui fles talia, nil fleas, viator.

Le tombeau a disparu, mais l'inscription subsiste encore, encastrée

---

1. Archives historiques de la Gironde, t. XXVII, Obituaire de Sainte-Croix, p. 323.
2. Nous avons dit que Daux fut un mauvais abbé et qu'il fut incarcéré pendant quelque temps dans la prison municipale de Saint-Eloy comme suspect de protestantisme.

dans le mur et à demi cachée par une statue. Elle était, autrefois, plus complète et se terminait ainsi :

« Vir nobilis idem, qui et doctissimus dicitur Fransciscus, incliti monasterii quondam abbas, sub hoc tumulo jacet, qui in Domino obiit anno 1533. »

Entre l'autel du Sacré-Cœur et le sanctuaire existait, en 1823, un tombeau gothique très ancien, actuellement détruit, mais dont un arceau marque encore la trace; l'abbé Amanieu de Lamothe, mort en 1412, y était enseveli[1].

Dans le collatéral septentrional, on voit encore au ras du sol une plaque tumulaire, relativement récente, dont le temps enlève peu à peu l'inscription. Beaucoup de familles nobles et plébéiennes acquéraient, à prix d'argent, le droit d'être ensevelies dans l'église, mais il ne reste aucune trace de ces sépultures.

La façade principale de Sainte-Croix était, autrefois, une véritable page d'histoire; depuis les transformations déplorables que lui a fait subir l'architecte Abadie, de 1850 à 1860, nous n'avons « plus qu'un texte falsifié », suivant la juste expression de Ch. Marionneau. Heureusement que la partie la plus remarquable de cette façade, celle que les auteurs anciens appellent « le frontispice », n'a pas été sensiblement altérée. C'est un vaste rectangle de 15 à 16 mètres de largeur sur 9 m. 80 de hauteur, en légère saillie, encadré par deux groupes de trois colonnes superposées cannelées en spirale[2]. Au centre s'ouvre le porche, construit à la fin du XI° siècle ou au commencement du XII° siècle, sans linteau ni tympan, composé de cinq archivoltes ornées de sculptures et séparées par des cordons d'entrelacs.

Le premier cintre, qui repose directement sur les piédroits, est, comme eux, « richement décoré d'ornements empruntés pour la plu-

---

1. D'après une attestation, datée de 1734, du « syndic en chef de fabrique » de Sainte-Croix, Jean de Raymond Lalande, Conseiller du Roy, « dans le collatéral où est l'autel paroissial, il y a trois mausolées des abbés de Sainte-Croix, chargés d'inscriptions, d'écussons, figures en relief et divers autres ornements de sculpture ». (Arch. dép. de la Gironde, Carton n° 1 prov.). Ce sont les trois derniers tombeaux dont nous venons de parler.
2. Le groupe Nord est seul ancien, mais la restauration des colonnes du groupe Sud a été fort habilement faite par l'architecte Durand (Voir *Actes de l'Académie de Bordeaux*, 1844).

part au style oriental de la Syrie[1] » : ce sont des éléphants, des licornes, ou autres animaux fantastiques supportant des palmiers qui s'entremêlent avec eux dans un ensemble des plus harmonieux ; chaque groupe est de petite dimension, le tout est une merveille de patience, sans recherche et d'un goût parfait.

Toutes les autres arcatures sont soutenues par des colonnettes à chapiteau roman dont la réfection évidente a été parfaitement opérée par l'architecte Durand en 1842 et 1843 ; les parties plates qui séparent les colonnettes sont garnies de sculptures analogues à celles que nous venons de décrire.

La deuxième archivolte est aussi tout entière de la main de l'architecte roman, à l'exception du premier groupe à droite en descendant du sommet du cintre ; la réfection n'est pas perceptible ; l'artiste a représenté de nombreux personnages grimpant à la suite les uns des autres à l'aide d'une corde que tient, de chaque main, celui qui est placé à la partie supérieure.

Le troisième cintre est orné d'entrelacs ; la partie de gauche est ancienne jusqu'au tiers, environ, de la hauteur ; le reste a été convenablement refait en 1847.

A la quatrième arcature se trouvait un zodiaque dont le temps a respecté seulement le premier signe et une partie du second, avec l'inscription suivante, gravée en caractères de 27 millimètres de hauteur : « E Januarii Sol in Capricornioe F..... So..... » Ce zodiaque a été terminé assez heureusement par l'architecte Abadie, malgré l'avis de la Commission des monuments historiques ; on doit regretter toutefois que cet architecte ait placé, au sommet, un crabe coiffé d'une mitre d'évêque ; d'autres monuments anciens offrent, peut-être, des sculptures semblables, mais ce n'est pas quand ils font preuve de mauvais goût que les artistes romans doivent être imités.

L'archivolte supérieure a conservé quelques bas-reliefs anciens : « A l'imposte, un homme en robe, coiffé comme d'un large diadème et, plus haut, une femme vêtue d'une robe plus ample ; ces deux personnages semblent monter autour du cintre ; ils sont répétés plus haut dans le même ordre et dans la même attitude. Au sommet du

---

[1]. Viollet-le-Duc, *Dictionnaire raisonné de l'architecture française du XI*[e] *au XVI*[e] *siècle*, t. VII, p. 400.

cintre sont sculptées d'autres figures encore plus dégradées ; l'une d'elles représente un personnage ailé, revêtu d'une robe à larges plis¹. » Toutes ces sculptures ont été assez bien complétées en 1847.

La largeur de la baie principale, au seuil, est de 2 m. 29.

Une arcade à droite et une autre à gauche terminent « le frontispice » ; au-dessus de chacune d'elles, on en voit deux autres beaucoup plus petites². L'archivolte de l'arcade inférieure, du côté gauche, offre cinq groupes achevés par le sculpteur roman ; l'un des deux personnages de chaque groupe représente un homme enveloppé d'un vêtement étroit entr'ouvert sur la poitrine et qu'il semble ouvrir davantage ; il porte une grande bourse pleine suspendue par trois cordons ; le deuxième personnage, aux pieds armés de griffes, paraît aider l'homme à se débarrasser de ses vêtements. Ces figures sont entourées, au bord du cintre, de sculptures d'un meilleur style représentant des hommes couchés, semblant faire effort sur le cintre.

L'arcade placée à droite ne présente que quatre groupes anciens, composés d'une femme, d'un autre personnage et de deux serpents ; elle a été complétée, au XIXᵉ siècle, par un cinquième groupe analogue : autour du cintre, une chasse et des animaux qui fuient.

Les archéologues du siècle dernier ont beaucoup écrit pour essayer de prouver que les sculptures de ces arcades n'offrent rien d'immoral ; ils ont, sans doute, raison, mais les visiteurs ne sont pas, en général, de leur avis ; bien entendu, le groupe refait au XIXᵉ siècle est celui qui prête le plus à critique.

L'entablement de l'avant-corps est dans un état de délabrement extrême ; il est supporté par de nombreuses cariatides de petites dimensions présentant les aspects les plus variés ; ces sculptures sont malheureusement très dégradées. Au-dessous de l'entablement, et dans l'axe, se trouve, en chiffres arabes, la date de 1672, époque où fut terminé le dernier monastère et où l'église fut réparée.

A droite du portique se trouve le clocher ancien, de forme carrée, où se voient une foule d'ornements, de colonnes, de chapiteaux, de

---

1. JOUANNET, *Musée d'Aquitaine*, t. I, 1823, p. 229.
2. Abadie voulait placer une statue de la Sainte Vierge et celles des apôtres sous les arcades inférieures ; la Commission des monuments historiques a réussi à l'en empêcher.

consoles et de gargouilles sculptés au XIIᵉ siècle formant un ensemble harmonieux ; ce clocher restauré avec goût et peu ou point retouché, offre un fort bel aspect ; comme tous ceux de son époque, il n'est pas beaucoup plus élevé que le toit de la nef ; sa hauteur totale est de 33 mètres ; on en démolit une partie vers 1676, parce qu'il dominait le Fort-Louis. Les moines de la Congrégation de Saint-Maur essayèrent, sans succès, au XVIIIᵉ siècle de le rétablir dans son état primitif ; le maréchal d'Asfeld, par une lettre datée de Colombe, le 29 juillet 1740[1], s'y opposa formellement. Le clocher, en léger retrait sur le portique, fait saillie dans la nef méridionale ; avant que cette nef fût bâtie, une large baie en plein cintre permettait d'accéder au clocher sans sortir de l'abbaye ; les traces de cette ouverture sont très visibles à l'intérieur du clocher ; on l'a murée du côté de l'église. La voûte qui soutient la cage des cloches est ornée de deux beaux arcs doubleaux assez larges décorés de sculptures du XIIᵉ siècle.

Au nord de la façade, Abadie a construit une tour carrée, sans escalier d'accès, et où on ne trouve aucune cloche ; c'est l'affreux et inutile pendant d'une belle œuvre.

Au-dessus du portique on voyait, autrefois, six petites niches vides (quatre au rang inférieur, deux au-dessus) ; à gauche, entre deux colonnes surmontées d'une ogive, se trouvait la statue équestre d'un roi en cotte de mailles, portant la couronne et foulant aux pieds un homme assis, de dimensions réduites, coiffé d'un casque et armé d'une cuirasse ; dans le fond, une femme debout complétait le groupe. Cette sculpture, dont le dessin a été conservé par l'abbé Venuti[2], fut détruite le 13 avril 1794[3]. Entre la statue et les deux niches supérieures s'ouvrait une rose du XVᵉ siècle, surmontée d'un fronton bâti en 1586 par Jules Salviati ; les armoiries et les initiales de ce prélat étaient surmontées

1. Archives départementales de la Gironde, Abbaye Sainte-Croix, Carton nº 107 (prov.).
2. *Dissertation sur les monuments de la ville de Bordeaux*. On a voulu voir Pépin le Bref, Charlemagne et d'autres personnages (Constantin, notamment), dans le monarque à cheval ; c'est plutôt un roi d'Angleterre ; Dom Jean-Pierre Dabadie dit, à ce propos : « je trouve que dans les sceaux des Roys d'Angleterre attachés à nos privilèges, une semblable figure y est représentée d'un costé et leurs armes de l'autre ». (Ms. 12734, p. 75 (verso). Dom DEVIENNE précise qu'il s'agit de Henri II.
3. BERNADAU, *Antiquités bordelaises ou Tableau historique de Bordeaux et du département de la Gironde*, p. 355.

de la devise « Dieu est ma garde » ; au-dessous on lisait : « Mingeonin de Villas estant syndic et ouvrier de céans » ; le fronton avait été réparé en 1700, suivant la date qui y était inscrite[1].

Abadie, s'inspirant de l'église Notre-Dame la Grande de Poitiers, a remplacé la rose par le cadran d'une horloge, modifié le fronton pour y faire placer une Résurrection, supprimé toutes les inscriptions, ajouté un lanternon poitevin, déplacé la niche ogivale pour la mettre au-dessus de la porte latérale, avec un saint Georges terrassant le dragon, introduit un personnage mal sculpté dans chacune des petites niches ; en un mot, cet architecte a dénaturé complètement le caractère de l'édifice qu'on lui avait demandé de restaurer.

De 1674 à 1676, on avait accolé aux absides de l'église une spacieuse, mais fort lourde sacristie[2] que l'on vient, heureusement, de démolir : on a laissé subsister l'inscription suivante contre les parois de l'abside centrale.

> CETTE SACRISTIE A ESTÉ
> BASTIE AUX DÉPENS DE
> LE CURÉ ET FABRIQUE
> DE LA PAROISSE SAINTE-CROIX
> ESTANT CURÉ MONSIEUR
> ANDRÉ FOUQUES, SINDIC
> DOMINIQUE AUBRY
> LATASTE, ANTOINE FAURE,
> JEAN ROUX, Ane DECAN
> JEANTILLET OUVRIERS
> L'AN 1675.

Les riches archives de l'abbaye Sainte-Croix ne renferment qu'un document où il soit question de l'édification de l'église ; au douzième siècle, à une date imprécise, Combaud de Blanquefort donne une partie de ses biens « mensæ et edificio monasterii[3] ».

---

1. JOUANNET, *Musée d'Aquitaine*, t. I, p. 265.
2. Archives historiques du département de la Gironde, t. XXVII, pièce n° 98.
3. L'entrepreneur de maçonnerie était « Maistre Nicolas Merissou, mr masson, qui a reçu 250 livres. Claude Tastevin, masson, a percé le mur et fait deux portes. Lafontène, entrepreneur a gravé une pierre en icelle (proba-

L'ÉGLISE ET L'ABBAYE 321

Les Rolles gascons mentionnent, en outre, une libéralité de « L marcas ad operationem ecclesie sue » faite, en 1243, par le roi d'Angleterre Henri III, à l'abbé de Sainte-Croix[1].

A défaut de renseignements précis, les hypothèses abondent :

« Peut-être », dit Dom Devienne, que l'église de Sainte-Croix était, dans son origine, cet ancien temple de Vernemetis que Fortunat place aux environs de Bordeaux, sur les bords de la Garonne[2]. Bernadau brode sur ce thème[3] : « Ce monastère porte, dans toutes ses parties, un caractère d'antiquité et d'opulence. L'église paraît la plus ancienne partie du bâtiment. Sa façade, surtout, paraît antique. Nous sommes portés à croire que c'était celle du temple de Vernemetis, célèbre chez les anciens Bordelais, et qu'un de nos meilleurs historiens (Dom Devienne, sans doute, dont Bernadau est admirateur) place en ce lieu. Ce temple a pu être ruiné ou accru par sa nouvelle destination, mais le frontispice a été conservé.... La tradition veut que ce monastère ait été un temple de l'hymen. En rétablissant le clocher en 1660, on trouva certains bas-reliefs et un candélabre formé de Priapes, qui confirment cette opinion[4]. »

Il importe de réfuter cette légende, parce qu'elle est généralement admise à Bordeaux ; il suffit, pour cela, de reproduire le texte de Venantius Fortunatus, que Dom Devienne a altéré. On lit au livre I, § VIII, intitulé *De la basilique de Saint-Vincent, au delà de la Garonne* : « Léonce[5] couvre d'un toit d'étain l'édifice où reposent les membres sacrés de Vincent..... » ; et au § IX : « .... Voyez ce magnifique édifice consacré au bienheureux Vincent..... C'est le pontife Léonce qui, dans la ferveur de son zèle, en a jeté les solides fondements dans ce site si bien choisi. Les hommes d'autrefois ont donné à ce lieu le nom de

---

blement celle qui reste encore et dont nous donnons l'inscription). On dut déplacer l'autel de la paroisse et le rebâtir ensuite (Archives départementales de la Gironde, Carton II, n° 102 (prov.). Compte de la recepte mise et faicte pour la fabrique de l'église parroissielle Saincte-Catherine de Saincte-Croix... du 20 janvier 1673 au 7 mars 1677). La « menuzerie de bois de noyer pour la sacristie neufve » fut faite en 1684 (Arch. dép. de la Gironde, Carton II. 107 (prov.).

1. T. I, p. 231, n° 1712.
2. *Histoire de Bordeaux*, t. II, p. 22, renvoi note 1.
3. *Antiquités bordelaises*, p. 352 et 353.
4. Ibid., p. 353.
5. Saint Léonce le Jeune, archevêque de Bordeaux (510-564).

Vernemete qui, dans la langue celtique, signifie le grand temple[1]. »

> *Nomine Vernemetis voluit vocitare vetustas*
> *Quod quasi fanum ingens Gallica lingua refert.*

Le prudent Vinet reproduisant ces derniers vers ajoute : « Peut-estre Verines, baronie appartenant à la ville de Bourdeaus, en la paroisse de Saint-Vincent de Mérignac, mais je ne puis assurer de cela[2]. » Le traducteur de Fortunat place cette basilique près d'Agen, dans un lieu nommé Pompeiacum et, depuis, Vernemète, où saint Vincent fut martyrisé ; d'autres la trouvent à Preignac. Charles Nodier déclare qu'on ignore où elle était située, mais il pense que les érudits bordelais en cherchant bien pourront trouver. Dans tous les cas saint Léonce le Jeune remplaça Vernemetis par une basilique de Saint-Vincent, ce qui ne peut avoir rien de commun avec Sainte-Croix. D'après le judicieux et savant Jouannet, si le paganisme a jamais eu un temple sur le sol que Sainte-Croix occupe aujourd'hui, il n'en reste aucun vestige reconnaissable.

Une autre légende que la grande autorité de Léo Drouyn a fait trop facilement accepter, c'est la destruction par les Navarrais d'une partie de l'église Sainte-Croix[3] ; on explique ainsi le surhaussement des voûtes au XIIIe siècle et la reconstruction du transept. Le texte de Delurbe sur lequel on s'appuie est le suivant :

« 1179. — Les Navarrois, après avoir couru avec main armée le bourdelois bruslent les faux bourgs de Bourdeaux. »

Or, ce ne furent pas les Navarrais qui ravagèrent les environs de Bordeaux, mais Alphonse IX le Noble, roi de Castille et d'Aragon, marié en 1170 à Aliénor, fille de Henri II roi d'Angleterre ; l'invasion eut lieu en 1205, et non en 1179, ainsi que l'établit Pierre de Marca[4], en s'appuyant sur un texte authentique. Henri II avait reconnu la Gascogne comme dot de sa fille, mais il ne voulut pas la donner ; c'est

---

1. Traduction Nisard.
2. *L'Antiquité de Bourdeaux et de Bourg*, n° 96.
3. Voir *Revue Catholique de Bordeaux*, 1882.
4. *Histoire de Béarn*, livre VI, chap. XIII, § IV et V, p. 506. Lopès donne la date de 1206, d'après la Chronique de Limoges ; il ajoute avoir vu cette date écrite à la main, seize ans après le siège, dans un vieux bréviaire de l'église Sainte-Colombe de Bordeaux (*Histoire de l'église métropolitaine Saint-André de Bourdeaux*, t. II, p. 21).

pour ce motif qu'Alphonse IX dut en faire la conquête, ne laissant aux Anglais que Bordeaux, La Réole et Bayonne ; il se retira ensuite en Espagne ; la querelle se termina en 1254[1], par le mariage d'Edouard, prince de Galles, depuis Edouard Ier, avec une autre Aliénor, sœur du roi de Castille Alphonse X le Sage, lequel céda alors ses droits sur la Gascogne. Marca ajoute que, vers 1253[2], Gaston, vicomte de Béarn, « mit tellement Bourdeaux à l'estroit que cette ville... commença d'endurer la faim ». En 1253, l'église Sainte-Croix était terminée ou peu s'en faut ; en 1205 sa réfection était commencée. D'un autre côté, comment admettre que les rois de Castille, princes chrétiens, aient eu l'idée de détruire l'église d'une abbaye puissante et s'aliéner ainsi l'esprit des moines à qui elle appartenait ? Enfin, si on se reporte à l'histoire intérieure du monastère, on trouve en 1179, en 1182 et 1183, plusieurs bulles des papes Alexandre III et Lucius III, en 1180 et en 1181, des ordonnances de Guillaume le Templier réglant le service de la paroisse, le droit de procuration, la présentation des chapelains ; d'autres actes fort nombreux, mais moins importants, remplissent la fin du XIIe siècle et ne sont pas compatibles avec une invasion et la destruction de l'église. L'hypothèse émise par Léo Drouyn est donc à rejeter. Si l'église a dû être refaite, au moins dans les bas-côtés, et les voûtes surhaussées, c'est qu'elle s'était, probablement, en partie écroulée, accident qui arrivait souvent aux constructions romanes et dont les murs déversés de l'église de Soulac portent la trace matérielle en ce qui concerne cet édifice[3].

Il est certain, en effet, que l'église Sainte-Croix a été constamment l'objet de travaux de consolidation ou de réfection. Construite au XIIe siècle, elle fut complètement remaniée au XIIIe par la surélévation des voûtes de la nef principale ; le roi d'Angleterre Henri III donna à l'abbaye, en 1243, 50 marcs de son trésor particulier, « ad operationem ecclesie sue[4] » ; au XIVe siècle, ce fut la voûte de l'abside centrale qui dut être réparée ; on y lisait, autrefois, l'inscription suivante, au-dessus du grand autel : « *Jesu fili David miserere mihi an.*

---

1. *Histoire de Béarn*, livre VII, chap. VIII, § III.
2. Ibid., livre VII, chap. VI, § II.
3. Mezuret, *Notre-Dame de Soulac*, p. 204.
4. *Les Rolles gascons*, t. I, n° 1762, p. 231.

dn. 1362[1]. » Au XV⁰ siècle, quand on bâtit la chapelle des fonts baptismaux, il fallut consolider la porte, peut-être à la suite du terrible tremblement de terre de 1427 ; la preuve matérielle de ces travaux a été trouvée en 1842 et 1843 par l'architecte Durand, quand il refit les colonnettes. « En déplaçant, dit-il, le peu qui restait encore de ces chapiteaux et dans l'épaisseur des joints qui les séparaient, on a trouvé des plaques de cuivre... provenant d'une même plaque coupée en torsion... brute sur une face ; qui porte l'empreinte du laminoir... avec des traces de dorure au feu sur l'autre face... des fragments de feuillages et de figures bizarres séparant une suite de caractères qui ont, sans doute, formé une inscription... mais dont on ne peut déchiffrer aucun mot... Le caractère et le style des ornements gravés indiquent l'époque du XV⁰ siècle... Huit chapiteaux ont été remplacés, mais il n'a été trouvé que cinq plaques[2]. » Bernard Robert, licencié en droit canon, ancien chanoine de Périgueux, donna, en 1480, pour les réparations du monastère, 24 francs tournois[3]. Nous avons déjà parlé de la reconstruction, au XVI⁰ siècle, de la partie supérieure de la façade par l'abbé Jules Salviati et les « ouvriers » de la paroisse. Au XVII⁰ siècle, la porte d'entrée s'écroulait, tout était à refaire dans l'église et les moines de la Congrégation de Saint-Maur durent employer une partie de leur nécessaire à ces travaux urgents. La date 1700 se lisait au fronton de la façade avant les dégradations dont il a été l'objet de la part de l'architecte Abadie ; au cours du XVIII⁰ siècle, d'autres réparations furent faites aux frais de l'abbé de Montmorency-Laval ; enfin, de 1840 à nos jours, les ouvriers n'ont, pour ainsi dire, pas cessé de travailler à Sainte-Croix.

Nous n'avons aucun document relatif aux deux premières abbayes, détruites, successivement, par les Sarrasins et les Normands. Le troisième édifice, que le comte Guillaume le Bon fit construire pour loger treize moines et l'abbé Hélis, ne fut pas, probablement, bien somp-

---

1. Dom Jean-Pierre Dabadie, ms. 12734, p. 75 verso.
2. Actes de l'Académie de Bordeaux, 1844. Rapport sur les réparations exécutées à l'église Sainte-Croix de Bordeaux, en 1843, par G.-J. Durand, p. 446.
3. Arch. hist. du dép. de la Gironde, t. XXVII, p. 340.

tueux; on voyait encore au XVII⁰ siècle, près de la maison abbatiale[1], « de vieilles mazures toutes ruynées... autrefois le logement des religieux », qui étaient, peut-être, les restes de l'antique monastère ; quand le nombre des moines augmenta, il fallut faire de nouvelles constructions. Au XIV⁰ siècle[2], l'abbé avait déjà une maison spacieuse, pourvue d'écuries, d'étables et d'un cellier voûté, où il logeait avec ses treize serviteurs ; il avait aussi un grand jardin ; chaque officier avait, de même, une habitation séparée[3], plus ou moins vaste suivant le nombre de ses clercs, entourée quelquefois d'un jardin ; la chambre de l'infirmier et celle de son clerc étaient, alors, au-dessous des dortoirs de l'infirmerie, dans la partie la plus méridionale du monastère. La maison du chantre, toute petite, était derrière l'abside méridionale ; celles du chambrier, du poissonnier, du réfectorier et du sacristain étaient comprises entre la rue de Nacaran (Acan), la rue Fusterie (du Moulin) et le pradeau du moulin.

L'abbé logea, d'abord, derrière l'église entre le vivier et sa chapelle, consacrée à sainte Madeleine, et qui était, sans doute, l'église fondée par Guillaume le Bon ; plus tard, à une époque qu'il n'est pas facile de déterminer exactement, mais probablement à la fin du XIV⁰ siècle, la maison de l'abbé fut transformée en hôtellerie et on en construisit une autre beaucoup plus importante au sud de l'église et à l'ouest du cloître ; ses dépendances donnaient sur la rue du Peyrat (Fort-Louis.) Le Cardinal Bernard Salviati, pendant sa courte gestion (1565-1567[4]), augmenta la maison abbatiale d'une tour et d'un escalier de pierre : il y fit aussi sculpter ses armoiries. Cette habitation était composée[5] « d'un grand portail d'entrée, cour, puits, chays, cuviers, appentifs au nord, couchant et midy de ladite cour. Le corps de logis est situé au levant et partie au midy de ladite cour. Il consiste en caves sur le bas, sales,

---

1. Archives départementales de la Gironde, série H, Abbaye Sainte-Croix, Carton n° 105 (prov.).
2. Statuts, *De reddendis complis*, 1°, de *Cellerario*, 21, Série H, Liasse A, n° 10.
3. Voir aux Archives départementales de la Gironde les plans manuscrits, n° 135 (dont les légendes sont extraites de documents du XV⁰ siècle, au moins) et n° 142. Des réductions de ces plans sont données au n° 509 de l'ouvrage de Léo Drouyn, *Bordeaux vers 1450*.
4. *Gallia christiana*, t. II, col. 865.
5. Archives départementales, série H, Abbaye Sainte-Croix, Carton n° 94 (prov.).

cuisines, office, chambre haute et une petite tour, le tout bâty assez solidement, mais fort antique ». La porte d'entrée[1] de la maison abbatiale faisait face au Nord ; on y accédait par le cimetière ; elle donnait accès dans une vaste cour ; à droite du visiteur et le long de la rue du Peyrat, se trouvaient les bâtiments d'exploitation (cuviers, remise, décharges) ; en face il y avait les celliers ; on entrait à gauche dans un parloir terminant un corridor conduisant au cloître des religieux, un peu surélevé ; deux escaliers faisant saillie dans la cour donnaient accès à l'étage supérieur de la maison d'habitation ; au delà de la cour et du cellier, dans la partie méridionale, se trouvait le jardin de l'abbé, dont on s'empara lors de la construction du Fort-Louis (1676)[2]. La superficie couverte par la maison abbatiale et ses dépendances, en y comprenant le jardin, était de 2 journaux[3] (environ 2/3 d'hectare). La maison d'habitation devint à peu près inutile après la commende, les fermiers des abbés la louèrent 800 livres en 1748 et 600 livres à la fin du XVIIIe siècle[4].

Nous avons dit que la première maison abbatiale avait été transformée en hôtellerie ; elle devint en 1589[5] (contrat du 5 septembre) la résidence du prieur et l'hôtellerie fut réunie à l'infirmerie : les officiers échangeaient parfois entre eux leurs maisons, suivant les convenances personnelles, mais ces conventions n'avaient ordinairement d'effet que pendant la vie des contractants. Les abbés commendataires, bien que judiciairement forcés de temps à autre à faire des réparations, laissèrent peu à peu s'écrouler les « lieux réguliers », cuisines, réfectoire, dortoir, etc. ; les moines de la Congrégation de Saint-Maur prirent possession d'une abbaye en ruines et, faute de ressources, ils durent, d'abord, s'en contenter. La situation devint intolérable, ainsi que le constate l'expertise faite, le 14 mars 1664[6], par « Jean Dufau, Conseiller du

1. Voir aux Archives départementales le plan manuscrit qui se trouve au Carton n° 109. On trouve aussi, aux Archives municipales de Bordeaux, un plan dressé le 22 Thermidor an IV par l'architecte Combe en vue de percements de rues à travers l'église, l'abbaye, le noviciat des Jésuites et le Fort-Louis.
2. Voir, notamment, au sujet de ces emprises, le Carton n° 87 (prov.).
3. Archives départementales de la Gironde, série H, Carton n° 87 et 94.
4. Ibid., Carton n° 44 et 87.
5. Ibid., Liasse A, n° 8.
6. Expertise de l'état de l'abbaye faite le 4 mai 1664, à la requête de Dom Jacques Alboy, syndic du chapitre de l'abbaye faite par Jean Dufau, Liasse C, n° 2.

Roy et magistrat présidial de la sénéchaussée de Guyenne » ; les moines obtinrent de leurs supérieurs l'autorisation de construire un nouveau monastère ; la première pierre fut posée le 31 juillet 1664 [1], par le prieur claustral Pierre Bésiat ; grâce à l'emprunt, les religieux purent poursuivre activement leur œuvre ; ils furent aidés par un legs de 2000 escus [2] fait le 5 février 1670 par « Mlle Jeanne de Hégué, dame de la Vison » ; on employa cette somme à construire l'infirmerie et l'hôtellerie. Mme de la Vison avait laissé toute sa fortune au prieur Dom Boitard, mais la donation était caduque, un « religieux étant mort civilement ». L'œuvre fut terminée en 1672, sous le priorat de Dom Placide du Vergier. Tout avait été refait, dortoirs, hôtellerie, infirmerie, bibliothèque et cloître [3] ; le bâtiment principal avait 53 mètres de longueur et 12 mètres de largeur. Ce monument, dont la plus grande partie existe encore, a l'aspect monacal et la lourdeur des constructions de la fin du XVIIe siècle : il se compose de trois étages en fort retrait les uns sur les autres : le troisième étage est mansardé ; de chaque côté, un vaste pavillon termine l'édifice qu'il domine. Au milieu, une porte cintrée flanquée de massifs contreforts permettait de passer des jardins dans un large vestibule ; l'escalier monumental à volées est orné de balustres disgracieux soutenant une large rampe de pierre ; le rez-de-chaussée est occupé par un long cloître voûté en arêtes et terminé par deux portes, dont la partie supérieure grillée laisse lire la devise des Bénédictins de Saint-Maur : « Pax » ; ce mot est répété partout ; il était sculpté, notamment, sur le portail principal, assez décoré, mais peu artistique, que l'on a transporté pierre à pierre à la Justice de paix du VIe canton. La partie sud [4] du rez-de-chaussée du bâtiment comprenait la cuisine, le réfectoire, la procure, les archives et la classe pour les étudiants ; au premier étage, quarante cellules pour le logement des religieux et les chambres pour les malades ; au deuxième étage, la

1. *Les Prieurs claustraux de l'abbaye Sainte-Croix de Bordeaux*, p. 155.
2. Archives départementales de la Gironde, série H, Carton n° 24 (prov.), Abbaye Sainte-Croix. Voir aussi les Actes capitulaires de 1627 à 1691, p. 122 et 124. Registre H, 785, et Liasse B, n° 16.
3. *Les Prieurs claustraux*, p. 75 et 76. Le 1er août 1666, Jacques Dehergue, charpentier, paroisse Saint-Michel, s'engagea à faire la charpente du bâtiment neuf, moyennant 470 livres tournois (Arch. dép., Carton n° 107 prov.).
4. Archives départementales, Registre H. 938. Description du couvent, faite par Dom Boulin, en 1758, p. 192. Voir aussi Carton H. 94 (prov.).

bibliothèque ; les mansardes étaient occupées par les domestiques et servaient de débarras. Un deuxième corps de logis comprenait deux salles et six chambres pour les hôtes, les étrangers et les malades, parloir, chambre pour le portier, chapelle domestique, un office, quelques chambres de décharge. Le monastère était entouré de jardins et de vergers ; dans l'angle sud-ouest, contre le mur de ville, il y avait une garenne plantée d'arbres [1] qui fut détruite en 1707.

Le nouveau cloître, aujourd'hui presque entièrement démoli, était carré, avec un parterre au milieu ; l'un des côtés, utilisé pour la sacristie actuelle, longe le collatéral sud de l'église. On y transporta le tombeau des abbés après la démolition de la chapelle de la Madeleine (1664) ; un peu plus tard, à l'occasion de la construction des nouveaux bâtiments, on dut aussi transporter dans le cloître deux sépulcres « où on voit une représentation d'une comtesse, la corone en teste, le diaman au col et portant une robe longue, des gans, une bourse et un éventail ; avant que ledit tombeau feut mis où il est à présent, il y avait vis-à-vis de ce tombeau l'inscription suivante : « Idibus Julii anno Dni « 1313 obiit et Domina Mati, comitissa uxor Domini Bozonis de Rupe « militis. Anima ejus resquiescat. Amen. [2] »

Deux autres tombeaux de pierre, qui se trouvaient à la porte du chapitre, furent mis dans la partie du cloître située à l'Est ; ils étaient superposés et chacun d'eux portait en bas-relief sur la pierre une tête d'homme, avec une inscription à moitié effacée ; on lisait sur le tombeau supérieur : « Cy gis Deu de sa alme est mercy Amen » ; sur l'autre : « Ouin Rustan gis cy Deu de sa alme est mercy Amen ». Les Rustan étaient d'origine anglaise et on faisait encore, au XVIIe siècle, trois anniversaires pour eux [3]. Ces trois tombeaux ont disparu, mais plusieurs autres existent encore dans la partie du cloître qui a été conservée, on a enlevé les ossements pour les porter au charnier du cimetière quand on a bâti la nouvelle sacristie. On voit sur la paroi d'un de ces tombeaux un dessin paraissant remonter au XIVe siècle et représentant l'enterrement d'un abbé.

Les Bénédictins semblaient avoir bâti pour l'éternité ; mais, vanité

1. Voir le dessin du *Monasticon gallicanum*.
2. Ms. n° 12734. Dom Jean-Pierre Dabadie, p. 89 (recto).
3. Ms. n° 12751. Dom Estiennot, p. 33.

des choses humaines, ils n'occupèrent leur couvent qu'un peu plus d'un siècle ; la loi du 13 février 1790 les en dépouilla et ils en sortirent effectivement l'année suivante ; cependant, Dom Affre et Dom Carrière s'y trouvaient encore le 16 octobre 1793. L'ancienne abbaye de Sainte-Croix fut affectée, en 1794, à un hospice de vieillards qui prit le nom d' « hospice de bienfaisance de Croix », ou « aux ci-devant Bénédictins » ; le 29 nivôse an III, il contenait 476 personnes [1] ; en 1887, l'hospice fut déplacé et la rue de Tauzin traversa ses jardins ; à la place de l'hospice, on installa, en 1890, l'école municipale des Beaux-Arts.

1. Archives municipales. Période révolutionnaire, Liasse Q 115. BERNADAU, dans le *Viographe bordelais*, dit, à tort, que l'hospice de Sainte-Croix pouvait seulement donner asile à 246 personnes.

CHAPITRE XVI

La paroisse Sainte-Croix.

Les premiers moines de Sainte-Croix n'étaient pas prêtres et allaient à la paroisse comme le reste du peuple ; les abbés eux-mêmes n'étaient souvent alors que diacres ou sous-diacres. Le pape Eugène II (824 à 827), dans le Concile de Rome, ordonna que les abbés devaient désormais être revêtus de la prêtrise ; mais on en trouve longtemps après lui qui ne l'ont pas été ; nous ne savons à quelle époque les abbés de Sainte-Croix ont obéi à cette règle ; il est probable que ce fut aussitôt après sa promulgation, car dès le VIIIe ou le IXe siècle, ils fondèrent la première église de Saint-Michel[2], qui était alors leur paroisse et qu'ils auraient certainement placée beaucoup plus près de leur couvent s'ils avaient été obligés de s'y rendre pour entendre la messe.

Lors de la réédification de l'abbaye par Guillaume le Bon, la création d'une paroisse à Sainte-Croix ne s'imposa point tout d'abord ; il n'y avait pas de maisons bâties sur les bords de la rivière depuis l'estey de Sainte-Croix jusqu'à la porte de Graves. C'étaient des terres labourables complantées en vignes ou des marécages[3], peu d'habitants. Au delà et jusqu'à Bègles et à Ladors[4], la situation était la même avec cette particularité, que des marécages couvraient Paludate et le Prat Pudent, c'est-à-dire une grande partie du terrain ; Paludate était encore inaccessible en hiver, au commencement du XVIIIe siècle[5], il y avait de grands bois près du Pont du Guit[6] ; de nos jours même, une

---

1. CORBIN, *Saint-Michel de Bordeaux*, p. 5.
2. *Mémoire* (imprimé) *pour Messire Fr. de Béringhen, évêque du Puy, abbé commendataire de l'abbaye royale de Sainte-Croix de Bordeaux, contre MM. le Maire, Soumaire et Jurats de Bordeaux.* Art. 27. Carton II. 98.
3. Ladous dans les actes plus récents ; il existe, le long du ruisseau d'Ars, à Bègles, une rue du Pont de Ladousse.
4. Archives historiques du département de la Gironde, t. XXV, pièce n° 252.
5. Le 1er août 1700, Messire Bernard, Joseph de Mulet, seigneur de Coizac, capitaine de cavalerie au régiment de Mimisan, promet à Jean Bar-

partie notable de la paroisse de Sainte-Croix n'est ni cultivée, ni habitée.

L'établissement de l'abbaye produisit son effet ordinaire, des maisons se groupèrent bientôt autour d'elle, l'une des plus anciennes est celle de Pey Andron, qui a donné son nom à la rue Andronne[1]; un texte de 1175, cite aussi la maison de « Bonet de Riontz[2] » placée sur le bord du fleuve, vraisemblablement à l'extrémité de la rue Carbonneau actuelle, qui tire sa dénomination d'Adam Carbonneau, un de ses plus anciens habitants. Les moines comprirent alors qu'ils devaient faire quelques sacrifices pour les besoins religieux de la population agricole vivant entre les églises Saint-Michel de Bordeaux et Saint-Pierre de Bègles, éloignées à vol d'oiseau de plus de trois kilomètres; ils créèrent, d'abord, une paroisse dans l'église qu'ils venaient de construire à Sainte-Croix, bâtirent ensuite la chapelle de Saint-Vincent de Ladors, non loin du confluent du ruisseau d'Ars et de l'Eau Bourde; enfin, l'église Saint-Nicolas de Graves, dont le nom rappelle un prieuré voisin de Soulac, qu'ils s'étaient fait adjuger en 1130 par Gérard, légat de l'anti-pape Anaclet II. Saint-Vincent desservait les quartiers de Ladors, de Laboup, de Peypinet, de la Bombe, de Lagudey et, peut-être de Saint-Ujan (Centujan). Saint-Nicolas était pour les colons du Sablonat, de Sendey et pour tout le quartier placé à l'ouest de la route de Bordeaux à Langon. La donation de la « benoîte dame Donzelous[3] » permit aux Bénédictins d'agrandir l'église Saint-Michel, paroisse plus rapprochée de la ville que Sainte-Croix, et dont la population s'accroissait beaucoup.

La paroisse Sainte-Croix fut fondée vers 1130[4]; les moines y éta-

thélemy, maistre constructeur de navires, demeurant hors les murs de Bordeaux, paroisse Saint-Michel, toute la coupe du grand bois joignant l'estey du Guit. (Carton A, n° 10 (prov.).

1. La maison existait en 1262 (Livre des Bouillons, pièce n° 117). Le « Mémoire instructif » de l'abbé de Béringhen (carton n° 98 prov.) dit expressément que la maison a donné son nom à la rue.

2. Archives historiques de la Gironde, t. XXVII, pièce n° 36.

3. « Benignissima mulier Donzelous nomine »; Archives historiques de la Gironde, t. XXIII, pièce n° 1.

4. L'ordonnance de Guillaume le Templier, que nous mentionnons plus loin et à laquelle la *Gallia christiana* donne la date de 1175, porte « ... capellaniam baptismi et alia parrochalia jura per quadraginta annos et amplius in pace possedisse... »; la paroisse était donc fondée en 1135; mais elle ne pouvait l'avoir été beaucoup avant cette date, puisque l'église dans laquelle

blirent immédiatement des fonts baptismaux ; ne pouvant l'administrer eux-mêmes, ce qui eût été contraire aux canons de nombreux conciles[1], ils firent exercer les fonctions curiales par un prêtre séculier, appelé d'abord chapelain et, plus tard, vicaire perpétuel ; l'archevêque le nommait sur présentation, d'abord, de l'abbé[2], ensuite (1651) des moines.

L'institution d'une paroisse à Sainte-Croix était indispensable, mais les Bénédictins la fondèrent sans se munir des autorisations nécessaires, ce qui motiva les réclamations du chapelain de Saint-Michel, dont les droits étaient lésés, et celles des chanoines de la primatiale Saint-André, seule église *intra muros* possédant alors des fonts baptismaux[3]. Les chanoines n'agirent pas activement ; ce fut seulement en 1175 que la question fut portée devant l'officialité ; l'archevêque Guillaume le Templier, ancien moine bénédictin, n'avait rien à refuser à ses frères ; il entendit les arguments des deux parties ; constata par des témoignages que, depuis quarante ans et plus, l'abbaye avait fondé à Sainte-Croix une chapellenie où l'on administrait le baptême et où les autres droits paroissiaux étaient exercés ; il décida, fort sagement, qu'on devait laisser le chapelain de Sainte-Croix continuer à exercer son ministère ; il y avait eu, certainement, irrégularité de forme, mais la nécessité de la nouvelle paroisse n'était pas contestable. Toutefois, pour indemniser les chanoines, l'abbé Giraud de Rameford dut leur

on l'établit a été commencée à la fin du XIe siècle ou dans les premières années du XIIe. — La patronne de la paroisse était sainte Catherine. Voir, à ce sujet, l'article que nous avons publié dans l'*Aquitaine*, Semaine religieuse de Bordeaux, le 4 décembre 1908.

1. Voir Héfélé, *Histoire des Conciles*, passim : « Les moines ne doivent exercer aucune fonction paroissiale » (11e Canon du synode de Poitiers présidé, le 18 novembre 1100, par le légat du pape Pascal II). « Dans leurs propres églises, les moines n'auront que des prêtres institués par l'évêque et qui seront responsables vis-à-vis de celui-ci de la conduite des âmes (1er Concile général de Latran, présidé, du 18 mars au 6 avril 1123, par le pape Calixte II). « Ses couvents qui ont une église paroissiale doivent, d'ici à la prochaine fête de tous les saints, présenter à l'évêque un prêtre intelligent et ayant des revenus suffisants (Synode de Béziers, 1223).

2. Voir, notamment, l'ordonnance de Guillaume le Templier, archevêque de Bordeaux, adressée vers 1193, à l'abbé Arnaud de Veyrines pour lui confirmer le droit de présenter les chapelains des églises dépendant de l'abbaye : « ... jus presentandi capellanos in ecclesiis vestris habuisse. » Archives historiques de la Gironde, t. XXVII, pièce n° 45.

3. Saint-Seurin, qui avait aussi des fonts baptismaux, était située, comme Sainte-Croix, dans un faubourg, hors les murs de Bordeaux.

céder sept sols de cens que possédait l'abbaye, sur deux maisons situées, l'une à la porte Bégueyre, l'autre à Saint-Projet. L'ordonnance de Guillaume le Templier fixa la séparation entre les paroisses Sainte-Croix et celle de Saint-Michel ; la limite commençait à la maison de Bonetz de Rions (vraisemblablement placée vers l'extrémité de la rue Carbonneau actuelle), suivait le fleuve jusqu'à l'estey qui est au-delà de la terre du Frêne, c'est-à-dire jusqu'à l'estey Majou (Pont de Brienne) ; à l'Ouest elle partait d'un bosquet placé auprès du bourdieu de Vivien de Sainte-Croix pour aboutir au-delà du Peyrat à la bifurcation du chemin allant à Ladors (Bègles, la Ferrade)[1]. Les bornes de la paroisse du côté de Bègles n'étant pas indiquées, les moines prirent les limites de leur fief, c'est-à-dire l'estey Majou, le fossé unissant ce ruisseau à l'Eau Bourde et séparant Saint-Ujan du Prat Pudent, dernière propriété des religieux dans ces parages, enfin le ruisseau d'Ars jusqu'au pont de Ladors (intersection du chemin de Bègles et du boulevard). En fondant la paroisse Saint-Nicolas, les moines fixèrent comme séparation des deux paroisses la route de Bordeaux à Langon ; la limite de Sainte-Croix et de Sainte-Eulalie était le chemin allant de la porte du Mirail à Ladors[2].

Les moines se hâtèrent de faire sanctionner l'ordonnance de Guillaume le Templier par l'autorité pontificale ; deux bulles d'Alexandre III datées de Latran, les 25 et 31 mai 1179, confirment la décision de l'archevêque ; celle du 25 mai porte : « baptismum et parrochialia jura, sicut ea predictus archiepiscopus vobis... concessit, auctoritate apostolica confirmamus[3]. »

Bien que la nouvelle paroisse Sainte-Croix ne fût pas desservie par les moines, le sacristain de l'abbaye eut le titre de curé primitif et d'ouvrier ou fabricien, qu'il conserva jusqu'en 1790[4]. Pendant long-

---

1. Archives historiques du département de la Gironde, t. XXVII, pièce n° 36, et *Gallia christiana*, t. II, *Instrumenta*, col. 283. Les Archives historiques proposent, avec le signe ?, la date de 1180 ; celle de 1175, indiquée par la *Gallia christiana*, nous paraît préférable, car la confirmation du pape Alexandre III est mentionnée, par les Archives historiques elles-mêmes, comme étant de 1179.
2. Voir, à ce sujet, le plan manuscrit qui se trouve au Carton n° 106 (prov.).
3. Arch. hist. du dép. de la Gironde, t. XXVII, pièces n°s 53 et 54.
4. Voir, notamment, la sentence arbitrale du 1er août 1590 des Avocats généraux du Parlement de Bordeaux, Arch. dép., Carton n° 92.

temps, le chapelain ou le vicaire perpétuel remplissant les fonctions curiales, fut presque un commensal du monastère; les Statuts du XIVe siècle mentionnent que le vicaire[1] recevait une prébende monacale de pain et de vin, mais que son vin devait être moins étendu que celui des moines. Cette prébende était encore distribuée au XVIe siècle. Plus tard, le vicaire perpétuel, tout en restant en bons termes avec l'abbaye, acquit un peu plus d'indépendance.

Quand le service de la paroisse devint plus important, on adjoignit au sacristain des « ouvriers » laïques (marguilliers ou fabriciens) dont le nombre s'accrut jusqu'à quatre[2]; on créa aussi deux syndics, nommés par les ouvriers, à la pluralité des suffrages; le sacristain était le président de cette corporation ; nous avons vu « Mingeonin de Vilas, sindic et ouvrier de céans », faire inscrire son nom sur le fronton de l'église, à la fin du XVIe siècle; les noms des deux syndics et des quatre ouvriers en fonctions en 1675 sont encore gravés sur les murs extérieurs de l'église. L'ouvrerie recevait des legs ; ainsi, le 1er mai 1556, Jean Persecq, de la paroisse Sainte-Croix, allant en pèlerinage « au chef de Monsieur St Jacques en Galice », donna sa maison à l'œuvre de Sainte-Croix « afin que son âme soit participante aux prières et oraisons qui se font de jour en jour en ladite église[3] ». Les affaires importantes étaient soumises à une assemblée paroissiale, réunie au son de la cloche, en général dans la chapelle de Saint-Blaise[4] ou des fonts baptismaux (chapelle actuelle de Saint-Mommolin); les syndics rendaient leurs comptes devant elle; quand le syndic mourait en fonctions, sa veuve[5] comparaissait en son lieu et place; si l'on en juge par les documents qui nous restent, les comptes étaient très détaillés et fort bien tenus.

1. « Item Vicarius et quatuor præsbiteri præbendarii recipiunt panem et vinum in illa mensura cum uno pondere quo monachi, sed vinum eis datur magis modicum lymphatum quam monachis. » Statuts, de Præbendariis, 1°, série II, Liasse A, n° 10.
2. Archives départementales, Carton II, n° 92 (prov.).
3. Ibid., Carton II, n° 111 (prov.).
4. « ... les assemblées des paroissiens se feront à l'avenir, comme elles ont été faites ci-devant, dans la chapelle de Sainte-Blaise où sont les fonts baptismaux... » Projet d'accord préparé à la fin du XVIIe siècle entre le vicaire perpétuel Pierre Fenis et les Bénédictins. Carton II. 97 (prov.).
5. 12 mars 1702. Dame Philippe Baith, veuve de feu sieur Jean Lataste premier syndic de la fabrique, rend les comptes de son mary devant l'assemblée paroissiale. Arch. dép. Carton n° 87 (prov.).

Le vicaire perpétuel fut le seul prêtre desservant la paroisse jusqu'au 3 janvier 1689[1], date à laquelle une ordonnance de l'archevêque d'Anglure de Bourlemont créa un vicaire amovible, attendu la multitude du peuple qu'il y a dans la paroisse et l'étendue d'icelle ; il y avait alors[2] 932 habitants *intra muros* et 890 dans la campagne, en tout 1822, suivant un dénombrement que le vicaire perpétuel Léon Fenis fit faire à cette occasion ; on attribua au vicaire amovible une portion congrue de 150 livres, à payer par le curé primitif et les gros décimateurs, parmi lesquels se trouvaient les chanoines de Saint-André, qui ne s'exécutèrent qu'ensuite d'une décision judiciaire. Le 19 novembre 1779, l'archevêque Ferdinand de Rohan, sur la demande du vicaire perpétuel Monreny, autorisa la création d'un deuxième vicaire amovible. La paroisse avait alors 8.000 habitants[3].

Une paix constante régna pendant plus de cinq cents ans entre le vicaire perpétuel de Sainte-Croix et les Bénédictins ; elle fut troublée, pour la première fois, à la fin du XVI° siècle, par une contestation relative au partage des oblations des fidèles. Les avocats généraux Dussault et de Nort, choisis comme arbitres, prononcèrent la sentence le 1ᵉʳ août 1591[4] : ils déclarèrent le moine sacristain, Yves Decaulx, curé primitif et Pierre Reydi son vicaire perpétuel, attribuèrent au sacristain la moitié des oblations en argent faites pour les baptêmes et les sépultures[5], « si mieux le vicaire n'aymait tenir conte audit sacristain de deux grands blancs pour chaque baptême selon l'usage. Le dit vicaire n'eut pas de peine à s'en tenir à l'ancien usage en baillant deux grands blancs et en retenant le surplus de l'argent attendu que les deux grands blancs ne viennent qu'à vingt deniers et que, pour le moindre baptême, soit-il d'un enfant trouvé, il est payé au vicaire au moins six sols, et communément trente sols ». Avec l'autorisation du frère sacristain, le vicaire pouvait « dire les prières et les évangiles, les veilles des jours des fêtes votives, à l'autel de la paroisse ou à l'autel de Saint-Mommolin, au choix du sacristain »,

---

1. Archives départementales de la Gironde, série H, Abbaye Sainte-Croix, Carton n° 96 (prov.). Registre H. 946, p. 88.
2. Archives historiques de la Gironde, t. XXV, pièce n° 252.
3. Archives départementales., série G, n° 655.
4. Ibid., Registre H. 946, Inventaire de Sainte-Croix, 1784, folios 84 et 85.
5. Ibid., série H, Abbaye Sainte-Croix, Carton n° 118 et 92 (prov.).

et conserver toutes les oblations en argent, mais il ne pouvait se faire aider, ni suppléer, dans ces cérémonies.

Cent ans après, deux vicaires perpétuels, Pierre Fenis (1685-1687) et Léon Fenis (1687-1731), son cousin, qui se succédèrent à Sainte-Croix, par suite de la résignation de leur prédécesseur et contrairement au choix des moines, soulevèrent pendant vingt ans d'incessantes difficultés[1]. C'étaient des esprits tracassiers, Léon surtout, « pasteur violent qui dans la suite porta sa fureur jusqu'à attaquer les parties à main armée[2] »; ils voulaient, notamment, faire des processions extérieures sans le concours des religieux; après avoir longtemps plaidé, on nomma des arbitres et les différends finirent par la transaction du 6 février 1707[3], approuvée par l'assemblée paroissiale et sanctionnée par l'archevêque de Besons; Fenis fut débouté de presque toutes ses prétentions.

Sur nouvelle entreprise du vicaire perpétuel Monreny[4], les vicaires généraux du diocèse l'autorisèrent, le 22 janvier 1773, à donner la bénédiction tous les jours de l'Octave de la Fête-Dieu, le matin à 8 heures, à l'autel de la paroisse.

En résumé, sauf quelques rares querelles, on peut dire que la paix régna à Sainte-Croix entre les moines et le vicaire perpétuel; il est à remarquer que, dans les conflits, lorsque les paroissiens furent appelés à se prononcer, ils le firent, toujours, en faveur des religieux. Il est certain, cependant, que le vicaire perpétuel avait une situation bien effacée, mais il la connaissait quand il acceptait ses fonctions et il était déraisonnable de sa part de s'en plaindre ensuite.

Le vicaire perpétuel ne pouvait dire que des messes basses[5] et seulement dans sa chapelle de Sainte-Catherine, plus tard aussi dans celle de Saint-Blaise; pour chanter une grand-messe, sans diacre ni sous-diacre, il fallait l'autorisation de l'abbé, du sacristain ou du chapitre des religieux; les Statuts donnaient cette autorisation pour tous les dimanches de l'année et pour les grandes fêtes mobiles; parmi ces fêtes il

---

1. De nombreux documents donnent le détail peu intéressant de ces procès. Voir, notamment, aux Archives départementales de la Gironde, les Cartons de la série H portant les nos 94 et 118 (prov.).
2. Carton n° 118 (prov.).
3. Registre des Concordats et Transactions, H. 938, fol. 5.
4. Registre H. 946, Inventaire de Sainte-Croix, 1784, folio 91.
5. Statuts, de Elemosinario, § 18. Série H, Liasse A, n° 10.

faut noter sainte Catherine, patronne de la paroisse, saint Michel et saint Jean-Baptiste ; toutefois si les offices des moines commençaient avant la fin de la grand-messe, le vicaire devait la terminer à voix basse ; par contre, de l'élévation à la fin de la messe de paroisse, les religieux faisaient sonner les cloches ; la nuit de Noël, pour ne pas troubler les Bénédictins, le vicaire attendait l'élévation de leur grand-messe pour commencer la sienne. Plus tard, on interdit toutes les grands-messes[1], sauf pour les enterrements quand les moines n'étaient pas au chœur : jamais le vicaire ne pouvait chanter vêpres.

Pendant la Semaine Sainte[2], le vicaire perpétuel, les clercs du sacristain, les prébendiers et les clercs des officiers du monastère célébraient solennellement, pour les paroissiens, « les matines qu'on nomme Ténèbres ». Le vicaire disait une messe basse le Jeudi Saint et le Samedi Saint. Les Bénédictins[3] ne pouvaient, durant la semaine de Pâques, donner la communion à aucun séculier externe.

La bénédiction des cierges[4] le jour de la Purification, celle des Rameaux, la bénédiction des fonts baptismaux la veille de Pentecôte, étaient données par les moines.

Le vicaire perpétuel ne pouvait faire aucune procession[5], sauf celle du dimanche dans la nef de la paroisse ; il était obligé de suivre sans étole, après la croix des religieux, celles qu'ils faisaient en ville. Pas de chaire pour prêcher, jusqu'en 1751 ; le vicaire était, cependant, tenu d'instruire ses paroissiens chaque dimanche de Carême, mais pas plus souvent ; l'archevêque envoyait, parfois, des prédicateurs spéciaux ; plus tard on permit un prône à la messe de paroisse, commencée à huit heures et qui devait être terminée à neuf.

Le vicaire administrait les sacrements aux paroissiens et bénissait les relevailles ; il ne pouvait faire les sépultures qu'à l'autel de paroisse ; les moines officiaient pour celles qui avaient lieu à un autre autel, sur la demande de la famille.

Le 17 septembre 1698, le sieur de Lalande, baron de Hins, étant

---

1. Arch. dép. de la Gironde, série H, Abbaye Sainte-Croix, Carton n° 114. Voir aussi *Les Prieurs claustraux*, p. 53 à 55.
2. Statuts, de *Elemosinario*, § 35, liasse A, n° 10 (série H).
3. Carton n° 114.
4. Arch. dép. de la Gironde, Registre H. 946, Inventaire de Sainte-Croix, 1784, fol. 81 et 82.
5. *Les Prieurs claustraux*, p. 55.

décédé « d'une mort imprévue dans l'abbaye », il y eut conflit, au sujet de ses obsèques, avec le vicaire perpétuel Léon Fenis. Le 18 juillet 1766, le vicaire perpétuel Monreny fit la levée du corps du commandant du Fort-Louis de Villebois qui fut enseveli dans l'église; les Bénédictins protestèrent par voie d'huissier[1].

Les oblations de cire étaient pour le moine sacristain[2] chargé, par contre, de fournir le luminaire, de faire sonner les cloches, d'entretenir le pavé et la couverture de toute l'église ; après la suppression de l'office de cellérier, le sacristain donna aussi à la paroisse le vin des messes et les hosties. Les oblations en argent étaient, en général, partagées par moitié.

Les dispositions des Statuts relatives au vicaire perpétuel, plutôt aggravées qu'adoucies, furent observées jusqu'en 1790.

Les vicaires paraissent avoir été de bons prêtres ; l'un d'eux, cependant[3], en 1608, dut être incarcéré pour adultère, sur la plainte du cardinal de Sourdis adressée à l'autorité séculière ; au bout de quelque temps d'emprisonnement, il promit de mener une vie plus régulière ; on le relâcha, mais, aussitôt libre, il enleva la femme mariée sa complice, se sauva à Bergerac et se déclara protestant ; malgré la plainte du cardinal de Sourdis, Henri IV le laissa tranquille dans son refuge.

Outre les moines, le vicaire perpétuel et les deux vicaires amovibles, plusieurs prêtres, appelés chapelains, venaient, à certains jours, dire la messe et célébrer diverses cérémonies à Sainte-Croix, en vertu de fondations pieuses. La plus ancienne chapellenie, la seule dont les Statuts fassent mention[4], fut créée au XIII siècle par « Pey de Lacrota donsel (damoiseau) » ; le chapelain devait donner à l'autel « le corps du Christ et dire toutes les oraisons pour les âmes du fondateur et de ses parents » ; cette chapellenie était attachée à l'autel de Saint-Jacques[5].

1. Cartons n°⁸ 46 et 13.
2. Arch. dép. de la Gironde, Registre II. 946. Inventaire de Sainte-Croix, 1784, folio 84 et 85.
3. RAVENEZ, Histoire du Cardinal de Sourdis, p. 170.
4. « Item instituitur Capellanus Capellanie de la Crotte. » Statuts, série II, Liasse A, n° 10.
5. Archives départemenl. de la Gironde, série II, Abbaye Sainte-Croix, Carton n° 9 (prov.). Original de la collation de la chapellenie faite à Anthime de Palefro, prêtre, en 1513.

L'abbé Pierre Arnaud de Pouyanne fonda, en 1305[1], la seconde chapellenie, affectée à l'autel de la Sainte-Vierge, comme la troisième, fondée le 9 décembre 1306 par Pierre Beguey[2]. La chapellenie de Guillaume de Saint-Pierre[3] fut créée le 5 avril 1347, elle était unie à l'office de pitancier; celle du chanoine Pey de Lafitte[4] antérieurement à 1375; il y avait aussi les chapellenies de Guillaume et Guillelmine du Serpora (antérieure au XVe siècle[5]), de Johan Aymon, de Marie de Laubergaria ou des anneaux, de Franc[6] et de Guillaume de Balach.

La convention du 26 octobre 1303[6] attribuait à l'abbé la collation des chapellenies. Comme ces fondations, à l'exception de celle de Guillelmine du Serpora[7], donnaient des revenus peu importants (de 15 à 20 livres à la fin du XVIIIe siècle), les abbés commendataires s'en désintéressèrent, et la collation de plusieurs d'entre elles passa, par prescription, à l'archevêque[8]; les moines de la Congrégation de Saint-Maur, à la fin du XVIIIe siècle, ne connaissaient même pas les noms des titulaires.

Jusqu'en 1627, quatre prébendiers furent attachés à l'église Sainte-Croix; les Statuts[9] indiquent qu'ils devaient être prêtres: ils recevaient la même quantité de pain et de vin que les moines, le vin moins étendu d'eau. Ils perdaient la moitié de leur prébende quand ils n'assistaient pas aux deux grands-messes et à vêpres les jours de fêtes double et à une grand-messe seulement les jours d'un rit moindre; ils chantaient au lutrin et, le cas échéant, remplissaient les fonctions de diacre et de sous-diacre. Au XVIe siècle, les moines, affamés par leurs abbés ne distribuant plus leurs parts aux prébendiers, ceux-ci durent[10] en 1506, en 1524, et en 1566, assigner auprès du sénéchal le prieur claus-

---

1. Duchesne, *Histoire de tous les Cardinaux français*, t. II, p. 4 et 265.
2. Cartons n° 9 et 33. Collation de la chapellenie de Pierre Beguey à Mathurin Dubergier, le 20 décembre 1642.
3. Carton n° 12 (prov.).
4. Carton n° 51 (prov.).
5. Carton n° 107 (prov.). Note sans titre ni date.
6. Registre H. 946, Inventaire de Sainte-Croix, 1784, fol. 48.
7. Voir pour les revenus de cette chapellenie, en 1773, le Carton n° 89 (prov.).
8. Carton n° 87 (prov.). Lettre adressée par le prieur claustral au nouvel abbé de la Rochefoucauld, le 28 décembre 1776.
9. Arch. dép. de la Gironde, série H, Abbaye Sainte-Croix, Liasse A n° 10. Statuts, *de Prebendariis*.
10. Ibid., Carton n° 71 (prov.).

tral « sur le trouble d'assister à l'office divin et ayder à chanter par soi et d'autres personnes, de prendre de deux jours en deux jours trois pains mongeaux et, chacun an, six barriques de vin plus sept francs bourdelois à chaque quartier » ; les prébendiers obtinrent toujours gain de cause. A la fin du XVIᵉ siècle, ils n'étaient plus prêtres et on les avait sécularisés, par tolérance[1] ; c'étaient des jeunes gens qui venaient terminer leurs études à Bordeaux. Le chapitre décida, le 1ᵉʳ septembre 1613, qu'ils devaient être au moins sous-diacres. Plusieurs ne faisant pas résidence, on les priva de leurs pensions (1616) : l'archevêque Prévost de Sansac avait essayé, en 1583[2], de réunir les prébendes et les chapellenies à la mense conventuelle en augmentant le nombre des moines, mais cette réforme ne fut réalisée qu'en 1627, par la Congrégation de Saint-Maur, et seulement pour les prébendiers, qui disparurent alors.

Jusqu'à la fin du XVᵉ siècle, le mardi de Pâques, le lundi des Rogations et pour la fête de Saint-Marc, les chanoines de Saint-André venaient en procession à Sainte-Croix ; les moines, revêtus d'aubes, les recevaient avec la croix, l'eau bénite et l'encens ; le chapelain avait une chape de soie ; le diacre et le sous-diacre, en dalmatiques, portaient l'un le missel, l'autre la croix. Les chanoines chantaient une messe solennelle. Ils s'en retournaient à la cathédrale Saint-André en passant le long de la Garonne et traversant le cimetière de l'église Saint-Michel[3]. Cette coutume cessa, au XVIᵉ siècle sans doute, car le *Ceremoniale locale* (1683) n'en conserve plus trace ; par contre, les chanoines de Saint-Seurin venaient alors à l'abbaye le lundi des Rogations et y chantaient la messe.

Il y avait trois confréries établies à Sainte-Croix ; nous avons parlé de la confrérie de la Madeleine, très ancienne, de celle de Saint-Jean-Baptiste et Saint-Mommolin fondée en 1315 ; la confrérie de l'Assomption fut fondée le 1ᵉʳ avril 1678[4], par six habitants de la paroisse ; attachée d'abord à la chapelle de Saint-Blaise, elle fut presque immédiatement transférée à l'autel Notre-Dame.

Les Bénédictins pour attirer les fidèles à Sainte-Croix s'efforcèrent de

---

1. Arch. dép., Registre H. 946. Inventaire de Sainte-Croix, 1784.
2. Ibid., Cartons nᵒˢ 87 et 109 (prov.).
3. Ibid., Processionnal de Saint-André, XVᵉ siècle.
4. Ibid., série H, Abbaye Sainte-Croix, Carton n° 107 (prov.).

faire obtenir des faveurs spirituelles aux visiteurs de leur église. Clément V le premier [1], par une bulle datée de « Vignandraut » (Villandraut) le 12 des calendes de décembre 1308, accorda, pour chaque année, un an et quarante jours d'indulgence à tous ceux qui, « vraiment contrits et confessés, visiteraient avec respect l'église abbatiale le jour de l'Invention et de l'Exaltation de la sainte Croix, de saint Benoît, de saint Michel, de saint Jean Baptiste, ainsi qu'à chaque fête de la sainte Vierge », et 100 jours d'indulgence pendant l'octave de ces fêtes ; les vicaires généraux donnèrent le 21 août 1645 [2], l'autorisation de publier, de nouveau, cette bulle, qui concernait aussi Saint-Macaire et Soulac ; le 22 mars de la même année, ils avaient autorisé la publication d'une bulle d'Urbain VIII [3] accordant une indulgence plénière à tous les membres de la confrérie de Sainte-Madeleine qui visiteraient la chapelle de l'abbé le jour de la fête de la sainte ; cette indulgence passa à l'autel de Saint-Blaise, quand la chapelle de l'abbé fut démolie, en 1664. La confrérie fut ensuite transférée « du côté de l'aile droite, derrière et joignant le chœur de ladite église où il a été élevé un autel et a été mis un beau tableau représentant lad. Saincte, fait de neuf, avec un cadre, rétable, balustres et autres ornements [4] ». Innocent XII confirma cette indulgence le 23 octobre 1693. Le 22 décembre 1633, le même pape Urbain VIII accorda, pour sept ans, une indulgence plénière [5] : 1º aux fidèles, qui, confessés et communiés, visiteraient l'église le jour de saint Mommolin, depuis les premières vêpres jusqu'au soleil couché ; 2º pour une âme du Purgatoire, à chaque messe de *Requiem* qui se dirait pendant l'octave des morts et même le lundi de chaque semaine à l'autel de la Sainte-Vierge : « c'est pour cela que ledit hôtel Notre-Dame est privilégié ». La plaque grossière, en lettres dorées sur fond bleu, qui se voit encore sur la paroi de cet autel doit dater de cette époque.

Quand l'Assemblée Constituante demanda aux prêtres de prêter le

1. Mezuret, *Notre-Dame de Soulac ou de la Fin-des-Terres*, p. 285.
2. Arch. dép., Carton II. nº 89 et nº 20 (prov.).
3. Archives du département de la Gironde, Registre II. 946. Inventaire de Sainte-Croix, 1784, fol. 49.
4. Arch. dép., Carton nº 20 (prov.). Le tableau fut fait et existe encore.
5. Les originaux de ces bulles sont aux Archives du département de la Gironde, série II, Abbaye Sainte-Croix, Carton nº 21 (prov.).

serment constitutionnel, le vieux Monreny, vicaire perpétuel de Sainte-Croix, s'y refusa¹, mais un des vicaires amovibles, Jean Hilaire Decuron-Flaman, ne suivit pas son exemple.

Bien que non assermenté, Monreny ne cessa pas immédiatement ses fonctions ; la Municipalité décida qu'il devait assurer le service du culte jusqu'à ce qu'il fût pourvu à son remplacement². La situation était difficile et Monreny s'en plaignit au nom de ses collègues³ ; elle prit fin bientôt : le 30 janvier 1791, l'assemblée électorale du district nomma comme curé de Sainte-Croix, Jean Larrieu, ancien curé de Saint-Nicolas de Graves⁴, paroisse supprimée par la loi du 6 mars 1791. Il fut installé le 10 avril suivant⁵, son titre officiel était « ministre du culte catholique de l'arrondissement de Sainte-Croix de Bordeaux⁶ ». On lui adjoignit deux vicaires, Flamant et Lanouëche ; on avait prévu cinq autres places de vicaires, mais on ne trouva pas de titulaires⁷. Le service divin cessa complètement à la fin de l'année 1793 ; plusieurs tombeaux d'abbés furent démolis, des tableaux lacérés à coups de baïonnettes ; la statue équestre de la façade fut détruite le 13 avril 1794⁸. Déjà, le 18 mars 1792⁹, trois prêtres ayant voulu dire la messe dans la chapelle des Bénédictines, la populace y fit irruption, les prêtres furent emprisonnés et les femmes fouettées. La loi du 1ᵉʳ prairial an III ayant autorisé de nouveau, le libre exercice du culte, l'église Sainte-Croix fut rouverte, en suite d'une pétition « des habitués de l'hospice de bienfaisance¹⁰ ». Le 13 juillet 1795¹¹, le curé constitu-

---

1. Bernadau, *Tablettes manuscrites*, VIᵉ volume, p. 390.
2. Registre des délibérations, 26 janvier 1791.
3. Archives municipales. Inventaire de la période révolutionnaire, p. 204.
4. Il est ainsi dénommé dans l'état du clergé de Bordeaux en 1789 (Archives municipales, Dossier P. 113). Voir aussi sa signature avec son titre, Arch. dép., Portefeuille G. 670.
5. On trouve jusqu'au 9 avril 1791 la signature du vicaire perpétuel Monreny. Voir Archives municipales, Inventaire de la période révolutionnaire, p. 212.
6. Il se dénomme ainsi, notamment, dans le Procès-verbal de l'inventaire des reliques de saint Mommolin, le 12 thermidor an III (31 juillet 1795). Nous avons publié cette pièce dans l'*Aquitaine*, Semaine religieuse de Bordeaux, le 9 août 1907.
7. Archives départementales, liasse L. 1441.
8. Bernadau, *Antiquités bordelaises*, p. 355.
9. Bibliothèque municipale. Bernadau, *Tablettes manuscrites*, VIᵉ vol. p. 605.
10. Archives municipales, liasse P. 113 de la période révolutionnaire.
11. Bernadau, *Tablettes manuscrites*, VIIᵉ volume, p. 10.

tionnel Larrieu y officia solennellement, assisté de deux autres prêtres ; le culte était considéré comme privé et n'avait pas de signe extérieur : « ceux qui en veulent paient sa façon », dit stupidement Bernadau. Larrieu cessa complètement ses fonctions au Concordat ; le curé Antoine Bournazeau, ancien moine augustin, assermenté, le remplaça avec le titre du doyen ; il fut installé le 10 juillet 1803 [1].

[2] Les moines, au Xe siècle, n'avaient autour de leur abbaye que des vignes, des aubarèdes, des padouens et quelques rares maisons de colons ; leur premier soin fut de tracer une voie leur donnant accès au fleuve assurant leur communication avec la ville de Bordeaux ; ce chemin se borda de maisons et devint la rue du Port [3] ; la rue Seguinenga ou Sanguinengua (rue Sainte-Croix) les relia avec l'église Saint-Michel, elle paraît devoir son nom à l'abbé Seguin et avoir été tracée au commencement du XIIIe siècle ; elle existait en 1250 [4]. Un bourgeois intelligent nommé Jean Dissenta [5], à une époque imprécise, mais antérieure à 1250, obtint des moines l'autorisation de percer la rue qui prit d'abord son nom et devint bientôt la rue Traversane. Le 15 juillet 1250 [6], l'abbé Pierre de Lignan, assisté de tout le chapitre et de Pierre Austin, prieur de Soulac, permit à Arnaud Ayon de faire une rue aussi large qu'il le voudrait entre la rue Seguinengua et la rue Traversane, ce fut la rue des Boueys ou des Bouviers : « rua arnaud ayon aperada deus boueys » (13 décembre 1373) [7] ; la même autorisation

---

1. Registre des recettes et dépenses de l'église Sainte-Croix. Les quêtes produisirent ce jour-là 64 francs, ce qui dénote une affluence assez considérable. Les propositions de Mgr Daviau relatives à la nomination des curés du diocèse sont du 14 Floréal an II (4 mai). Bonaparte les approuva le 23, Mgr Daviau les rendit exécutoires le 8 Messidor (27 juin). Arch. de l'Archevêché.
2. Notre intention n'est pas de refaire ici le travail de l'abbé Beaurein et de Léo Drouyn, mais de le compléter.
3. Cette rue n'avait pas encore de nom en 1292, on l'appelait la rue qui va de la rivière à Sainte-Croix. Arch. dép., Carton G. 372.
4. Archives historiques de la Gironde, t. XXVII, pièce n° 202, où on lit à la date de 1250 : « cum es de la gran bia per on om ba de Sent Miqueu à Sancta Crois... »
5. Ibid. : « entro a la bia qu'en Johan Dissenta i a feit desus. »
6. Archives historiques de la Gironde, t. XXVII, pièce n° 202.
7. Archives départementales de la Gironde, série H, Abbaye Sainte-Croix, Carton n° 62 (prov.).

fut donnée, le même jour, à Pierre Itier de la Grave et à Willelm Peretan, exécuteurs testamentaires d'Arnaud de Sent Andriu, pour la rue des Vignes ; les moines, comprenant que le percement de ces deux rues ne pouvait que leur être utile, permirent, chose rare, aux tenanciers qui se chargeaient de ce travail de « sous-acaser » les maisons qu'ils bâtiraient et les terres avoisinantes ; ils leur cédèrent aussi la moitié des lods et ventes.

La rue de Nerayan (Nérigean), reliant la rue Traversane à la rue Sainte-Croix et qui séparait alors les paroisses Saint-Michel et Sainte-Croix, fut tracée peu après, peut-être par les bénéficiers de Saint-Michel, qui en avaient la directité[1], les moines n'ayant conservé que la suzeraineté avec le droit d'esporle. La rue du Peyrat (du Fort-Louis) est de la même époque, ainsi que le chemin du Peyrat (rue des Douves)[2].

La rue qui allait du moulin de Sainte-Croix à la porte de Graves existait, au moins d'un côté, en 1262[3], puisque la célèbre décision des quatorze commissaires relative aux padouens[4] défend de bâtir de nouvelles maisons au devant de celles qui existaient déjà et ne permet d'y construire que des chais comme embellissement. Cette rue, appelée d'abord Fusterie dans toute sa longueur, ne conserva ce nom que dans sa partie inférieure ; en 1536, toute la rue, jusqu'au moulin, est appelée Fusterie ; en 1570, la partie comprise entre la porte de Graves et la rue du Port s'appelait Fusterie ou Carpenteyre[5] ; quant au tronçon compris entre la rue du Port et le moulin de l'abbaye, il prit le nom de rue du Moulin.

Entre l'abbaye et la rue actuelle du Moulin s'ouvraient les rues Nacaran (Acan) antérieure à 1270[6], de las Galleras (Brenet), Arnaud de Laubergaria (supprimée, plusieurs moines officiers ou tenanciers de l'abbaye portèrent ce nom), qui date de la seconde moitié du XIIIe siècle. La ruelle des Arlottes (de l'anglais *harlot*, fille de joie) perdit sa mau-

1. Archives départementales de la Gironde, Carton n° 23 (prov.).
2. Voir, aux Archives départementales de la Gironde, le plan manuscrit du XVIIIe siècle, qui se trouve avec les pièces du Carton n° 24 (prov.).
3. *Mémoire instructif pour Messire de Béringhen*, etc., p. 31. Archives dép. carton n° 98 (prov.).
4. Archives municipales, Livre des Bouillons, pièce n° 117.
5. Arch. dép. de la Gironde, série H, Abb. Ste-Croix, Carton n° 114 (prov.).
6. Archives historiques de la Gironde, t. XXVII. La pièce n° 302 est datée du 11 mai 1270 et on y lit : « aquera mayson ab sos apartenementz qu'es en la rua Nacaran. »

vaise réputation et sa clientèle spéciale quand les Anglais abandonnèrent la Guienne ; élargie par Tourny vers 1750, elle est devenue d'abord la rue Anglaise, puis la rue de la Monnaie [1] ; la rue Française continuait la rue Anglaise et menait à la rue Traversane, au-delà elle s'appelait la rue Marbotin [2], ainsi que le constate une inscription encore lisible. Les autres rues du quartier Sainte-Croix sont beaucoup plus récentes ; la rue Peyronnet, ouverte au commencement du XVIII° siècle, doit son nom au sieur « Antoine Peyronnet, Conseiller secrétaire du Roy en la cour des aydes de Guienne [3] », qui y construisit l'une des premières maisons ; le bail du terrain est du 29 novembre 1724 ; son père possédait, à la fin du XVII° siècle, des lavoirs sur l'Eau Bourde. Pour franchir ce ruisseau, et aborder le quartier de Paludate, il fallut remonter longtemps jusqu'à la palanque du Pont du Guit ; nous avons vu qu'Antoine de Bourbon fit construire, en 1557, deux autres ponts, l'un à l'embouchure du ruisseau, l'autre à l'intersection des rues Peyronnet et de Tauzia ; le quartier de Paludate, inaccessible en hiver, fut percé par les soins de Tourny, commis à cet effet par un arrêt du Conseil d'État du 21 juin 1748 [4] ; la rue des Terres de Borde [5] existait alors il y avait quelques années ; elle avait été tracée à travers le fief de la famille Duduc de Borde, tenancière de l'abbaye depuis le XVI° siècle, au moins ; le pont de Brienne (du nom du Commandant en chef de la province) [6] sur l'estey Majou fut construit en 1788 par l'ingénieur parisien Migneron de Braqueville. Bernadau [7] conteste la nécessité d'un tel ouvrage « dans un endroit où les

---

1. L'hôtel de la Monnaie, établi par Tourny à l'endroit où se trouve, actuellement, le couvent des Ursulines, y resta jusqu'au 8 prairial an IX, époque à laquelle il fut transféré, sur la demande de Lhote, à l'ancien Grand Séminaire, rue de la Raison (BERNADAU, *Tablettes manuscrites*, t. VII, p. 569).
2. « Marbotinus ou Marabotinus. — Sic indigitantur monetæ quædam Hispanicæ auro præsertim » (DUCANGE). — On a vu que, d'après la bulle d'Alexandre III du 4 février 1164/65, l'abbaye payait une redevance annuelle d'un marbotin aux Souverains Pontifes.
3. Ainsi dénommé dans le bail, daté du 29 novembre 1724, d'un terrain situé dans la rue Peyronnet actuelle, terrain dont la propriété était contestée aux Bénédictins par la Jurade. Voir Arch. dép., Carton II. n° 7 (prov.). Peyronnel demeurait rue Neuve, paroisse Saint-Michel. Carton n° 66 (prov.).
4. Archives historiques de la Gironde, t. XXXVII, pièce n° 133.
5. Arch. dép., Abbaye de Sainte-Croix, série II, Carton n° 24 (prov.).
6. BERNADAU, *Tablettes manuscrites*, t. V, p. 210, et t. VI, p. 650.
7. Archives départementales, Registre II. 350.

voitures ne peuvent rouler » ; le pont était en bois ; emporté par une crue en 1792, il fut rétabli en pierre. L'amorce de la rue Lafontaine fut faite en 1760 [1], au lieu appelé auparavant Barreyre ou les Monnaies Vieilles. La rue du Noviciat [2] n'existe que depuis la suppression de l'ordre des Jésuites ; le cours Saint-Jean était voie nouvelle [3] en 1773 ; la rue du Portail n'était pas terminée en 1785 [4], la rue Lantillac doit son nom à un « substitut du procureur Syndic de la ville [5] » ; les Lantillac était tenanciers de l'abbaye depuis 1603, au moins.

On a fait, peut-être à tort, une mauvaise réputation à l'ancien quartier Sainte-Croix ; il est certain que, le 7 août 1561 [6], le Parlement dut ordonner, par arrêt, aux sergents de ville d'emmener à la Jurade les malades guéris sortis de l'hôpital Saint-André dont quelques-uns « se retirent vers l'abbaye Sainte-Croix en certaines maisons particulières et ne font que pailharder, dérober, jouer et faire plusieurs aultres insolences et choses deshonnestes », mais le même arrêt a soin de faire observer que les femmes de mauvaise vie habitaient alors le quartier du « Palais Gualienne », c'est-à-dire la partie de la ville opposée à Sainte-Croix. D'un autre côté, Gaullieur, avant de commencer l'histoire du château Gaillard, écrit que « c'était surtout dans le quartiers Sainte-Croix que les étudiants se livraient aux plus grands désordres [7] ». Le château Gaillard n'était cependant pas dans la paroisse Sainte-Croix ; cette maison publique fut fondée par la Jurade entre la rue Peymentada de Maucaillou et la rue du Fagnas, c'est-à-dire dans la paroisse Saint-Eloi ; une faible partie, celle voisine de la rue du Fagnas, était dans la directité de Sainte-Croix ; les moines firent tous leurs efforts pour se débarrasser d'un semblable voisinage ; le sous-prieur Etienne de Malevergne obtint, le 1er juillet 1514, de Léonard Gay [8], lieutenant

1. Archives départementales, Registre H. 350.
2. Voir, au Carton n° 1 (prov.), l'approbation, par l'archevêque Champion de Cicé, de la modification du parcours de la procession de la Fête-Dieu.
3. Voir bail de location de 2 maisons, le 25 juillet 1773, dont l'une est « près du chemin nouveau allant de la porte d'Aquitaine aux Terres de Borde ». Arch. dép., Carton H, n° 24 (prov.).
4. Voir itinéraire de la procession, approuvé, le 1er juillet 1785, par l'archevêque Champion de Cicé. Carton H, n° 1.
5. Archives départementales, Carton H, n° 115 (prov.).
6. Archives historiques de la Gironde, t. XXV, pièce n° 166.
7. *Histoire du Collège de Guienne*, p. 15 et 16.
8. *Ibid.*, p. 17.

général de la sénéchaussée, une sentence condamnant les jurats à chasser du château Gaillard, dans le délai d'un mois, les femmes dissolues qui s'y trouvaient; mais la Jurade était toute-puissante, le château Gaillard lui rapportait gros, elle ne se conforma pas à la décision du sénéchal et se borna, par une transaction du 20 juillet 1514[1], à acheter au sous-prieur Etienne de Malevergne « la directité sur certaines chambres de maison située en la paroisse Saint-Eloy joignant le château Gaillard en rue Peymentade faisant de rente foncière et directe 17 sols 6 deniers bordelais »; en échange, le sous-prieur reçut « trois échoppes et place ensemble » près du boulevard du Pont Saint-Jean : dans le cas où, par suite de guerre, ces échoppes seraient détruites, la ville s'engageait à les remplacer. Il est probable que si les moines se montrèrent si scrupuleux en ce qui concerne une maison qui n'était pas dans leur paroisse, ils l'auraient été bien davantage pour celles avoisinant l'abbaye; dans tous les cas, les dénombrements que nous connaissons des habitants du quartier Sainte-Croix indiquent qu'il a été peuplé par des vignerons, des bouviers, des cordiers, des cordonniers, tous gens paisibles; quand une femme vit seule, on la signale généralement comme étant veuve, rien ne dénote la débauche. D'un autre côté, au XVIe siècle le Régent de l'Université[2] avait l'habitude de mener une fois l'an les étudiants au monastère, où ils se divertissaient et où l'abbé leur offrait une collation; si le quartier Sainte-Croix avait été réellement habité par des femmes perdues, il est peu probable qu'on l'eût fait traverser par ces jeunes gens.

Il y avait autour de l'église Sainte-Croix deux cimetières, que l'on appelait le grand et le petit porche (porge, cimetière, en gascon); ils étaient entourés de cloîtres. Le petit cimetière, où les moines étaient enterrés au moyen âge, était situé à l'est de la chapelle abbatiale de la Madeleine[3], il n'était plus utilisé au XVIIe siècle[4]; à cette époque « les frères, tant prêtres que clercs, sont ensevelis dans le collatéral de la Sainte-Vierge », dit le *Ceremoniale locale* de 1683.

1. Archives départementales, série H, Abbaye Sainte-Croix, Carton n° 66 (prov.). Inventaire des Registres de la Jurade, t. VI, p. 11.
2. Archives départementales de la Gironde, Registre H. 946. Inventaire de Sainte-Croix. 1784, fol. 24.
3. Archives municipales. *Bordeaux vers 1450*, n° 379.
4. *Ceremoniale locale*. Archives départementales de la Gironde, série H. Liasse A, n° 10.

Le grand cimetière était en face de la porte d'entrée[1] de la nef de paroisse et autour de cette nef; la plupart des maisons des rues Brenet et Acan sont bâties sur l'emplacement de ce cimetière[1], le terre-plein de la place Sainte-Croix en faisait partie; il y avait une croix dans ce cimetière, elle fut réédifiée en 1817, aux frais de la Congrégation des trente-trois[2]; elle a été détruite par un ouragan, au mois de mai 1892; on réduisit, peu à peu, les dimensions de ce cimetière et, en 1783, il était devenu tout à fait insuffisant; c'était d'ailleurs une cause d'infection pour l'église et le quartier; ces raisons n'auraient peut-être pas été considérées comme péremptoires, si un édit royal daté de 1776, rendu sur la demande de l'Assemblée du clergé de 1775, n'avait interdit d'enterrer, désormais, dans l'intérieur des églises, ce qui réduisait encore l'espace disponible pour les sépultures. Les Bénédictins[3] offrirent alors à la paroisse un terrain qu'ils possédaient à Pénissart, hors les murs de la ville, derrière « la Manufacture » sur les bords de l'eau Bourde; cette offre fut acceptée par l'assemblée paroissiale; le « Grand sindic, le grand ouvrier et les Commissaires de la paroisse Sainte-Croix[4] » présentèrent une requête à l'archevêque Champion de Cicé pour être autorisés à bâtir une chapelle à Pénissart et à y faire un cimetière; le chapitre de Sainte-Croix demanda la même autorisation dans des termes presque semblables; elle fut accordée après enquête du vicaire général Langoiran; le 27 juillet 1785[5], l'archevêque interdit l'ancien cimetière et défendit d'ouvrir, à l'avenir, des sépultures dans l'église; le 15 juillet 1787, le nouveau cimetière et la chapelle furent solennellement inaugurés par Montmirel, vicaire perpétuel de Saint-Michel[6], il ne servit pas longtemps; l'eau envahissait les tombes[7], le

---

1. Archives municipales. *Bordeaux vers 1450*, n° 378.
2. Registres des délibérations du Conseil de fabrique, 29 août 1817.
3. Archives départementales, Registre H. 946. Inventaire de Sainte-Croix, fol. 94.
4. Archives de l'Archevêché de Bordeaux, Carton G. 617, Bénédictins.
5. Archives départementales Registre, H. 946, Inventaire de Sainte-Croix, 1784, fol. 95.
6. Archives de l'Archevêché, Carton G. 617, Bénédictins. Actes Capitulaires de 1702 à 1789, fol. 128.
7. Archives départementales, série H, Abbaye Sainte-Croix : « Dépendances, tant de la maison abbatiale que de la manse capitulaire de l'abbaye Sainte-Croix de Bordeaux ». Carton n° 94 (prov.).

peuple donna au nouveau cimetière le surnom de « Mouille quiou[1] » et l'on revint à l'ancien cimetière, malgré ses inconvénients et l'interdiction de l'archevêque.

Le cimetière de Sainte-Croix a, actuellement, disparu, comme tous ceux qui entouraient les églises de Bordeaux.

---

1. BERNADAU, *Tablettes manuscrites*, t. V, p. 647. Quand l'Eau Bourde coulait encore le long de la rue de l'Estey de Bègles (de Tauzia), elle était traversée par « la palanque de Mouille quiou ».

CHAPITRE XVII

Relations de l'abbaye avec l'église Saint-Michel.

L'abbé Corbin[1] pense que les abbés de Sainte-Croix fondèrent, entre le VIIIe et le IXe siècle, une petite chapelle pour les besoins religieux de la population groupée autour du « Puyaduy Saint Miqueu ». M. l'abbé Callen[2] déclare aussi que la paroisse Saint-Michel fut créée par les moines de Sainte-Croix ; cela est fort probable. Ce premier édifice fut détruit par les Normands en 848 et dut être reconstruit à la fin du Xe siècle, mais la paroisse passa sous la dépendance directe de l'archevêque de Bordeaux et du chapitre de l'église métropolitaine de Saint-André ; l'archevêque Goscelin de Parthenay[3], dont on trouve des actes en 1073, 1079 et 1080, et le chapitre de l'église métropolitaine se dessaisirent en faveur de l'abbé Arnaud Trencard et des Bénédictins de Sainte-Croix de tous les droits qu'ils avaient sur la paroisse Saint-Michel, à l'exception de quelques-uns qui étaient peu considérables : « præter jus quod dicitur tricesimum et confessiones ». En retour, l'abbaye de Sainte-Croix s'engagea à payer chaque année une redevance aux chanoines, le jour de Saint-André, afin, est-il dit dans l'acte, qu'elle rendit la possession de cette église plus assurée et prévint les contestations qui pourraient naître à l'avenir.

L'archevêque Goscelin et le chapitre de Saint-André avaient bien raison de prévoir des contestations au sujet de cette donation, car elles s'élevèrent presque immédiatement après la cession et continuèrent à peu près sans interruption jusqu'à la suppression de l'abbaye, en 1790 ; mais, malgré tous les procès engagés, le droit de patronage de l'abbaye Sainte-Croix sur la paroisse Saint-Michel fut toujours confirmé par les diverses juridictions ecclésiastiques et laïques qui eurent à se pronon-

---

1. *Histoire de l'église Saint-Michel de Bordeaux*, p. 5.
2. *L'église métropolitaine et primatiale de Saint-André de Bourdeaux*, par M. Hierosme Lopes, t. II, note de la page 22.
3. Mabillon, *Annales Ordinis Sancti Benedicti*, t. VI, addenda au t. V, 1099.

cer ; jusqu'à la Révolution, le prêtre qui exerça dans cette paroisse les fonctions curiales ne put être nommé par l'archevêque de Bordeaux que sur présentation, d'abord de l'abbé de Sainte-Croix, ensuite des Bénédictins de la Congrégation de Saint-Maur établis dans cette abbaye.

La cession de Saint-Michel à Sainte-Croix n'avait sans doute pas été faite spontanément par le chapitre de Saint-André, car aussitôt après la mort de l'archevêque Goscelin, il voulut revenir sur sa donation ; Foulques, abbé Sainte-Croix[1] et Pierre, doyen du chapitre, comparurent à Bordeaux en 1099, devant un concile présidé par Amat, archevêque de Bordeaux et légat du Saint-Siège, qui, après avoir entendu les raisons des deux parties, porta le jugement suivant : « Si l'abbé de Sainte-Croix, avec deux de ses moines jurent par serment, que son prédécesseur Arnaud et lui-même ont été en possession de l'église Saint-Michel, il la gardera paisiblement à l'avenir ; s'il ne le fait pas, il perdra son procès. » Cette décision ayant reçu une approbation unanime, l'abbé Foulques se leva entouré de ses religieux et jura avec eux sur les quatre Évangiles que son prédécesseur, de bonne mémoire, Arnaud Trencard avait acquis du révérendissime seigneur Goscelin, prédécesseur d'Amat, et du chapitre Saint-André, l'église Saint-Michel située hors de la ville près de la Garonne, avec tous ses droits sauf le trentième et les confessions. En présence de ce serment, le concile décida que, à l'avenir, l'église Saint-Michel serait possédée inviolablement et en paix par Sainte-Croix, à la condition de la faire administrer par des chapelains. Amat approuva cette décision et ordonna de la confirmer par l'apposition de son sceau[2].

L'érection, vers 1130, de la paroisse Sainte-Croix dans le collatéral nord de l'église abbatiale que les Bénédictins venaient de construire, souleva de nouvelles difficultés ; le chapelain de Saint-Michel, Raymond, que son humeur peu commode avait fait surnommer Quinonridel, appuyé par le chapitre de Saint-André, fit comparaître l'abbé Gérard de Ramefort devant l'officialité, en 1175 ; nous avons vu que

1. Mabillon, continué par Martène, *Annales*, t. VI, p. 625, *addenda* au t. V. *Gallia christiana*, t. II, *Instrumenta*, col. 276. Arch. dép. de la Gironde, t. XXVII, pièce n° 26.
2. Mabillon, *loc. cit.*

l'archevêque Guillaume le Templier approuva ce qu'avaient fait les moines et fixa les limites des deux paroisses [1].

Ce différend n'était pas, d'ailleurs, le premier que Raymond Quinonridet avait eu avec l'abbaye ; il avait reçu de l'abbé et du chapitre de Sainte-Croix sa chapellenie en commende, en promettant de la résigner à leur volonté ; mais, quand, plus tard, les moines voulurent donner cette capellenie à un autre prêtre, en l'obligeant à une résidence assidue, Raymond protesta auprès du pape Alexandre III et obtint de lui, par surprise, des lettres invitant l'abbé de Sainte-Croix à le laisser posséder en paix la chapellenie de Saint-Michel. Le Pape, éclairé sans doute ultérieurement par les moines de Sainte-Croix, manda de Tusculum, le 22 septembre 1160, à l'évêque d'Angoulême et à l'abbé de Saint-Cybard d'avoir à remettre le monastère en possession de ses droits, sans se préoccuer de ce qu'il avait pu écrire antérieurement au chapelain [2]. Il est probable que l'abbaye transigea, car nous avons vu que Quinonridet était encore en fonctions en 1175 ; on trouve même trace, en 1182, d'une réclamation des religieux contre un chapelain de Saint-Michel dont les textes donnent seulement le prénom de Raymond et qui devait être le même turbulent personnage ; le différend fut soumis, le 3 avril 1182, au jugement de Henri, évêque d'Albano, légat en France du pape Lucius III, qui fit comparaître devant lui l'abbé de Sainte-Croix Arnaud de Vayrines et le chapelain de Saint-Michel ; ce dernier dut reconnaître qu'il tenait ses fonctions de l'abbé et qu'il lui devait les deux tiers des oblations, sauf, notamment, les cierges employés quotidiennement, le trentain et les confessions. En raison de cet aveu, sanctionné par un acte authentique approuvé ultérieurement par le pape (Velletri, 28 mars 1182/83), le monastère renonça, sur le conseil du légat, à réclamer les sommes dont il avait été frustré par le chapelain [3].

Les moines de Sainte-Croix, instruits par l'expérience de l'inconvénient que présentaient les chapellenies en commende, obtinrent du pape Célestin III, le 17 avril 1193, une bulle décidant que, dans les églises de Saint-Macaire et de Saint-Michel, aucun chapelain ne devait

1. Chapitre xvi, p. 332 et 333.
2. Archives historiques du département de la Gironde, t. XXIII, pièce n° 3.
3. Ibid., t. XXIII, pièce n° 4 ; t. XXVII, pièce n° 60.

être nommé s'il ne pouvait ou ne voulait faire continuelle résidence[1].

Les difficultés qui se produisaient entre l'abbaye et les chapelains n'empêchaient pas la paroisse Saint-Michel de s'accroître chaque jour, surtout depuis que l'agrandissement de l'ancienne enceinte avait placé l'église Saint-Michel à peu de distance des murs de la ville de Bordeaux; cette église devint bientôt insuffisante. Touchée de cette situation, la très-benoîte dame Donzelous (benignissima mulier Dozolona), veuve, en premières noces, de Guillaume Robert, donna, en 1249[2], autant de terrain qu'il était nécessaire pour la réédification de l'église. Cette donation fut faite « ecclesiæ Sanctæ Crucis », ce qui suffirait à établir, si les preuves n'abondaient pas, que la paroisse Saint-Michel était déjà sous la dépendance de l'abbaye Sainte-Croix.

Le XIII° siècle se serait écoulé dans la paix la plus complète si le chapelain Gérard n'avait voulu profiter de sa parenté avec Guillaume II, archevêque de Bordeaux, pour essayer de diminuer les redevances qu'il avait à payer à l'abbaye; mais l'archevêque l'obligea à signer, le 21 septembre 1225, avec l'abbé Guillaume Gombaud, une transaction reproduisant à peu près les termes de l'accord de 1183; le seul point intéressant à noter est la mention des oblations que les navires en partance faisaient à l'église; le mouvement du port de Bordeaux était donc déjà important aux environs de Saint-Michel. L'acte, passé à la Grande-Sauve, fut fait avec une certaine solennité, puisqu'il fut rédigé en présence des évêques de Bagnères-de-Bigorre et de Saint-Bertrand de Comminges, de l'abbé de Clairac, des prieurs de la Grande-Sauve et de Saint-Loup, ainsi que de plusieurs autres notabilités ecclésiastiques[3].

La tranquillité que les chapelains laissaient à l'abbaye n'endormait

---

1. Archives historiques du département de la Gironde, t. XXVII, pièce n° 56.
2. Les Archives historiques du département de la Gironde reproduisent au t. XXVII (pièce n° 128) l'acte de donation tel qu'il figure au Cartulaire de l'abbaye Sainte-Croix; la donatrice est nommée Dozolona et la date mentionnée dans le texte de l'acte est 1149; le même recueil donne, au t. XXIII (pièce n° 1), une copie faite le 26 octobre 1635, par Tremer, notaire royal, avec la date de 1148 et le nom de Donzelous. Les deux textes indiquent comme épacte 9 et comme indiction 12, précisions qui se rapportent à 1149 et non à 1148, dont l'épacte était 28 et l'indiction 11.
3. Archives historiques du département de la Gironde, t. XXVII, pièce n° 27.

pas sa vigilance ; son patronage sur l'église Saint-Michel était fondé sur l'autorité de divers archevêques de Bordeaux et sur des bulles d'Alexandre III (1163) et de Lucius III (1183) ; les moines trouvèrent au commencement du XIVe siècle l'occasion de faire confirmer solennellement leurs droits et ils ne la laissèrent pas échapper. Bertrand de Goth, lorsqu'il était archevêque de Bordeaux, avait eu besoin des religieux de Sainte-Croix, qui avaient aliéné pour cinq ans en sa faveur les revenus de toute nature de l'abbaye et des prieurés dépendants, à l'exception du produit des offices claustraux. L'archevêque, devenu le pape Clément V, ne se montra pas ingrat à l'égard de ceux qui l'avaient si largement obligé. Parmi les nombreuses faveurs qu'il accorda à Sainte-Croix, on trouve, notamment une bulle, datée de Lyon, le 10 décembre 1305[1], première année de son pontificat, par laquelle il unit l'église Saint-Michel avec ses droits et appartenances à l'abbé et au couvent de Sainte-Croix : « ecclesiam S^{ti} Michaelis Burdigalensis annexam cum juribus et pertinenciis suis, ipsis abbati et conventui » ; il ordonne qu'ils puissent en prendre possession librement : « diximus ut... libere possint ejusdem ecclesiæ possessionem apprehendere eamque in usus retinere... », sous la condition d'allouer au vicaire perpétuel chargé de la desservir une portion congrue lui permettant de vivre commodément et de payer les droits archiépiscopaux et autres lui incombant : « Volumus autem quod de ipsius ecclesiæ proventibus, pro vicario in eâ perpetuo servituro, congrua portio reservetur, ex quâ commodo sustentari valeat, ac archiepiscopalia et alia sibi incumbentia onera supportare[2] ». Nous avons dit que les moines ne pouvaient exercer les fonctions curiales.

Cette bulle si importante pour l'abbaye était adressée par le pape à l'abbé de Lézat, à l'archidiacre de Cernès et au chantre de Saint-André à qui il était mandé de mettre l'abbé et les religieux en possession de Saint-Michel dès que la chapellenie viendrait à vaquer, soit par la mort, soit par la cession du recteur en charge. La bulle fut fulminée

---

1. Archives historiques de la Gironde, t. XXIII, pièce n° 7.
2. *Gallia christiana*, t. II, *Instrumenta*, col. 301 et 302. Archives historiques du département de la Gironde, t. XXIII, pièce n° 7. Nous avons trouvé, aux Archives départementales de la Gironde, une bulle datée du même jour, conçue dans les mêmes termes, relative à la cure de Taillan. Nous n'avons pas connaissance que les moines aient eu des difficultés dans cette localité.

le 3 décembre 1307, par Gérard, notaire apostolique, et peu après, Gérard Gras, premier vicaire perpétuel de Saint-Michel, fut mis par les moines à la tête de la paroisse ; il vécut toujours en bonne harmonie avec eux. Quant au titre de curé primitif de Saint-Michel, il fut donné au poissonnier[1] de l'abbaye, il le conserva jusqu'en 1790.

Le successeur de Gérard Gras, Pierre de Bretagne, commence l'interminable série des discussions avec le monastère au sujet de la « portion congrue », dont Clément V n'avait pas déterminé l'importance. L'abbé Raymond Guillaume de Faugueyras[2] transigea, le 4 novembre 1316 ; la portion congrue fut fixée à 50 livres bordelaises, payables 25 livres à la Toussaint, 10 livres à la Nativité, 10 livres à Pâques et 100 sols à la Pentecôte. On accorda, de plus, au vicaire perpétuel les deniers que les fidèles, contrairement aux canons de nombreux conciles[3], donnaient alors en recevant l'Eucharistie et l'Extrême-Onction et qu'on appelait « lutosi », ainsi que le tiers des legs faits, soit à l'église, soit au vicaire perpétuel, chapelain et desservant de ladite église, à moins que ce ne fussent des rentes foncières ou des fruits perpétuels, auxquels cas le vicaire n'avait rien à recevoir ; quant aux autres droits, soit à raison d'offrandes, de festivités de morts, de mariages ou de relevailles, le vicaire perpétuel devait en rendre compte et les remettre au monastère qui, de son côté, s'obligeait à payer les deniers quelquefois imposés sur les églises, à fournir les luminaires extraordinaires pour certaines grandes fêtes, à payer et à traiter les clercs et les prêtres étrangers appelés pour la fête locale. Aucune personne ne pouvait être enterrée dans l'église Saint-Michel sans la permission de l'abbé et du monastère.

Cet accord, confirmé par une bulle de Clément VI datée de 1342[4], était, en apparence, bien explicite ; il ne fut cependant qu'une source de procès qui se terminèrent par la transaction suivante, conclue le

---

1. Archives départementales de la Gironde, série H, Carton n° 87 (prov.).
2. Archives historiques du département de la Gironde, t. III, pièce n° 10. L'abbé est appelé à tort Urbanus de Frangerii, c'est une erreur du copiste.
3. HÉFÉLÉ, *Histoire des Conciles*, t. VII, *passim* : « Nul ne devra demander une récompense pour l'Extrême-Onction » (8° Canon du Synode de Clermont 1095, tenu par le pape Urbain II)... « On ne doit rien demander pour le baptême, la visite et l'onction des malades » (4° Canon du Synode de Reims, 20 octobre 1119, présidé par le pape Calixte II), etc.
4. *Recherches sur les bénéficiers et sur l'église de Saint-Michel.*

10 janvier 1349/1350[1], entre l'abbé Pierre de Camiade et tout le chapitre de Sainte-Croix, d'une part, et le vicaire de Saint-Michel, Hélies de Labatut, de l'autre. Les moines laissèrent, désormais, au vicaire toutes les oblations qu'il percevait, à charge de payer chaque année 50 livres de monnaie bordelaise, un demi-quintal de cire et un millier de harengs (*allecium*), au commencement du Carême ; de Lamothe[2] prétend que les juges délégués par l'archevêque intervinrent dans cette transaction ; ils n'y figurent cependant à aucun titre.

La paix dura dix-huit ans, elle fut troublée par le vicaire perpétuel Hélies Ithier (Hélias Iterii ; on trouve aussi Ikhier et Itey), avec quelque apparence de raison. La paroisse de Saint-Michel était, en effet, devenue considérable[3] depuis qu'elle était enclavée dans les murs de la ville ; elle comptait 10 à 12.000 habitants, et le vicaire perpétuel demandait que l'abbaye lui fournit des ressources suffisantes pour l'entretien de deux prêtres, de trois clercs et d'un cuisinier (*cocus*). L'abbé Pierre de Camiada et les moines eurent grand tort de laisser plaider un semblable procès ; Sainte-Croix ne pouvait qu'être battu ; l'official Arnaud de Calhanite, le 16 janvier 1371/1372, condamna l'abbé et le couvent à entretenir deux chapelains, un clerc et un cuisinier. Ce jugement ne satisfit aucune des deux parties ; Guillaume de Landia, fondé de pouvoir du monastère, et Hélies Ithier en appelèrent sur-le-champ au Saint-Siège ; le jugement fut confirmé par Guillaume Gautier, docteur en décrets et auditeur du palais apostolique ; nouvel appel, qui fut plaidé devant Gaillard de Nova. Pendant la durée de ces procédures l'abbé Pierre de Camiada et le vicaire perpétuel Ithier moururent tous deux ; l'accord fut plus facile entre deux personnages nouveaux, Bertrand Albian (de Albiano, dans le texte de la transaction, de Albiniaco d'après la *Gallia Christiana*), successeur d'Ithey, et Raymond Bernard de Roqueys, abbé de Sainte-Croix ; le Concordat suivant fut signé dans le monastère, le samedi 16 août 1376 : l'abbé et

1. Archives départementales de la Gironde, série H, Carton n° 3, titres de l'abbaye à l'égard de Saint-Michel.
2. Ibid., Carton n° 13 (prov.).
3. Voir aux Archives départementales, Carton H, n° 43, Abbaye Sainte-Croix, une copie de superbe écriture des Conventions de 1376 et de 1387. — Le préambule de la première donne de nombreux détails sur l'origine de la querelle. Cette copie est, parfois, fautive.

le vicaire jurèrent sur l'Évangile, touché des deux mains, de toujours le respecter. L'abbaye accorde à Albian toute la cire des oblations, le tiers des offrandes, soit en argent, soit en pain, le tiers des dons des visiteurs, le quart des droits d'enterrement, la moitié des étoffes d'or, d'argent ou de soie que l'on portait aux funérailles[1]. Le vicaire perpétuel, de même que ses prédécesseurs, n'aurait pas à rendre compte des redevances qu'il percevait lorsqu'il accordait l'autorisation de recevoir le baptême hors de la paroisse (Saint-Michel n'avait pas de fonts baptismaux), des droits de mariages, des sommes payées pour obtenir de faire les Pâques chez les religieux, de celles perçues lorsqu'on portait l'Eucharistie ou l'Extrême-Onction, pour les messes de *Requiem*, pour les anniversaires, notamment pour ceux que les quinze curés de Bordeaux faisaient annuellement, ainsi que pour les neuvaines demandées pour les étrangers. L'abbé et le couvent se réservaient les droits de patronage de l'église, une redevance de 50 guinées d'or (25 à la Circoncision et 25 le jour où l'on chante *Quasi modo geniti*); un demi-quintal de cire (à Noël), 1000 harengs (le 1er jour de Carême), 16 torches de cire (à chaque grande fête, Noël, Pâques, Pentecôte et la Toussaint). Le vicaire perpétuel prenait l'engagement de soutenir l'abbaye dans les procès qu'elle pourrait avoir à engager contre les « ouvriers » de Saint-Michel et à entrer pour moitié dans les frais de l'instance. Tous les legs devaient être partagés entre l'abbé et le vicaire perpétuel ; le bourdieu situé à Camblanes que Bernard de Porta, citoyen de Bordeaux, avait légué au vicaire perpétuel était attribué au couvent. Enfin, le vicaire perpétuel promettait obéissance et fidélité à l'abbaye et s'engageait à assister, avec ses chapelains, aux processions générales et spéciales, sur l'invitation de l'abbé de Sainte-Croix.

Cet accord ne devait avoir de valeur que pendant la vie des parties ; il fut confirmé le 22 novembre 1387, par Guillaume de Larsan, vicaire perpétuel, et l'abbé Amanieu de Lamothe.

Les transactions du 16 août 1376, et du 22 novembre 1387, sont des plus importantes pour l'abbaye, elles furent toujours invoquées par elle dans les nombreux procès que lui suscitèrent les vicaires perpétuels de Saint-Michel ; les arrêts du Parlement, favorables aux moines

---

1. Le poissonnier de Sainte-Croix afferma sa part de ces revenus 90 livres (1800 francs) en 1428.

de Sainte-Croix, s'appuient constamment sur le texte de ces conventions. Elles indiquent, en effet, de la façon la plus formelle, la dépendance de Saint-Michel : « Fuit etiam ordinatum et concordatum inter partes prædictas », lit-on dans le Concordat du 16 août 1376, « quod Vicarius qui nunc est et pro tempore fuerit dictæ ecclesiæ seu vicariæ S^{ti} Michaelis erunt fideles et obedientes Domino Abbati et conventui suo prædicto et quod ad suum mandatum venient cum ipsis in processiones generales et speciales, una cum capellanis dictæ ecclesiæ, prout hactenus est fieri consuetum. » La convention du 22 novembre 1387 reproduit textuellement cette promesse.

Pendant plus d'un demi-siècle, la paix régna ; on ne trouve en effet de difficultés qu'en 1444 ; à ce moment, le vicaire perpétuel et les chapelains s'adressèrent directement au pape Eugène IV, pour lui demander d'employer les dons qui leur étaient faits en acquisition de fonds et de rentes, ou même en rachat de dîmes passées aux mains des laïques. Le pape accéda à cette demande ; par une bulle du 3 des calendes de juin 1444, il ordonna à l'archevêque Pey Berland d'examiner la situation exposée par la paroisse et, le cas échéant, de permettre aux vicaires et aux chapelains de Saint-Michel de retirer des mains des laïques les dîmes inféodées jusqu'à une concurrence de 3.000 florins d'or[1]. Le vénérable archevêque aimait beaucoup les Bénédictins et leur abbé commendataire Henri-François Cavier qui l'avait aidé à fonder l'Université de Bordeaux, mais il faisait passer la justice avant ses préférences personnelles ; voulant se tirer habilement de ce cas difficile, il commit les moines eux-mêmes pour vérifier les faits allégués. L'enquête ayant été nécessairement favorable à Saint-Michel, Cavier s'opposa à l'exécution de la bulle ; après lui, le prieur claustral Galhard Ross, vicaire général de l'abbaye pendant la vacance (1446-1450), et l'abbé Pierre de Béarn poursuivirent la résistance légale ; quelques mois après la première capitulation de Bordeaux (30 juin), Pey Berland ordonna que la bulle d'Eugène IV serait exécutée, sous la condition que les acquisitions faites, dans la suite, par les chapelains leur appartiendraient en entier, que les legs possédés par le monastère seraient conservés par lui et que si les chapelains venaient à acquérir des dîmes dans les paroisses de l'ab-

---

[1]. L. De Lamothe, *Recherches sur les bénéficiers et sur l'église de Saint-Michel de Bordeaux*, p. 7. Dom Devienne, *Histoire de Bordeaux*, t. II, p. 87.

baye, les religieux pourraient dans le délai d'un an les prendre pour eux en remboursant la somme payée¹, cette dernière clause était habituelle en cas de rachat de dîmes inféodées.

Ces avantages sérieux ne parurent pas suffisants au vicaire perpétuel et aux chapelains de Saint-Michel, qui voulaient leur indépendance complète à l'égard de l'abbaye Sainte-Croix et qui l'avaient fait demander dans l'enquête par quelques paroissiens. L'invasion française leur offrit une occasion favorable à leur émancipation définitive ; ils ne la laissèrent pas échapper. Quand le politique Louis XI vint en Guyenne après les répressions sévères de Charles VII, dans le but d'assurer par quelques concessions habiles la conquête française, les bénéficiers profitèrent de sa dévotion bien connue à l'archange saint Michel, patron de leur église, pour affilier le monarque à la confrérie des Montuzets établie dans la paroisse et le gagner à leur cause. Ils réussirent entièrement dans leur dessein, Louis XI intervint en leur faveur auprès du pape Paul II et, le 8 juin 1466, une bulle pontificale érigea l'église Saint-Michel en collégiale ; le 18 novembre suivant, le vicaire perpétuel et les vingt-six chapelains assistant aux offices de la paroisse demandèrent à l'official de les faire jouir des bénéfices de la bulle ; l'abbaye Sainte-Croix s'y opposa, mais aucune des deux parties n'arriva complètement à ses fins. D'une part, la bulle de Paul II ne reçut jamais son entière exécution, d'autre part Saint-Michel en retira une plus grande indépendance à l'égard de l'abbaye². L'archevêque Artus de Montauban ordonna, en effet, par une constitution du 14 novembre 1467, que les chapelains seraient érigés en corps mystique et collège ecclésiastique, sous l'invocation de la Sainte Vierge et de saint Michel et que leur nombre serait fixé à vingt-quatre, y compris le vicaire perpétuel. Sainte-Croix, battue devant la juridiction ecclésiastique, en appela au sénéchal de Guyenne, qui défendit d'exécuter l'ordonnance de l'archevêque ; l'affaire fut ensuite portée devant les Grands Jours de Guyenne, puis évoquée au Parlement ; un arrêt du 22 décembre 1492 décida enfin que les bénéficiers pourraient s'ériger en chapitre comme l'avait prescrit l'archevêque, le vicaire perpétuel restant, comme par le passé

1. L. DE LAMOTHE, *Recherches sur les bénéficiers et sur l'église de Saint-Michel de Bordeaux*, p. 7. Dom DEVIENNE, *Histoire de Bordeaux*, t. II, p. 87.
2. Ibid.

à la présentation des Bénédictins. Cet arrêt termina la querelle.

Dans l'intervalle, le 14 mars 1477[1], avait eu lieu une transaction sur procès au sujet des processions, conclue ensuite de la médiation de Jean Loup, doyen de Saint-Seurin, et de Jean de Gaillard, chanoine de Saint-André, official, commissaires apostoliques nommés par le pape Sixte IV ; les bénéficiers reconnurent, de nouveau, qu'ils étaient obligés d'assister aux processions de l'abbaye et de s'y rendre pour les Rameaux, les Rogations et l'Ascension, jours où les moines devaient leur offrir à déjeuner.

Pendant le XVI° siècle, le monastère Sainte-Croix, bien qu'en pleine décadence, sut faire respecter ses droits ; le 26 mai 1543[2], il fit prononcer par le sénéchal de Guyenne une sentence confirmative obligeant tout prêtre chantant à Saint-Michel sa première messe avec diacre et sous-diacre, à faire porter aux religieux par quatre hommes un mouton vivant[*] enfermé dans une cage, couronné de lauriers et orné de rubans. Ce singulier usage ne fut aboli que par un arrêt du Parlement du 29 avril 1638[3].

Deux sentences de 1545 et de 1555 rappelèrent aux bénéficiers de Saint-Michel[4] l'obligation d'assister en corps aux processions de l'abbaye ; le 28 mai 1614[5], l'official fit promettre, par écrit, au vicaire perpétuel de continuer à se conformer, sur ce point, aux transactions de 1376 et de 1387 ; un arrêt du Parlement intervint à ce sujet le 23 mai 1623, il fixait à 1.000 livres l'amende due par les bénéficiers pour toute abstention constatée. Par contre, un arrêt du 8 mai 1646[6], tout en faisant reconnaître au syndic des bénéficiers les droits de l'abbaye, rappela aux religieux que, pour les Rameaux, les Rogations et l'Ascension, ils étaient obligés de donner à déjeuner aux chapelains, diacres, sous-dia-

---

1. Arrêt (imprimé) du 13 mai 1757, qui condamne les sieurs Curé-Vicaire perpétuel et bénéficiers de l'église paroissiale de Saint-Michel d'assister aux Processions des Religieux bénédictins de l'abbaye Sainte-Croix. Arch. dép. de la Gironde, Carton H. 95 (prov.).
2. Archives départementales de la Gironde, Registre H, Inventaire de Sainte-Croix, 1784, folio 67.
3. De Lamothe, *Recherches sur les bénéficiers de l'église Saint-Michel de Bordeaux*, p. 15.
4. Arrêt, déjà cité, du 13 mai 1757. Carton H. 95.
5. Ibid.
6. Arch. dép. de la Gironde, série H, Abbaye Sainte-Croix, Liasse A, n° 6.

cres, chantres, sonneur et sacristain de Saint-Michel. Ces repas se composaient d'œufs à la coque, beurre frais, radis, poisson et purée ; les Archives historiques du département de la Gironde en ont donné le détail très intéressant, mais un peu trop long pour être reproduit ici[1].

Peu après la prise de possession de l'abbaye par les moines de la Congrégation de Saint-Maur, le vicaire perpétuel Jean de Laronde, homme très remuant, soutenu par le chanoine Montassier, secrétaire de l'archevêché, prit le titre de curé ; à la tête de cent cinquante[2] hommes et accompagné d'une quinzaine de bénéficiers, il envahit l'église Sainte-Croix : « le dit Laronde prébandiers et foulle du peuple auroit crié tout hault qu'il faloit thuer tous ces religieux, les jeter dans la rivière, mettre le feu au monastère et emporter le corps de saint Mommolin ». Le Parlement dut intervenir ; Laronde fut emprisonné[3], et un arrêt du 8 mai 1637 vint s'opposer à ses prétentions ; il fut condamné à 1.000 livres d'amende pour chaque acte public dans lequel il se dénommerait curé.

A la mort de Jean de Laronde, survenue le 19 août 1652, le chanoine Montassier[4] se mit en possession de la paroisse. De son côté, le chapitre de Sainte-Croix présenta à l'archevêque comme vicaire perpétuel un prêtre tout dévoué à l'abbaye, François Espinasse, curé de Gironde, frère de Dom Antoine Espinasse, alors prieur claustral de Sainte-Croix. L'archevêque Henri de Béthune prit fait et cause pour la justice, contre son propre secrétaire ; l'affaire fut portée au Grand Conseil, qui confirma, au mois d'octobre 1654, la nomination des Bénédictins ; néanmoins, Montassier continua de les inquiéter ; le 10 septembre 1655[5], « J.-J. Dalesme, escuyer, sieur de Saint-Clément, premier jurat chargé de maintenir l'ordre », dut mettre « la livrée sur l'épaule » pour arrêter la foule qui, soutenant Montassier, essayait de faire un mauvais parti à Espinasse. L'enquête révéla des paroles regrettables prononcées en public par Montassier. Il comprit enfin qu'il devait céder ; Espinasse

---

1. T. XXVI, pièce n° 22.
2. Archives départementales de la Gironde, série H, Abbaye Sainte-Croix, Carton n° 48.
3. Ibid., Carton n° 102 (prov.).
4. *Les Prieurs claustraux de l'abbaye Sainte-Croix*, p. 51 et 52.
5. Archives départementales de la Gironde, série H, Abbaye Sainte-Croix, Carton n° 48 (prov.). Voir aussi la *Vie de Messire H. de Béthune*, par l'abbé BERTRAND, t. II, p. 167.

prit possession de sa paroisse et l'administra sans trouble jusqu'à sa mort, survenue le 22 mai 1679. Espinasse conclut avec l'abbaye, le 14 mars 1663, une convention d'après laquelle l'église Saint-Michel devait payer annuellement aux religieux pour toute redevance une somme de 60 livres[1].

Le vicaire perpétuel de Saint-Michel et les bénéficiers desservant une des plus grandes paroisses de Bordeaux peuplée alors de gens de grande notoriété, étaient surtout humiliés d'être obligés de suivre les processions générales de la ville de Bordeaux sous la croix de l'abbaye et d'assister aux processions spéciales auxquelles les Bénédictins jugeaient à propos de les mander ; à chaque instant il y avait des tentatives de résistance que les moines ne manquaient jamais de réprimer ; le Parlement intervint le 10 août 1712, en 1727, le 13 mai 1757[2] ; chaque fois, une sanction pénale considérable était prononcée contre les bénéficiers qui ne se décourageaient pas. Les moines consentirent, enfin, à abandonner leurs droits ; ils signèrent une transaction, le 10 mai 1776, suivie, en 1782[3], d'un arrangement définitif permettant au vicaire perpétuel et aux bénéficiers de Saint-Michel de ne pas assister aux processions de l'abbaye le dimanche des Rameaux, les trois jours des Rogations et le jeudi de l'Ascension. Toutefois, pour bien marquer la dépendance de la paroisse, il fut stipulé que, le premier jour des Rogations, le chapitre de Sainte-Croix allant faire sa station dans l'église Saint-Michel devait être reçu à la porte d'entrée par les bénéficiers « qui donneraient par deux d'entre eux l'eau bénite avec le goupillon aux religieux et les attendraient, par une suite d'honnêteté », à la porte de sortie. Les autres jours des Rogations et le jeudi de l'Ascension le chapitre de Sainte-Croix passait dans le cimetière de Saint-Michel où les bénéficiers se rendaient « sous la croix du dit chapitre[4] ».

Ce long récit des démêlés de l'abbaye de Sainte-Croix avec la paroisse Saint-Michel offre quelques détails intéressants pour l'histoire religieuse locale. La conduite des moines et des bénéficiers paraît souvent mesquine ; il ne faut pas oublier cependant, pour bien apprécier ces discus-

---

1. Archives départementales de la Gironde, carton n° 3 (prov.).
2. Ibid., série H, Abbaye Sainte-Croix, Carton n° 3 (prov.).
3. Archives historiques de la Gironde, t. XXVI, pièce n° 22.
4. Ibid., t. XXVI, pièce n° 22.

sions d'intérêts et de préséances, que la paroisse Saint-Michel a été fondée par l'abbaye, que le terrain sur lequel l'église est bâtie appartenait aux Bénédictins en vertu de la donation de la dame Donzelous ; que, très probablement, les deux chapelles qui ont précédé l'église actuelle avaient été construites avec les deniers des religieux, enfin que si la paroisse Saint-Michel a été enclose dans les murs de la ville bâtis au XIVe siècle et a pris, dès lors, un rapide développement, c'est ensuite du lourd sacrifice[1] que les moines se sont imposé pour obtenir que l'abbaye fût comprise dans l'intérieur de ces murs. Il est donc très compréhensible que les Bénédictins aient mis une certaine âpreté à défendre ce qui leur avait tant coûté.

D'un autre côté, quand la paroisse Saint-Michel fut devenue la plus peuplée de la ville et qu'elle compta parmi ses habitants des bourgeois notables, des jurats, des conseillers au Parlement, on s'explique très bien qu'elle ait voulu se soustraire à la domination de quelques religieux et s'affranchir de la situation un peu servile où elle se trouvait à leur égard.

Le développement logique des événements, ce que l'on nomme aujourd'hui leur évolution, devait amener fatalement l'indépendance de la paroisse Saint-Michel. L'abbaye, en l'accordant de son plein gré à la fin du XVe siècle, après la bulle de Paul II, aurait fait preuve de sagesse et de ce large esprit d'humilité et de désintéressement qu'on aimerait à toujours trouver chez les moines.

---

1. Abandon pour un siècle du droit de petite coutume. Voir chap. XIII.

PIÈCES JUSTIFICATIVES ET APPPENDICES

Pièce n° 1

De edificatione monasterii que fuit facta a Guillelmo comite.
(Pièce n° 1 du Cartulaire de Sainte-Croix. Archives historiques du département
de la Gironde t. XXVII, p. 1 à 3.)

Regnante Guillelmo comite, quod vocatur bonus in civitate Burdegalensi, convocavit majores domus sue quodam die et ait ad illos : « Date mihi consilium de hoc quod vobis loqui volo. Audio quod per multas regiones construuntur monasteria ad servitium Dei faciendum in ordine monachile, et volo ut cogitetis in quo loco dederitis mihi consilium ut, pro redemptione anime mee, vel omnibus adjutorium facientibus, construam unum monasterium intus civitatem aut foras. » Erat autem juvenis eloquentissimus, de nobili genere, litteris eruditus, cujus nomen vocabatur : Trencaldus; locutus est coram omnibus, dicens : « Non est convenientia ut tam perfecta provintia, sicut ista est, sit extranea a consortio monachorum. Audivimus a multis senibus dicere quod foras civitate, in oratorio quod est in honore Sancte Crucis edificato ab antiquis temporibus, fuisset habitatio monachorum non parva, sed a paganis est destructa, et est in mea hereditate, et fuit antecessoribus parentibus meis, et si tibi et omnibus placet, ut redificare velis, hoc quod a me pertinet, a servitio Dei faciendum ego derelinquam. » Placuit hoc concilium comiti et omnibus hominibus (qui) aderant, scientes quod per voluntatem Dei evenisset. Venit comes Villelmus et cepit edificare et perseveravit. Cum completa esset edificatio monasterii, constituit tresdecim monachos et abbatem quatuordecimum, cui nomen Elis, in servitio Dei perseverantes. Et congregans omnes principes Burdegalensium, et vocavit matrem sua nomine Entregodis, et uxorem suam Aremburgis, et venerunt ante altare quod est in honorem Sancte Crucis edificatum et dixit coram omnibus Guillelmus comes : « In nomine sancte et individue Trinitatis, ego Guillelmus, filius Remundo comiti, do istas terras cum istas vineas et ecclesia(m) Sancti Hilari de Ortellano cum omnia ei pertinente et villa(m) que vocatur Solaco cum oratorio Sancte Dei genitricis Marie, cum aquis dulcis de mare sallhysa usque ad mare dulcia, cum montaneis, cum pineta, cum piscatione, cum cuncta prata salvicina capiente, cum servis et ancillis; cuncta hec do Deo et hoc altare in honore

Sancte Crucis edificato a constitutione hunc locum et Dei servitio adimplendum. Si quis vero, quod futurum esse non credimus, voluntati nostre vel quislibet adjuventionibus, aut aliquis decretibus nostris, seu judicum cupiditas, vel quelibet persona obvius vel repetitor extiterit, a conventu omnium christianorum vel limitibus ecclesiarum extraneus habeatur, et Jude, traditoris Domini nostri Jesu Christi, perfruatur consortio. Insuper etiam partibus ipsius monasterii vel fratrum ibidem consistentium sociato quoque cum exactione sacramentissimo fisco auri libras centum et argenti mille coactus exsolvat, et quod repetit nullatenus valeat vindicare, sed presens donatio, que a nobis pro amore Dei, ecclesie Sancte Crucis conscripta est, firma et inlibata omni tempore valeat permanere, cum stipulatione subnixa. »

Actum ibi : signum *Guillelmo comiti* ; signum *Aldeberti, archiepiscopi* ; signum *Ociandi* ; signum *Aiquel* ; signum *Erad* ; signum *Guillelmo* ; signum *Aiquarel* ; *Adaiz* ; signum *Alaiderno*.

Pièce n° 2

Diploma Willelmi ducis Aquitaniæ quo villam S. Macharii in qua iste sanctus requiescit, concedit ecclesiæ S. Crucis Burdegalensis.

(*Gallia Christiana*, t. II, *Instrumenta*, Col. 268).

1026

Ego in Dei nomine Guillelmus Deus dono dux Aquitaniæ, et uxor mea Aremberga, considero gravitatem peccatorum meorum, et propterea concedo ad basilicam S. Crucis Burdegalæ, salvitatem illius loci et allodium liberum et villam S. Macharii ubi ipse B. Macharius tumulatum ejus corpus requiescit, cum decima et cum omnes res, jus de terra et ex mare et cum justitia sanguinis, et cum pedagio et aliam salvitatem S. Mariæ de Macha cum decima, et omne jus et consuetudines, et eam prope adjacentem insulam, et cum paduensa in terra et in mare, et alteram villam S. Hilarii de Ortellano cum decima et alteram quæ vocatur Solaco cum oratorio S. Genitr. Mariæ, cum decimis et aquis dulcis, et terris de mare Salissa usque ad mare de Gironda et de Ubre de Syort usque ad grava, cum marisco, et cum montaneis, cum pineta, cum piscatione, cum cuncta prata Salvicina capiente; cum servis et ancillis. Ecce vero omnes istas villas cum justiciis sanguinis, et de omnes res cum ecclesiis earum et cum omnes consuetudines et jura, cum consuetudine trium modiorum salis et cum la pojadas et la fromentada, et cum totas pertinentias in pratis, in consuetudinibus, in nemoribus, in vineis, et in viis, et in semitis, ad sacratissimum lignum, seu ad ipsius congregationem Deo servientem, quod Burdegalæ situm est, dono, et transfero atque transfundo in illorum ibi degentium monachorum ad stipendia et congrua ipsorum trado, et do potestatem vel dominationem ad habendum et libere possidendum, et faciendum communiter quidquid voluerint, neminem contradicentem. Si vero aliquis assurexerit deinceps falso nomine comes, episcopus, vel aliquis hujus sæculi tyrannus, qui istas res supra ad suum opus mittere non timuerit, et per violentiam aliquid abstulerit, imprimis iram Dei omnipotentis incurrat; et a consortium Christianorum extraneus fiat, et cum Dathan et Abiron terra vivos absorbeat, et nunquam ad sanctam resurrectionem cum justos appareat, sed in cocheti laqueis pœna perpetua crucietur. Et si aliquis adversariorum assurrexerit, si salvitates violaverit, mille libras auri coactus fratribus componat. Hæc donatio quippe facta est anno MXXVII (sic) Incarn. Dom. præsente Fulconi Gaufridi et Trancardo baronis, Combaudo Ostendi, et Guillelmo præposito, Eduardo et Guitberto milites et alius; assistente monasteriis imprimitus S. Crucis et S. Mariæ de Solaco et S. Macharii et ecclesiis aliis abbate Gumbaudo, et ecclesiæ Burdigalensi archiepisco Godefredo.

Pièce n° 3

Pensions monacales en 1521.

(Extrait du Registre II. 946, p. 129, et du Carton n° 99 (prov.), série II, Abbaye Sainte-Croix, Archives départementales de la Gironde.)

Appointement de MM. Jean Ferron et François Braidanet, Conseillers, rendu en exécution de l'arrêt du 7 septembre 1521 portant que l'abbé François Daux, ses fermiers ou commis paieront par chacun an :

au Prieur,	60 francs bordelais d'un collé et 36 sols d'autre par quartier ; 10 barriques de vin (six de clairet et quatre de rouge du creux de Sainte-Croix, en vendanges) ; 5 pains monjaux, chaque fournée de 2 jours l'un ; 24 francs bordelais, payables à la Toussaint, pour les messes doubles.
au Sous-Prieur,	32 francs bordelais, 6 sols, 4 deniers payables par quartier ; 5 pains de deux en deux jours ; 10 barriques de vin.
au Sacristain,	48 francs bordelais, 9 pains, 9 pipes de vin clairet, 2 pipes de vin pinpin ; en outre, 3 pains les fêtes solennelles, 2 pains les tiercerolles et 1 les doubles.
à l'Infirmier,	30 francs bordelais ; 5 pains et 10 barriques de vin.
au Chambrier,	30 francs bordelais ; 5 pains, 10 barriques de vin.
au Poissonnier,	60 francs bordelais ; 4 pains, 10 barriques de vin.
au Réfectorier,	30 francs ; 5 pains ; 10 barriques de vin.
à l'Aumônier,	32 francs ; 6 sols ; 5 pains ; 10 barriques de vin.
au simple moine,	32 francs ; 6 sols ; 3 pains ; 6 barriques de vin et chaque jour des Avents et Carême, de jeûne et de vigile, demi-pain.
	Accroitra aux présens le droit des absens, excepté du Prieur.
au Vicaire perpétuel,	30 francs bordelais et 5 pains, comme dessus: 4 francs pour la rente des prés, à la Saint-Michel, 6 barriques de vin de Cambes ; 2 barriques de vin rouge du treuil et 2 de pinpin.
à chacun des 4 Prébandiers	30 francs bordelais ; 3 pains et 6 barriques devin rouge.
au Fournier,	2 barriques de vin rouge et 2 de pinpin.
au Portier et Jardinier,	2 barriques de vin rouge, 2 de pinpin, 3 pains.
au Barbier,	2 barriques de vin clairet.
Condonné du Roy,	2 barriques de vin rouge, 2 de clairet et 3 pains.

Pauvres, 13 pipes de vin et 13 pains chaqu'une fournée et 2 sols tournois chaque jour pour pitance.

au Notaire de la dite abbaye, 1 barrique de vin clairet et 4 pains.

au Meunier pour fournir le bled, 233 francs bordelais, 10 pipes de pinpin par an.

aux dits Religieux, chacun 1 pipe de verjus.

et pour les Collations, tant au temps des Rogations que autre temps, 4 barriques de vin par an, et pour le diner de deux jours, au temps des dites Rogations des religieux et des prêtres de Saint-Michel et de Sainte-Croix, 20 francs bourdelois, outre le pain et le vin.

et aussi payer aux dits religieux, chacun an, 24 francs bourdelois pour les anniversaires (que l'abbé devoit faire pour son propre compte) et 20 sols tournois, pour être convertis en pain pour donner aux pauvres les trois jours premiers après le premier dimanche de Carême.

et aussi payer 1 Carton de vin et un pain pour chacun jour, pour chacun malade qui fait la neufvaine à Saint-Maumoulin, durant la dite neufvaine.

Pièce n° 4

Déclarations des fiefs en la ville de Bordeaux faites à la maison de ville par ordre du Roy, suivant son Edit du 14 juillet 1553.

(Résumé d'une pièce qui se trouve aux Archives du département de la Gironde, série H, Abbaye Sainte-Croix, Carton n° 109, prov.)

1° Déclaration de l'abbé.

205 fiefs, loués 115 livres, 6 sols, 10 bians [1]

Rue de la Fusterie, paroisse Saint-Michel	5 maisons, 1 chai
Rue de Lalemendey, derrière l'église Saint-Michel	2 maisons et une demi
Rue des Faures, au Puyedeu	1 maison
Rue des Fours	4 maisons
Rue Andronne	4 maisons, 1 jardin, 1 append
Grande rue Sainte-Croix, devers le côté de la rivière, en Saint-Michel	1 maison, 1 jardin
d'autre cotté de la rue Saint-Croix, en Saint-Michel	9 maisons
Rue Planterose, devers le côté de Saint-Michel	6 maisons
Rue Planterose, de l'autre cotté	7 maisons
Rue des Boueys, dans tout le cotté de la rue, de-devers Sainte-Croix, est du fief	17 maisons, 4 jardins
Rue du Peyrat	7 grandes maisons, 6 jardins, 1 append
Par delà le Portail	2 maisons, 1 chai
Grande rue Sainte-Croix, paroisse Sainte-Croix du cotté de l'hôpital de la Peste	7 maisons, 7 jardins
de l'autre coté de la dite rue	7 maisons, 3 jardins
Rue du Myral, paroisse Saint-Eloy	6 maisons
Au Fagnas	1 maison
Rue Causserouge	2 maisons
Rue Caffernette	1 logis
Paroisse Sainte-Colombe	2 maisons
Paroisse Saint-Pierre, rue du petit Judas	2 maisons
Paroisse Saint-Siméon	1 maison
Rue de Macau	1 maison, où logeait le vicaire de Saint-Pierre

---

1. Le bian était le travail d'une journée d'homme.

Rue Sainte-Catherine, paroisse Saint-Projet	2 maisons
Rue du Loup	1 maison
Devant l'église Saint-Projet	2 maisons
Paroisse Saint-Mexans, rue Bedillon (Métivier)	3 maisons (dont une louée 12 ardits à Jean de Lachassaigne) et 1 jardin
Devant l'église	1 maison
Paroisse et rue Saint-Christoly	2 maisons, 1 jardin
Puy Paulin	1 maison
Saint-Eulalie, rue du Faisant	

2° DÉCLARATIONS DES OFFICIERS CLAUSTRAUX DE L'ABBAYE DE SAINTE-CROIX A RAISON DE LEURS OFFICES.

Déclaration du Réfectorier : 5 fiefs, loués 6 livres 5 sols

Paroisse Saint-Michel, rue Carpenteyre	2 maisons faisant le le coin de la rue des Fours, derrière la Grave
Rue Traversane	2 maisons
Paroisse Sainte-Croix, rue du Peyrat	1 maison
à Peypinet	1 vigne

Souprieur : 34 fiefs, loués 16 livres, 16 sols, 14 ardits

Paroisse Sainte-Croix, devant le puits du Peyrat	1 maison
Rue Sainte-Croix	2 maisons
Rue Sainte-Croix, paroisse Sainte-Croix	3 maisons
Rue Nérigean	12 maisons, dont une, louée aux Jurats, servait d'annexe à l'hôpital de la Peste 5 jardins
Pont Saint-Jean	3 chopes
Rue Maubec	1 maison
Rue de la Sau	1 maison, devant M. de Podio, médecin
Rue Saint-Jacmes	1 maison
Rue du Miral	1 sol
Paroisse Saint-Pierre, devant l'église	1 maison
Paroisse Saint-Pierre, rue des Faussets	1 maison
Sainte-Colombe, rue Poytevine	1 maison

Infirmier : 2 fiefs, loués 2 sols 12 ardits

Devant le moulin	1 chai
Rue Planterose	1 maison

Pitancier

Près l'abbaye	1 maison louée 30 sols

Sacristain : 54 fiefs, loués 15 livres 8 sols 1 ardit

Rue Sanguinengue, autrement rue Sainte-Croix	16 maisons, 1 jardin
Rue Bourdelaise	10 maisons, 2 places vides
Rue des Fours	3 maisons
Rue Carpenteyre	12 maisons, 1 chai
Rue Traversane	4 maisons
Rue de Lalimendey	1 maison
Rue du Faisan, paroisse Sainte-Eulalie	1 maison
Rue du Peyrat	2 maisons
Rue Andronne	1 maison

Chantre : 2 fiefs, loués 18 sols

Rue du Port	1 maison
Rue Sainte-Croix	1 append

Chambrier : 8 fiefs, loués 2 livres 8 sols

Rue du Port	2 maisons
Rue des Vignes	2 terres
en la rue qui soulloit être Jean Jimaubin	1 terre
Grande rue Sainte-Croix	2 maisons
Rue Traversane	1 jardin

Aumônier : 10 fiefs, loués 7 livres 11 sols 3 ardits

près l'Hôpital de la Peste	1 jardin
rue Carpenteyre, paroisse Saint-Michel	2 maisons
Rue du Casse	6 maisons
Rue Sainte-Croix	1 jardin

Déclaration à raison d'une chapelle de l'église Sainte-Croix

4 fiefs, loués 17 livres 5 sols
Rue Saint-Jacmes   1 maison
au Pas Saint-George   1 maison
rue Castillon   1 maison
Rue Sainte-Croix   1 maison

Déclaration à raison d'une autre chapelle en l'église Sainte-Croix

Rue des Faures   1 maison louée 5 livres

Pièce n° 5
SITUATION FINANCIÈRE DE L'ABBAYE AU XVIII° SIÈCLE

I. — Revenus des religieux

	ANNÉES	1730[1] (30 moines)	1760[2]	1790[3] (21 moines)
Pension de l'abbé	Argent............	1.342 Livres	1.718 Livres	1.612 Livres
	Vin	2.180 — (54 tonneaux et 2 barriques à 40 livres).	4.840 — (55 tonneaux à 88 livres).	7.590 — (55 tonneaux à 138 livres).
	Blé.............	2.316 — (386 boisseaux à 6 livres).	2.388 — (398 boisseaux à 6 livres).	5.796 — (414 boisseaux à 14 livres).
	Agrières de Cambes et dîmon de St-Caprazy (équivalent de 8 pensions)	1.042 —	1.780 —	1.167 —
	Totaux........	6.880 Livres	10.726 Livres	16.165 Livres
Revenus des Offices claustraux unis à la mense	Prieur............	118 Livres	167 Livres	127 Livres
	Sacristain........	134 —	320 —	490 —
	Infirmier.........	250 —	150 —	499 —
	Chambrier........	678 —	1.010 —	670 —
	Hôtelier..........	300 —	380 —	121 —
	Réfectorier.......	60 —	170 —	60 —
	Poissonnier.......	60 —	»	«
	Cens, rentes, lods et ventes indivis....	302 —	435 —	4.681 —
	Totaux........	1.902 Livres	2.622 Livres	6.648 Livres
Prieurés non unis à la mense	Hors du diocèse de Bordeaux	?	?	6.158 Livres
	Soulac...........	1.000 Livres	400 Livres	2.088 —
	Sadirac	800 —	550 —	700 —
	Le Fieu..........	550 —	500 —	198 —
	Le Tourne........	?	410 —	819 —
	L'Ile-St-George ...	370 —	330 —	380 —
	Totaux........	2.720 Livres	2.190 Livres	10.343 Livres

1. Voir note 1 de la page suivante.
2. Voir note 2 de la page suivante.
3. Voir note 3 de la page suivante.

	ANNÉES	1730[1] (30 moines)	1760[2]	1790[3] (21 moines)
Petit couvent	3 Raffineries........ Echoppes.......... Divers fonds....... Carbonieux........	4.400 Livres 468 — 411 — »	5.335 Livres 1.090 — 2.805 — 8.330 —	7.169 Livres 1.473 — 9.092 — 4.421 —
	Totaux............	5.279 Livres	17.560 Livres	22.155 Livres
	Rente sur la Comptablie............ Total général des revenus.........	1.000 Livres 17.781 Livres	1.100 Livres 34.198 Livres	1.110 Livres 56.411 Livres

1. Ces chiffres sont tirés de l'évaluation faite, au mois de janvier 1730, par le Bureau du diocèse ou, à défaut, de la déclaration faite à ce Bureau par le syndic des religieux le 13 décembre 1729. Ils ne comprennent pas les revenus, peu importants, des prieurés non unis situés dans les diocèses d'Agen, de Bazas et de Périgueux (Archives départementales de la Gironde, Liasse G. 827, et G. 833, 5o et 56 pour les prieurés non unis du diocèse de Bordeaux).

2. Ces chiffres sont tirés de l'évaluation faite, au mois de janvier 1761 par le Bureau du diocèse, ou à défaut, de la déclaration faite à ce Bureau par le Syndic des religieux. — Ils ne comprennent pas les revenus, peu importants, des prieurés non unis situés dans les diocèses d'Agen, de Bazas et de Périgueux (Archives départementales de la Gironde, liasse G. 827).

3. Ces chiffres sont tirés du Procès-verbal et Inventaire fait, le 26 avril 1790, par Jean Ferrière Colck et Jean-Léonard de Gaye-Martignac, officiers municipaux de la ville de Bordeaux, Jean-Marie Collardon, secrétaire. Ils comprennent les prieurés non unis des diocèses d'Agen (Saint-Jean de Montauriol), Périgueux (Saint-Paxans de la Motte du Mont-Ravel), et Bazas (Saint-Aubin de Blagnac, Saint-Martin de Flaujagues et son annexe Notre-Dame de Gensac, Saint-Colombe et Saint-Jean d'Auzas, son annexe).

Pièce n° 5 (suite)

SITUATION FINANCIÈRE DE L'ABBAYE SAINTE-CROIX AU XVIII° SIÈCLE

II. — *Charges des religieux en 1730 et 1760* [1]

	ANNÉES	1730	1760
A prélever sur les pensions de l'abbé	Traitements divers............	412 Livres	558 Livres
	Quartières de Cambes à payer à l'archevêque................	91 —	96 —
	Portion congrue du vicaire perpétuel de Cambes...........	300 —	300 —
	Service religieux extraordinaire à Cambes.....................		120 —
	Aumônes des Rameaux et du Jeudi Saint................		350 —
	Totaux................	803 Livres	1.424 Livres
Rentes à servir	Sommes empruntées pour construire des raffineries et des corderies près l'abbaye et (en 1760) pour acquérir le domaine de Carbonieux.............	2.160 Livres	13.820 Livres
	Rentes passives...............	321 —	»
	Totaux................	2.481 Livres	13.820 Livres
Réparations et entretien	Réparation des bâtiments.......	1.740 Livres	1.000 Livres
	Entretien de la sacristie.........	1.450 —	»
	Totaux	3.190 Livres	1.000 Livres
Domaine de Carbonieux	Redevance au chapitre de Saint-André................	Mémoire	77 Livres
Prieurés non unis	Soulac.....................	600 Livres	
	Sadirac....................	100 —	
	Le Fieu	160 —	
	Le Tourne.................	?	
	L'Ile-Saint-George............	30 —	
	Totaux................	890 Livres	75 Livres
Divers.......		624 Livres	98 Livres
	Total général des charges...	7.988 Livres	16.494 Livres
	Décimes	580 Livres	
	Revenu brut...............	17.781 Livres	34.198 Livres
	Charges...................	7.988 —	16.494 —
	Revenu net...............	9.793 —	17.704 —

1. Les sources sont les mêmes que celles indiquées pour les revenus des religieux.

Piéce n° 5 (suite)

SITUATION FINANCIÈRE DE L'ABBAYE AU XVIII° SIÈCLE

II (suite). — *Charges des religieux en 1790* [1]

Dépenses autres que la bouche	1647 livres
Vestiaire	5078 —
Malades	2253 —
Eglise	496 —
Aumônes	3184 —
Intérêts, décimes, etc.	7991 —
Réparations	2389 —
Procès	176 —
Ports de lettres	491 —
Voyages	12 —
Cas extraordinaires	535 —
Dettes payées	17723 —
	41975 —

Revenu brut : 56411 livres
Charges : 41975 —
Revenu net : 14436 —
Nourriture de la Communauté, hôtes et domestiques : 11733 —
Reste disponible : 2703 —

1. Les sources sont les mêmes que celles indiquées par les revenus des religieux.

Pièce n° 5 (suite)

SITUATION FINANCIÈRE DE L'ABBAYE AU XVIIIe SIÈCLE

III. — *Revenus et charges de l'abbé commendataire de Sainte-Croix (François de Béringhen, évêque et seigneur du Puy) en 1730*[1].

I. — Revenus :

Revenus non affermés	9679 livres	
Revenus affermés	4485 —	17164 livres
Rente sur la Comptablie (part de l'indemnité pour la petite coutume)	3000 —	

Ces revenus comprenaient :

1° Des fiefs seigneuriaux dans 26 rues de Bordeaux, dans les paroisses de Sainte-Croix (extra muros), Sainte-Eulalie (extra muros), Saint-Seurine Bègles, Bruges, Le Taillan, Macau, l'Ile de Cazaux, la Chapelle de Bira, (paroisse d'Arsac), Sainte-Hélène, Moulis, Soussans, Saint-Aubin, Villenave, Cadaujac, Martillac, Floirac, Tresses, Saint-Laurent en Cubzacais, Royan, de Bordeaux ;

2° Des droits purement ecclésiastiques (dîmes), au Taillan, à Blanquefort, Macau, Arsac, Moulis, La Tresne, Lignan, Baurech, Tabanac, Sadirac, Loupiac, Sainte-Croix-du-Mont, Saint-Médard, l'Ile-Saint-Georges, Barsac.

II. — Charges :

Pensions aux religieux (argent, vin et blé)		5838 livres	
Rentes à l'hôpital Saint-André (36 livres, 50 boisseaux blé, 7 barriques vin)		388 —	
Portions congrues	Vicaires perpétuel et amovible de Macau	600 —	8258 livres
	Vicaire perpétuel du Taillan	420 —	
48 boisseaux de blé à la famille de Civrac		288 —	
Récurement de l'estey de Sainte-Croix et réparations		424 —	
Réparations du palais abbatial, chais et cuviers		300 —	

Moyenne des décimes 1868 livres. — Revenu net : 8906 livres.

---

1. Les sources sont les mêmes que celles indiquées pour les revenus des religieux.

Pièce n° 5 (Suite)

Situation financière de l'abbaye au XVIII° siècle.

III (Suite). — *Revenus et charges de l'abbé commendataire de Sainte-Croix (Louis-Joseph de Montmorency-Laval) en 1760* [1].

I. — Revenus.

Par contrat du 6 novembre 1752, les revenus sont affermés, quittes de toutes charges..	8.000 livres	
Décimes à la charge du fermier............	1.390	12.390 livres
Rente sur la comptablie (Part de l'indemnité relative à la petite coutume)........	3.000	

II. — Charges.

Supplément à la pension aux religieux......	160 livres	
Au fermier pour non-jouissance de la dîme de Tabanac............................	150	
Entretien des vaisseaux vinaires............	197	1.407 livres
Réparations de l'église et des lieux claustraux.	500	
Réparation du moulin de Sainte-Croix et des bâtiments abbatiaux de Sainte Croix, Macau et le Taillan.........................	400	
Revenus nets........		10.983

[1]. Les sources sont les mêmes que celles indiquées pour les revenus des religieux.

Pièce n° 6

Vente des biens de l'abbaye Sainte-Croix pendant la période révolutionnaire

(Extrait des Registres de l'Administration des Domaines conservés aux Archives du département de la Gironde)

Il n'a pas été fait, en général, de distinction entre les biens de l'abbé et ceux de la mense capitulaire. Quelques omissions existent certainement, mais elles sont peu importantes. Il n'est pas fait mention des prieurés des Allemans et de Montauriol, situés dans le département du Lot-et-Garonne. Les chiffres à retenir sont les évaluations de l'Administration des Domaines, car les prix de vente ayant été souvent payés en assignats n'ont pas de signification certaine.

DATES DES VENTES	DÉSIGNATION DES IMMEUBLES	ÉVALUATION DE L'ADMINISTRATION	PRIX DE VENTE
1790			
17 Novembre	5 Maisons rue Brunet..........	23.804	28.100
13 Décembre	1 Maison rue du Moulin........	42.260	70.000
1791			
4 Janvier	1 Chai, cul-de-sac de la rue du Moulin.................	2.600	6.500
24 —	Domaine de Carbonieux........	195.145	366.000
25 —	Le Prieuré de Sadirac.........	1.600	5.550
12 Février	Raffinerie rue du Moulin.......	31.100	53.100
14 —	Pré à Souzac.................	1.200	2.500
3 Mars	Vigne au plantier de Pimpinet..	1.000	3.250
11 —	Le Prieuré de Saint-Aubin.....	22.000	36.200
15 Avril	Raffinerie rue du Moulin.......	50.524	81.500
16 —	Bâtiments pour la dîme du Taillan...................	1.500	3.600
1ᵉʳ Juillet	Boulangerie à Cambes.........	4.291	5.300
23 Août	Maison et dépendances à Macau..	6.000	8.000
1792			
3 Juillet	2 vignes au Serpora...........	800	1.750
12 Décembre	Emplacement près le ruisseau Sainte-Croix...............	3.000	5.350
—	Maison et Jardin rue Saint-Jean.	5.000	7.650
—	—	5.000	8.650
—	—	6.000	11.000
—	—	4.000	6.900
	A reporter	406.824	710.900

PRIX DE VENTE	DÉSIGNATION DES IMMEUBLES	ÉVALUATION DE L'ADMINISTRATION	DATES DES VENTES
1793	Reports............	406.824	710.900
5 Janvier	Emplacement rue de l'Etoile....	4.000	4.050
— —	—	4.000	4.300
24 —	—	3.000	3.950
— —	—	3.000	4.025
13 Mars	Chai et Cuvier Ile-Saint-Georges.	1.200	1.850
11 Mai	Emplacement rue de l'Etoile....	2.400	2.550
— —	—	2.400	2.450
— —	—	1.200	1.250
— —	—	1.200	1.250
— —	—	600	650
An 2			
28 Floréal	Chai, Chambre, etc., à Macau...	3.000	6.000
An 7			
25 Pluviôse	Moulin sur l'estey Sainte-Croix..	37.836	37.836
An 8			
22 Messidor	Chai, Impasse de la place du Moulin.....................	5.200	70.000
	Totaux généraux.........	475.860	851.161

Appendice n° I

Liste des Abbés

1° Abbés Réguliers

1.	Elis,	fin du Xe siècle.
2.	Gombaud,	antérieur à 1027, postérieur à 1043.
3.	Arnaud Trencard,	régissait l'abbaye en 1079.
4.	Foulques,	antérieur à 1096, postérieur à 1111.
5.	Andron,	régissait l'abbaye en 1123.
6.	Pierre de Bussac,	† en 1138
7.	Guillaume Gombaud,	de 1138 à ?
8.	Arnaud Gombaud,	† en 1152
9.	Bertrand,	de 1152 à 1169
10.	Gérald de Rameford,	de 1170 à 1182
11.	Arnaud de Vayrines,	de 1182 à 1210 environ
12.	Guillaume Seguin,	de 1210 à 1213 environ
13.	Guillaume Gombaud,	de 1213 à 1229
14.	Pons de Blanquefort,	de 1229 à 1245 ?
15.	Pierre de Lignan,	de 1245 ? à 1259
16.	Guillaume de Comps,	de 1259 à 1266
17.	Bernard de la Gardère,	de 1267 à 1282
18.	Guillaume de la Loubeyre,	de 1283 à 1304 (20 juillet)
19.	Pierre Arnaud de Pouyanne, cardinal,	de 1304 à 1306
20.	Himbert Dante,	de 1306 à 1314 (22 juillet)
21.	Raymond Guillaume de Faugueyras,	de 1314 à 133.
22.	Pierre de Sermet,	de 133. à 1349
23.	Pierre de Camiada,	de 1349 à 1375 (20 octobre)
24.	Raymond Bernard de Roquers	de 1376 à 1380, † archevêque de Bordeaux le 15 mars 1384.
25.	Bernard Salomon,	de 1381 à 1384, déposé
	Vacance	de mai 1384 à la fin janvier 1385
26.	Amanieu de la Mote,	de 1385 à 1412
27.	Pierre André,	de 1412 à 1435

2° *Abbés commendataires*

28. Henri-François Cavier, évêque de Bazas,	de 1435 à 1445	
Vacance	de 1445 à 1450	
29. Pierre de Béarn, protonotaire apostolique,	de 1450 à 1455	
30. Pierre de Foix, senior, cardinal,	de 1455 à 1461, † le 13 décembre 1464	
31. Pierre de Foix, junior, cardinal,	de 1461 à 1490, † le 10 août	
32. André de Lespinay, archevêque de Bordeaux,	de 1491 à 1499, † le 10 novembre 1500	
33. Charles de Carreto, cardinal,	de 1500 à 1514	
34. Christophe de Brilhac, archevêque de Tours,	de 1514 à 1516, † le 31 juillet 1520	
35. François Daux, protonotaire apostolique,	de 1516 à 1533, † le 17 août	
36. Augier Hunault de Lanta	de 1533 à 1564, † le 14 décembre 1570	
37. Bernard Salviati, cardinal,	de 1565 à 1566, † le 6 mai 1568.	
38. Jules Salviati,	de 1566 à 1607, † en mai 1615.	
39. Sampetro d'Ornano,	de 1607 à 1629	
40. Jacques Desaigues.	de 1629 à 1643	
41. Henri d'Escoubleau de Sourdis, archevêque de Bordeaux.	de 1643 à 1645, † le 18 juin	
42. François Molé de Champlatreux,	de 1646 à 1712, † le 5 mai	
43. François de Béringhen, évêque du Puy,	de 1712 à 1743, † le 17 octobre	
44. Louis Joseph de Montmorency-Laval, Cardinal	de 1743 à 1760, † le 17 juin 1808	
45. Louis-Charles Vincent de Salaberry,	de 1760 à 1761, † le 20 janvier	
46. Jean-Louis du Buisson de Beauteville, évêque d'Alais,	de 1761 à 1776, † le 30 mars	
47. Jean-Baptiste de la Rochefoucauld-Magnac,	de 1776 à 1790	

Appendice n° II

Liste des Prieurs claustraux

Petrus,	sous l'abbé Andron
Petrus de Bussiaco,	sous l'abbé Andron, devint abbé
Robert de Fluirac,	1138
Petrus,	sous l'abbé Guillaume Gombaud
Ostendus,	sous l'abbé Bertrand
Vitalis,	sous l'abbé Bertrand
Aiquelinus de Santo-Severino,	1182, 85, 87, 89, 95
Bertrandus de Pessac,	1217, 1222
W. de Comps	de 1233 à 1259, devint abbé
Ayquem de Cambes,	1264
Johan de la Reulh,	1271
Johan de la Cala,	1307
Bernard de la Taste,	1344
Jean Thomas,	1350
Hugo de Belsio,	1376
Gombaud Fournier,	1406
Vital Arnaud,	1414
Galhard Ros,	1435 1447
Johan de la Sala,	sous l'abbé Pierre de Foix, senior
Ramon Caisini,	1461, 1467
Pey de Ferranhas,	1477
Philippe Brigitto,	1506
De Lassere,	1509
Bertrand du Saillant,	1516
Antoine de Cura,	1528
Bertrand de la Fargue,	nommé en 1528
Gaspard Dornelan,	1537
De Roux,	1539
Jean de Civrac,	1558
Jean de Roux de Campagnac,	1565, † en 1565
Jacques Marrono,	nommé en 1565
François Benet,	nommé en 1566
Marc Riquart,	nommé en 1566, démissionne 1569
Jacques Arnaut,	1569, renonce
Jean de Foyssac,	1576, renonce en 1580
Georges de la Dugine,	1584
Jean Gros,	1586, meurt en 1593
Gaspard de Frettes,	nommé en 1594
Jean Tuffeau, Dufaur ou Dufour,	de 1594 à 1626
Archambaud Christut	de 1626 à 1627 † 1659

Prieurs triennaux de la Congrégation de Saint-Maur

Anselme Rolle,	1627
Ambroise Tarbouriech,	de 1627 à 1630
Charles de Malleville,	de 1630 à 1633
Bernard Audebert,	de 1633 à 1636
Antoine Espinasse,	de 1636 à 1639
Pierre Besial,	de 1639 à 1642
Bernard Javardac,	de 1642 à 1645
Jean-Hyacinthe Fradel,	de 1645 à 1648
Placide Rasteau,	de 1648 à 1651
Antoine Espinasse,	de 1651 à 1657
Claude Boistard,	de 1657 à 1660
Pierre Besial,	de 1660 à 1666
Placide du Vergier,	de 1666 à 1672
Jacques Alboy,	de 1672 à 1678
Paul Saporta,	de 1678 à 1684
Jean Quenlhe,	de 1684 à 1690
Jacques Hody,	de 1690 à 1692
Gabriel Marcland,	de 1693 à 1699
Charles d'Isard de Villefort,	de 1699 à 1705
Charles Armand de Lavie,	de 1705 à 1708
Charles d'Isard de Villefort,	de 1708 à 1711
Gilles Chouart,	de 1711 à 1712
Jean-Paul Dusault,	de 1713 à 1714
Pierre-Paul de Fleires,	de 1714 à 1720
Etienne Verdelle,	de 1720 à 1726
Jean-Baptiste Floyrac,	de 1726 à 1732
Jean-Louis Floyrac,	de 1732 à 1735
Claude Brun,	de 1736 à 1739
César Arribat,	de 1739 à 1745
Joseph Goudar,	de 1745 à 1754
Pierre Barlange,	de 1754 à 1756
Pierre-Joseph Labbat,	de 1756 à 1763
François Gallias,	de 1763 à 1766
Jacques Haudiguer,	de 1766 à 1769
Roch Lavaissière,	de 1769 à 1778
Jean-François Duthoya,	de 1778 à 1781
Pierre-Joseph Labbat,	de 1781 à 1783
François-Antoine Bonnefoy,	de 1783 à 1788
Jean-Baptiste Boé,	de 1788 à 1790

Appendice n° III

LISTE DES CHAPELAINS ET VICAIRES PERPÉTUELS AYANT DESSERVI LA PAROISSE ÉTABLIE DANS L'ÉGLISE SAINTE-CROIX DE BORDEAUX, SOUS LE VOCABLE DE SAINTE-CATHERINE.

Guillelmus de Saugas (Saucats),	1215
P. Sans,	1238, 1243, 1244
R. de la Tasta,	1257, 1258
P. Sans,	fév. 1259, avril 1264
Raymond de Lacoste,	décembre 1264
Guillaume de Larsan,	15 octobre 1406
Bernard Estienne,	1453
Pierre de Lasserre,	23 décembre 1480
Jean de Ruffineau,	† en 1501
Antoine de Beaulieu,	lui succède
Louis d'Agulhon,	† en 1530
Clément Mollé (recteur),	1535
Bertrand Lane,	1584
Pierre Reydi,	1591
François Dupuy,	1601 et 1607
François Delorge,	15 juin 1605
Mathieu Dupuitz,	1612, permute avec le suivant le 9 mai 1635
Henri Delforges,	permute avec le suivant le 3 décembre 1660, † le 8 décembre 1661
André Fouques,	résigne le 14 décembre 1685
Pierre Fénis,	résigne le 4 septembre 1687
Léon Fénis,	† le 1er janvier 1731
Forets,	† le 28 novembre 1741
Leymarie,	résigne le 10 décembre 1762

Monreny, insermenté, cesse ses fonctions le 9 avril 1791, puis émigre.

TABLE DES CHAPITRES

Préface		1
Chapitre	I. — Les origines. Saint Mommolin et son culte	11
Chapitre	II. — Prise de possession. Les abbés du XIe siècle	65
Chapitre	III. — Les abbés du XIIe siècle	74
Chapitre	IV. — Révolte des moines de Saint-Macaire	94
Chapitre	V. — Revendication de Soulac par l'abbaye de Saint-Séver	106
Chapitre	VI. — Les abbés du XIIIe siècle	113
Chapitre	VII. — Les derniers abbés réguliers	132
Chapitre	VIII. — Organisation intérieure de l'abbaye sous les abbés réguliers	155
Chapitre	IX. — Les abbés commendataires du XVe et du XVIe siècle	183
Chapitre	X. — Les Jésuites s'emparent du prieuré de Saint-Macaire	215
Chapitre	XI. — Les derniers abbés commendataires. La Congrégation de Saint-Maur	221
Chapitre	XII. — Possessions et revenus de l'abbaye	249
Chapitre	XIII. — La petite coutume et le droit de circulation en franchise des denrées de l'abbaye	286
Chapitre	XIV. — La sauveté de Sainte-Croix	296
Chapitre	XV. — L'église et l'abbaye	305
Chapitre	XVI. — La paroisse	330
Chapitre	XVII. — Relations de l'abbaye avec l'église Saint-Michel	350
Pièces justificatives et Appendices		365

TABLE ALPHABÉTIQUE DES NOMS PROPRES
DE PERSONNES ET DE LIEUX

A

Abadie, architecte, 316, 317, 319, 324.
Abbeville, 115.
Abdérame, 52.
Ablain (Mathieu), 207.
Acan (rue), 344, 348.
Achery (Dom Luc d'), v et ch. 1.
Adaiz, 56.
Adon, 51.
Adrevald, 2, 16, 35, 46 à 48.
Affre, v, 246.
Affre (Dom), 329.
Agen, 167, 251.
Agnès (comtesse), 60.
Agnet de Chaumont, 196.
Aigret, 68.
Aillard, 20.
Aimoin, 2, 16, 35, 46 à 48.
Aion (Jean), 151.
Aiquarel, 56.
Aiquelin (Guillaume), 23, 56, 88 à 90.
Aire, 151, 192.
Aix, 197.
Alaidern, 56.
Alais, 244.
Albano, évêché, 85, 109, 190, 191, 352.
Albéric, 48.
Albian (Bertrand), 356, 357.
Albina (Bertrand de), 142.
Aldebert, archev., 56, 96.
Alemans (les), prieuré, 129, 139, 140, 167, 251, 252.
Alleux (Gérard des), 224.
Alexandre II, pape, 82, 107, 108.
Alexandre III, pape, 76, 81, 82, 84, 85, 86, 98, 99, 100 à 102, 104, 105, 109, 111, 160, 167, 323.
Aliénor d'Aquitaine, 62, 79, 87, 89, 121, 160, 308.
Aliénor de Castille, 323.
Aloys, card. d'Este, 207.
Alpaïde Colomb, 125.
Alphonse IX, 322, 323.
Alphonse X, 323.
Alquier, 239.
Altona, 242.
Anaclet, antipape, 74, 75, 78, 97, 331.
Anastase, 48.
Ana (comtesse), 68, 107, 108.
Amadura (Fernando de), 299.
Amalvin, 117.
Amanieu d'Albret, 94, 98.
Amanieu (Bernard), 114.
Amanieu de Lamote, abbé, 147 à 150.
Amat, év. d'Oloron, 71, 107, 118.
Amat, arch. de Bordeaux, 351.
Amblard (d'), 96.
André Pierre, abbé, 146, 150 à 154, 291.

Andro, abbé (v. Andron).
Andron, abbé, 74 à 78, 95 à 97, 155.
Andron (Pey), 331.
Andron de Lansac, 196.
Anglaise (rue), 345.
Anglure (d') de Bourlemont, arch. de Bordeaux, 335.
Angoulême, 352.
Antoine de Bourbon, 204, 341.
Aragon, 191.
Arbalesteyre (tour), 72.
Aremberge, 56, 58 à 61.
Arles, 191.
Arlottes (rue des), 345.
Armagnac (d'), 109.
Arnal (d'), voir Darnal.
Arnaud IV, archev., 77.
Arnaud des Arbres, 262.
Arnaud Gombaud, abbé, 77, 82, 86.
Arnaud de Madéran, 141.
Arnand Pagan, 158.
Arnaud Paguin, 138.
Arnaud de Passaget, 148.
Arnaud de Pouyanne, abbé, 131, 132, 138, 161, 339.
Arnaud Trencard (voir Trencard).
Arnaud Seguin, 148.
Arnaud de Sent Andriu, 344.
Arnaut (Jean), 209.
Arribat (Dom César d'), 112.
Artois (comte d'), 246.
Ars, ruisseau, 80, 81, 267, 331.
Arsac, 76.
Assalide ou Assailhide, 81, 250.
Assomption (confrérie de l'), 340.
Aubiac, 83, 167.
Auch, 207.
Audebert, 68.
Audoïng, 246.
Augier, 279.
Augiers, Jean, 255.
Aumont (d'), 237.
Aunais, Droin, 129.
Austin, Pierre, 343.

Austorg, 72.
Antisiodore, 109.
Aux (d'), v. Daux.
Avenel (vicomte d'), 273, 274.
Avignon, 131, 188, 191, 192.
Arnolt (Guillaume), 299.
Artault (Pey), 298.
Asfeld (d'), 319.
Aviau (d') du Bois de Sanzay, 26.
Ayguemortes, 174.
Aymon (Johan), 339.
Ayon (Arnaud), 134, 343.

B

Bagnères-de-Bigorre, 353.
Bagneys (Pey de), 142.
Balach ou Balag, ruisseau, 80, 118, 173, 339.
Balade (Jean de la), 134.
Balguerie (Grellet), vii.
Balijan, 89.
Baluze, vi, 15, 53, 133.
Bar (Pierre de), 111, 215.
Barberousse (Frédéric), 81, 98.
Barckhausen, v, vi, 242.
Barreyre, 235, 346.
Bastelica, 220.
Bastide (Dom), 40.
Bassens, 173.
Baudéac, 291.
Baurech, 125, 173, 278.
Baurein, 116.
Bayardeau, 204, 231.
Bayon, 233.
Bayonne, 139, 152.
Bazas, 27, 147, 167, 183.
Béarn (Pierre de), abbé, 188 à 190, 358.
Beaulieu, 127, 128.
Beauteville (Jean-Louis du Buisson de), abbé, 243, 244, 258.
Beautiran, 168, 278.
Becket (S. Thomas), 103.

Bedos (Dom), 314.
Bègles, 129, 330, 339.
Bègles (Guillaume de), 114.
Bégueyre (porte), 333.
Béguey (Pey), 134, 175, 339.
Beissac (Pierre de), abbé, 76, 78, 79, 84, 140.
Belinus, 49, 50, 51.
Belley (Jean du), archev. de Bordeaux, 201.
Benauge, 299.
Benauge (Guil. de), 138.
Bénévent, 17.
Benoit VIII, pape, 106.
Benoit IX, 106, 108, 160, 161.
Benoit XII, 140, 176.
Benoit XIII, 194.
Benoit XIV, vi, ix, 63, 68.
Bère (H. de la), 107.
Bergerac, 338.
Béringhen (Fr.-Ch. de), abbé, 237 à 240, 269, 294, 296, 299, 303.
Berland (Pey), 152, 154, 186, 358.
Bernadau, vi, 27, 30, 34, 321, 343, 345, 349.
Bernard, roi d'Italie, 35, 36.
Bernard, cardinal, 102.
Bernard, abbé de Saint-Emilion, 89.
Bernard Salomon, abbé, 143 à 147, 160, 161, 290.
Bernard, notaire, 211.
Bertrand, abbé, vi, 242.
Bertrand de Goth (voir Clément V).
Bertrand II, 77.
Bertrand, maire, 37.
Bertrand du Saillant, 197.
Bertrand de Lignan, abbé, 81 à 84, 156, 162.
Bertrand de Cuisanio, 148.
Berthus, 248.
Bésiat (Dom), 31, 327.
Besli, 57.
Besons (de), arch. de Bordeaux, 336.

Béthune (Henri de), arch. de Bordeaux, 166, 361.
Bétorar, 75.
Biganos, 116.
Bilichilde, 20.
Bladé, 57.
Blagnac (Saint-Aubin de), 139, 140.
Blanquefort, 153.
Blanquefort (Amalvin de), 84, 85.
Blanquefort (Gombaud de), 320.
Blanquefort (Jean), 240.
Blanquefort (Pons de), abbé, 117 à 120, 173.
Blaye, 130, 167.
Blois (ordonnance de), 211.
Boet, Jean, 24.
Boc (Dom), 246.
Boges (Goscelin), 119.
Boges du Mirail, 263.
Bogis (Arnaud de), chanoine, 125, 168.
Boistard (Dom), 3, 237, 327.
Bollandistes, 22, 34, 49.
Bombe (la), 33.
Bonafoux, 101, 102, 104.
Bonetz de Rions, 333.
Bonne-Nouvelle, prieuré, 43.
Bordeaux (P. de), 118.
Bordes, vi, 345.
Borie de Pomarède, 243.
Bosc (Guillaume du), 195.
Bosco (Arnaud), 167.
Boscheron des Portes, vi.
Boson de Montprimblanc, 83.
Bouchier (Robert), 195, 202.
Boueys (rue de los), 134, 343.
Bouillerie (de la), 37.
Bouldi (Jean du), 223.
Bouliac (Amanieu de), 89.
Boulin (Dom), iv.
Bourde (Eau), ruisseau (voir Eau Bourde).
Bourges, 140, 197, 210.
Bourg-sur-Gironde, 24.

Bourlemont (d'Anglure de), arch. de Bordeaux, 335.
Bournazeau (Antoine), 36, 343.
Bournet (le), abbaye, 143, 144, 146, 152, 161.
Bouviers (rue des), 343.
Bouville (Bernard de), 117.
Boyssonnade (Louis de), 209.
Bozon, 167.
Brannes, 119.
Brantôme, 212.
Branya (Guill. de), 154.
Braqueville (Mignerou de), 345.
Bremont, viii.
Brenet (rue), 344, 348.
Brequigny, vi.
Bretagne (Arth. de), 115.
Bretagne (Pierre de), 355.
Brettes, vi.
Breuils (abbé), vi.
Briçonnet (Guil.), cardinal, 194.
Brigitte (Ph.), 196.
Brillhac (Christophe de), abbé, 197.
Brosset (Jacques), 196.
Brouat (Peyrat), 301.
Bruges, 238.
Brutails, vi, 273.
Buch (captal de), 188.
Buffault, vi.
Buisson (Dom du), vi.
Bulteau (Dom), vi.
Bureau (P.), 189.
Burguet, 313.
Bussac (Guillaume de), 118.

C

Cabanac (Arnaud Giraud de), arch. de Bordeaux, 97.
Caberno (Guillaume de), 146.
Cadouin, abbaye, 230.
Cadrigues (Bernard de), 140.
Cahors, 195.
Caignotte, monastère, 213.

Caillau (Pey), 122, 239, 289.
Caillau (Bertrand), 289.
Calhanile (Arnaud de), 356.
Calixte II, 74, 77, 97, 100, 102.
Calixte III, 185, 190.
Callen, abbé, 143, 350.
Cambes, 139, 147, 245, 256, 257, 278, 279, 280.
Camblanes, 357.
Camiada ou Camiade (Pey de), abbé, 139 à 142, 159, 300, 315, 356.
Camparian, prieuré (v. Comparian).
Camparian (Arnaud de), 258.
Candale (de), 188.
Candelay (Roger de), 200.
Canejan, 116.
Cantenac, 118.
Cantorbery, 103.
Carbonieux, 239, 241, 257, 269, 270, 284.
Carbonneau (Adam), 331.
Carbonneau (rue), 331, 333.
Carcans, 3, 71.
Caretto (Ch. de), cardinal et abbé, 195 à 198, 278.
Carignan, 278.
Carjaval, cardinal, 185.
Carpau (Jules), 207.
Carpenter des Ayres, 263.
Carpenter (Hélie), 127, 263.
Carpenteyre (rue), 344.
Carriac (Jean), 308.
Carrière (Dom), 242, 329.
Carte (Thomas), vii.
Casau (île de), 204.
Casanova (Pierre de), 189.
Cascolf (Pierre de), 138.
Casse (Estève du), 127.
Casseuil, 54.
Castagnet (Pierre), 213.
Castels (Fabas), 220.
Castellane (de), 31.
Castillon, 189.
Catherine de Médicis, 205.

Caudéran, 139.
Cauzorn, 82.
Cavier (H. Fr.), évêque et abbé, 183 à 187, 358.
Célestin III, 86, 87, 90, 352.
Célestins (ordre), 195.
Cénoncourt (de), 238.
Centujan, 331.
Centujan (Baudoin de), 82, 114, 115.
Cernès (archid. de), 354.
Certani (Matteo), 207, 208.
Cestas, 83, 116, 253, 277.
Chabannes (Adémar de), 57.
Chaillou (Marguerite de), 229.
Chamard (Dom), 20.
Chambre (Fort de la), 193.
Chambrefontaine, 233.
Champion de Cicé, arch. de Bordeaux, 246, 348.
Chanteloup, 40.
Charlemagne, 12, 53, 55, 67.
Charles VII, 189, 271, 286, 287, 292, 359.
Charles VIII, 194, 195, 252.
Charles IX, 205, 206, 252.
Charles Martel, 52.
Charles, duc de Guienne, 193.
Charles de Valois, 129.
Charonne, 233.
Chasseret (Henri), 236.
Chastagnet, 37.
Chaumont (Agnet de), 196.
Chaumont (Louis de), 193.
Chausselon (Antoine), 209, 210.
Chesnevert (de), 227.
Chezal-Benoît, 210.
Childéric II, 20.
Chiquet (Jean), 311.
Christian (Iley), 195.
Christut (Archambaud), 223, 225.
Chouart (Gilles), 237.
Ciret (de), 202.
Citeaux, abbaye, 230.
Clairac, abbaye, 84, 353.

Clamondes (Bruno), 230.
Clapisson (Dom), 246.
Clarence (Thomas, duc de), 153.
Claus (Arnaud du), 260.
Claus (Blanche du), 260.
Claus (Marguerite du), 260.
Clément IV, 176.
Clément V, 128, 129, 131 à 134, 162, 341, 354, 355.
Clément VI, 139, 275, 355.
Clément VIII, 185.
Clermont, évêché, 205, 206.
Cleu (Ramon de), 191, 192, 193, 195.
Clovis II, 16, 35, 47, 48.
Cluny, abbaye, 67, 75, 138.
Cluse, abbaye, 122.
Cocud, ruisseau, 82, 250.
Cok (Thomas), 139.
Collardon, 247.
Colomb (Alpayde), 126.
Colomb (Arnaud), 287.
Colomb (Bernard), 267.
Colomb (Jean), 144.
Colomb (Guillaume Raymond), 122, 125.
Combs (W. de), abbé, 121, 123, 124, 262, 263.
Comparian, prieuré, 115, 116, 253, 277.
Comptor, 115.
Comtors, 92.
Conchet (Louis), 279.
Condom, abbaye, 126, 183.
Congruis (Pierre de), 140.
Constance, 191, 192.
Constans (Pey), 311.
Constantin (Guilhem), 130.
Contors (Solman), 262.
Corbie (Jean de), 289.
Corbin (abbé), 350.
Cordouan, 67, 75.
Corn, 76, 277.
Coursillaud, sieur de Beauroche, 222.

Coutenceau (Sanson), 204.
Coulombs, 242.
Cradoc (David), 147.
Cropte (Pey de la), 160, 338.
Cros (du), 168.
Cruseau (du), vii.
Cuisonio, 148.
Cuissard, vi.
Cursan (Gaillard de), 269.
Curzan (Robert de), 119, 127.

D

Dabadie, 2, 3, 4, 70, 76, 114, 137, 185, 216, 217, 235.
Dacra, 118.
Dagobert I, 16, 18, 48.
Dalesme (François), 212.
Dalesme J.-J., sieur de Saint-Clément, jurat, 361.
Dante (Himbert), abbé, 134, 135, 174, 175.
Darluc, 3, 237.
Darnal (Jean), chambrier, 11, 21, 22, 25, 26, 30, 31, 32, 34, 223.
Darnal (Jean), chroniqueur, viii, 287, 288.
Darnal (Jean), chantre, 272.
Darzac (Girald), 118.
Darzac (P.), 118.
Dast le Vacher de Boisville, v.
Daurade, abbaye, 212.
Daux (François), abbé, 197, 200, 201.
David, 271.
David Cradoc, 147.
Dax, 133, 152.
Daynot du Saillant, 196.
David de Montferrand, 151.
Decaulx (Yves), 335.
Declanet, 253, 264.
Decuron (Flaman), 342.
Delage (Guillaume), 196, 215.
Delarose, 273.
Delort, 36.

Delpit, vii.
Delurbe, vii, 34, 52, 53, 322.
Derby (Henry de), 148.
Despiet, 112.
Desaygues (Jacques), abbé, 226 à 230, 232, 234, 241, 245, 272.
Devaux (Placide), 224.
Devienne (Dom), iv, 128, 213, 241, 248, 321.
Diacre (Paul), 19.
Didone (Pierre de), 99, 100.
Dissenta (Guitart), 136.
Dissenta (Jean), 136, 343.
Domenech (Arnaud), 124.
Donnet, cardinal, 37.
Donzelous, 80, 277, 334, 353, 363.
Dorinha (Gerald), 139, 170.
Douves (rue des), 344.
Dozolona (Voir Donzelous).
Droin Aunais, 129.
Drouyn (Léo), v, vii, 296, 297, 322, 323.
Drot, 20.
Dublin, 138.
Duboisfresne (Jean), 299.
Ducange, 262.
Duclos, 219.
Duchesne, vii, 22, 131.
Dudon, 269.
Duduc, vii, 12, 273.
Duduc (Jean), 230.
Duffau (Jean), 187.
Dulaura (Dom), 3.
Dumazeau (Grellet), vii.
Duperrier, Deperrius ou deus Peyreys (Jehan), 256.
Duplessis (Bertrand), 212.
Dupuits (Pierre), 299.
Durand, vii, 317, 324.
Duraffort (Gaillard de), 153.
Durand de Maillane, vii.
Duras, 151, 152.
Duranthon, 247.
Durengues, abbé, vii.

Dussault, 335.
Dussaut (Arnaud), 301.

E

Eau Bourde, ruisseau, 1, 28, 80, 81, 92, 115, 118, 122, 125, 141, 204, 267, 270, 277, 331, 345, 348, 349.
Eauze, 178.
Ebroin, 35, 47.
Echinard (Jean), 199.
Edouard, chevalier, 60.
Edouard I, 121, 323.
Edouard III, 129, 137, 139, 141, 290.
Eléonore d'Aquitaine (voir Aliénor).
Eléonore de Navarre, 192.
Elie ou Elis, abbé, 65 à 68.
Entregode, 56, 58.
Erad, 56.
Escoubleau de Sourdis (François), card. arch. de Bordeaux, 223, 226.
Escoubleau de Sourdis (Henri), abbé, arch. de Bordeaux, 230 à 232.
Escozano (Bernard d'), 250.
Escure (Gaillard d'),
Espagne (Arnaud d'), 75.
Esperon (Fort), 80.
Esperon (Pierre), 72.
Espinasse (Dom Antoine), 31, 301.
Espinasse (François), vic. perp. de Saint-Michel, 301.
Estey de Bègles (rue de l'), 349.
Estienne (Bernard), 298.
Estiennot (Dom), 3, ch. I et II, 114.
Eugène II, 330.
Eugène IV, 358.
Etienne, 89, 108.
Exempts (Congrég. des), 211 à 213, 218, 219, 312.
Extrabon (moulin d'), 82, 250.
Eymond, 311.
Eyraud (Dominique), 112.
Eyzines, 174.

F

Fabaas (Jean de), 189.
Fabas (Cartets), 111, 220.
Fagnas (rue du), 346.
Fau (Bernard), 186.
Faucher (Léonard), 311.
Faugueyras (Ramon W. de), abbé, 134 à 137, 355.
Faydit Guiraudon, 135, 136.
Fayolle (marquis de), VII.
Fayssac (Jean de), 209.
Fenis (Léon), 335, 336, 338.
Fénis (Pierre), 336.
Ferankas (Pierre de), 194, 195.
Fermat (voir Sermet).
Ferraria (Raymond de), 129.
Ferreyre (P. de la), 117.
Ferrière Colk (Jean), 247.
Ferrières (Loup, abbé de), 55.
Ferron (de), 239.
Fevario, 199.
Final (Alphonse de), 195.
Final (cardinal de), abbé, 196, 278.
Fisquet, VII, 114.
Flaman (Decuron), 342.
Flandre, 41.
Flassans (Marg. de Grasse de Pontevès de), 220.
Fleury-sur-Loire, 2, 42, 43.
Floirac (Robert de), 156.
Flodoart, 59.
Florence, 151, 186.
Foartigue, 115, 253.
Foix (collège de), 191.
Foix (Senior), card. et abbé, 188 et 190 à 192.
Foix (Junior), card. et abbé, 184 et 192 à 199, 301.
Foix (Jean de), arch. de Bordeaux, 196.
Forney (Gombaud), 150.
Fornoue, 194.
Fortunat, 321.

Fort (Arnaud), 194.
Fort-Louis, 165, 319, 325, 344.
Foucault (G.), 36.
Fougères (Urbain de), 135.
Fougueroles, 301.
Foulques, abbé, 60, 71 à 74, 95, 96, 168, 351.
Foulques, abbé, 71 à 74.
Fournié (Gombaud), 185.
Fournier (François), 223.
Fourny (du), 232.
Fradet (Hyacinthe), 232.
Franc (chapellenie de), 339.
Franx (Ramon de), 121, 125.
François, cardinal, 150.
François I, 201, 210.
Frangerii (Urbanus de), 135.
Freisse, 121, 126.
Frêne, 333.
Frizon, 194.
Fronton du Duc, 12.
Frotaire, 55.
Fugères, 203.
Fulco, abbé (v. Foulques).
Fulgaude (de), 140.
Fusterie (rue), 297, 325, 344.

G

Gaillard Ros, 187.
Gaillac (abbé de), 196 à 198.
Gaillard, 267, 346, 347.
Gaillard de Duraffort, 153.
Gaillard de la Mote (abbé), 126, 127, 157.
Galléas (Dom), 248.
Gallères (rue des), 297.
Galles (Edouard, prince de), 258.
Gallice, 22.
Gallopin (Mathurin), 99.
Galtrude, 82.
Garcias, 84.
Garmund (Hélie), 83.
Garros, 248.

Garsias, év. d'Oloron, 193.
Gary, 314.
Gasquet (Michel), 226.
Gaston IV de Foix, 192.
Gauban, vi.
Gaudin, 289.
Gauffier (Gabriel), 196.
Gauffreteau, vii.
Gaullieur, vii, 346.
Gauslin, 293.
Gavarret (Pierre de), 117.
Gayo Martignac (Léonard de), 247, 346.
Gébennis (Guillaume de), arch. de Bordeaux (voir Guillaume).
Gebennis (Henri de), arch. de Bordeaux, 130.
Génézac de Gausselin, 266.
Gérald (voir Gérard ou Géraud).
Gérald Dorinha, 170.
Gérard, évêque d'Angoulême, 74, 75, 77, 97, 331.
Gérard Gras, 355.
Gérard, chap. de Saint-Michel, 353.
Gérard II, 77.
Gérard III, 77.
Géraud de Rameford, abbé (voir Rameford).
Girald (voir Gérard ou Géraud).
Girard, notaire apostolique, 355.
Giraudong (Pierre), 92.
Gombaud, abbé, 68 à 70, 155.
Gombaud (Guillaume), abbé (voir Guillaume).
Gombaud (Arnaud), abbé, 76, 77, 79, 81, 89, 92, 98.
Gombaud Forney, 150.
Gombaud Lafond, 134, 174.
Gombault (Hélis), 278.
Gombault (Iohannette), 298.
Gontran, 14.
Gordiu (le), 298.
Goscelin de Parthenay, arch. de Bordeaux (voir Parthenay).

TABLE ALPHABÉTIQUE DES NOMS PROPRES 397

Gosselin (Fort), 71.
Goth (Bertrand de), voir Clément V.
Grailly (Archambaud de), 128, 129.
Gran (Vidau), 264.
Grandis (Vital), 140.
Grattecap, 116, 124.
Grave (Hélie de la), 123, 124, 157.
Grave (Itier de la), 344.
Grave (porte de), 344.
Graves, 202.
Grégoire de Tours, 13.
Grégoire le Grand (St), 16.
Grégoire VII, 107, 108.
Grégoire IX, 128.
Grégoire XIII, 217.
Grégoire (abbé), 108.
Grellet-Balguerie, vii, 35.
Grellet-Dumazeau, vii.
Grenier, 272.
Grimond Pierre (Raymond), 183.
Guérin (Jean), 169.
Guernes (Marie de), 219.
Guibert, 60.
Guienne (Aliénor de), v. Aliénor.
Guilbert, 315.
Guilhem (Johan), 24.
Guillaume V, le Grand, duc d'Aquitaine, 60, 61, 68, 119, 249, 257, 258, 295, 297.
Guillaume IX, 72, 76, 95, 108.
Guillaume X, 74, 76, 78, 87.
Guillaume le Bon, 53, 56, 58 à 61, 66, 67, 90, 106, 115, 249, 324, 325, 330.
Guillaume le Templier, archevêque de Bordeaux, 77, 79, 352.
Guillaume Gombault I, abbé, 79 à 81, 156.
Guillaume Gombault II, abbé, 114 à 117.
Guillaume I Seguin, abbé, 114.
Guillaume de la Loubeyre, abbé, 127 à 131, 158, 159, 167.

Guillaume de Gebennis, archev. de Bordeaux, 116.
Guillaume, prieur, 75.
Guillaume de Henauge, 138.
Guillaume (Gérard), 140, 189, 190.
Guillaume (Hélies), 80.
Guillaume de Larsan, 148.
Guillaume de Roffignac, 158.
Guillaume Raymond Colomb, 122, 125.
Guillelmine du Serpora, 117.
Guillelmus de Caberno, 146.
Guillot (Paschase) 183.
Guiraud, notaire, 217.
Guiraud de la Tresue, 146.
Guiraudon (Faydit), 135, 136.
Guiscart (P.), 124, 262.
Guy (Bernard), 57.
Guy Geoffroy, 58, 68, 95, 108.

H

Harcourt (d'), 261.
Hauréau, 19, 48.
Héfélé, viii.
Hélias Guillaume, 80, 89.
Hélias Jordan, 150, 178.
Hélie de la Grave, 157.
Hélis, abbé, 324.
Hélyot, viii.
Hégué (Jeanne de), 227, 327.
Henri II, roi de France, 203, 205, 222, 292, 293.
Henri III, 217, 218, 293.
Henri IV, 222, 338.
Henri II, roi d'Angleterre, 102, 103, 104, 289, 308, 322.
Henri III, 61, 62, 115, 117, 119, 120, 121, 321, 323.
Henri IV, 148, 290.
Henri V, 291.
Henri VI, 186, 187, 291.
Henri, évêque d'Albano, 352.
Hérivaux, 233.

Hilaire du Taillan (St), voir aux Saints.
Himbert Dante, abbé, 134, 135, 174, 175.
Hins (Lalande, baron de), 337.
Honoré, 100.
Honorius II, 74, 97.
Hôpital (Martin de l'), 122.
Hostein (Gombaud), 60.
Hunault de Lanta (Augier), abbé, voir Lanta.
Hugon, 107.
Hugues, 59.
Hylaire, 96.

I

Ikhier (Hélies), voir Iley.
Ile-Saint-George, 80, 89, 118, 130, 139, 246.
Innocent II, pape, 74, 97.
Innocent III, 89, 113, 254.
Innocent IV, 113, 120, 162, 254, 274, 278.
Innocent XII, 341.
Issarius (Raymond), 140.
Iter (Pey), 134.
Iley (Hélies), 356.
Iterii (voir Iley).
Itier de la Grave, 356.
Izard (Dom d'), 247.

J

Jaquet (Martin), 258.
Jean VIII, pape, 55.
Jean XXII, 135.
Jean XXIII, 161, 162.
Jean sans Terre, 115, 124.
Jean (père Armand), viii.
Jean de Jaurgun, 57.
Jordan (Hélias), 150, 178.
Jouannet, viii, 30, 150, 308, 313, 322.
Jouy-en-Josas, 231.
Jules III, 203.

Jullian, iii, v, viii, 31, 33, 38 à 51, 89.

K

Kendale (de), voir Candale.

L

Labat (Dom).
Labatut (Hélies de), 356.
La Boau, 90.
Laborde (Antoine de), 280.
Laborie, 301.
Laboup, 331.
Lacanau, 71.
La Colonie (de), viii.
La Crota (Pey de la), voir Cropte.
Ladors, 130, 330, 331, 333.
Lafargue (Bernard), 313.
La Ferrade, 333.
Lafite (Pey de), 142, 315, 339.
Lafond ou Lafont (Gombaud de), 134, 174.
Lafontaine (rue), 346.
Lagarde (Jean de), 178, 207.
La Gardère (Bernard de), abbé, 124 à 126.
Lagnier (Jean), 245.
Lagraulet (Armand de), 151.
Lagudey, 331.
La Lagune, 125.
Lairon (Port), 88.
La Lande (Arnaud de), 140, 235.
La Lande (baron de Hins), 337.
Lalanne (Jean Gabriel), 245.
Lamarque, prieuré, 135, 172.
Lamartinie (abbé), 309.
Lamothe (Amanieu de), abbé, 147 à 150, 315, 316, 357.
Lamothe (de), viii.
Lamote (Gaillard de), abbé, 126 à 127.
Lancastre (Edouard de), 129, 148.

Landia (Guillaume), 356.
Landiras (Raymond de), 314.
Langoiran, vic. gén., 348.
Langon, 147.
Lansac (Andron de), 196.
Lanoueche, 342.
Lanta (Augier ou Ogier Hunault de), abbé, 200 à 206, 208, 253, 278, 279.
Lanta (Guillaume de), 200.
Lantenay, iv, viii.
Lantillac (de), (voir Lentillac).
Larmandie (François de), 280.
La Réole, 3, ch. i, 116.
Laronde, 133, 277.
Laronde (Jean de), 361.
Larochefoucaud de Magnac, abbé, 71, 244 à 248, 253, 257, 258, 281.
Larribat, 297.
Larrieu, 36, 342.
Larsan (Guillaume de), 148, 357.
Lasserre (Pierre de), 196.
Latran (conciles de), 97, 192, 209, 333.
Lastrilles, 75.
Laubergaria (Arnaud de), 297.
Laubergaria (Marie de), 339.
Laubesc (W. de), 262.
Laurant (Pierre), 230, 302.
Lavaissière (Roch), 244.
Lavie (Dom de), 246.
Lavigne, 202.
Le Blant, iii, viii.
Leboursier (Giraud), 189.
Le Cointe, viii, 47, 48.
Léglise (Jean de), 190.
Leian (Bertrand de), 77.
Leicester (Simon de), 121.
Lenham (voir Lignan).
Lentillac, 204, 270, 346.
Léodebold, 15, 16, 45, 47, 48.
Léognan, 269, 270.
Léon X, 205, 210.
Lérins, abbaye, 17.

Lescar, 188 à 192.
Lesparre, 28, 88, 142, 153, 193.
Lespiant, 211.
Lespinay (André de), cardinal et abbé, 194, 195, 203.
Lestonac (Olive de), 231.
Lestrilles (Jean), 236.
Lévignac (W. des), 121.
Leyga (Guillaume), 196.
Lézat (abbé de), 354.
Liabeuf, 32.
Lignan, 278.
Lignan (Bertrand de), abbé, 76, 81 à 83, 92, 99, 101, 103, 104, 156, 162, 250.
Lignan (Pierre de), abbé, 83, 119 à 122, 254, 259.
Lignan (Raymond de), 71.
Lignan (Robert de), 266.
Limes (G. de), 204.
Limoges, 140, 159.
Lodors des Arcs, 80.
Loex (Pey de), 265.
Logan (Richard), 186.
Lombards, 17.
Lombrière (palais de), 198, 203.
Londres, 144.
Lopés, 52, 57, 143.
Loroux (Geoffroy de), 78.
Loroux (Guillaume de), 79, 84, 86.
Loubeyre (Guillaume de la), abbé, 127 à 131, 158, 159, 167, 266, 289.
Louis le Pieux, 35, 36, 53.
Louis VI, 79, 160.
Louis VII, 81, 98.
Louis IX, 115.
Louis XI, 292, 301, 359.
Louis XII, 195.
Louis XIII, 256.
Louis XIV, 234.
Louis, duc d'Orléans, 148.
Louis (Fort), 165, 319, 325, 344.
Loup (duc des Vascons), 20, 55.
Loupiac, 82, 139, 167, 278.

Lucheau (Jean), 178.
Lucius III, 86, 109, 323, 252.
Luk (Pierre de), archev. de Bordeaux, 137.
Lusignan (Guy de), 124.
Lyon, 194, 195, 199, 205.

M

Mabillon, III, IV, VIII, ch. I, 277, 350.
Macaire (St), voir aux Saints.
Macanh (Ramon de), 121, 123.
Macau, 87, 115, 118, 119, 122, 123, 128, 139, 167, 177, 199, 204, 216, 241, 254, 255, 256, 258, 259, 276, 384.
Madeleine (collège de la), 216, 217, 219.
Madeleine (confrérie de la), 340, 341.
Maderan (Arnaud de), 144, 146.
Maderan (Pierre de), 144.
Madérac, 117.
Maigret (Jean), 236.
Maillane (Durand de), VII.
Maillezais, évêché, 230.
Majou (estey), ruisseau, 92, 115, 333, 345.
Malagent (Robert de), 266.
Malemort (Hélias de), arch. de Bordeaux, 23, 86, 88.
Malemort (Gérard de), arch. de Bordeaux, 116, 125.
Maleret, 230.
Malevergne (Etienne de), 346, 347.
Malte (ordre de), 205.
Malvin (Geoffroy de), 212.
Man (Bertrand de), 193.
Manzer (Eble), 58.
Mans (le), 17.
Maqueline (ruisseau de la), 177, 255.
Marbotin (rue), 345.
Marca (Pierre de), VIII, 57, 59, 322.
Margaux, 177.
Marionneau (Ch.), VIII, 53, 314, 316.

Marlène (Edm.), VIII.
Martin V, 110, 151, 154, 191, 211.
Martin, 122.
Martin de l'Hôpital, 122.
Martin de Martin, 193.
Mascaroni (André), 153.
Maso (Pierre IV de), 210.
Mathilde, 62, 72.
Maucaillou, 116, 346.
Maucor, 116.
Mauny (François de), arch. de Bordeaux, 201.
Maufras, VIII.
Médicis (Catherine de), 205.
Médicis (Lucrèce de), 205.
Médrins, 68.
Meiolan, 84.
Meller (P.), VIII.
Melon (Jehan), 301.
Ménard, VII, 15.
Ménard de Saint-Seurin, 90.
Mérigant (Bertrand), 62.
Mezuret, VIII.
Michel Francisque, VIII.
Micot, 314.
Migneron de Braqueville, 345.
Milan, 194, 195.
Milleray, 236.
Mingeonin de Vilas, 320, 334.
Miral (porte du), 333.
Mirambeau, 248.
Mirat (Jean Luc du), 235.
Missa (Simon de), 189.
Mittau, 242.
Moissac, abbaye, 138.
Molanus, 50, 51.
Molé (François), abbé, IV, 92, 158, 232 à 237, 268, 272, 293, 294, 298, 300, 303.
Molé (Mathieu), premier président, 233, 302.
Molé (Edouard), évêque de Bayeux, 232.
Molé (Madelaine), 238.

TABLE ALPHABÉTIQUE DES NOMS PROPRES

Molinier, viii.
Mommolenus, Mommolin, Mommolus. Voir Saint Mommolin.
Monadey (Ramon), 154.
Moncuc, 89.
Moneins (de), 292.
Monnaie (rue de la), 345.
Monnereau, 269.
Monol de Cessac, 300.
Monreny, 335 à 338, 342.
Mons (Jean de), 235.
Mont (Bernard du), 117.
Montaigne (Charlotte de), 299.
Montalembert (de), ix.
Montassier, 361.
Montauban (Arthur de), arch. de Bordeaux, 259.
Montaudey (Pey de), 147.
Montauriol, prieuré, 72, 129, 130, 133, 139, 140, 167, 258.
Montaut (Bertrand de), arch. de Bordeaux, 100, 103, 104, 105, 110.
Mont-Cassin, 16, 225.
Montélimart, 191.
Montesereno (Baudoin de), 167.
Montferrand (David de), archev. de Bordeaux, 110, 151.
Montfort, 133.
Montmajour, abbaye, 191.
Montmirel, 348.
Montmorency-Laval (Louis-Joseph de), cardinal et abbé, 240 à 242, 269, 294.
Montmorency (connétable), 292.
Montuzets (confrérie des), 359.
Mota (G. A. de), 149.
Mothe (Amanieu de la) abbé, 291, 300, 306.
Mothe (Gaillard de la), abbé, voir Gaillard.
Mothes (Michel), 36, 37.
Mouillequiou (cimetière de), 349.
Mummolus (voir Saint Mommolin).

N

Nacaran (rue), 126, 297, 325, 344.
Naples, 194.
Nérayan (rue), 344.
Nérigean (rue), 204, 344.
Nicolas de Graves (St.), v. aux Saints.
Nicolas (Jean), 24.
Nicolaï (Renée), 233.
Niort, 219.
Nodier (Charles), 322.
Noir (prince), 299.
Nordwich, 147.
Nort (François de), prieur, 207.
Nort (de), avocat général, 325.
Notre-Dame de Fin-des-Terres (voir Soulac).
Notre-Dame la Grande, 320.
Nova (Gaillard de), 356.
Novare (cardinal de), 151.
Novempopulanie, 107.
Noviciat (rue du), 346.

O

Ogier Hunault de Lanta, abbé (voir Lanta).
Ociand, 56.
Oihenart ou Ojinart, ix, 53, 57, 59.
Oléron, 193.
Oloron (évèque d'), voir Amat.
Orderic Vital, 23.
O'Reilly, ix.
Orléans, 14, 15.
Orléans (Louis d'), 148.
Orlic (Raymond), 207, 218.
Ornano (Sampetro d'), abbé, 184, 221 à 226, 256, 257.
Ornon (Guillaume d'), 80.
Ostie (Gérard d'), 107.

P

Pacareau, arch. intrus de Bordeaux, 36.

Pagan (Arnaud), 138.
Paquin (Arnaud), 138.
Paignon, 178.
Pallandre, ix, 281.
Palomers, 83.
Paludate, 154, 269, 278, 320, 330, 345.
Palustre, ix.
Pardessus, 48.
Pardiac, ix.
Paris, 194, 201.
Parthenay (Goscelin de), arch. de Bordeaux, 71, 94, 95, 107, 249, 350, 351.
Paschase (Guillot), 183.
Passaget (Arnaud de), 148.
Pascal II, 108, 109.
Passepain (Guillaume), 145.
Pastoureau (François), 195.
Paul II, 185, 192, 359, 363.
Pécol ou Pécolli (Mathieu), 190, 191, 264.
Pénissard, 348.
Penne, 129.
Peretan (W.), 344.
Perroud, 20.
Persec (quartier de), 90.
Persecq (Jean), 334.
Pessac, 129.
Pey Beguey, 134.
Pey Berland, arch. de Bordeaux (voir Berland).
Pey de Camiade, abbé (voir Camiade).
Pey de la Cropte, 160.
Pey de Montausey, 147.
Pey de Sermet, abbé (voir Sermet).
Peypinet, 331.
Peyronnet, 204, 270, 345.
Peyrat, 123, 297, 325, 326, 344.
Peyrelongue (moulin et eau de), 82, 92, 125, 189, 190, 234, 251.
Peymentade (rue), 346, 347.
Philippe-Auguste, 115.

Philippe le Bel, 130, 134.
Pian (le) de St-Macaire, 102, 174.
Pian (le) de Médoc, 227.
Pichel (Bertrand), 301.
Pichon (Françoise de), 228, 229.
Pichon (Richard de), 252.
Pie II, 190, 191.
Pie V, 205, 206.
Pierre, doyen du chapitre, 351.
Pierre Arnaud de Pouyanne, abbé (Voir Arnaud).
Pierre-André, abbé (voir André).
Pierre de Bussac, ou de Buzac, abbé, 76 à 79, 156.
Pierre de Béarn, abbé, 188 à 190.
Pierre de Cascolf (voir Cascolf).
Pierre de Luk (voir Luk).
Pierre de Sermet, abbé (voir Sermet).
Plantagenet (Henri), voir Henri II roi d'Angleterre.
Planterose (rue), 121.
Podio (Bertrand de), 157.
Poitevin, 269.
Poitiers, 190.
Polan (W.), 254.
Pompeiacum, 322.
Pons de Blanquefort, abbé (voir Blanquefort).
Pontac (Jean de), 228, 229.
Pont du Guit (voir Guit).
Pontelier, ix.
Pont St-Jean, 347.
Port (rue du), 149, 297, 343.
Portail (rue du), 346.
Prat-Pudent, 82, 330, 333.
Preignac, 322.
Prince Noir, 141.
Prisque (Ste), 131.
Pros (Arnaud), 110, 193.
Prou, ix, 47, 48.
Pouleau (Jean), 223.
Pouyanne (Pierre Arnaud de), abbé, 110, 131, 132, 138, 339.

Q

Quinonridet (Raymond), chapelain de St-Michel, 351, 352.

R

Raimond, 95, 96.
Ramefort (Giraud de), abbé, 76, 77, 83, 84, 85, 88, 92, 104, 156, 351.
Ramon (W. de Faugueyras), abbé (voir Faugueras).
Raoul de Clermont, 129.
Raulin Claude, 233.
Rauzan (Amanieu de), 83.
Raymond Bernard de Roqueys, abbé (voir Roqueys).
Raymond (Guillaume), 89.
Raymond de Ferraria, 129.
Raymond Quinonridet, 351, 352.
Raymond, cardinal, 133.
Reading, abbaye, 84.
Redon (Saint-Sauveur de), abbaye, 205.
Réginald, 167.
Reims (Caretto, archev. de), 195.
Remund, 266.
Réole (la), 3, 46, 70.
Reydi (Pierre), vic. perp. de Ste-Croix, 335.
Ribadieu, ix.
Ribaut, 269.
Richard, 57, 58, 61, 62, 68, 87, 121.
Richard Cœur de Lion, 62, 85, 119, 289.
Richard II, 143, 144, 145, 160, 290.
Richard de Lespinay, 194.
Ridel Pierre, 62.
Rieux, évêché, 200.
Riez, évêché, 219.
Rigaud Pey, 142.
Rigomer, 15.
Robert, 114.

Robert (Anthoine), 236.
Robert d'Artois, 129.
Robert (Bernard), 324.
Robert de Floirac (prieur), 156.
Robert (Guillaume), 353.
Roche (Gaillard de la), 250.
Rocher, 20.
Rodez, 196.
Roffignac (Guillaume de), 138.
Roger Amanieu, 82.
Rohan Guéménée (Ferdinand de), arch. de Bordeaux, 243, 335.
Rolle (Anselme), 224.
Rolle (François), 211, 212, 213, 219.
Rome, 17, 131, 151, 159.
Roque (Armand de la), 289.
Roqueir (Amanieu de), 250.
Roqueis (Roman de), 260.
Roquetaillade, 147, 149.
Roqueys Raymond Bernard de, 142, 143, 356.
Ros Jean, 301.
Rostan, 250.
Rougier François, 91, 92.
Rouillard, 298.
Rousseau (Jean), 216, 217.
Roussel (Toussaint), 216.
Rousselle, 300.
Rousselle (la), 134, 154.
Ruelle Martin, 217.
Ruinart, ix, 43.

S

Sablonat, 331.
Sabouric Jacques, 311.
Sacré-Cœur, autel, 316.
Sadirac, prieuré, 71, 81 à 83, 117, 119, 120, 124, 130, 136, 139, 174, 235, 246, 277, 283.
Saignal (Léo), ix.
Saillant (Bertrand du), 197.
Saillant (Daynot du), 196.

TABLE ALPHABÉTIQUE DES NOMS PROPRES

Salaberry (Louis-Charles-Vincent), abbé, 242.
Salle (Jean de la), 189 à 192.
Salignac (François de), 204, 205, 220.
Salomon (Bernard), abbé, 143 à 147, 160, 161, 290.
Salviati (Bernard), cardinal et abbé, 205 à 207, 325.
Salviati (Jules), abbé, 205, 207 à 220, 222, 223, 255, 257, 266, 271, 272.
Sammarthanus, ix.
Sampetro d'Ornano, abbé, 184, 222 à 226.
Sanche (Guillaume), 57, 61, 66, 106, 140.
Sandreville (Guillaume de), 195.
Sanguinenga ou Seguinenga (rue), 124, 343.
Sansac (Prévost de), arch. de Bordeaux, 207, 211, 212, 218, 219, 340.
Sansac (Hélène de Lupé de), 220.
Santa-Lana (Gombaud de) 208.
Sarlat, 135.
Satrenes, 124.
Sauve (la), abbaye, 142, 353.
Scio, 205.
Secousse (Jean-Louis), 112.
Seguin (Guillaume), abbé, 114, 343.
Seguin (comte), 55, 57, 76, 77.
Seguin (Arnaud), 148.
Seguineau (Jean de), 190.
Seguinengue, 124, 343.
Sendey, 331.
Senebrun, 23, 88.
Senizac, 227.
Senneterre (Antoine de), 203, 206.
Sens, 81.
Sent-Andriu (Arnaud de), 121.
Septimanie, 21.
Sermens (Arnault), 37.
Sermet (Pey ou Pierre de), abbé, 137 à 139, 157, 170, 315.

Serpora (Guillaume et Guillelmine du), 339.
Serpolat (croix du), 298.
Servat Loup, ix.
Sichaire, 54.
Simon, abbé, 44.
Sincerus Jodocus, ix.
Sixte IV, 192.
Skelton Richard, 187.
Soleil (Rostan du), 117.
Soler (Raymond de) 82, 250.
Sordes (monastère), 213.
Soubira, 246, 247.
Sourdis (Henri de), abbé et archevêque, 230 à 232, 273.
Sourdis (François, cardinal de), 26, 27, 33, 207, 224, 226, 270.
Soulac, 387, ch. V, 133, 139, 140, 147, 155, 156, 164, 167, 190, 193, 215, 258, 259, 276, 277, 283, 341, 343.
Stokvis, ix.
Suavius, 71, 108.
Sublet d'Heudicourt, 238.

Saints et Saintes

St Aignan, 15.
St Aigulfe, 17, 18, 48.
St-Ambroise, abbaye, 197.
St André, 95, 130, 142, 143, 152, 194, 204, 216, 254, 279, 288, 291, 292, 300, 313, 315, 332, 335, 340, 346, 350, 351, 354.
St Antoine, 310.
St Arnoult, 241.
St-Aubin de Blagnac, 139, 140, 167, 251, 277, 283.
St-Aubin de la Tresne, 79.
St Augustin, 310.
St-Augustin, abbaye de Limoges, 224.
St Ausone, 229.
St Benoit, 12, ch. I, 97, 341.

TABLE ALPHABÉTIQUE DES NOMS PROPRES

St Béraire, 17, 48.
St Bernard, 78.
St-Bertrand de Comminges, 353.
St Blaise, 334, 336, 340, 341.
St Caprais, 228, 234, 250, 278, 283.
Ste Catherine, 179, 300, 305, 310, 311, 336, 337.
Ste Cécile, 197.
St-Circe de Cameyrac, 251, 252.
St Colomban, 155, 283.
Ste Colombe, 311.
SS. Côme et Damien, 150, 192.
St-Clément (Dalesme, sieur de), 361.
Ste-Croix du Mont, 83, 216, 251, 278.
St-Cybard (abbaye), 352.
St Denis, 51.
St Dominique, 147.
St Eloy, 194, 346, 349.
St-Etienne du Tourne, 277.
St-Etienne in Cœlio monte, 131.
St-Etienne in Monte aureo, 191.
Ste Eulalie, 333.
St Fort, 30.
St-George (l'Ile-), 118, 130, 140, 167, 283.
St-Gérald, abbaye d'Aurillac, 207.
St-Germain-des-Prés, 40, 42.
St Gilles, 240.
St Grégoire le Grand, 16.
St Grégoire de Tours, 13.
St Guillaume, 106.
St Haon de Blanquefort, 278.
Ste Hélène, 71, 278.
St-Hilaire (autel de), 310.
St-Hilaire du Taillan, 55, 60, 66, 88, 133, 277.
St-Jacques, prieuré, 134, 292.
St-Jacques (autel de), 133, 310, 338.
St-Jacques de Compostelle, 21, 334.
St Jean-Baptiste, 25, 49, 310, 312, 337, 340, 341.
St-Jean de Gasnag, 251, 252.
St-Jean de Montauriol, prieuré, 167, 251, 277, 283.

St-Jean (Cours), 270, 346.
St Laurent, 62.
St Léonce le Jeune, 322.
St Loup, 353.
St Macaire, 3, 68, 69, 72, 77, 81, 83 à 85, 92, ch. IV, 122, 123, 129, 130, 136, 138 à 140, 147, 155, 156, 164, 167, 206, 211, ch. X, 249, 251, 252, 258, 276, 341.
Ste Madeleine, 165, 310, 313, 325, 341.
St Mauge, 233.
St Marc, 340.
St Martin de Blanquefort, 84, 167, 251.
St-Martin de Cambes, 167, 234, 251, 283.
St-Martin des Champs, 109, 198.
St-Martin de Flaujaques, 283.
St-Martin de Lamarque, 167.
St-Martin de Ludon, 77.
St-Martin in Montibus, 194.
St-Martin de Sadirac, 167, 251, 277, 283.
St-Martin de St-Vivien, 76.
Ste-Marie de Macau, 60, 73, 167, 249, 251 (voir Macau).
Ste-Marie de la Minerve, 206.
Ste-Marie du Peuple, 193.
Ste-Marie de Soulac, 66, 82, 106 (voir Soulac).
St Maur, ch. I, 281, 310, 311.
St-Maur (Congrégation de), 166, 175, 182, 184, 223, 224, à 248, 253, 257, 283, 284, 312, 324, 326, 339, 340, 361.
St-Michel, paroisse de Bordeaux, 132, 136, 141, 142, 148, 167, 170, 177, 193, 234, 251, 254, 277, 287, 332, 333, 337, 340 à 344, 348, ch. XVII.
St Mommolin, ch. I, 137, 146, 174, 177, 179, 203, 312 à 313, 334, 335, 340, 341, 361.
St-Nicolas, paroisse de Bordeaux, 267, 277, 331, 333, 342.

St-Nicolas de Graves, prieuré, 3, 75.
St-Nicolas, titre cardinalice, 197.
St-Nicolas du Fieux, 283.
St-Papoul, évêché, 205, 206.
St-Paul de Verdun, abbaye, 233.
St-Paxens de la Mothe Montravel, prieuré, 283.
St-Pierre-aux-Bœufs, 15.
St-Pierre de Fleury, 16.
St-Pierre, paroisse de Bordeaux, 310, 313.
St-Pierre de Bègles, 331.
St-Pierre (Guillaume de), 136.
St-Pierre de Loupiac, 167, 251.
St Pierre de Tresses, 89.
St-Pierre de Vensac, 75.
Ste Prisque, 131.
St Projet, 134, 174
Ste Radegonde, 53.
St Rémy, 251, 252.
St-Roch, autel, 310, 311.
Ste Rufine, 102.
St-Sauveur de Redon, abbaye, 205.
St-Sauveur de Blaye, abbaye, 204.
Ste Scholastique, 17.
St-Sébastien (autel), 200, 310, 311.
St-Seurin (chapitre de), 13, 128, 130, 151, 194, 203, 204, 231, 288, 291, 292, 300.
St-Séver, abbaye, 4, 82, 85, ch. V, 94, 106, 111, 132, 133, 138, 151, 161, 213, 240.
St-Séverin (voir St-Seurin).
St Sylvestre, 194.
Ste Véronique, 66.
St-Vincent de Ladors (chapelle et confrérie de), 130, 267, 277.
St Vincent de Mérignac, 322.
St-Vincent de Virazeil, prieuré, 207.
SS. Vite et Modeste, 195, 197.
St Vivien, 24, 75.
St Waast, 175.

T

Tabanac, 142, 223, 235.
Taillan (St-Hilaire du), 133, 139, 169, 236, 250, 278.
Talais, 60.
Talaire (Hugo de), 184.
Talbot, 189.
Tantalon (Arnaud de), 99.
Tapie (Anne de), 207, note 4.
Tariket (château), 137, 178.
Tassin (Dom), 3, ix.
Tastes (W. de), 117.
Tauzia (Antoine de), 306.
Tauzia (Rue de), 204, 345, 349.
Taviane (Jean de), 140.
Temps (Hugues du), x, 57.
Templier (Guillaume le), 79, 84, 86, 323, 332, 333.
Terrier, 312.
Thèbes (Caretto archevêque de), 195.
Théodulfe, 35.
Thierry III, 20, 35, 47.
Thomas Pey, 289.
Thomas, duc de Clarence, 153.
Thoron (Benoist de), 193.
Thuilier (dom Vincent), 3.
Toulouse, 191, 205, 212.
Tour (Etienne de la), 92.
Tour (Gastelier de la), vii.
Tourne (Gaillard du), 250.
Tourne (St-Etienne du), 167.
Tourny (Aubert de), 270, 345.
Tours (Brilhac, arch. de), 197.
Touzet, 238.
Traversane (rue), 343, 344.
Tremer, notaire royal.
Trente (Concile de), 211, 223.
Trencard Arnaud, abbé, 56, 60, 65, 70, 71, 83, 93, 98, 107, 108, 249, 350, 351.
Tresne (Bernard de la), 133.
Tresne (Bertrand de la), 289.
Tresne (Guiraud de la), 146, 260.

Tresses, 90.
Treulon (Aymon de), 301.
Tripoli, 205.
Trompette (château), 28.
Turault (Nicolas), 199.
Turmenies de Nointel, 240.
Turpin, 12, ch. I et II.
Turquie, 284.

U

Urbain de Fougères, 135.
Urbain II, 58, 63, 72, 108, 109, 355.
Urbain VI, 147.
Urbain VIII, 341.
Usuard, 44, 50, 51.
Uzence du Pont, 89.
Uzès, 220.

V

Vache (la), 139.
Val d'or, 15.
Valley, 196.
Vannes, 192.
Vaqueys (Pierre de), 145.
Vaux, 58.
Vayrines (Arnaud de), abbé, 23, 76, 77, 85, 87, 90, 93, 104, 181, 250, 352.
Velletri, 86, 352.
Vensac, 75.
Venuti, 31, 33, 34, 319.
Vergier (Placide du), 327.
Vernemète, 322.
Vernemetis, 321.
Verteuil, 190.
Verthamon de Chavagnac (Michel), 313.
Vessières (Jean-Joseph), 246.
Vic (Dom Claude de), ix.

Victor, 81.
Victor IV, 98.
Vidal Thomas, 301.
Vidau Arnaud, 151.
Vidier, iii, ix, 47, 48.
Vierna, 266.
Viger Jean, 130.
Vignes (Jean des), 190.
Vignes (rue des), 344.
Viguier (Pierre de), 140.
Villandraut, 134, 162.
Villanova, 139.
Villas (Mingeonin de), 320, 334.
Villenave, 269.
Villeneuve-lès-Avignon, 246.
Villebois (de), 338.
Vinet, 291.
Vinet (Elie), x, 57.
Virinis (Arnaud de), v, 77.
Viollet-le-Duc, x, 147.
Virac, x.
Vison (dame de la), 237, 327.
Vital (Ordéric), x.
Vitalien, 19, 48.
Vivien (Raymond), 90.

W

Wailly (Natalis de), x, 273, 274.
Warnefride, x.
Westminster, 141.

Y

Ysaudon, 272.

Z

Zoen, 113.

ERRATA

Page 1, ligne 21, lire : *dans*, au lieu de : *des*.
Page iii, ligne 10, lire : *consacrée*, au lieu de : *consacré*.
Page v, ligne 13, lire : *Baluzius*, au lieu de : *Balazius*.
Page 16, note 5, lire : *s'applique*, au lieu de : *s'aplique*.
Page 20, ligne dernière, lire : *entre*, au lieu de : *contre*.
Page 21, notes, lire : *3*, au lieu de : *1*.
Page 24, ligne 17, lire : *les*, au lieu de : *le*.
Page 26, ligne 11, lire : *du*, au lieu de : *de*.
Page 29, ligne 10, lire : *consacrée*, au lieu de : *consacré*.
Page 32, ligne 2, lire : *reproduisons*, au lieu de : *produisons*.
Page 51, note 6, lire : *Mommolin*, au lieu de : *Mommolen*.
Page 146, la note 6 s'applique au renvoi 5, et la note 5 au renvoi 6.
Page 147, ligne 15, lire : *couvent*, au lieu de : *convent*.
Page 150, ligne 18, lire : *mossen*, au lieu de : *mosseu*.
Page 154, la note 8 s'applique au renvoi 6, la note 7 au renvoi 8, la note 6 au renvoi 7.
Page 164, ligne 25, lire : *couvent*, au lieu de : *convent*.
Page 180, note 2, lire *publié*, au lieu de : *publiée*.
Page 252, ligne 10, lire : *Gasnag*, au lieu de : *Casnag*.
Page 266, ligne 13, lire : *Leijan*, au lieu de : *Leyan*.
Page 303, ligne 9, supprimer le mot *même*.
Page 320, la note 3 s'applique au renvoi 2, la note 2 au renvoi 3.
Page 332, note 1, 7ᵉ ligne, lire : *Les*, au lieu de : *Ses*.
Page 378, ligne 12, lire : *Saint-Seurin*, au lieu de : *Saint-Seurine*.
— — ligne 13, lire : *Birac*, au lieu de : *Birq*.
Page 384, ligne 3, lire : *Floirac*, au lieu de : *Fluirac*.
— — ligne 20, lire : *Carsini*, au lieu de : *Caisini*.

Ligugé (Vienne). — Impr. E. Aubin.

ARCHIVES DE LA FRANCE MONASTIQUE

ABBAYES ET PRIEURÉS DE FRANCE
NOTICES HISTORIQUES ET BIBLIOGRAPHIQUES
Par le R. P. Dom BESSE

INTRODUCTION
Congrégations monastiques et canoniales.

1 vol. in-8, xxxii-352 p...... 10 fr.

TOME PREMIER
Provinces ecclésiastiques de Paris (Diocèses de Paris, Chartres, Blois, Orléans et Meaux).

1 vol. in-8, xxiv-396 p...... 10 fr.

TOME DEUXIÈME
Provinces ecclésiastiques d'Aix, Arles, Avignon et Embrun........ 10 fr.

TOME TROISIÈME
Provinces ecclésiastiques d'Auch et de Bordeaux................. 10 fr.

TOME QUATRIÈME
Provinces ecclésiastiques d'Albi, de Narbonne, de Toulouse et de Bourges.

LES MOINES DE L'ANCIENNE FRANCE

TOME PREMIER
Période gallo-romaine et mérovingienne, par le R. P. Dom Besse.

1 vol. in-8, xii-571 p........ 12 fr.

L'Académie française a décerné à cet ouvrage le prix du baron de Courcel (1907).

TOME DEUXIÈME
Période carolingienne, par le R. P. Dom Besse.

Les Dépendances de l'Abbaye de Saint-Germain-des-Prés
Par Dom ANGER

TOME PREMIER
Seine-et-Marne.

1 vol. in-8, vii-362 p...... 10 fr.

TOME DEUXIÈME
Seine-et-Oise.

1 vol. in-8, viii-324 p...... 10 fr.

TOME TROISIÈME ET DERNIER, 1 vol. in-8 de 400 p...... 10 fr.

DOCUMENTS ET MÉLANGES MABILLON
Publiés à l'occasion du deuxième anniversaire séculaire de sa mort.

1 volume in-8 de xlviii-376 p.......................... 10 fr.

HISTOIRE DE L'ABBAYE DE SAINTE-CROIX DE BORDEAUX
Par M. CHAULIAC

1 vol. in-8 de 408 p............................... 10 fr.